U0568898

"十三五"国家重点出版物出版规划项目

法律科学文库

LAW SCIENCE LIBRARY

总主编 曾宪义

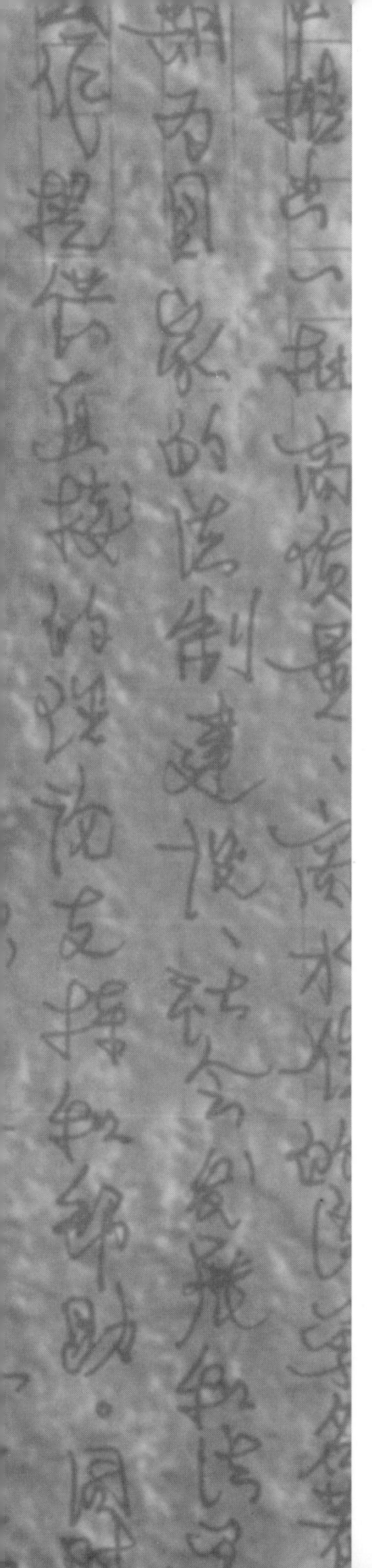

公私法交融视域下的违法建筑问题研究

王洪平 著

Research on the Issues of Illegal Construction from the Perspective of Private and Public Law

中国人民大学出版社
·北京·

法律科学文库
编 委 会

总　　序

曾宪义

“健全的法律制度是现代社会文明的基石”，这一论断不仅已为人类社会的历史发展所证明，而且也越来越成为人们的共识。在人类历史上，建立一套完善的法律体制，依靠法治而促进社会发展、推动文明进步的例证，可以说俯拾即是。而翻开古今中外东西各民族的历史，完全摒弃法律制度而能够保持国家昌隆、社会繁荣进步的例子，却是绝难寻觅。盖因在摆脱了原始和蒙昧以后，人类社会开始以一种“重力加速度”飞速发展，人的心智日渐开放，人们的利益和追求也日益多元化。面对日益纷纭复杂的社会，“秩序”的建立和维持就成为一种必然的结果。而在建立和维持一定秩序的各种可选择方案（暴力的、伦理的、宗教的和制度的）中，制定一套法律制度，并以国家的名义予以实施、推行，无疑是一种最为简洁明快，也是最为有效的方式。随着历史的演进、社会的发展和文明的进步，作为人类重要精神成果的法律制度，也在不断嬗变演进，不断提升自身的境界，逐渐成为维持一定社会秩序、支撑社会架构的重要支柱。17世纪以后，数次发生的工业革命和技术革命，特别是20世纪中叶发生的电子信息革命，给人类社会带来了天翻地覆的变化，不仅直接改变了信息交换的规模和速度，而且彻底改变了人们的生活方式和思维方式，使人类生活进入了更为复杂和多元的全新境界。在这种背景下，宗教、道德等维系社会人心的传统方式，在新的形势面前越来越显得力不从心。而理想和实际的选择，似乎是透过建立一套理性和完善的法律体制，给多元化社会中的人们提供一套合理而可行的共同的行为规则，在保障社会共同利益的前提下，给社会成员提供一定的发挥个性的自由空间。这样，既能维持社会整体的大原则、维持社会秩序的基本和谐和稳定，又能在此基础上充分保障个人的自由和个性，发挥每一个社会成员的创造力，促进社会文明的进步。唯有如此，方能达到稳定与发展、整体与个人、精神文明与物质进步皆能并行不悖的目的。正因为如此，近代以来的数百年间，在东西方各主要国家里，伴随着社会变革的大潮，法律改革的运动也一直呈方兴未艾之势。

中国是一个具有悠久历史和灿烂文化的国度。在数千年传承不辍的中国传统文化中，尚法、重法的精神也一直占有重要的位置。但由于古代社会法律文化的精神旨趣与现代社会有很大的不同，内容博大、义理精微的中国传统法律体系无法与近现代社会观念相融，故而在19世纪中叶，随着西方列强对中国的侵略，绵延了数千年的中国古代法律制度最终解体，中国的法制也由此开始了极其艰难的近现代化的过程。如果以20世纪初叶清代的变法修律为起点的话，中国近代以来的法制变革活动已经进行了近一个世纪。在这将近百年的时间里，中国社会一直充斥着各种矛盾和斗争，道路选择、主义争执、民族救亡以及路线斗争等等，使整个中国一直处于一种骚动和不安之中。从某种意义上说，社会变革在理论上会给法制的变革提供一定的机遇，但长期的社会骚动和过于频繁的政治剧变，在客观上确实曾给法制变革工作带来过很大的影响。所以，尽管曾经有过许多的机遇，无数的仁人志士也为此付出了无穷的心力，中国近百年的法制重建的历程仍是步履维艰。直至20世纪70年代末期，“文化大革命”的宣告结束，中国人开始用理性的目光重新审视自身和周围的世界，用更加冷静和理智的头脑去思考和选择自己的发展道路，中国由此进入了具有非凡历史意义的改革开放时期。这种由经济改革带动的全方位民族复兴运动，也给蹉跎了近一个世纪的中国法制变革带来了前所未有的机遇和无限的发展空间。

应该说，自1978年中国共产党第十一届三中全会以后的20年，是中国历史上社会变化最大、也最为深刻的20年。在过去20年中，中国人民高举邓小平理论伟大旗帜，摆脱了“左”的思想的束缚，在政治、经济、文化各个领域进行全方位的改革，并取得了令世人瞩目的成就，使中国成为世界上最有希望、最为生机勃勃的地区。中国新时期的民主法制建设，也在这一时期内取得了令人惊喜的成就。在改革开放的初期，长期以来给法制建设带来巨大危害的法律虚无主义即得到根除，“加强社会主义民主，健全社会主义法制”成为一个时期内国家政治生活的重要内容。经过近二十年的努力，到90年代中期，中国法制建设的总体面貌发生了根本性的变化。从立法上看，我们的立法意识、立法技术、立法水平和立法的规模都有了大幅度的提高。从司法上看，一套以保障公民基本权利、实现司法公正为中心的现代司法诉讼体制已经初步建立，并在不断完善之中。更为可喜的是，经过近二十年的潜移默化，中国民众的法律意识、法制观念已有了普遍的增强，党的十五大确定的“依法治国”“建设社会主义法治国家”的治国方略，已经成为全民的普遍共识和共同要求。这种观念的转变，为中国当前法制建设进一步完善和依法治国目标的实现提供了最为有力的思想保证。

众所周知，法律的进步和法制的完善，一方面取决于社会的客观条件和客观需要，另一方面则取决于法学研究和法学教育的发展状况。法律是一门专业性、技术性很强，同时也极具复杂性的社会科学。法律整体水平的提升，有赖于法学研究水平的提高，有赖于一批法律专家，包括法学家、法律工作者的不断努力。而国家法制总体水平的提升，也有赖于法学教育和法学人才培养的规模和质量。总而言之，社会发展的客观需要、法学研究、法学教育等几个环节是相互关联、相互促进和相互影响的。在改革开放的20年中，随着国家和社会的进步，中国的法学研究和法学教育也有了巨大的发展。经过20年的努力，中国法学界基本上清除了“左”的思想的影响，迅速完成了法学学科的总体布局和各分支学科的学科基本建设，并适应国家建设和社会发展的需要，针对法制建设的具体问题进行深入的学术研究，为国家的立法和司法工作提供了许多理论支持和制度上的建议。同时，新时期的法学教育工作也成就斐然。通过不断深入的法学教育体制改革，当前我国法学人才培养的规模和质量都有了快速的提升。一大批用新思想、新体制培养出来的新型法学人才已经成为中国法制建设的中坚，这也为中国法制建设的进一步发展提供了充足和雄厚的人才准备。从某种意义上说，在过去20年中，法学界的努力，对于中国新时期法制建设的进步，贡献甚巨。其中，法学研究工作在全民法律观念的转变、立法水平和立法效率的提升、司法制度的进一步完善等方面所发挥的积极作用，也是非常明显的。

法律是建立在经济基础之上的上层建筑，以法律制度为研究对象的法学也就成为一个实践性和针对性极强的学科。社会的发展变化，势必要对法律提出新的要求，同时也将这种新的要求反映到法学研究中来。就中国而言，经过近二十年的奋斗，改革开放的第一阶段目标已顺利实现。但随着改革的逐步深入，国家和社会的一些深层次的问题也开始显现出来，如全民道德价值的更新和重建，市场经济秩序的真正建立，国有企业制度的改革，政治体制的完善等等。同以往改革中所遇到的问题相比，这些问题往往更为复杂，牵涉面更广，解决问题的难度也更大。而且，除了观念的更新和政策的确定外，这些复杂问题的解决，最终都归结到法律制度上来。因此，一些有识之士提出，当前中国面临的难题或是急务在于两个方面：其一，凝聚民族精神，建立符合新时代要求的民族道德价值，以为全社会提供一个基本价值标准和生活方向；其二，设计出一套符合中国国情和现代社会精神的“良法美制”，以为全社会提供一系列全面、具体、明确而且合理的行为规则，将各种社会行为纳入一个有序而且高效率的轨道。实际上，如果考虑到特殊的历史文化和现实情况，我们会认识到，在当前的中国，制度的建立，亦即一套“良法美制”的建立，更应该是当务之急。建立一套完善、合理的法律体制，当然是一项极为庞大的社会工程。而其中的基础性工作，即理论的论证、框架的设计和实施中的纠偏等，都有赖于法学研究的进一步深入。这就对我国法学研究、法学教育机构和广大法律理论工作者提出了更高的要求。

中国人民大学法学院建立于1950年，是新中国诞生以后创办的第一所正规高等法学教育机构。在其成立的近半个世纪的岁月里，中国人民大学法学院以其雄厚的学术力量、严谨求实的学风、高水平的教学质量以及极为丰硕的学术研究成果，在全国法学研究和法学教育领域中处于领先行列，并已跻身于世界著名法学院之林。长期以来，中国人民大学法学院的法学家们一直以国家法学的昌隆为己任，在自己的研究领域中辛勤耕耘，撰写出版了大量的法学论著，为各个时期的法学研究和法制建设作出了突出的贡献。

鉴于当前我国法学研究所面临的新的形势，为适应国家和社会发展对法学工作提出的新要求，中国人民大学法学院和中国人民大学出版社经过研究协商，决定由中国人民大学出版社出版这套“法律科学文库”，陆续出版一大批能全面反映和代表中国人民大学法学院乃至全国法学领域高品位、高水平的学术著作。此套“法律科学文库”是一个开放型的、长期的学术出版计划，以中国人民大学法学院一批声望卓著的资深教授和著名中青年法学家为主体，并聘请其他法学研究、教学机构的著名法学家参加，组成一个严格的评审机构，每年挑选若干部具有国内高水平和有较高出版价值的法学专著，由中国人民大学出版社精心组织出版，以达到集中地出版法学精品著作、产生规模效益和名著效果的目的。

“法律科学文库”的编辑出版，是一件长期的工作。我们设想，借出版“文库”这一机会，集中推出一批高质量、高水准的法学名著，以期为国家的法制建设、社会发展和法学研究工作提供直接的理论支持和帮助。同时，我们也希望通过这种形式，给有志于法学研究的专家学者特别是中青年学者提供一个发表优秀作品的园地，从而培养出中国新时期一流的法学家。我们期望并相信，通过各方面的共同努力，力争经过若干年，“法律科学文库”能不间断地推出一流法学著作，成为中国法学研究领域中的权威性论坛和法学著作精品库。

1999 年 9 月

目　录

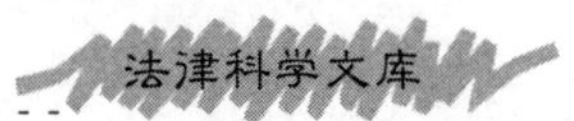
法律科学文库

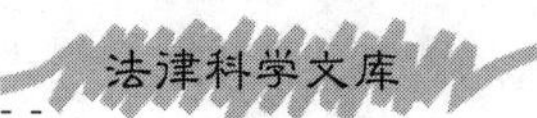
法律科学文库

详　　目

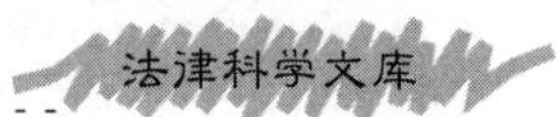
法律科学文库

绪论 基于规划管制的建筑秩序形成

法律是一种强制性秩序规则，违法建筑就是一种打破了法律所拟建构之建筑秩序的建筑形态。秩序，指人或事物所处的位置，含有整齐守规则之意。① 只有在必要的规范强制下，才会形成某种可欲的秩序形态；失范只会带来失序，因而建筑秩序的形成是某种必要的规范强制的结果。此种规范强制，即主要体现为建筑的规划管制。

一、随意“结庐而居”的自然理性

“方以类聚，物以群分”。人，不论是生物意义上的自然存在（具客体性的“人”），还是主体意义上的社会存在，“群”都是其存在的必要形态。在精神病学上，虽有所谓离群索居的“人群恐惧症”者，但其怪异行为也只是一种非正常

① 辞海：第6版缩印本．上海：上海辞书出版社，2010：2459.

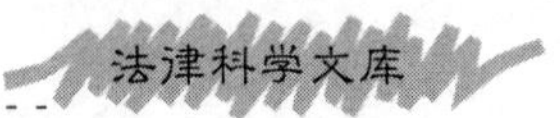

的病态，以其尚不足以证成人可以完全“不合群”而孤立存在。正如有西方人类学家在研究家庭史时指出的：“我们首先作为原则，提出群居生活这一事实本身。……对我们的近亲、极好的群居动物其它灵长类的观察，也使人无法见到别的可能性。……在大自然中，在身材高大的群居哺乳类之中，只有食草类能够一群一群地大量生存。”① 的确，人类进化发展的源流在社会人类学上应当追溯至“家庭”这一最基本的生存单元。家庭是基本的生育繁衍单元，也是基本的生产生活单元。而家庭的组成，最关键的基本要素是要“有男有女”②。诚如《周易·序卦传》所载：“有天地然后有万物，有万物然后有男女，有男女然后有夫妇，有夫妇然后有父子，有父子然后有君臣，有君臣然后有上下，有上下然后礼义有所错。”由这段话不难看出，在我国远古先人的认知中，只有“有男女”才会“有夫妇”，有了夫妇自然就有了家庭，这进而产生了由“小家”到“大家”（家天下）的礼义秩序。这意味着，我国的先民们对人类以“夫妇”“家庭”的群体性形态存在事实早已形成了成熟的观念。就此点而言，东方文化的人类起源观比西方文化中的人类起源观来得更为先进。根据《圣经·旧约·创世纪》的记载，上帝在天地万物都造齐了之后，开始考虑创造人类。“耶和华神用地上的尘土造人，将生气吹在他鼻孔里，他就成了有灵的活人，名叫亚当。”在亚当造成之后，神就把他安置在伊甸园里，使他修理看护伊甸园。而在此之后，神才又进一步考虑到：“那人独居不好，我要为他造一个配偶帮助他。”于是，就有了上帝抽取亚当的一根肋骨造成夏娃的故事。从此，亚当夏娃作为西方文化中的人类始祖，开始了人类的生息繁衍。在这个故事里，上帝先创造的是一个“孤男”，其存在形态是一个人的“独居”；在此意义上，在只有“亚当”一个人的时空里，还不能说上帝已经创造了“人类”。人类的真正产生，始于“夏娃”的诞生，

---

① 安德烈·比尔基埃，等主编. 家庭史：遥远的世界　古老的世界. 袁树仁，等译.北京：生活·读书·新知三联书店，1998：114－115.

② 男男、女女结合可以组成同性家庭吗？这就是有关同性婚姻合法化的争点所在。美国时间2015年6月26日12时50分，美国最高法院发布最新判例，宣布同性婚姻合法。据称，这是世界上第21个承认同性婚姻合法的国家，其他或是欧美发达国家，或是拉丁美洲国家，新西兰和南非也在其列，而亚洲则无一国家承认同性婚姻合法。对此，本书持反对态度。因此，本书所称“婚姻家庭”仅指男女两性结合而组成的婚姻家庭。

因为有了夏娃之后这个世界上才有了男女，人类的繁育才能真正开始。所以说，从东西方文化比较来看，在东方文化中，在有了天地万物之后，天地就同时化育出了男与女，男女是同时产生的，这就意味着"人之初"即是一种以男女结合为基本单元的群的存在。而在西方文化中，上帝在造齐了天地万物之后，其设想的人的世界首先是"亚当"这一个人（一个男人）的世界，这是一个个体的世界而非群体的世界，这也是一个不能实现人的再生产的死寂的世界；而只有在上帝认识到亚当一个人的"独居"世界是"不好"的世界时，其才改变了自己的初始设计，再次创造了夏娃，自此"人"才真正开始了以"类"的形式的群体性存在。当然，如果把圣经故事中夏娃的诞生看作人类产生之始的话，那么东西方文化在"有男有女"才有人类这一点上，是没有本质区别的。这也就意味着，东西方的远古文化都深刻洞见了人类群体性存在的自然属性和社会属性。

在厘清了人类以家庭为基本生存单元的群体属性之后，接下来应探究的是家庭的空间载体——居住形式。"上古之世，人民少而禽兽众，人民不胜禽兽虫蛇。有圣人作，构木为巢以避群害，而民悦之，使王天下，号曰有巢氏。"（《韩非子·五蠹》）韩非所描绘的这个人类时代，大致对应着人类深居丛林的采集狩猎时代。既然是"构木为巢"，那么巢居位置的选择就带有很大的随意性了，哪棵树适于构巢就选择哪棵，不会有太多的讲究，也不会费太多的思量，只是"择木而栖"罢了。至游牧时代，人类的居住方式就是"逐水草而居"了，不间断地迁徙是生存的常态，可以说是"居无定所"。既然居无定所，就意味着人们不需要固定不动的房屋，只要有随时可以移动搬迁的"帐房""蓬房"就够了。所以说，于此时期，尚不可能产生现代意义上的"房屋为不动产"的观念。这同样也意味着，某一营地中的诸多帐房在组合布局上会具有较大的随意性，只是"择良地而居"罢了。在人类进入农业时代之后，随着生产力的进一步发展，人口在增多，聚居的人群规模在扩大，居住方式也就发生了质的变化，即由上述的"巢居""穴居""蓬居"等发展为定居，即长时期地居住于某一固定的处所，该"处所"即表现为真正意义上的"房屋"了。有了房屋之后，人类在选择以及建造居所上的"自然理性"就在减弱，而相应地"人为理性"就在增强，诚所谓"君子居必择乡"了。于此时期，"规划理性"开始萌芽。

但在规划理性刚刚萌芽的早期，人们对建筑自由仍拥有最大的开放空

间，可以说，随意“结庐而居”的自然理性仍然要大大地超越规划理性，这由我国古代的诸多诗句即可略窥一斑。如：“开荒南野际，守拙归园田。方宅十余亩，草屋八九间。”（陶渊明）“我昔游锦城，结庐锦水边。”（杜甫）“俱客古信州，结庐依毁垣。”（杜甫）“结庐黄河曲，垂钓长河里。”（高适）“更结庐、近在白鸥边，弄烟水。”（赵灌园）“结庐胜境，似旧日曾游，玉连佳处。”（赵文）“结庐对中岳，青翠常在门。”（岑参）“自嫌野性共人疏，忆向西林更结庐。”（李端）“唯欠结庐嵩洛下，一时归去作闲人。”（白居易）“拟棹孤舟去，何峰又结庐。”（贾岛）“白石溪边自结庐，风泉满院称幽居。”（曹唐）“结庐迩城郭，及到云木深。”（吴筠）“结庐东城下，直望江南山。”（苏颋）“结庐桐竹下，室迩人相深。”（张说）“北岩千馀仞，结庐谁家子。”（包融）“结庐古城下，时登古城上。”（裴迪）“结庐就嵌窟，剪苕通往行。”（孟浩然）由上述诗句可以看出，古人造房子选址是很随性的，有为了归隐在野地开荒建房的，有为了戏水在河道旁边建房的，有在废墟旁边建房的，有在风景区（胜境）建房的，有在树林里建房的，有在大山里建房的，有在城墙边建房的，有在悬崖上建房的，有在石窟洞穴里建房的，等等。古人之所以能够随意结庐而居、率性建房，当然与人少地多、空间充裕的乡居环境有着直接关系。所以在古时，规划理性少而建筑自由多。

二、被“城墙”围起来的人为理性

荀子曰：“人生而有欲，欲而不得，则不能无求；求而无度量分界，则不能不争。争则乱，乱则穷。先王恶其乱也，故制礼义以分之。”荀子是一位性恶论者，其主张“人之性恶，其善者伪也”。性恶之源在于欲望，又鉴于欲望的无限膨胀性和有限满足性，所以需要划分出欲望及其满足的度量分界，而有了度量分界就有了秩序，这秩序型构的基本规则就是“礼义”。申言之，就现代社会而言，荀子所言，即为通过法律的社会治理进而形成法治秩序。荀子所谓的“度量分界”，即为严复先生的“群己权界”，即人与人之间自由的边界和限度。因此，虽然人人渴望建筑自由，但无限膨胀的建筑自由欲望是不可能得到漫无边界的满足的，因而对建筑自由的欲望膨胀需要进行基于法律的规划管制，以避免因自由与自由的碰撞而导致建筑秩序乃至社会秩序的崩坏。这即意味着，随着人类社会的发展以及居住方式等的变迁，建筑自由多而规划理性少的时代亦在逐步反转，基于规划理性的建筑管制不可逆地日趋增强。

历时性地看，人类社会的聚居基本上经历了从乡居到城居的变迁过程。“因阅乡居景，归心寸火然。”（李咸用）“郊田之外未始无春，而城居者未之知也。”（袁宏道）这两句诗文即道出了乡居与城居的差别以及居乡与居城给人带来的不同情感体验。从规划理性与建筑自由二者间存在的张力角度看，在乡居的时空环境下，建筑自由多而规划理性少，人类的自然理性居于主导地位，其关键原因当然在于人少地多、资源相对丰富；而在城居的时空环境下，则规划理性多建筑自由少，人类的人为理性就占据了主导地位，其关键原因则在于地少人多、资源相对匮乏了。

城居当然与“城”的出现密切相关。城即城市，城市的出现历史相当之久。“人类历史刚刚破晓时，城市便已经具备成熟形式了。”① 城者，“以盛民也”（《说文解字》），即用于容纳万民的地域空间。在中国历史上，城的出现极早。如据《淮南子·原道训》记载：“昔者，夏鲧作三仞之城，诸侯背之，海外有狡心。禹知天下之叛也，乃坏城平池，散财物，焚甲兵，施之以德，海外宾伏。”这表明，在传说时代，中国就已开始了筑城的历史。在中国古代，“城”与“墙”同义。如根据《辞海》对“城”字的解释：“在都邑四周用作防御的墙垣。”② “内为之城，城外为之郭。”（《管子·度地》）这即表明，“城”与“城墙”同时出现，有了城墙才有了城市，“城”与“城墙”系属一事，城墙乃古代之城的最重要物理属性。那人类为什么要筑城而居呢？当然首先在于防御之用，但仅在防御意义上理解古代之城恐怕失之简单。古希腊人对城市的定义是：城市是一个为着自身美好的生活而保持很小规模的社区，社区的规模范围应当使其中的居民既有节制而又能自由自在地享受轻松的生活。③ 这是从人文精神的养成角度对城市功能的古典理解，这表明人类在追求城市生活能够提供安全防御功能的同时，对于城居还是有着更多的幸福期待的。正如英国第一部规划法——《1909 年住房与城市规划诸法》（*Housing*, *Town Planning*, *Etc. Act* 1909）——指出的：“这部法案的目的是为人们提供居家条件。

① 刘易斯·芒福德. 城市发展史——起源、演变和前景. 宋俊岭，倪文彦，译. 北京：中国建筑工业出版社，2005：2.

② 辞海. 第 6 版缩印本. 上海：上海辞书出版社，2010：230.

③ 张京祥. 西方城市规划思想史纲. 南京：东南大学出版社，2005：7.

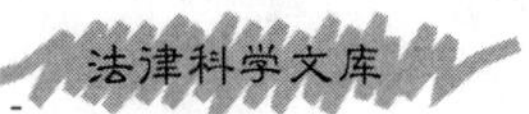

在此条件下人们的身体健康状况、道德观念、性格特征以及整个社会环境都能通过我们希望在这部法案中确保的东西得到改善。本法案纲领性的目标和期望是能确保家庭健康、住房美好、城镇宜人、城市具有品位、郊区有益健康。”①

可以说，正是因为有了城市，所以才有了建筑规划，筑城与城市规划是同时产生并同时进行的。如我国古书《周礼·冬官考工记》记载：“匠人营国。方九里，旁三门。国中九经九纬，经涂九轨，左祖右社，面朝后市。市朝一夫。”其中的所谓“营国”即“筑城”，这是我国有关筑城及城市规划的较早记载，由其可以看出在筑城之始，对于城中各区域的空间功能即有了充分的人为设计和规划，而非随意为之。在西方，古罗马时期即产生了伟大的城市规划师和建筑师——维特鲁威，其于公元前 27 年撰写的《建筑十书》，力求依靠当时的唯物主义哲学和自然科学的成就，对古罗马城市建设的辉煌业绩、大量先进的规划建设理念和技术进行历史性总结。②

为什么有了城市就必须同时有城市规划随之呢？这是因为城市乃人工造物，是人们为了生存安全和更美好的生活而人为选择和建造的家居之地，人为理性乃城市建造和城市生活的主导性和决定性因素。而规划的核心就是理性的概念，规划需要在对立的利益和目标之间作出抉择，规划要承担调解不同利益群体关系的作用，规划在本质上是一个政治过程而非单纯的技术或法律程序。③ 可以说，筑城的人为理性与规划的人为理性是一体两面的关系，二者相辅相成融为一体。从更深层次剖析，城市之所以需要规划，在于城市空间的有限性。城市空间是一种资源，同样受制于资源稀缺性规律。由古典城市是由城墙围起来的空间所决定，城市空间仅止于城墙，其空间是封闭而有限的。因而相对于乡居而言，城居生活因受制于空间有限性就必然更加强调人为理性，率性而为、结庐而居的自然理性必须受到抑制。如果缺失了规划理性这一人为理性，就会产生空间利益冲突

---

① 巴里·卡林沃思，文森特·纳丁. 英国城乡规划. 陈闽齐，等译. 南京：东南大学出版社，2011：17.

② 张京祥. 西方城市规划思想史纲. 南京：东南大学出版社，2005：25.

③ 同①5.

不能被有效管理的空间利益失控问题。①

三、有限建筑空间下的“理想城”

“人类最伟大的成就始终是他所缔造的城市。城市代表了我们作为一个物种具有想象力的恢宏巨作，证实我们具有能够以最深远而持久的方式重塑自然的能力。”② 城市确实是一项伟大的人工造物，城居不仅带来了居住方式的改变，而且还引发了政治、经济、社会、军事、宗教等诸多方面的一系列质的变化；甚至可以说，人类真正开始“异化”并不始于近世以来的工业革命，实际上自筑城而居时，人类的异化之旅就已经开始了。近世工业革命给人类社会带来了众多冲击，就对城市的影响而论，主要表现为传统的城墙式的“围城”现象被打破，城墙不再是城市的构成要素和安全屏障，而成为城市拓展的障碍。所以说，自工业革命以降，或者是自冷兵器时代结束以来，“城墙”的实质意义已经不复存在，城市发展越出城墙而开放出了更大的建筑空间。当然，虽然有形的城墙已被拆除，但“无形的城墙”依然存在，城市的发展仍然存在着边界，这也就意味着城市的可开发空间仍然是有限的。城市空间的有限性决定了城市规划的必要性，这也正是没有城墙的现代城市仍然需要规划的原因。

既然不论是有城墙的城市还是无城墙的城市，其空间都是有限的，那么人类对于身居其中的城市，就都需要好好地规划利用。进行城市空间规划，目的就在于建造人们理想中的城市，所以自古以来人类都不缺少对“理想城”的追求和构想。在古希腊的城邦时代，一座城市就是一个城邦，所以柏拉图所孜孜以求的“理想国”就是其心目中的“理想城”。柏拉图的理想城是一座正义之城，所以他认为一个好的城邦的建成需要经历三个阶段：健康的城邦或猪的城邦，纯洁的城邦或兵营式城邦，美的城邦或由哲学家统治的城邦。③ 毫无疑问，柏拉图不是一个自由民主主义者，因为

① 何子张. 城市规划中空间利益调控的政策分析. 南京：东南大学出版社，2009：11.

② 乔尔·科特金. 全球城市史：修订版. 2版. 王旭，等译. 北京：社会科学文献出版社，2010：16.

③ 列奥·施特劳斯，约瑟夫·克罗波西，主编. 政治哲学史：3版. 李洪润，等译. 北京：法律出版社，2009：35.

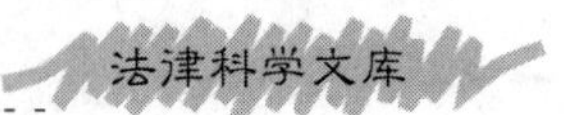

他认为一个理想的“国”应是用绝对的理性和强制的秩序建立起来的。[①]这绝对的理性当然包括了规划理性，这强制的秩序当然也包括了建筑秩序。所以说，柏拉图的理想国/理想城是理性规划和秩序强制的产物。我国于西周之初，为了实施宗法分封政体下的“封邦建国”制度，开始了大规模的城邑建筑活动，为此制订了“营国制度”。这套制度的基本精神，在于强调礼制等级的约束，是周人礼治秩序在城邑建设领域里的具体表现。当时自王城直至诸侯封国的各级城邑，都是遵循这套制度建设的。如当时的鲁城（鲁都），其方七里，为诸侯城最高等级的规模。其城内按功能分区进行规划，可分为宫廷（包括宗庙社稷）、官署、市、手工作坊、居住及墓葬等区。各区再按功能性质之主次，据方位尊卑作出安排：中央方位最尊，故置宫廷；正南次之，因设官署；其余方位较卑，则分别部署居住、市、手工作坊及墓葬等区。[②] 由此可见，中国古代的“理想城”是遵照“礼制”来进行规划建造的城市。

对现代城市规划思想影响最大的人物，恐怕要数英国的埃比尼泽·霍华德爵士了。霍华德的理想城是“田园城市”。霍华德设计田园城市的初衷是这样的：“事实并不像通常所说的那样只有两种选择——城市生活和乡村生活，而有第三种选择。可以把一切最生动活泼的城市生活的优点和美丽、愉快的乡村环境和谐地组合在一起。这种生活的现实性将是一种‘磁铁’，它将产生我们大家梦寐以求的效果——人民自发地从拥挤的城市投入大地母亲的仁慈怀抱，这个生命、快乐、财富和力量的源泉。可以把城市和乡村当作两块磁铁，它们各自力争把人民吸引过去，然而还有一个与之抗衡的劲敌，那就是部分吸取二者特色的新的生活方式。……城市和乡村必须成婚，这种愉快的结合将迸发出新的希望、新的生活、新的文明。”[③] 霍华德所谓“新的希望、新的生活、新的文明”，就是第三块磁铁——“城市—乡村磁铁”。在城市规模上，霍华德设计的田园城市为：城市用地 1 000 英亩，农业用地 5 000 英亩，人口 32 000 人。有 6 条壮丽

① 张京祥. 西方城市规划思想史纲. 南京：东南大学出版社，2005：11.

② 贺业钜. 中国古代城市规划史论丛. 北京：中国建筑工业出版社，1986：36，49.

③ 埃比尼泽·霍华德. 明日的田园城市. 金经元，译. 北京：商务印书馆，2010：6 - 9.

的林荫大道（boulevards）从城市中心通向四周，把城市划成 6 个相等的分区。中心是一块 5.5 英亩的圆形空间，布置成一个灌溉良好的美丽花园；花园的四周环绕着用地宽敞的大型公共建筑——市政厅、音乐演讲大厅、剧院、图书馆、展览馆、画廊和医院。城市其余的广大空间是一个用"水晶宫"（Crystal Palace）包围起来的"中央公园"（Central Park），面积为 145 英亩。环绕中央公园（不包括被林荫大道穿过的部分）的是一个面向公园的宽敞玻璃连拱廊，叫作"水晶宫"。出水晶宫向城外走，跨过五号大街（Fifth Avenue），面向水晶宫的是一圈非常好的住宅，每所住宅都有宽敞的用地。再向城外走，来到"宏伟大街"（Grand Avenue），这条大街形成一条长达 3 英里的带形绿地，把中央公园外围的城市地区划分成两条环带，它实际上构成了一个 115 英亩的公园。在城市的外环有工厂、仓库、牛奶房、市场、煤场、木材场等，它们都靠近围绕着城市的环形铁路。城市的垃圾被用于当地的农业用途，这些农业用地分别属于大农场、小农户、自留地、牛奶场等单位。① 霍华德进一步指出，当田园城市的发展超出了原有规模时，城市发展的正确原则是建成"社会城市"，即"田园城市群"。他设想的社会城市是这样的：一个面积 12 000 英亩、人口58 000 人的中心城市和若干个面积 9 000 英亩、人口 32 000 人、名称和设计各异的田园城市，共同组成了一个由农业地带分隔的总面积 66 000 英亩、总人口 250 000 人的城市群，即社会城市。从市中心到各田园城市中心约 4 英里，从中心城市边缘到各田园城市边缘约 2 英里。各城市之间由呈放射状的公路和市际铁路相连，把社会城市联结成一个整体。在田园城市四周有自留地，在城市之间的农业用地上有大农场、疗养院、墓地等各种各样的设施。② 西方规划学界对霍华德的"田园城市"的设想评价极高："他的著作《明日的田园城市》（1898 年初版时以《明日》为题，1902 年再版时采用现在这个著名的标题）是城市规划史上最重要的著作之一。令人惊讶的是，它的内容对于很多当代的城市问题仍然是如此地切题和中肯。从它开始，所谓田园城市（或者用现代说法——新城）运动是

① 埃比尼泽·霍华德. 明日的田园城市. 金经元，译. 北京：商务印书馆，2010：12－16.

② 同①"译序"部分：18－19.

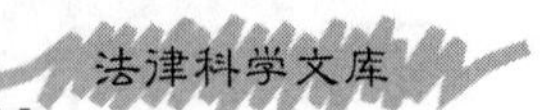

如此深远地影响着英国城市规划的理论和实践。”① 霍华德的田园城市构想对我国规划学界也产生了较大影响并获得了极高的评价。如我国有学者评价认为：“田园城市体现了霍华德的社会责任感、对于理想的激情以及不断探索的精神，他对每一位城市规划师、每一位想让自己生活的城市更加美好、更加和谐的人来说，都是一种精神的激励!”②

不同的“理想城”设计反映出人们对于城市形态的不同认识，面对城市巨型化所带来的一系列城市病问题，不同的诊断态度和结果会带来不同的治理药方，从而形成五花八门的城市形态观。自20世纪90年代“可持续发展观”提出以来，人们开始更多地关注一种可持续发展的城市形态的规划设计。如有西方学者指出：“城市形态与可持续性之间的关系是当前国际环境研究领域最热点的议题之一。未来城市的发展模式及其对资源的匮乏、社会及经济的可持续发展所产生的影响成为此类议题中的核心内容。”③ 可以断言，随着时代的变迁，基于不同的规划立场和理念，人们还将设计出更多的“理想城”模型。当然，每一种理想城的设计都是规划理性运作的结果，“理想之城”能否变身为“现实之城”，还将受制于理性本身之局限性。正如有研究规划思想史的学者所指出的：“规划不只是一系列理性的过程，而且在某种程度上，它不可避免地是特定的政治、经济和社会历史背景的产物。理性的事物并不等同于正确的事物。面对一个不确定的世界，可靠的规划要表明的，往往不是会发生什么，而是不会发生什么。”④

四、纠结于公与私之间的违法建筑

“理性是激情的奴隶。”（休谟）之所以如此，在于理性永远是“有限理性”，理性具有“非至上性”；而激情（感情、欲望、感性）却具有无限膨胀性，在感性与理性发生了矛盾对抗上的不可调和性时，感性的激情暴

① 彼得·霍尔．城市和区域规划．邹德慈，等译．北京：中国建筑工业出版社，2008：28-29.

② 陈洁．论田园城市规划思想对中国和谐城市规划的借鉴意义．中国城市经济．2011（30）.

③ 迈克·詹克斯，等编著．紧缩城市：一种可持续发展的城市形态．周玉鹏，等译．北京：中国建筑工业出版社，2004：11.

④ 张京祥．西方城市规划思想史纲．南京：东南大学出版社，2005：170.

发往往占了上风。这也就意味着，虽然人人都具有理性这一高贵品质，但并不意味着人人或者每个人每时每刻都能用理性驾驭感性，从而过上一种纯粹的理性生活。因此，在人类的城居生活中，虽然我们有“规划”这一强有力的理性手段，但我们仍然不能有效避免建筑自由的欲望暴发对建筑秩序的破坏。因而在一定意义上可以得出结论认为，与规划理性相背离的违法建筑现象，是不可完全消除的一种人性之“恶”。譬如说，在人类社会，只要有“损人利己”的私欲存在，就会有损人利己的恶行存在，因而就需要法律的治理矫正，进而得出结论，法律是不可消亡的。同其道理，只要有私人的建筑行为存在，就会有损人利己的建筑“恶行”存在，就需要规划的强制治理，因而违法建筑与规划治理的矛盾对立是无法根本消除的。既然规划理性无法在事前完全控制任性的建筑行为，那么对违反规划的建筑行为和建筑结果再次予以事中和事后的控制与矫正就是必要的，这即涉及违法建筑的法律治理问题了。

笔者之所以将违建之“恶”加了引号，意在表明，对于违建之“恶”应看到其两面性。实际上，不论是“善”还是“恶”，都具有两面性，没有绝对的善也没有绝对的恶，善恶是相对而言的。诚如英国著名哲学家曼德威尔提出的“私恶即众利”的伦理学命题所表明的，个人对私利的追逐虽然是道德上的恶，但它促进了公共的利益，私恶有助于公共利益。① 一般而言，恶行应当对应着恶果，但有时私人的所谓“恶行”却可能是有助于公利（公益）的，经济学上常说的“个人利益最大化的同时也就实现了社会整体利益的最大化”命题所要表达的就是这个道理。《论语》中有关民富国强的诸多为政言论，实际上也涉及如西方经济学上同样的问题，如富而后教（《论语·子路》）、“百姓足，君孰与不足？百姓不足，君孰与足”（《论语·颜渊》）、“因民之所利而利之，斯不亦惠而不费乎”（《论语·尧曰》）等。以上所言旨在告诫为政者，不要把“民利”（私利）与“公利”对立起来，先民富而后国强，此即现代通常所言的“藏富于民”之意。关于“私利”与“公利”、“上”与“下”的损益关系，我国古书《周易》中的“损”“益”两卦即有很好的阐述。“损卦”的《彖》辞曰：“损下益上，其道上行。”“益卦”的《彖》辞曰：“损上益下，民说无疆。”由这两卦结合起来看，“公”与“私”、“上”与“下”是一种损与益此消彼长的关系，

① 唐凯麟主编. 西方伦理学经典命题. 南昌：江西人民出版社，2009：74.

相反而相成，损与益是一种相互的转化关系，二者的变化关系“与时偕行”，无所谓“恶”“坏”意义上绝对的“损上”或绝对的“损下”。所以说，当我们谈违法建筑之“恶”时，应同时体察到其“非不善”的另一面。譬如说，“城中村”和城郊接合部是违法建筑行为多发且存量违建集中的地区，这给都市更新和城镇化带来了诸多问题，此其“恶”的一面；但同时我们亦应看到，不论是“城中村”还是城郊接合部，都吸纳了大量的外来人口入住其中，而这些外来人口恰恰是城市建设的生力军，他们给所在城市带来了繁荣，此即其“非不善”的另一面。所以说，对于违法建筑之“恶”，不能只作纯客观的评价，也不能只作纯主观的评价，而应主客观结合起来论其善恶。诚如古代大儒董仲舒指出的：“春秋之听狱也，必本其事而原其志。志邪者不待成，首恶者罪特重，本直者其论轻。”(《春秋繁露·精华》)这一主客观相结合的态度将直接影响到对违法建筑的分类和处理，如后文将论及的，对于程序违建可要求其补正之，对于实质违建则没收或拆除之，这就是因违建之“善”“恶”程度不同所带来的不同法律规制模式。因此，当本书从违建之治理角度进行探讨时，所关涉的就主要是违建的“恶”的一面；而当本书从违建之保护角度进行探讨时，所关涉的就主要是违建的“非不善”的另一面。

现代城市治理者面临着一个颇为纠结的两难命题：一面是“居者有其屋”的民生保障问题，另一面是规划理性所承载之公益实现问题。申言之，一方面，即便对既有违建能够采取“光盘行动”而全部予以拆除，同时又能够有效地防阻新违建的产生，但在政府不能解决全部住房供给问题的前提下，那大量的无房户、房困户又将被置于何地而安身呢?！另一方面，若放任违建滋生蔓延，任其自生自灭，这虽能在低水平上解决“居者有其屋”的民生保障问题，但公共环境、公共交通、公共卫生、公共安全等公共利益又将如何实现呢?！因此，这两个问题虽非“势不两立”“水火不容”，但要真正实现“鱼与熊掌兼得”的两全局面，又何其难也！[①] 所以说，违法建筑现象作为一个社会问题，既涉及公益实现，又涉及私益保障，二者之调和、周旋是一个令人颇为纠结的难题。

违法建筑的“公”“私”纠结，从法律角度讲，即体现为对违建予以公法上之管制和对违建予以私法上之保障二者间的冲突与调和。违建的公

① 王洪平. 违法建筑的私法问题研究. 北京：法律出版社，2014：2.

法管制旨在维护公益，而违建的私法保障旨在成全私益。所以说，违建所承载之利益的公私冲突即转换为违建之法律规制上的公私法冲突。本书所论之所以立足于公私法交融的视域，即旨在化解、调和公私法在违建规制上的冲突，探索出一条问题解决的“中庸之道”。“中也者，天下之大本也；和也者，天下之达道也。致中和，天地位焉，万物育焉。”(《中庸》)此即本书研究一切论点之主旨所在。

第一章　公法与私法

第一节　公与私的多维向度

一、中国传统文化中的公与私

公私观念是中国古代思想史中至关重要的论证母题，相对其他概念来说具有提纲挈领的意义，虽历经千年沧桑，仍有顽强的生命力。[①] 中国的公私关系观，历来是名不副实的。遍数历代典籍，满目充斥着“大公无私”“崇公抑私”的堂皇宏论，对于一个外来的完全不了解中国文化实践的人来说，若其仅作文本研究，肯定会得出中国古代真乃“天下为公的大同社会”的荒谬结论！但在费孝通先生看来：“中国乡下佬最大的

① 刘畅. 中国公私观念研究综述. 南开学报：哲学社会科学版，2003 (4).

毛病就是‘私’。……就是所谓城里人，何尝不是如此。……私的毛病在中国实在是比愚和病更普遍得多，从上到下似乎没有不害这毛病的。”① 这名实不符的现象，用一句话来概括，就是“满嘴跑公，一心走私”，公与私被截然对立了起来，且一边倒地导向了“私”。由于公法与私法这一对概念范畴来自西方，而且公法与私法的划分又与“公”“私”的分界直接相关，因而在探讨公法与私法的关联与区隔之前，就有必要先对中国传统文化中的公私观念有一个比较清晰和清醒的认知，以便在接地气的具体国情环境中实现“洋为中用”。

（一）公与私的字形及多元引申义

现代汉字“公”的古体字为，“私”的古体字为，与同。《说文解字》对“公”的解释是：“平分也，从八从厶。八犹背也。韩非曰：背厶为公。”对“私”的解释是：“禾也。从禾厶声。北道名禾主人曰私主人。”《说文解字》的上述解释是对公与私引申义的解释，显然不是对文字构型的僻解。而中国汉字既“象形”又“会意”，其“象”乃字的构型来源，其“意”乃象之形而上的引申，所以要明了汉字的含义，还应溯源至其构型上的“具象”。

我国现代有学者认为，“公”象“瓮”形，在古代，大家经常要围在瓮旁取酒共饮，故公得引申为公私之公；“私”是农具，从，象耒耜之耜形，是农夫用以耕作，作为自己私有的工具，故私得引申为公私之私。② 这一观点是由“公”具有“大家的”之意和“私”具有“自己的”之意，再结合和的图形，乃将公、私二字还原为“瓮”和“耜”的构型。另有学者认为，“厶”的形象是人的侧脸，“公”的形象是人的正脸。其认为：“我们的祖先是聪明的，他们发明了‘象意’造字法，使这个问题迎刃而解——用形象的方法解释抽象的事物——从那些‘截流私分’的人总是以侧面来应付众人的疑问这个‘形象’入手，抓住这种人面部侧面的‘制高点’——鼻子侧形的形象，用他们形象的‘偏’，来说明他们的‘心术不正’；同时再以一个蔑视的声音‘SI’或‘XI’表示对这种人的谴责，厶字就创造出来了。”③ 这一观点是由公、私分别代表着人心之“正”

① 费孝通. 乡土中国·生育制度·乡土重建. 北京：商务印书馆，2011：25.

② 徐中舒. 徐中舒历史论文选辑. 北京：中华书局，1998：1441.

③ 范德茂，吴蕊. 关于“厶”字的象意特点及几个证明. 文史哲，2002：3.

“偏”而溯源至人脸之正与偏，将八解为人的“正脸”构型，将厶解为人的“侧脸”构型。有日本汉学家还提出了一种颇为新颖的见解，认为“公”表示对某共同体首长的尊称，或指某共同体设施、财物。甲骨文、金文中的口部分表示的是共同体祭祀的广场或首长的宫殿广场，八的部分表示的是参加祭祀或仪式的队列。基于此，该学者得出结论认为：“‘公’一词在甲骨文、金文时代指的是与共同体的首长相关的东西或对它的尊称，还指共同体的设施、财物；战国末期以来又新添了公正、公平等伦理上的意义。”① 以上三种观点，对于公、私的字义并无分歧，其不同点在于对造字构型时的具象为何分别有不同的理解和解释。当然，公与私的象形究竟起源于哪种物象，已经难以考究，除非仓颉再世，否则将永无定论。因此，本书对于此点置而不论，而将研究的关注点置重于公私二字的引申义上，探究其原义和多元引申义的流变。

《诗经》是中国历史上第一部诗歌总集，计305首，其中大部分创作于西周初年到春秋中期。在这305首诗中，40首诗中有“公”字，8首诗中有“私”字，其中“公”与“私”同时出现的有4首。作为一部古书，研究其中的“公”“私”字义，应具有一定的探本溯源意义。根据笔者的梳理，《诗经》分别在以下意义上使用“公”字：(1) 对国君、公爵、公侯的尊称，或泛指或特指，如《国风·周南·兔罝》等②，作此义使用的“公”字占到半数以上，频率最高。(2) 对贵族子弟的称谓，称之为“公子”“公孙”，如《国风·豳风·七月》等。③ (3) 对先祖、祖先的尊称，如《大雅·文王之什·绵》等。④ (4) 指衙门、府衙，即公所，如《国

① 沟口雄三．中国思想史中的公与私//佐佐木毅，金泰昌主编．公与私的思想史．刘文柱，译．北京：人民出版社，2009：38.

② 还有《国风·周南·麟之趾》《国风·召南·采蘩》《国风·邶风·简兮》《国风·卫风·硕人》《国风·齐风·东方未明》《国风·魏风·汾沮洳》《国风·秦风·驷驖》《国风·秦风·黄鸟》《国风·豳风·破斧》《小雅·鹿鸣之什·天保》《小雅·鸿雁之升·白驹》《大雅·荡之什·江汉》《大雅·荡之什·召旻》《周颂·清庙之什·烈文》《周颂·臣工之什·雝》《周颂·臣工之什·载见》《周颂·闵予小子之什·酌》《鲁颂·駉之什·泮水》《鲁颂·駉之什·閟宫》等篇。

③ 还有《国风·豳风·狼跋》《小雅·谷风之什·大东》两篇。

④ 还有《大雅·文王之什·思齐》《大雅·生民之什·既醉》《大雅·生民之什·凫鹥》《大雅·生民之什·卷阿》《大雅·荡之升·云汉》等篇。

风·郑风·大叔于田》中的“袒裼暴虎，献于公所”。(5) 指公事、政事，如《国风·召南·小星》中的“肃肃宵征，夙夜在公”等。[①] (6) 与“功”字相通，如《大雅·文王之什·灵台》中的“鼍鼓逢逢，矇瞍奏公”等。[②]“公”字的以上六种词义用法，是仅就“公”字单独出现在一首诗中而言的，不包括“公”“私”二字并举或对举在一首诗中的情形。

《诗经》中“私”字的出现频率较“公”字明显为低，且其意义也较为狭窄。《国风·周南·葛覃》中的“薄污我私，薄浣我衣”，“私”指身上穿的内衣；《国风·卫风·硕人》中的“东宫之妹，刑侯之姨，谭公维私”，“私”指女子对姊妹的丈夫的称谓；《小雅·谷风之什·大东》中的“私人之子，百僚是试”、《小雅·谷风之什·楚茨》中的“诸父兄弟，备言燕私”、《大雅·荡之什·崧高》中的“王命傅御，迁其私人”、《周颂·臣工之什·噫嘻》中的“骏发尔私，终三十里”，其义都与“私人的”有关，如私人的家臣、私人的奴隶、私人的农具等。

在《诗经》中，“公”与“私”对举出现的典型诗句有两处：一是《国风·豳风·七月》中的“言私其豵，献豜于公”，其意为：把小猪留给自己，把大猪献给王公；二是《小雅·甫田之什·大田》中的“雨我公田，遂及我私”，其意为：滋润我们的公田，惠及我们的私田。以上二句中的“私”，其义为“自己的”，与《诗经》其他诗句中表示“私人的”之“私”含义基本相同；而“公”与之相对，其义应为“非自己的”或者是“自己之外的”。由此笔者认为，在古汉语中，“私”的本义是“自己”，其引申义为“自己的×××”。说“私”的本义是“自己”还有一旁证，就是日文汉字中的“私”，其义即为“我”这一第一人称。说“私”的引申义是“自己的×××”，这由“私”的诸多基本词义可以明显看出。如根据《辞海》的解释，“私”具有以下九种基本词义：(1) 个人的，自己的，如私事、私有；(2) 利己，如自私自利；(3) 偏爱，如《楚辞·离骚》中的“皇天无私阿兮”；(4) 秘密、不公开，如阴私（隐私）、私下；(5) 指日常衣服，如《诗·周南·葛覃》中的“薄污我私”；(6) 男女阴部，如

① 还有《大雅·荡之什·瞻卬》中的“妇无公事，休其蚕织”、《周颂·臣工之什·臣工》中的“嗟嗟臣工，敬尔在公”，以及《鲁颂·駉之什·有駜》中的“夙夜在公，在公明明”“夙夜在公，在公饮酒”“夙夜在公，在公载燕”等。

② 还有《大雅·文王之什·文王有声》中的“王公伊濯，维丰之垣”。

私处、私病；(7) 小便，如《左传・襄公十五年》中的“师慧过宋朝，将私焉”；(8) 古时女子称姊妹之夫为“私”，如《诗・卫风・硕人》中的“刑侯之姨，谭公维私”；(9) 姓，如汉代有人名叫“私匡”①。在上述九个基本义中，除作姓氏使用外，其他八种含义实际上都可以代入“自己的×××”这一引申义模式，如自己的事，自己的财产，自己的爱好，自己的秘密，自己的衣服，自己的身体部位，自己的排泄物，自己的亲属，等等。而在上文梳理的“公”在《诗经》中的六种含义中，除作为君侯、贵族子弟、先祖的敬称和与“功”相通的特殊含义外，其“府衙”（即公门）和“公事”的含义都是在与“私”相对的意义上使用的。这足以表明，我国古代在很早的时期就已经在“公”“私”对举的含义上使用这两个汉字了。既然“私”的基本含义是“自己”、引申义为“自己的×××”，那么在相对的意义上，“公”的基本含义就应是“非自己”、引申义就应是“非自己的”或者是“自己之外的”。如公门与私门相对，公事与私事相对，公田与私田相对。在《诗经》的诗句中，“公”字并没有出现“公平公正”的含义，因而在与“公”相对的含义上，《辞海》中“私”这一词条中的“利己”含义的出现，应大大地晚于《诗经》的创作年代。申言之，在中国有古文字的早期，“公”与“私”两字的引申义中尚不包含“大公无私”“公平公正”“自私自利”之类的伦理含义，此类伦理含义的出现应是春秋中期以后的事情了。

我国有古文字学家认为，作为有文字依据可查的“厶”字的出现，要晚至春秋战国时代。② 但笔者认为，由文字和文明的演进逻辑来看，“公”字的出现应早于“私”字，但“私”或“厶”的出现不应该晚至春秋战国时代。因为到了春秋战国时代，我国的文明已经发展到了一个相当的高度，而有关“公”与“私”的伦理讨论业已出现，如果说此时尚没有出现“厶”或“私”这一汉字，是不可想象的。当然，笔者并非古文字考据专家，以上结论也仅属粗浅推测而已。此外应指出的是，本书后文所论的“公”与“私”，主要是在伦理意义上使用的，因为法律上、公共哲学上有关公私的讨论，都与伦理学上之公私讨论直接相关，所以这两个字非伦理学上的含义自此搁置。

---

① 辞海：第6版缩印本. 上海：上海辞书出版社，2010：1770.

② 徐中舒. 汉语古文字字形表. 成都：四川辞书出版社，1981：364.

（二）传统的主流观点：崇公抑私

在中国文化传统中，于先秦末年，人们已经普遍地将公与私对应起来作为一对道德范畴进行思考了，中国早期的公私观念至此也基本定型。[①] 在观念上，中国历来具有“崇公抑私”的传统，该观念可以说是其来有自。《古文尚书·周官》中即有“以公灭私，民其允怀”的记载，姑且不论《古文尚书》本身之真伪，这起码从一个侧面反映出有关公私的伦理讨论已经传之久远。由《礼记·礼运》中记载的孔子关于“大同”和“小康”两种社会的言论[②]，也能很好地说明中国古代关于公私关系之观念。在孔子看来，“大同社会”就是一个“为公”的社会，“小康社会”就是一个“为私”的社会，而大同社会是理想社会，小康社会就等而次之了。在《礼记·孔子闲居》篇中，孔子又曰：“天无私覆，地无私载，日月无私照。奉斯三者以劳天下，此之谓‘三无私’。”这段话表达了孔子“奉‘三无私’以劳天下”的治国思想，其所谓“奉‘三无私’”即“一切奉公”。

春秋战国时代的其他学术流派也都明确提出了“崇公抑私”的公私观。如法家的韩非子主张：“古者仓颉之作书也，自环者谓之私，背私谓之公。公私之相背也，乃仓颉固以知之矣。今以为同利者，不察之患也”（《韩非子·五蠹》）。墨家的墨子主张：“举公义，辟私怨”（《墨子·尚贤上》）。就连道家的老子也主张：“容乃公，公乃王”（《老子》）。后世的宋明理学家也有类似的主张。如朱熹认为：“仁义根于人心之固有，天理之公也。私心生于物我之相形，人欲之私也。循天理，则不求利而自无不利；殉人欲，则求利未得而害已随之。”（《朱子语类》）王阳明主张：“非至公无以绝天下之私，非至正无以息天下之邪，非至善无以化天下之恶。”

---

① 钱广荣. 中国早期的公私观念. 甘肃社会科学. 1996 (4).

② “大道之行也，天下为公，选贤与能，讲信修睦。故人不独亲其亲，不独子其子；使老有所终，壮有所用，幼有所长，矜寡、孤独、废疾者皆有所养；男有分，女有归。货，恶其弃于地也，不必藏于己。力，恶其不出于身也，不必为己。是故谋闭而不兴，盗窃乱贼而不作。故外户而不闭，是谓大同。”

“今大道既隐，天下为家，各亲其亲，各子其子，货、力为己；大人世及以为礼。城郭沟池以为固，礼义以为纪，以正君臣，以笃父子，以睦兄弟，以和夫妇，以设制度，以立田里，以贤勇知，以功为己。故谋用是作，而兵由此起。禹、汤、文、武、成王、周公，由此其选也。此六君子者，未有不谨于礼者也，以著其义，以考其信，著有过，刑仁讲让，示民有常。如有不由此者，在势者去，众以为殃。是谓小康。”

（《王阳明全集·山东乡试录》）

我国有现代学者对传统的“崇公抑私”观念做出了以下评论：“在中国传统公私观中，公与私一方面是对立的，人们在道德选择中只能做出非此即彼的选择；另一方面，两者的界限又是相对的和可变的，相对于国家、民族这样的社会群体而言，个人以及个人利益为‘私’，但是君主的‘私’则可以转化为‘公’，并且在一定的制度、法律、伦理规范的保障下，君主之‘私’即国家民族之‘公’。在这种相应的制度安排和文化环境中，君主之‘公’在道德上具有当然的优越性和优先性，君主或国家之‘公’对于臣民利益的否定和侵害被认为是理所当然的，而臣民或者普通社会成员及其个人利益则变得微不足道，可以随意地被侵害、被剥夺。”① 对我国传统公私观的此种批评性论断并非现代才出现，实际上中国古代早已有之，其肇端可以说发自于明朝的黄宗羲。② 但需指出的是，当代学者对“崇公抑私”观的批判，是不分“名”与“实”的一体批判，既批判了“名”之意义上的崇公抑私观念，又批判了专制君主以自己之私为天下之公的“实”。而黄宗羲则不然，他对于“古者以天下为主，君为客”的天下为公观念是极力推崇的，其否定的只是“三代以下”的专制君主“以我之大私为天下之大公”的恶劣做法，批判的对象界定得很清楚。所以说，现代学者对传统的崇公抑私观的批判，不能不说是披上了太多的意识形态色彩。

实际上，以“我之大私为天下之大公”来解读传统的“崇公抑私”观，不仅是犯了狭隘的意识形态错误，而且还是偷梁换柱地故意曲解了古代贤良方正们的大家之言。古代先贤们对专制君主之“私”不能替代天下之“公”的观点，早已有了诸多旗帜鲜明的论述。如《荀子·大略》：“天之生民非为君也，天之立君以为民也。故古者列地建国，非以贵诸侯而

① 杨义芹．中国传统公私观及其缺陷．上海师范大学学报：哲学社会科学版，2010（2）．

② 黄宗羲指出：“后之为人君者不然，以为天下利害之权皆出于我，我以天下之利尽归于己，以天下之害尽归于人，亦无不可；使天下之人不敢自私，不敢自利，以我之大私为天下之大公。始而惭焉，久而安焉，视天下为莫大之产业，传之子孙，受享无穷；汉高帝所谓‘某业所就，孰与仲多’者，其逐利之情不觉溢之于辞矣。此无他，古者以天下为主，君为客，凡君之所毕世而经营者，为天下也。”

已；列官职，差爵禄，非以尊大夫而已。”[①] 所以说，对传统的“崇公抑私”观不能用现代的阶级观点做偏狭的曲解，古之仁人志士并非一味地为专制君主作伥，而是真正心怀“天下为公”之普世情怀的。

(三) 传统的逆流观点：人各有私

中国传统的“自私”观，其鼻祖可追溯至战国时代杨朱的“为我”思想。杨朱的“为我”思想，在《列子·杨朱》中有经典表述。[②] 杨朱思想就是“为我”“存我”，其在后世被进一步解读为“人不为己，天诛地灭”的极端自私自利思想的始作俑者。孟子对杨朱的“自私”观给出了极低的评价[③]，在孟子看来，杨朱的“拔一毛而利天下不为也”的自私为我思想，是无父无君的禽兽思想，是淫辞邪说，是误国误民的。后世一般认为，孟子对杨朱的评价是有失公允的。如胡适先生即指出：“杨朱的为我主义，并不是损人利己。他一面贵‘存我’，一面又贱‘侵物’；一面说‘损一毫利天下不与也’，一面又说‘悉天下奉一身不取也’。他只要‘人人不损一毫，人人不利天下’。这是杨朱的根本学说。”[④] 我国有现代学者甚至认为：“杨朱学说的实质是一种矫枉过正的治世思想，它既与全生避

---

① 还有，如《吕氏春秋·贵公》：“天下非一人之天下也，天下之天下也。阴阳之和，不长一类。甘露时雨，不私一物。万民之主，不阿一人。”《汉书·谷永传》：“臣闻天生蒸民，不能相治，为立王者以统理之，方制海内非为天子，列土封疆非为诸侯，皆以为民也。垂三统，列三正，去无道，开有德，不私一姓，明天下乃天下之天下，非一人之天下也。”《明史·霍韬传》：“天下者，天下之天下，非一人所得私也。”王夫之《读通鉴论》：“以天下论者，必循天下之公，天下非夷狄盗逆之所可私，而抑非一姓之私也”；“一姓之兴亡，私也；而生民之生死，公也”。

② “有生之最灵者也。人者，爪牙不足以供守卫，肌肤不足以自捍御，趋走不足以利逃害，无毛羽以御寒暑，必将资物以为养，任智而不恃力。故智之所贵，存我为贵；力之所贱，侵物为贱”；“古之人损一毫利天下不与也。悉天下奉一身不取也。人人不损一毫，人人不利天下，天下治矣”。

③ “圣王不作，诸侯放恣，处士横议，杨朱、墨翟之言盈天下。天下之言不归杨，则归墨。杨氏为我，是无君也；墨氏兼爱，是无父也。无父无君，是禽兽也。公明仪曰：‘庖有肥肉，厩有肥马；民有饥色，野有饿莩，此率禽兽而食人也。’杨墨之道不息，孔子之道不著，是邪说诬民，充塞仁义也。仁义充塞，则率兽食人，人将相食。吾为此惧，闲先圣之道，距杨墨，放淫辞，邪说者不得作。作于其心，害于其事；作于其事，害于其政。”

④ 胡适. 中国哲学史大纲. 上海：上海古籍出版社，1997：129.

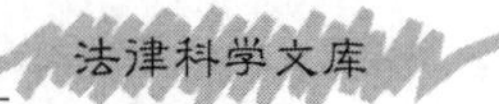

害的道家思想无涉，也与‘为我’的个人主义思想无涉。”① 笔者认为，胡适先生的观点还是中肯的，杨朱主张“为我”并非倡导“损人利己”的极端自私观，“为我”当然包含了个人主义因素（未必是消极意义上的个人主义），认为其与个人主义无涉的观点也有失偏颇。

后世学人，亦多有论及人之自私本性的，尤其是明末清初时期的思想家。如李贽明确提出：“夫私者，人之心也。人必有私，而后其心乃见。”（《藏书》）黄宗羲也明确指出：“有生之初，人各自私也，人各自利也；天下有公利而莫或兴之，有公害而莫或除之。”（《明夷待访录·原君》）吕坤认为：“世间万物皆有所欲，其欲亦是天理人情。”（《呻吟语》）公允地讲，这些学者清醒地看到了人性具有自私的一面，并且大胆地指出了这一点，这是一个历史的进步。上述观点，看似在强调人自私的一面，是在与“公本位”的主流观点唱反调，实则不然，因为他们都不是利己主义的倡导者，他们只是指出了人性中具有自私的另一面而已，他们的思想中并没有“因私而废公”的意思。

中国古代的公私之辩犹如人性善恶之辩，往往走向极端。如孟子持绝对的性善论：“人性之善也，犹水之就下也。人无有不善，水无有不下”（《孟子·告子上》）。而荀子则持绝对的性恶论：“人之性恶，其善者伪也。今人之性，生而有好利焉，顺是，故争夺生而辞让亡焉”（《荀子·性恶》）。但我们知道，绝对的性善论或者绝对的性恶论，都是不符人之本性的。正如我们通常所言的“人一半是天使一半是魔鬼”一样，人性是兼容善恶的。同样的，就人性角度考究公私问题，也不存在绝对意义上的“有公无私”或者绝对意义上的“有私无公”，公心与私心兼备才是一颗完整的“人心”。所以说，虽然是一股“逆流”，但认识到并且不避讳指出人性中具有自私的一面，的确是一大历史进步，其反叛精神也是难能可贵的。

（四）扭曲的伦理实践：自私自利

以上关于中国传统文化中所谓的“主流”和“逆流”的讨论，是文化观念上的一种讨论；或许更准确以言，是关于中国古代典籍文本中所阐述的公私观念的讨论，其观点基本上都还停留在“形而上”的理念层面，并未触及真正的伦理实践。那么，在公与私的关系问题上，中国的伦理实践又如何呢？这是一个“形而下”的具体讨论向度。

---

① 尹楚彬．杨朱学说新论．安徽大学学报：哲学社会科学版，1996（5）．

中国人是否具有“自私自利”的国民性这一问题，近一百多年来，一直被热议，直至今天，这仍是一个被不断提出讨论的问题。陈独秀曾指出：“中国人民简直是一盘散沙，一堆蠢物，人人怀着狭隘的个人主义，完全没有公共心，坏的更是贪贿卖国。”① 潘光旦曾指出：“自利和自私是中国人中间最显著、也是最可惜的品性。好比他们坚强的体格和省俭的美德一样。这种自私自利的品性似乎也成了种族血统里的一部分，深深地藏在胚质里，可以说是种族遗传的一部分。”② 鲁迅曾指出：“中国国民性的堕落，我觉得并不是因为顾家，他们也未必为‘家’设想。最大的病根，是眼光不远，加以‘卑怯’与‘贪婪’，但这是历史养成的，一时不容易去掉。我对于攻打这些病根的工作，倘有可为，现在还不想放手，但即使有效，也恐很迟，我自己看不见了”（《两地书·第一集·十》）。本节开篇所引费孝通先生的话，也直指中国人的自私自利品性。与上述观点不同的另一种声音则认为，不能将西方的观念简单地套用到对中国问题的分析上，中国人本身是无所谓自私与否的。如有研究者指出，持此观点的典型代表学者是梁漱溟先生。在他看来，“由于中西方社会结构不同，中国人形成‘伦理情厚’却‘不知公德’的行为文化，西方人在其社会结构下形成‘讲究公德’却‘不知尊亲敬长’的行为文化。批评‘中国人自私’是使用西方‘讲究公德’的行为文化做标准评价中国人，这就把西方文化当作了先进标准。事实上，中西方之间无所谓先进落后，因此也就不能用这种方式批评中国人，就自私这个问题而言，中国人本身‘无所谓自私’。”“梁漱溟认为，和西方相比，中国文化和中国人的行为特征属于另一个文化流派，并不是落后于西方，甚至在道德境界上高于西方；缺乏公德是中国人在伦理本位的社会构造下逐渐形成的一种行为习惯，不是道德落后的表现；之所以要改造这个‘毛病’，是因为受到了民族竞争的外部压力，不改造之就有亡国之虞。所以对梁漱溟而言，‘改造民族性’和‘否认民族自私性’并不矛盾——之所以改造民族性不是因为我们的民族性低劣，而是我们的民族性不适应于时代要求。”③

---

① 陈独秀. 陈独秀文章选编. 北京：三联书店，1984：516.

② 丁伟主编. 中国民族性. 西安：陕西师范大学出版社，2006：118.

③ 黄家亮，廉如鉴.“中国人无所谓自私”：梁漱溟关于民族自私性问题的思想. 江苏社会科学，2011（5）.

笔者认为，中国传统的社会结构与西方的社会结构确实存在着较大的差异，任何的社会文化都具有地域性、地方性和特殊性。从封闭发展的角度看，文化确实是多元的且其各自形成了不同的“流派”，不同的文化之间无所谓高低优劣。封闭的区域文化具有独立发展性和自我生发性，因而不能用文化发展的阶梯观或线性发展观去解释不同区域的文化发展现象，更不能认为不同的区域文化应具有相同的或者高度相似的发展阶段和发展轨迹，进而认为先进的就应当领导落后的，落后的就应当被先进的所淘汰。中国的传统社会具有高度的封闭性，从而形成了以儒家文化为主导的独树一帜的中华文明，在中国的国门于近世被西方列强打开之前，中国文化完全是“东方的”或者说是“中国的”。诚如梁漱溟先生所言，如果中国没有和西方文化接触，始终沿着原有的轨迹走下去，“就是再走三百年、五百年、一千年亦断不会有这些轮船、火车、飞行艇、科学方法和德谟克拉西产生出来”①。

的确，在一种文化与另一种文化发生碰撞之前，是无所谓文化比较的。只有在更大的范围内发生多种文化间的相互碰撞，才会产生现代意义上的“比较文化学”。为了进行比较，就需要发展出一套“概念体系”，这一整套的概念体系不是任何一个比较文化研究者以一己之力主观提出的或者任意发明创造的，而是众多研究者经由点滴的研究积累而逐步体系化的。所以说，当我们站在一个非比较的封闭立场研究中国文化时，我们完全可以使用我们自己的语言和概念，而完全无须顾及比较文化上的概念，只要“自我审视”的视角即已足够。但是，当我们不得不面临着或被动或主动的文化交流时，我们文化发展的封闭性、自足性、纯粹性就不可能保持不变，我们自我生发的概念体系在面对日益混杂的文化现象时，其解释力可能就会日益消解。正如“水就下”的现象，在彼此影响着的异域文化之间也存在着“高”“低”或者“先进”“落后”的区分，文化由高到低、由先进到落后的流动就是一种不可避免的规律性现象。于此情形，用比较文化上的概念体系来解读某一特定的文化现象，就是自然而然的。因此，不能简单地认为“自私”是一个西方文化上的概念，因而就不能用以解释中国的文化现象，更何况“自私”本就是我国传统文化中一个固有的词语。

当然，在进行文化比较时，应谨慎地选择概念。概念是语言表达的工

① 梁漱溟. 梁漱溟全集：第3卷. 济南：山东人民出版社，2005：48.

具，是语义的躯壳，在同一概念之下，完全可以填充不同的概念内涵。如“封建”这一概念，在进行东西方比较时就须谨慎使用。feudalism 这一概念，在西方语境中有一个从狭义到广义的发展过程。狭义封建本指西欧中世纪某些地区、某些时段出现的采邑制及其派生物。后来，feudalism 的内涵与外延逐渐扩大，指 11—15 世纪整个西欧社会的政治—经济制度，进而更拓展为一种普世性的制度与社会形态，从而形成广义封建概念。广义封建概念的覆盖范围逾出西欧一隅，而广被世界多数地区，于是有“波斯的封建制”“印度的封建制”“中国的封建制”“日本的封建制”等提法。就总体言之，欧美世界史学界多从 feudalism 的含义——封土封臣、领主庄园、农奴制、政权分散等——出发，来考察世界各地的封建制。在 feudalism的此一意义上，西方史学界的主流认识是，中国殷周的封建制度以及一定意义上的两晋南北朝的门阀贵族制，与西欧中世纪的 feudalism 有形貌上的类似之处，属于封建制度。[①] 自清末民初始，中国学界出现了一种“泛封建”的论调，主张民国之前的旧社会皆为封建社会，封建社会是“落后社会”的代名词，并且这一论断在中国现在的官方教科书中仍是权威判断。但近一百多年来，诸多明辨之士即已指出这种“泛封建”论调的不确之处。笔者倾向于接受以下观点：以“封建”命名秦汉至明清两千余年的社会形态，多有文义错位之处。理由在于：其一，以“封建社会”表述秦至清的社会形态，不能反映此两千余年间中国社会的基本属性，无法表达“田土可鬻”和“专制帝制”等核心内容，故有悖于“制名以指实”。其二，称秦至清两千余年为“封建”，此“封建”泛义与“封建”本义（封土建国）指示的方向截然相反，故有悖于“循旧以创新”。其三，泛化“封建”义与对译的英文术语 feudalism 的含义（封土封臣、领主采邑制）两不相靠，故有悖于“中外义通约”。其四，无法从“封建”词形索引出秦汉以降的“土地可以买卖的地主制”“中央集权的专制帝制”诸义，故有悖于“形与义切合”[②]。由以上有关“封建”这一概念含义的考释可以看出，同一概念，其指称的内涵却可能完全不同。从中外义通约的角度讲，“封建”制的典型在中国应仅指商朝和周朝，而不包括秦以降的帝制时期。若将秦以降的帝制时期也代入封建社会，就犯了比

① 冯天瑜.“封建”考论.2 版.武汉：武汉大学出版社，2007：161.

② 冯天瑜.“封建”考论.2 版.武汉：武汉大学出版社，2007：465.

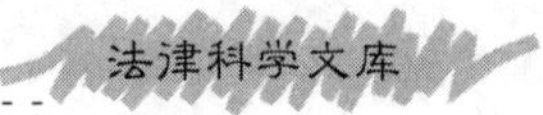

较文化学上概念错用的大忌。再比如，西方人往往把中国的儒家传统称为"儒教"，视之为一种"宗教"。如美国学者休斯顿·史密斯在其所著的《人的宗教》一书中，就把"儒家"作为并列于印度教、佛教、道教、伊斯兰教、犹太教、基督教的七大宗教之一。① 这实际上就是在用西方语境下的"宗教"概念削足适履地解读中国的文化现象，是不足取的。因此，梁漱溟先生从"文化流派观"出发，指出中国传统社会结构与西方社会结构不同，因而不能用西方"自私"的概念套用到中国的国民性上，从方法论上讲，是没有问题的。

但中国传统社会的伦理实践真的"无所谓自私"吗？或者说，即便梁先生的论证方法是正确的，但由其论证得出中国人"不自私自利"的结论也是正确的吗？正如有现代学者质疑指出的，既然中国传统文化的主流一直强调"公"而抑制甚至是要消灭"私"，那么现代许多思想家，如孙中山、梁启超等，为什么都共同诊断说我们所缺乏的恰恰是公共精神、团体精神而盛行个人主义？② 难道说这些文化巨擘们都是数典忘祖、妄自菲薄之辈？未必！在中国语境下，当一个人被骂为"自私自利"时，对其人格品性的指斥和贬抑可以说是已经到了极点，其行为必定是令人发指的。难道说这些词语都只是空穴来风、不足为凭吗？③ 笔者不这样认为，笔者认为这些说法恰恰表明了中国社会的伦理实践中存在着明显的"自私自利"的一面，柏杨意义上的"丑陋的中国人"确实存在。

笔者认为，费孝通先生的"差序格局"理论，对中国国民性之"自私"最具解析力。费先生同样从中国的社会结构出发来解释中国人为什么"自私"。在他看来，西洋社会的社会结构是一种"团体格局"。"西洋社会有些像我们在田里捆柴，几根稻草束成一把，几把束成一扎，几扎束成一捆，几捆束成一挑。每一根柴在整个挑里都属于一定的捆、扎、把。每一

① 休斯顿·史密斯. 人的宗教. 刘安云，译. 海口：海南出版社，2013：145-182.

② 王中江. 中国哲学中的公私之辨. 中州学刊，1995 (6).

③ 中国文化中形容人之自私的成语和俗语众多，除"自私自利"外，还有如：假公济私、托公行私、以权谋私、以私废公、以私害公、损公肥私、卖公营私、结党营私、植党营私、营私舞弊、徇私枉法、公报私仇、背公向私、协私罔上、营私罔利、"事不关己，高高挂起"、"各家自扫门前雪，哪管他人瓦上霜"、"人不为己，天诛地灭"，等等。

根柴也都可以找到同把、同扎、同捆的柴，分扎得清楚不会乱的。在社会，这些单位就是团体。”“我们的社会结构本身和西洋的格局是不相同的，我们的格局不是一捆一捆扎清楚的柴，而是好像把一块石头丢在水面上所发生的一圈圈推出去的波纹。每个人都是他社会影响所推出去的圈子的中心。被圈子的波纹所推及的就发生关系。每个人在某一时间某一地点所运用的圈子是不一定相同的。……这个网络像个蜘蛛的网，有一个中心，就是自己。……每一个网络有个‘己’作为中心，各个网络的中心都不同。……在这种富于伸缩性的网络里，随时随地是有一个‘己’作中心的。这并不是个人主义，而是自我主义。个人是对团体而说的，是分子对全体。在个人主义下，一方面是平等观念，指在同一团体中各分子的地位相等，个人不能侵犯大家的权利；一方面是宪法观念，指团体不能抹煞个人，只能在个人们所愿意交出的一分权利上控制个人。这些观念必须先假定了团体的存在。在我们中国传统思想里是没有这一套的，因为我们所有的是自我主义，一切价值是以‘己’作为中心的主义。……在差序格局中，社会关系是逐渐从一个一个人推出去的，是私人联系的增加，社会范围是一根根私人联系所构成的网络，因之，我们传统社会里所有的社会道德也只在私人联系中发生意义。”① 笔者认为，正是这种差序格局的社会结构导致了中国国民由“自我主义”导向了“自私自利”。在当今全球化的时代，我们无法再次关上国门而一厢情愿地拒斥外来文化的融入，我们也无法通过自恋式的孤芳自赏而振兴我们的民族，更不能因为外国人指责中国人“自私”而“本能地”反叛和为自己的不足寻找借口。我们必须正视这一点，中国人具有“自私”的民族品性。虽说不论古今中外，“自私”乃人之本性之一，但中国伦理实践中的“自私”，确实令人侧目，乃至令人无地自容。笔者相信，凡是生活在中国当下的人，不论是城里人还是乡下人，对此都会有深刻的认知、洞察，每个人都是自私自利的同情者，又是自私自利的受害者。

二、公共哲学视域下的公私论题

公共哲学（public philosophy）是讨论普遍性和公共性问题的哲学，

---

① 费孝通. 乡土中国·生育制度·乡土重建. 北京：商务印书馆，2011：25-32.

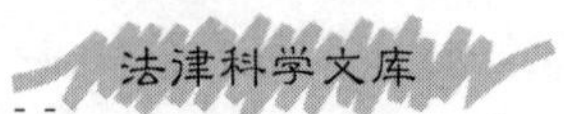

主张在公的领域和私的领域之间构建一个自由对话的公共世界。① 现代意义上的公共哲学出现在二战结束以后。1956 年，美国学者李普曼发表了《公共哲学的复兴》一文，提出了社会的公共生活迫切呼吁新的公共哲学的出现。② 近年来，公共哲学一词在中国也逐渐为学术界所接受，这一方面是由于我国学术界对于国外思潮的敏锐捕捉，另一方面则是得益于日本公共哲学研究者在中国的大力推介。③ 公共哲学研究的论题无所不包，大凡传统的人文与社会科学领域都会有所触及，只不过其以“公共性”为出发点去研究社会、政治、经济等领域的问题罢了。在公共哲学的“公共性”研究中，公与私的关系之辨是其核心论题之一，围绕着公私关系问题形成了诸多的命题和研究题域。本书择其要者和紧密相关者，就公德与私德、公共领域与私人领域、公共物品与私人物品、公共利益与私人利益、社群主义与自由主义等略加探讨，为后续更进一步地探讨公私关系、公私法关系的理论和观念基础做准备。

（一）公德与私德

公德即公共道德，私德即私人道德。“公德”与“私德”这一对范畴的提出比较中国化，其肇端于梁启超先生的《新民说·论公德》。梁先生指出：“我国民所最缺者，公德其一端也。公德者何？人群之所以为群，国家之所以为国，赖此德焉以成立者也。人也者，善群之动物也。人而不群，禽兽奚择。而非徒空言高论曰群之群之，而遂能有功者也。必有一物焉贯注而联络之，然后群之实乃举，若此者谓之公德。”④ 这是他有关公德之所以发生的原因的分析及对其功能的界定，认为公德是维持人之“群”的存在之必要。梁先生接下来在公德与私德对照的意义上作了进一步的阐发：“道德之本体一而已。但其发表于外，则公私之名立焉。人人独善其身者谓之私德。人人相善其群者谓之公德。二者皆人生所不可缺之具也。无私德则不能立。合无量数卑污虚伪残忍愚懦之人，无以为国也。无公德则不能团，虽有无量数束身自好廉谨良愿之人，仍无以为国也。吾

---

① 朱坤容. 国内公共哲学研究述评. 哲学动态，2006（2）.

② 周菲. 当代欧美公共哲学研究述评. 上海师范大学学报：哲学社会科学版，2005（2）.

③ 卞崇道. 日本的公共哲学研究述评. 哲学动态，2008：11.

④ 王德峰编选. 国性与民德：梁启超文选. 上海：上海远东出版社，1995：47.

中国道德之发达，不可谓不早。虽然，偏于私德，而公德殆阙如。”[①] 在此，他认为，对于一个社群和国家而言，私德与公德缺一不可，私德乃独善其身，公德乃相善其群，中国社会公德阙如。接下来，梁先生又论述了公德与私德二者间的关系，他指出：“私德公德，本并行不悖者也。然提倡之者既有所偏，其末流或遂至相仿。……今夫人之生息于一群也，安享其本群之权利，即有当尽于其本群之义务。苟不尔者，则直为群之蠹而已。彼持束身寡过主义者，发为吾虽无益于群，亦无害于群。庸讵知无益之即为害乎？何则？群有以益我，而我无以益群，是我逋群之负而不偿也。……今吾中国所以日即衰落者，岂有他哉？束身寡过之善士太多，享权利而不尽义务，人人视其所负于群者如无有焉。人虽多，曾不能为群之利，而反为群之累，夫安得不日蹙也。”[②] 行文至此，笔者想到《论语·微子》中子路讲到的一段话。子路路遇贤人而不知，孔子使其返回见之，而人已去。于是，子路愤愤地说：“不仕无义。长幼之节，不可废也；君臣之义，如之何其废之？欲洁其身，而乱大伦。君子之仕也，行其义也。道之不行，已知之矣。”子路的这段话实际上讲的就是如何处理公德与私德的关系，其认为作为贤人，若其一味地为了实现“洁其身”的私德而不仕，则为“不义”，即无“公德”。梁启超先生总结道：“是故公德者，诸国之源也。有益于群者为善，无益于群者为恶。此理放诸四海而准，俟诸百世而不惑者也。”[③] 故此，梁先生痛彻心扉地呼吁，应建立一种“新道德”，即有益于我族群之“公德”。

在我国现代伦理学上，梁启超先生的“公德”“私德”论，被转化为与之相对应的“社会道德”与“个体道德”两个范畴。所谓个体道德，是指具有一定社会身份并起一定社会作用的个人，为自我实现、自我完善而具备的、并适应一定社会利益关系客观要求的道德素质和指导自身行为选择的内心道德准则的总和。“主体论伦理学”者认为，个体道德是“道德坐标的原点”，而社会道德只不过是个体道德实现的工具而已。但上述观点为主流伦理学者所批判。主流观点认为，个体道德并不是游离于社会道德之外的一种独立存在物，也不是脱离社会而存在的抽象的个人的“为己

① 王德峰编选．国性与民德：梁启超文选．上海：上海远东出版社，1995：47-48.
② 同①49.
③ 同①51.

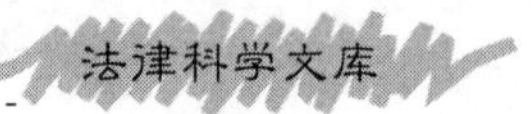

之德”；个体道德和社会道德是不可分割的，社会道德构成个体道德的本质内容，而个体道德则是社会道德在个体身上的内化和个性化。① 可见，主流伦理学观点在社会道德与个体道德的关系认识上，仍基本上承袭了上述梁启超先生有关公德与私德关系的观点。这意味着，近一百年来，中国文化对公德与私德、社会道德与个体道德的关系，已经达成了基本一致的共识，即“相善其群”的公德应占据主导地位，“独善其身”的私德辅之。

（二）公共领域与私人领域

人是一种社会动物和政治动物，因而每个人都需要过两种生活，即私人的生活和共同体的生活。希腊城邦的兴起意味着，“除了他自己的私人生活以外，人还接受了第二种生活，即政治生活（bios politikos）。现在每一位公民都隶属于两种生活秩序，在他自己的生活（idion）与共同体的生活（koinon）之间存在着鲜明的区分”②。共同体生活的领域即为公共领域，个人自己生活的领域即为私人领域。可见，公共领域与私人领域的划分，作为一个生活事实，已经是一件非常古老的事情了。但哈贝马斯（Jürgen Habermas）认为，公共领域概念直到18世纪才形成，而并非古已有之。之所以如此，与哈贝马斯对“公共领域”的界定有关。其认为：“所谓‘公共领域’，我们首先意指我们的社会生活的一个领域，在这个领域中，像公共意见这样的事物能够形成。公共领域原则上向所有公民开放。公共领域的一部分由各种对话构成，在这些对话中，作为私人的人们来到一起，形成了公众。那时，他们既不是作为商业或专业人士来处理私人行为，也不是作为合法团体接受国家官僚机构的法律规章的规约。当他们在非强制的情况下处理普遍利益问题时，公民们作为一个群体来行动；因此，这种行动具有这样的保障，即他们可以自由地集合和组合，可以自由地表达和公开他们的意见。”③ 可见，哈贝马斯把“公共意见”的形成和表达作为公共领域形成和成熟的标志，而“公共意见”的形成直到18世纪才“从一个具体的历史情境中获得它们的特殊意义”。“就是在那时，

① 甘葆露，唐凯麟主编. 伦理学原理. 北京：高等教育出版社，1992：159-160.

② 汉娜·阿伦特. 公共领域与私人领域. 刘锋，译//汪晖，蒸燕谷主编. 文化与公共性. 2版. 北京：生活·读书·新知三联书店，2005：59.

③ 尤根·哈贝马斯. 公共领域. 汪晖，译//汪晖，蒸燕谷主编. 文化与公共性. 2版. 北京：生活·读书·新知三联书店，2005：125.

人们开始区别意见与公共意见或公共性意见。鉴于一般的意见……似乎保持作为一种历史沉积物的准自然结构，公共意见，按其理想，只有在从事理性的讨论的公众存在的条件下才能形成。这种公共讨论被体制化地保护，并把公共权力的实践作为其批评主题。这种公共讨论并非古已有之——它们只是在资产阶级社会的一个特殊阶段才发展起来，只是依靠一种特殊的利益群体，它们才被组织进资产阶级立宪国家的秩序之中。"①

汉娜·阿伦特（Hannah Arendt）在"私人领域"和"公共领域"之间，又进一步地提出了"社会领域"这一中间的第三领域概念。其指出："私人生活领域与公共生活领域的区分对应于家庭领域与政治领域的区分，而至少从古代城邦兴起以来，家庭领域和政治领域就一直是作为两个不同的、分离的领域而存在的。然而在另一方面，一个既非私人又非公共的社会领域的兴起严格说来是一个比较晚近的现象，从起源上说，它是随着近代而开始的，并且在民族国家中获得了自己的政治形态。"② 因此，在汉娜·阿伦特的概念体系中，私人领域、政治领域和社会领域是共同构成一个人全部生活领域的三大部分。其影响所及，日本的公共哲学有关公私关系的讨论，也形成了三元论的公私观。日本有关公共哲学的研究指出，从思想史上看，迄今的公私观大体上有一元论与二元论之两大类别。灭私奉公（公一元论）和灭公奉私（私一元论）是公私一元论的两种极端形态，尽管二者强调的重点不同，但在欠缺个人尊严与他者意识这一与公共性密不可分的问题上却是共同的。公私二元论基本反映了现代自由主义思想，它通过在公共领域追求自由主义而避免了公一元论的专制主义；但由于它只在私的领域讨论经济、宗教、家庭生活而忽视公共性，又有导致个人幸福主义的弊端。因而在批判公私一元论、克服公私二元论的基础上，日本的公共哲学家提出了相关性三元论，即在相互关联中把握"政府的公—民的公共—私人领域"这三个层面。③ 至此，我们可以认为，人类社会的生活领域由三大部分组成，即私人领域、社会领域和政治领域，其分别对应

① 尤根·哈贝马斯. 公共领域. 汪晖，译//汪晖，蒸燕谷主编. 文化与公共性. 2版. 北京：生活·读书·新知三联书店，2005：126.

② 汉娜·阿伦特. 公共领域与私人领域. 刘锋，译//汪晖，蒸燕谷主编. 文化与公共性. 2版. 北京：生活·读书·新知三联书店，2005：62.

③ 卞崇道. 日本的公共哲学研究述评. 哲学动态，2008（11）.

于私人生活、社会生活（市民社会生活）和政治生活。

（三）公共物品与私人物品

公共物品与私人物品是经济学上对经济物品的基本分类。公共物品又称公共产品、公共品，私人物品又称私人产品、私人品。有关公共物品的理论，一直是经济学界研究的热点之一。在经济学上，公共物品分为狭义的公共物品和广义的公共物品。狭义的公共物品是指纯公共物品，广义的公共物品除纯公共物品外，还包括俱乐部物品（或者自然垄断物品）和公共池塘资源（或者共有资源）两类。非有特指，经济学上的公共物品指广义公共物品。因此，经济学上对经济物品的分类采取的是四分法，即纯公共物品、俱乐部物品、公共池塘资源和纯私人物品。① 纯公共物品和纯私人物品是物品分类的两个极端，分处二者之间的俱乐部物品和公共池塘资源又被称为混合物品或者准公共物品。

美国著名经济学家萨缪尔森（Paul A. Samuelson）于1954年发表的《公共支出理论》一文中，提出了公共物品界定的两大经典标准，即非排他性和非竞争性。② 在经济学上，"囚徒困境"模型被经常用来分析公共物品的特性，基于此，美国经济学家丹尼斯·C. 缪勒（Dennis C. Mueller）把纯粹公共物品的特性概括为供给的连带性和排除他人消费的不可能性或无效率。③ 但经济学界通说还是采用了萨缪尔森"非排他性"和"非竞争性"的简洁提法，因而纯公共物品是指同时兼具非排他性和非竞争性两个属性的物品。纯公共物品的非排他性和非竞争性决定了公共物品具有每个人消费这种物品但不会导致别人对该物品消费减少的属性。④ 纯公共物品的一个常规例子是核时代的军事安全，向一位公民提供核保护并不会消减为其他公民提供核保护的数量。⑤ 扩大言之，国防、治安和消

---

① 曼昆. 经济学原理. 梁小民，译. 北京：机械工业出版社，2001：230.

② P. A. Samuelson. The Pure Theory of Public Expenditures. *the Review of Economics and Statistics*, Vol. 36, No. 4 (1954), pp. 387 - 389.

③ 丹尼斯，C. 缪勒. 公共选择理论. 韩旭，杨春学，等译. 北京：中国社会科学出版社，1999：16.

④ 臧旭恒，曲创. 从客观属性到宪政决策——论"公共物品"概念的发展与演变. 山东大学学报：人文社会科学版，2002：2.

⑤ 罗伯特·考特，托马斯·尤伦. 法和经济学：第5版. 史晋川，董雪兵，译. 上海：格致出版社，上海三联出版社，上海人民出版社，2010：94.

防都是纯粹的公共物品。对于准公共物品而言，某一物品要么具有排他性而不具有竞争性，要么具有竞争性而不具有排他性。具有排他性和非竞争性的物品就是俱乐部物品，如实行收费会员制的高尔夫球场；具有竞争性和非排他性的物品就是公共池塘资源，如未界定产权的公地和其他自然资源。

在公共物品的资源配置问题上，经济学上经常讨论两个核心问题：一是“搭便车”问题，二是“公地悲剧”问题。“搭便车”问题首先由美国经济学家奥尔森（Mancur Olson）提出①，它是指由于参与者不需要支付任何成本而可以享受到与支付者完全等价的物品效用，该问题影响着公共物品供给成本分担的公平性，以及公共物品供给能否持续和永久。② “公地悲剧”问题首先由美国生态学家哈丁（Garrett Hardin）于1968年发表的同名文章《公地悲剧》提出。③ 我国费孝通先生虽说不是经济学家，也不是生态学家，但他实际上在早于哈丁近半个世纪时，就已经以一个社会学家的敏锐洞察力描述了一起典型的“公地悲剧”个案：“苏州人家后门常通一条河，听来是最美丽也没有了，文人笔墨里是中国的威尼斯，可是我想天下没有比苏州城里的水道更脏的了。什么东西都可以向这种出路本来不太畅通的小河沟里一倒，有不少人家根本就不必有厕所。明知人家在这河里洗衣洗菜，却毫不觉得有什么需要自制的地方。为什么呢？——这种小河是公家的。”④

虽然公共物品主要由政府通过非市场的机制提供，但公共物品的供给并不排除私人提供，也不排除市场提供。由于公共物品的供求是导致市场失灵的主要原因之一，故国家或政府对公共物品的供求干预相较于对私人物品的供求干预而言就来得更多、程度更深。而国家干预主要体现为一定的法律机制或公共政策的干预，因而公共物品与私人物品的经济学讨论，与法学上的公法、私法讨论密切相关。

---

① 曼瑟尔·奥尔森. 集体行动的逻辑. 陈郁，等译. 上海：上海人民出版社，1995：96-97.

② 沈满洪，谢慧明. 公共物品问题及其解决思路——公共物品理论文献综述. 浙江大学学报：人文社会科学版，2009：6.

③ Garrett Hardin. The Tragedy of the Commons. *Science*, New Series, Vol. 162, No. 3859.（Dec. 13, 1968）, pp. 1243-1248.

④ 费孝通. 乡土中国·生育制度·乡土重建. 北京：商务印书馆，2011：25.

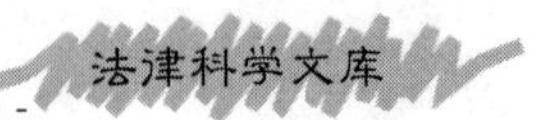

(四) 公共利益与私人利益

公共利益与私人利益或者个人利益相对称。一般认为，公共利益是一个不确定性法律概念，“要想给出一个能得到理论界或实际工作者公认的‘公共利益’定义，是不可能的”[①]。学界对公共利益进行界定的进路，一般是在公共利益与私人利益或个人利益相互关系的意义上进行的。如边沁认为：“共同体是个虚构体，由那些被认为可以说构成其成员的个人组成。那么，共同体的利益是什么呢？是组成共同体的若干成员的利益的总和，不理解什么是个人利益，谈共同体的利益便毫无意义。”[②] 约翰·罗尔斯(John Rawls) 认为：“公共利益既不是单个个人所欲求的利益的总和，也不是人类整体的利益，而是一个社会通过个人的合作而生产出来的事物价值的总和；这种合作极为必要，其目的就在于使人们通过努力和劳动而能够构建他们自己的生活，进而使之与人之个性的尊严相一致。”[③]

公共利益并非是完全孤立于私人利益之外的、与私人利益毫不相干的利益；恰恰相反，私人利益与公共利益是相辅相成、互为表里、相互决定的。从私人利益与公共利益作为两种独立的利益角度看，私人利益构成了公共利益的基础，公共利益乃私人利益之升华；与之相对应，公共利益构成了私人利益实现的前提，没有公共利益，私人利益的实现必将是“缘木求鱼”而不可得。正是公共利益与私人利益间的此种“水乳交融”关系，决定了我们不能割裂公共利益与私人利益，并且应正确地看待“公益优位论”和“个人权利本位论”这两种不同的权利与利益本位观。[④] 有学者看到了“公益优位论”的危险，主张不应再将公共利益作为优先于个人利益的价值。[⑤] 为消解“公益优位论”所可能带来的危险，有学者更进一步地主张“个人权利本位论”，认为个人权利为体，公共利益为用。[⑥] 笔者认为，这两种观点都走向了极端，其立足于把公共利益与私人利益对立起来的立场立论，有失妥当。公共利益与私人利益不是一种对立关系，而是一

---

① Terry L. Cooper. *The Responsible Administrator*. 3rd ed., San Francisco: Jossey-Bass Publisher, 1990: 68.

② 边沁. 道德与立法原理导论. 时殷弘，译. 北京：商务印书馆，2000：58.

③ 罗尔斯. 正义论. 何怀宏，等译. 北京：中国社会科学出版社，1988：211.

④ 房绍坤，王洪平. 公益征收法研究. 北京：中国人民大学出版社，2011：179.

⑤ 张翔. 公共利益限制基本权利的逻辑. 法学论坛，2005 (1).

⑥ 范进学. 定义“公共利益”的方法论及概念诠解. 法学论坛，2005 (1).

种和谐关系。[①] 个人权利本位基本上是值得肯定的一种价值观，但个人权利的享有与实现以尊重他人权利的正当性为前提，公共利益的正当实现就是个人权利实现的一种内在的与外在的限制和边界。当然，指出“个人权利本位论”之不足，并不等于说就要直接走向对“公益优位论”的肯定。如果假公益之名而主张公益优位，那就必须予以反对；而如果是“真公益”与个人权利发生了冲突，那要求个人权利作出退让甚至是“特别牺牲”，就具有了正当性。

（五）社群主义与自由主义

在政治哲学的“公”“私”讨论中，社群主义与自由主义分处两大阵营。社群主义是在批评以约翰·罗尔斯为代表的新自由主义的过程中发展起来的。在发表于1991年的《负责的社群主义政纲：权利和责任》这份政治宣言中，社群主义指出：“美国的男人、女人和孩子是许多个社群的成员——家庭、邻里、无数的社会性、宗教性、种族性、职业性社团的成员，美国这个政治体本身也是一个社群。离开相互依赖和交叠的各种社群，无论是人类的存在还是个人的自由都不可能维持很久。除非其成员为了共同的目标而贡献其才能、兴趣和资源，否则所有社群都不能持久。排他性地追求个人利益必然损害我们所赖以存在的社会环境，破坏我们共同的民主自治实验。因为这些原因，笔者认为没有一种社群主义的世界观，个人的权利就不能长久得以保存。社群主义既承认个人的尊严，又承认人类存在的社会性。”[②]

我国政治哲学家俞可平先生从方法论和价值观两个方面对社群主义和自由主义的主要观点作了概括。其指出，从方法论上说，自由主义的出发点是自我和个人，个人成为分析和观察一切社会政治问题的基本视角。一切复杂的历史事件、社会制度和政治运动等，最终都被约简为个人行为，所以自由主义的方法论是个人主义或“原子主义”（atomism）。社群主义的出发点则是社群，各种各样的群体而不是个人成为分析和解释的核心范式，社群主义的方法论从根本上说是集体主义，它把社会历史事件和政治

---

① 于建东．当代中国公共利益与私人利益和谐关系的建构研究．河南师范大学学报：哲学社会科学版，2013（2）．

② 《负责的社群》杂志（*Responsive Community*）1991年冬季号。俞可平．社群主义．修订版．北京：中国社会科学出版社，2005：1．

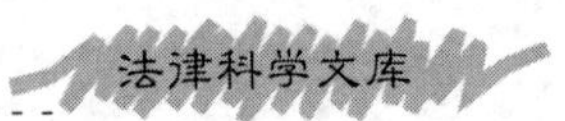

经济制度的原始动因最终归结为诸如家庭、社区、阶级、国家、民族、团体等社群。从价值观方面看，自由主义强调个人的权利，最重要的是个人的自由权利，个人的自由选择以及保证这种自由选择在公正的环境中实现是自由主义的根本价值，它认为一旦个人能够充分自由地实现其个人的价值，那么个人所在的群体的价值和公共的利益也就随之而自动实现。社群主义则强调普遍的善和公共的利益，认为个人的自由选择能力以及建立在此基础上的各种个人权利都离不开个人所在的社群。个人权利既不能离开群体自发地实现，也不会自动导致公共利益的实现。反之，只有公共利益的实现才能使个人利益得到最充分的实现。所以，只有公共利益，而不是个人利益，才是人类最高的价值。① 社群主义与自由义关于群己、公私的针锋相对的观点，对于我们认识公法与私法的功能以及二者的区分与联系具有重要意义。

三、公与私的零和博弈与良性互动

我国有学者从否定公私关系是“零和游戏”的角度对公私关系重新作了界定，其指出，传统的尊公灭私的公私观之所以注定行不通，就在于公与私的关系不是势不两立的，公私也不是二元平等的，而是以私为依托的，两者不是谁消灭谁的问题，而是相互协调的问题。② 另有学者从公私良性互动的角度重新界定了公私关系，其指出，将公共领域与私人领域调谐到一个有机的良性互动位置，是一个迫在眉睫的问题。所谓的良性互动就是指公共领域能实现对私人领域（如个人拥有的东西、价值、家庭、财产、私人关系等）的保障，同时私人领域也不能侵害公共领域。一味地强调一切为公、一切归公，就会形成恶性循环的结局。历史事实表明，无论是以公为本位还是以私为本位，结果都是两损两伤。这就要求我们建立起良好的公私互动，通过良好互动，一方面拥有一个健全的私人领域，同时又能保证公共领域体系。③ 以上两种观点虽说都是在研究中国传统的公私观念时提出的，但其结论却具有普适性。一言以蔽之，公私关系不是一种零和博弈关系，而是一种良性互动关系。如果公与私是一种绝对值

① 俞可平．社群主义．修订版．北京：中国社会科学出版社，2005：3-4．

② 刘畅．中国公私观念研究综述．南开学报：哲学社会科学版，2003（4）．

③ 王中江．中国哲学中的公私之辨．中州学刊，1995（6）．

相等的正负相反的零和博弈关系，那么公与私之间就是一种绝对的对抗对立关系，二者间的矛盾冲突就是不可调和的，在处理二者关系上就只能奉行“你死我活”的丛林法则。但实则不然，如果二者间没有一种良性互动关系的存在，人与人之间、己与群之间、群与群之间就只能是一种霍布斯意义上的互相杀伐的战争状态，人类文明也就不可能发生和发展进步了。

中国传统文化的主流观点是“崇公抑私”的，在一定的历史时期虽产生了“人各有私”的逆流观点，但这并没有改变主流观点在观念上的主导性影响力。更为吊诡的是，中国的伦理实践却近乎一边倒地倒向了“自私自利”，逆流观点所主张的人性意义上的“人各有私”被发挥到了极致，甚至演化出“人不为己，天诛地灭”的人性悲剧。其根源就在于中国传统文化的观念和实践都没有真正摆正公与私的辩证关系，从而导致了公与私的相互反动与对立，其结果就是积重难返地彻底扭曲了中国社会的正常人伦关系，使中国社会异化成了陈独秀所言的“一盘散沙”“一堆蠢物”的世界！在中国传统文化中，中庸思想占据着核心地位，且中国的中庸思想发端极早，如《周易》就是一部充溢着中庸思想的哲学著作，其统篇六十四卦的各卦六爻内部以及卦与卦之间的关联，都由中庸思想统领，凡是卦辞中包含“元亨利贞”的各爻各卦，都是“中正”“当位”的“无过无不及”的中庸思想的体现。但不幸的是，中国的伦理思想与伦理实践却不可逆地走向了自我反对。在处理公与私的问题上我们为什么没有恪守中庸思想？其原因何在？这确实是值得深刻反思的一个文化现象。

梁启超先生诊断中国积贫积弱的症结在于有私德而无公德，公德乃万国之源，无公德所以国不能立。从公德私德相对的角度而言，梁先生的思想在当时确实具有启蒙和进步意义。但依笔者之见，梁先生所认为的中国“有私德而无公德”实际上也只有一半是正确的，即中国人确实“无公德”。但中国人是“有私德”的吗？未必。作为四书之一的《大学》在解释“诚其意”时说：“小人闲居为不善，无所不至，见君子而后厌然，掩其不善，而著其善。人之视己，如见其肺肝然，则何益矣。此谓诚于中，形于外，故君子必慎其独也。”其所谓的“小人”，实际上即中国的“平常人”，这类人在私下里“闲居”时，“无所不至”地为小人之事，而在人前（君子前）却道貌岸然地极力“掩其不善”，这是何等表里不一的一副小人嘴脸，其私德又何在焉？正是因此，《大学》才苦口婆心地教导，“所谓诚其意者，毋自欺也”，为君子者“必慎其独也”。因此，在笔者看来，中国国民自古以来不仅无公德，实际上亦无真正的“独善其身”意义上的私德。梁先生批评退隐的志士达人“无公德心”，与《论语》中子路批评偶遇的贤人“不仕无义”如出一辙，在他们看来，“学而优则仕”是天经地义的公德义务，否则即为无公德心。但殊不知，“学而优亦可不仕”的做法，亦是孔老夫子留下来的古训之一：“危邦不入，乱邦不居。天下有道则见，无道则隐。”（《论语·泰伯第八》）君子是出世还是入仕，完全视天下有道无道而定，这是何等实际的一种人生哲学。所以说，依笔者浅见，中国人既无公德亦无私德，两德皆缺。无怪乎孟子骂主张“为我”的杨朱为“无君”、主张“兼爱”的墨翟为“无父”了。所以说，在中国要实现公德与私德的良性互动，首先是要建立起国民的公德心和私德心，两德建设缺一不可。

在公共领域与私人领域的政治哲学讨论上，西方学界已经遥遥领先。在西方语境下，公共领域与私人领域从来没有被作为一对势不两立的对立范畴。“当我们把民主的公共文化和政治生活想象为仅仅是个人获得私人目的的斗争领域，并不具有任何其它的内在价值时，我们不仅使公共生活的观念变得枯竭，而且剥夺了民主所特定实现的个人之有意义生活来源的权利。私人生活其本身是由个人选择和公开可获得的形象、看法以及意义的创造性调整而构成的，而且民主为所有个人的积极参与以前所未有的程度打开了公共领域的大门。”① 这段论述把“民主”对于私人领域和公共领域的沟通作用已经表述得非常透彻，这意味着私人领域与公共领域是勾连在一起的，而非分立的或割裂的。我国有学者在认识到中国传统文化中公共领域之缺失的同时，也指出，公共领域与私人领域是不能完全分开的，“如私人领域的存在及其自主性，要通过公共的法律形式加以保证，但是，二者却可以在一个相对的意义上，具有各自的独立性和自主性，谁也不对谁总是拥有优先权。换言之，由于公共领域和私人领域是两个不同的领域，就像井水和河水的关系一样，二者并不一定绝对对立冲突，可以

① J. S. 朱恩. 私人领域与公共领域之间的辩证：关于公共福祉的重新争论. 孟凡民，编译. 北京行政学院学报，2005 (6).

共依共存"①。在认清了公共领域与私人领域的关系基础上，还应认识到一点，即由于中国社会历来缺失市民社会的品格并且至今尚未形成成熟的市民社会，因而中国当下不仅难以形成可欲的公共领域，即便是私人领域也仅是以"私生活"为其内里而已，因而中国当下尚难以谈及公共领域与私人领域的零和博弈和良性互动问题。

一般而言，公共财产与私人财产分属公共物品和私人物品。不论是公共物品还是私人物品，都具有产权的不完全性。正如巴泽尔（Yofam Barzel）指出的："如果交易成本大于零，产权就不能被完整地界定。……因为全面测量各种商品的成本很高，所以每一桩交换中都存在攫取财富的潜在机会。攫取财富的机会等价于在公共领域中寻找财产；在每桩交换中，有一些财富溢出，进入公共领域，个人就花费资源去攫取它。"② 虽然不论是公共财产还是私人财产，都具有产权界定上的不完全性，但相对于私人财产的产权界定而言，公共财产的产权界定就更为困难，公共财产的大量价值会溢出而进入公共领域。在中国，虽然《宪法》宣告公共财产是"神圣不可侵犯"的，但公共财产的保障实践却表明，"公地悲剧"一再上演，公共财产成了人人得以鱼肉的"唐僧肉"。此外，虽然我国《物权法》宣告了所有权一体平等保护原则，但不论是财产权制度设计，还是财产权保护的行政和司法实践，对私有财产的保障都远远不够，产权歧视已然成了一个非常严重的问题。公共财产与私人财产的保障应并重，偏废任何一端都会带来相当严重的社会问题。因此，笔者建议，应通过修宪，把《宪法》中"社会主义的公共财产神圣不可侵犯"之用语删除。删除这一用语也不代表着社会主义公共财产就可以随意侵犯了，而只是为了昭示财产权的平等保护意旨而已。

在中国加速城镇化的今天，公益与私益的对立已经演化成一个严重的社会问题，尤其在土地和房屋征收补偿中，二者的矛盾对抗大有难解难分之势。公益与私益不应成为对立的两极，政府不能假公益之名肆意地侵害私益，私益也不能在法律之外挖公益的墙脚。私益是小而化之的公益，公益是大而化之的私益。不论是以公抑私，还是以私侵公，都会导致社会整

---

① 王中江. 中国哲学中的公私之辨. 中州学刊，1995（6）.

② Y. 巴泽尔. 产权的经济分析. 费方域，段毅才，译. 上海：格致出版社，上海三联书店，上海人民出版社，1997：3-4.

体利益的残缺和分配的失衡。中国传统观念中的“舍小家为大家”固然不错，私人为公益作出必要的特别牺牲也具有正当性，但若一味地强调甚至将其推向“存天理灭人欲”的极端，“小家”就会枯萎，“大家”就会成为无根之木、无源之水。覆巢之下固无完卵，而无卵之巢的存在又有什么意义呢？所以说，“小家”的私益与“大家”的公益同等重要，应予以同等的保障。“公”并非社会主义的唯一本质，社会主义也有“私”，因而在中国当下倡导私益的制度保障和存续保障并不有悖于社会主义道路，在公与私的关系处理上，不能过于意识形态化。

社群主义者批评自由主义者太个人主义了，而自由主义者则批评社群主义过于压抑人的个性。其实，不论是社群主义还是自由主义，都是一种观念，在认识论上是有意义的，但理念的践行却一定都得打个折扣。极端的社群主义主张会导向集体主义，从国家统治角度讲会导向极权主义。英国著名作家奥威尔（George Orwell）在其小说《1984》中，早已向世人揭示了极权社会的极端恐怖，所以说这不是一种可欲的社会。当然，如果自由主义走向了极端，就会导致自利主义的横行。自利主义即自私自利的个人主义，这是应予否弃的一种价值观。如果人人都追求无边界的自由，那就人人都没有自由。实际上，自由是管束的结果，而非放任的结果。人本质上是一种社群动物，就像鱼不能离开水而生存一样，人也不能脱离社群而独存，所以说“群己权界”的存在既是人的一种生存和生活状态，也是人之为人不能摆脱的一种生境定数。从尊重个人的主体性角度讲，自由主义有其正当性；而从维持团体生境的角度讲，社群主义主张有其必然性。因而社群主义与自由主义相互攻伐是不必要的，而是应将二者协调起来而非各执一端。

唐朝大儒柳宗元在分析秦朝的郡县制时曾指出，对于秦以前的分封制，“秦之所以革之者，其为制，公之大者也；其情，私也，私其一己之威也，私其尽臣畜于我也。然而公天下之端自秦始”（《柳河东全集·封建论》）。可见，柳宗元认为，秦实行郡县制乃“公之大者也”，尽管始皇帝实行郡县制的本意是为己之私，但其结果却是“公天下”。由此可见，在公与私的辩证关系上，不论是主动调和还是被动妥协，公与私都不是截然对立的关系。无公则私不足存，无私则公难以成。

第二节　公法与私法的分际

一、罗马法上的公法与私法

公法（ius publicum）和私法（ius privatum）的区分是罗马人的一项发明。[①] 据有学者考证，早在公元前5世纪出现的《十二铜表法》就是私法而不包括公法。这就是说，早在制定《十二铜表法》时，古罗马人就已经有了公私法之分的思想。[②] 在罗马法上，公法与私法的分类之所以被提出，起初的缘由之一是应法科学生研习法律之需。如查士丁尼皇帝在《法学总论——法学阶梯》一书的开篇即指出："法律学习分为两部分，即公法与私法。"[③] 罗马法虽早已提出了公私法的划分，但公法与私法在罗马法上却不是平行发展的，罗马法以私法的发达最为著名，以至于"罗马法"与"罗马私法"具有了可近乎相互替代的含义。罗马法学家的注意力之所以集中在私法上，可能是由于那时法学家有意识地回避公法问题。如有西方罗马法学者指出："事实上，仅仅私法才是许多世纪以来人们认真注意的对象；公法仿佛是个徒有其名的、无用的，甚至是危险的对象"；"罗马法提出了公法和私法的划分，但这样做的目的在于撇开公法——如果真的存在公法的话。换句话说，法学家们谨小慎微地避开了这个危险的禁区"[④]。

《法学总论——法学阶梯》指出："公法涉及罗马帝国的政体，私法则涉及个人利益。这里所谈的是私法，包括三部分，由自然法、万民法和市民法的基本原则所构成。"[⑤] 乌尔比安（Domitius Ulpianus）指出："公法是涉及罗马（公共）事务状态的法，私法是关于个人利益的法：实际上，有一些事务是公共利益的，一些事务是私人利益的。公法由神圣法、有关

---

① 黄风. 罗马私法导论. 北京：中国政法大学出版社，2003：7.

② 沈宗灵. 比较法研究. 北京：北京大学出版社，1998：118.

③ 查士丁尼. 法学总论——法学阶梯. 张企泰，译. 北京：商务印书馆，1989：5.

④ R. David，J. Brierley. *Major Legal Systems in the World Today*. London：Steven & Sons，1985：pp. 81，63；同②119.

⑤ 同③5－6.

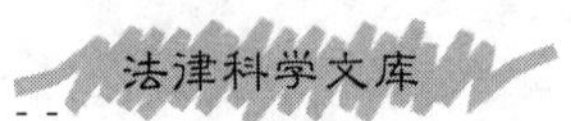

宗教祭司和执法官制度组成。私法由三部分组成，即自然法规则、万民法规则和市民法规则。”① 在罗马法学家看来：“自然法是自然界教给一切动物的法律。因为这种法律不是人类所特有，而是一切动物都具有的，不问是天空、地上或海里的动物。由自然法产生了男与女的结合，我们把它叫做婚姻；从而有子女的繁殖及其教养。的确我们看到，除人而外，其他一切动物都被视为同样知道这种法则。”“市民法与万民法有别，任何受治于法律和习惯的民族都部分适用自己特有的法律，部分则适用全人类共同的法律。每一民族专为自身治理制定的法律，是这个国家所特有的，叫做市民法，即该国本身特有的法。至于出于自然理性而为全人类制定的法，则受到所有民族的同样尊重，叫做万民法，因为一切民族都适用它。因此，罗马人民所适用的，一部分是自己特有的法律，另一部分是全人类共同的法律。”② 由上述关于“市民法”的定义可以看出，古罗马的市民法虽然与现代的“民法”（civil law）用词相同，但却不能望词生义地将罗马法学家所说的“市民法”简单地理解为自《拿破仑法典》问世后人们通常所说的私法意义上的“民法”，因为市民法仅是私法的多重法源之一。③ 申言之，“市民法”是古罗马的“国内法”，市民法与万民法相对而言，市民法本身又可以再划分为公法与私法④，因而“市民法”与现代属于私法范畴的“民法”不可同义观之。

在罗马法渊源中，调整私人关系的法并不就属于私法，也有大量的调整私人关系的法属于公法。这种情形恰恰出现在社会利益或一般利益与个人利益重合之时。比如，人们完全可以在契约中规定不对过失包括最严重的过失负责，却不能对诈欺作这样的规定，因为，不让欺诈者占便宜已涉及一般利益。同样，在嫁资制度中有大量旨在保护妇女嫁资不受损害的规定，妇女不能放弃这一法律照顾，因为“国家重视维护妇女的嫁资”；父

---

① 罗智敏，译. D.1.1.1.2，学说汇纂：第1卷. 北京：中国政法大学出版社，2008：7.

② 查士丁尼. 法学总论：法学阶梯. 张企泰，译. 北京：商务印书馆，1989：6-7.

③ 张乃根. 西方法哲学史纲：修订版. 北京：中国政法大学出版社，1997：80.

④ 彼德罗·彭梵得. 罗马法教科书. 黄风，译. 修订版. 北京：中国政法大学出版社，2005：7.

亲也不能免除监护人报账的义务，因为“国家重视保护受监护人的财产”①。反之，一些在现代法看来属于公法领域的问题，如盗窃等，在罗马社会相当时期内被纳入私法领域，因为罗马人认为其行为侵犯的是私人利益。② 再如，罗马法把诉讼法放在私法中，认为民事诉讼是为了私人的利益，因而有关诉讼程序的规定属于私法的一部分。③ 因此，罗马法上公法与私法的类型划分和类型归属，与现代法上的部门法观念和公私法的范围有所不同，对此不可不察。

我国当代学者在提及罗马法上的公私法划分标准时，往往只会提到乌尔比安所提出的划分标准，这给人的印象似乎是罗马法上存在着统一的且确定的公私法划分标准，但实则不然。在罗马法上，公私法的划分标准不是单一的，并且有关公私法的划分和法的归属也是存在争议的。④ 概括而言，罗马法提出了三种公私法划分的标准。其一，创制渊源标准。法的创制渊源标准是罗马法最早提出的公私法划分标准。按照此标准，凡是由国家或者公共权力机构制定的规范均属于公法，与此相对应，凡是由私人自主协商约定的或者自愿采纳的规范或习惯则属于私法。其二，调整对象标准。法的调整对象标准（目的标准）就是我们通常所言的乌尔比安提出的公私法划分标准，即公法造福于公共利益，以公共利益为调整对象；私法造福于私人利益，以私人利益为调整对象。其三，法的效力标准。法的效力标准被认为是罗马法上公私法划分的一种辅助标准，即公法是具有绝对强制力的，因而是不可变通的；而私法则往往允许当事人通过合意予以变通，或者仅仅适用于当事人协议所忽略调整的事项。“公法不得被私人协议所变通”，“简约不可变更法律”，这是体现法的效力标准的两句著名罗马法法谚。⑤ 后世有关公私法划分标准的提

---

① 彼德罗·彭梵得. 罗马法教科书：修订版. 黄风，译. 北京：中国政法大学出版社，2005：7-8.

② 费安玲主编. 罗马私法学. 北京：中国政法大学出版社，2009：25.

③ 周枏. 罗马法原论：上册. 北京：商务印书馆，1994：92. 关于民事诉讼程序的归属，萨维尼持不同观点，其认为，在罗马法上，民事程序和刑法都被公法这个名称所涵括。萨维尼. 当代罗马法体系Ⅰ：法律渊源·制定法解释·法律关系. 朱虎，译. 北京：中国法制出版社，2010：26.

④ 朱塞佩·格罗索. 罗马法史. 黄风，译. 北京：中国政法大学出版社，1994：109.

⑤ 黄风. 罗马私法导论. 北京：中国政法大学出版社，2003：7-8.

出（下文述之），都是在继受和扬弃罗马法的上述三个划分标准的基础上发展而来的。

二、公法与私法的划分标准

公私法划分标准的提出是建立在公私法二分基础之上的，在对相关的划分标准予以分析之前，首先应明确一点，即有学者持法律一元说，否认公私法的划分，故其也反对一切的公私法划分标准。如奥地利学者凯尔森（Hans Kelsen）指出："在传统法学中，私法与公法之间的区分成为法律体系化的基础。可是我们在徒然地寻求这两个概念的明晰定义。……因而，私法与公法之间的区分，根据人们所希望同私法划分开来的是刑法还是行政法，在意义上就有不同。作为法律的一般体系化的一个共同基础来说，这种区分是没有用的。"① 凯尔森基于其独特的法一元论的纯粹法理论，通过对诸多公私法区分标准的批判分析，在否定各种区分标准的基础上，得出了公私法划分无用论。与凯尔森同时代的另一位维也纳学派的学者夫伦滋·威雅（Franz Weyr）主张，公私法的划分不但无裨实益，反有妨害统一的体系之法律学的发达之虞，所以从法律学的研究方法着想，不如撤废公私法的二元划分。② 我国民国时期学者黄右昌认为："建立中国本位新法系，自当确认三民主义为法学最高原理，民族民权民生即民有民治民享，所有法律，都是民众的法律，乃必强为分曰：何种法律，为国家与国家之关系，或国家与人民之关系，谓之公法；何种法律，为人民与人民之关系，谓之私法，岂不与建国大纲第一目及三民主义相刺谬耶！不宁唯是，民事诉讼法乃规定实行权利及履行义务之程序法，如以实体法的民法为私法，则程序法的民事诉讼法，亦为私法，自无异说，乃德国学者谓为公法，法国学者谓为私法。足见界说之不明，盖学说愈多，则剖析愈难，根本取消反而透澈，此余所以不惮喋喋力主推翻公法私法之区别，而

① 凯尔森. 法与国家的一般理论. 沈宗灵，译. 北京：中国大百科全书出版社，1996：226－232.

② 美浓部达吉. 公法与私法. 3版. 黄冯明，译. 3版. 台北："商务印书馆"，1988：13.

以根本法附属法代之。”[①] 由以上几种法一元论的观点可见，否定公私法划分的理由各有不同且各有侧重，但有一点是共同的，即无法准确界定公法和私法的概念，亦即无法提出明确、统一、有效、周延的公私法划分标准，因而这一区分是不可能的或者说是无实益的。但笔者认为，公私法的二元划分已行之久远，具有非常悠久的历史传统，虽然诸多划分标准都不能针对实定法给出令人满意的“一分为二”或者“非此即彼”的解释，但这一划分对于法律现象的类型化认知和法学研习而言，还是具有相当的理论价值和解析力的；甚至在一定意义上，公私法的划分对于法的创制、法的解释适用、法治秩序的形成都具有一定的观念指导意义，因而基于某种简单化的理由而遽然否定之，尚属武断，对此否定论，笔者敬之而不从之。

公私法划分的标准不一，学者们对既存学说的概括也不一致。有学者将其概括为以下六个标准，即目的说、效力说、主体说、统治关系说、生活关系说、统治主体说。[②] 有学者将其概括为以下五个标准，即权力说、服从说、强行法说、利益说、折中说（混合说）。[③] 有学者将其概括为四个标准，而对于哪四个标准又有不同的概括和表述，如有表述为利益说、从属规范说、主体说、特别法规说（新主体说）者[④]，有表述为目的说、关系说、主体说、实质说者[⑤]，有表述为目的说、法律关系性质说、权力对象说、法律关系主体说者[⑥]，有表述为利益说、隶属说、主体说、自由决策说者[⑦]，有表述为利益说、应用说、主体说、性质说者。[⑧] 有学者将其概括为三个标准，而对于哪三个标准又有如下的不同表述：利益说、主体说、性质说[⑨]，利益说、从属说、主体说[⑩]，利益说、法律关系平等与

---

① 黄右昌．民法诠解・总则编：上册，2//转引自郑玉波．民法总则．北京：中国政法大学出版社，2003：3.

② 史尚宽．民法总论．北京：中国政法大学出版社，2000：4－5.

③ 沈宗灵．比较法研究．北京：北京大学出版社，1998：124－126.

④ 王泽鉴．民法总则．增订版．北京：中国政法大学出版社，2001：12.

⑤ 林诚二．民法总则：上．台北：瑞兴图书股份有限公司，2005：10.

⑥ 富井政章．民法原论：第1卷．北京：中国政法大学出版社，2003：14－18.

⑦ 李永军．民法总论．北京：法律出版社，2006：13－14.

⑧ 龙卫球．民法总论．2版．北京：中国法制出版社，2002：7－9.

⑨ 郑玉波．民法总则．北京：中国政法大学出版社，2003：4－7.

⑩ 黄立．民法总则．北京：中国政法大学出版社，2002：9－11.

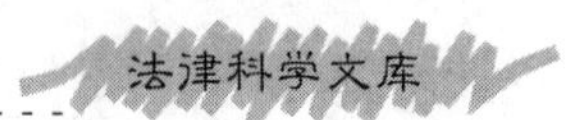

否说、主体说[①]，利益说、隶属说、主体说。[②]

对于上述林林总总的划分标准，若求其同存其异，合并观点基本相同者，保留观点具有独特新意者，则传统的公私法划分标准可归纳为七大主要标准，即目的说、主体说、法律关系性质说、规范效力说、自由决策说、权力对象说和混合说。以下就这七种标准的主张及其作为划分标准的妥当性，分别作一简单评述。

（一）目的说

"目的说"以法律所保护的目标利益为标准来区分公私法，凡是以公共利益为保护目的的法律即为公法，凡是以私人利益为保护目的的法律即为私法。"利益说"之主张与"目的说"相同，只是观察的侧重点和名称不同而已。

对于某一公私法划分标准之妥当性的评价，学界历来采用的是"归谬法"，即找出某一反例来反证某一划分标准的不妥当性或不周延性，从而否定该划分标准的准确性或科学性，以达其在理论上否弃或另立新说的目的。学界一般认为，目的说是由罗马法学家乌尔比安首先提出的，并且该说对后世的影响极大。但该说之所以历来受到批评，主要原因在于依其标准，公私法的区分最终要归结为"公共利益"与"私人利益"的区分上，而这无异于用一个"不可能"取代了另一个"不可能"。并且，正如本书上文所指出的，公共利益与私人利益并非零和博弈关系，而是一种良性互动和相互交融的关系，要将二者截然区分和相互隔离不仅是错误的，而且是不可能的。正是因此，有学者对目的说作了如下的否定性评价："恰恰在社会福利国家中，公共利益和私人利益往往是不能互相分离的。例如，被归属于私法范畴的婚姻制度和竞争制度，在本质上也是服务于公共利益的。与此相反，在属于公法范畴的社会照顾法或道路建设中，在很大程度上也涉及到私人的利益。"[③]

（二）主体说

"主体说"以法律关系的一方主体是否包含公权力主体为标准来区分

---

① 陈卫佐. 德国民法总论. 北京：法律出版社，2007：10-12.

② 迪特尔·梅迪库斯. 德国民法总论. 2版. 邵建东，译. 北京：法律出版社，2000：11-12.

③ 同②11.

公私法，凡是以国家或者其他公权力主体为法律关系之一方或双方的法律即为公法，凡是法律关系双方皆为非公权力主体的私人的法律即为私法。在上文提及的诸多学说中，权力说、主体说、统治主体说、法律关系主体说、特别法规说（新主体说）都可以归入“主体说”范畴。

“主体说”较“目的说”在标准的明晰性上要胜一筹，因为“国家”或者“公权力主体”的外延要比“公共利益”的外延来得更为直观明确，但正是这一明确性带来了该学说的过于简单化和武断性。针对此，有学者对主体说作了如下否定性评价：“这种理论显然是不能令人满意的。在所有现代法律秩序中，国家和任何其他法人一样，可以具有对物（in rem）权和对人（in personam）权，具有由‘私法’所规定的任何权利和义务。在有一个民法典时，该法典的规范同等地适用于私人与国家。有关国家的这些权利和义务的争端，通常就用解决私人间争端的那种方式加以处理。一个法律关系以国家为其当事人一方的事实，并不一定要将国家从私法领域中移出。区分公法与私法之间的困难正好在于国家及其国民间的关系不仅具有‘公的’而且还有‘私的’性质。”①

（三）法律关系性质说

“法律关系性质说”以法律关系的性质作为区分公私法的标准。该说又细分为以下三说：其一，权力关系说，即规范权力服从的不平等关系的法律为公法，规范权利义务的平等关系的法律为私法；其二，统治关系说，即规范国家统治权发动关系的法律为公法，规范非统治权发动关系者为私法；其三，生活关系说，即规范基于国民一分子资格之“国民的生活关系”（如纳税、服兵役）的法律为公法，规范基于社会一分子立场之“社会的生活关系”（如买卖、婚姻）的法律为私法。② 在上文提及的诸说中，效力说、服从说、从属规范说、关系说、隶属说、从属说、性质说、统治关系说、生活关系说、法律关系平等与否说等都属于对“法律关系性质说”的不同表述，其分别的主张在内容上基本相同。日本学者美浓部达吉根据不同性质法律关系中当事人意思的不同，还将法律关系性质说称为

① 凯尔森．法与国家的一般理论．沈宗灵，译．北京：中国大百科全书出版社，1996：227.

② 郑玉波．民法总则．北京：中国政法大学出版社，2003：6.

“意思说”[①]。法律关系性质说的主张可以简单地概括为：凡是调整国家与人民间的不平等关系的法律即为公法，公法体现的是国家的强制意志；凡是调整人民相互之间的平等关系的法律即为私法，私法体现的是人民的自由意志。

美浓部达吉对法律关系性质说作了如下评价：“公法的关系以权力者与服从者间的关系（Über-und Unterordnung）为通常的性质，反之，私法关系却以对等者间的关系（Coördination）为通常的性质。但这不过是两者间的通常的差异，若以之为两者的区别标准，则属大谬。国家不一定只是强制和命令人民的，同时亦站在以利益供应人民和负担义务的地位。又人民亦不单是站在服从国家的命令和忍受其强制的地位的，同时还有向国家要求某事的权利。国家与人民的关系，是互相享权利负义务的关系，而不能单纯地断定为权力服从的关系。何况此外还有国家对其他对等的国家之关系和国内的某公共团体对其他公共团体的关系。像这些关系，无论如何都不能说是权力服从的关系，但却无疑是不属于私法而属于公法的。”[②] 美浓部达吉的上述批评，是包含了一定的正确性因素的。

（四）规范效力说

“规范效力说”乃上文提及的罗马法上“法的效力说”的后世版本，“强行法说”和“应用说”属于这一划分标准的范畴。该观点认为，公法是强行法，其法律关系不能由当事人任意改变，法律应由国家机关根据其职权直接强制执行。私法则是任意法，这种法律关系可以由当事人双方通过协议加以改变，法律的强制执行也只有通过当事人的要求才能进行。但反对该说的观点认为，公法中也有关于双方合意和经过要求才能强制执行的规定（如关于行政赔偿是可以适用调解程序的）；反过来，私法中（如在婚姻法、继承法中）也有强行性的、不能通过双方协议就可任意改变的规定（如合同法上的效力性强制性规范），因而也不能以强行法或任意法作为划分的标准。[③]

---

① 美浓部达吉．公法与私法：3版．黄冯明，译．台北：“商务印书馆”，1988：25.

② 同①25－26.

③ 沈宗灵．比较法研究．北京：北京大学出版社，1998：125－126.

（五）自由决策说

“自由决策说”是德国民法学家梅迪库斯晚近提出的一种划分标准。其认为：“对不同的法律途径所作的区分，并没有得到彻底的贯彻。如果这种区分不符合私法和公法这两个法律领域之间的实体上的差异，那么我们可以将这种区分看作是一种有待清除的历史残余。然而，私法与公法之间却的确存在着实体上的差异：在私法（Privatrecht）中，占据主导地位的通常是那些自由的（freie）、不需要说明理由的决定；而在公法（öffentliches Recht）中，占据主导地位的则是那些受约束的决定。”① 其进而认为，私法上的决策自由以私法自治和所有权人自由为两大支柱。私法自治在其合法的范围内保障个人具有根据自己的意志，通过法律行为构筑其法律关系的可能性；所有权人自由，则是指所有权人有权在法律和第三人权利的框架内，任意处分其物并排除第三人对物的干预。而在公法中，法律对大部分有待作出的决定都已经作了非常详细的规定。公法对决策自由进行限制，主要有以下两方面互为补充的理由：其一，国家因具有权力工具，因此其实力远在单个的人之上，如果法律制度不对国家的这种超强实力进行限制，那么这种权力就会变得无法忍受（极权国家）；其二，公法不同于私法，公法中一般不存在将法律后果归属于决策者的现象。② 一言以蔽之，根据自由决策说，私法是“自治法”，公法是“他治法”。

（六）权力对象说

“权力对象说”认为，凡法律皆为对权力关系的规定，唯其中规定对于人之权力者，为公法；规定行使其权力于物上者，为私法。易言之，依该说的主张，“人法”为公法，“物法”为私法。有学者对该观点作了如下中肯的否定性批评：“持此说者，根本先误。盖各种法律，无非规定人间相互之关系，虽在物权，既属权利之一部，则亦不外对人之关系。苟如其说，对于毫无可疑之债权本质，将误解为非人关系，又将不明身体名誉之属于人格权中，其弊何可胜言。要之执人权物权，以别法律之公私，特彰其分析法律关系之性质，失于粗陋而已。”③

---

① 迪特尔·梅迪库斯. 德国民法总论：2版. 邵建东，译. 北京：法律出版社，2001：7.

② 同①8－9.

③ 富井政章. 民法原论：第1卷. 北京：中国政法大学出版社，2003：16.

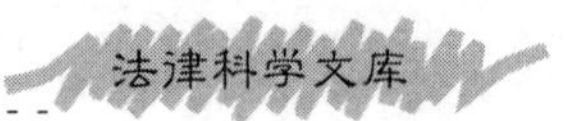

（七）混合说

“混合说”即折中说，其认为上述诸说中的任何单一标准都无法明确划分公私法的界线。混合说主张应将几种标准结合起来考虑，特别是将主体说和服从说（法律关系性质说）结合起来。在这方面，法国法学家沃林（Waline）的观点可为代表。他认为：“公法实际上是调整公共机构和被治者，即以国家为一方并以个人为另一方的法律，但并非公共机构和个人之间一切法律关系都包括在内。事实上，并非所有这些关系都由公法调整，它仅调整公共机构在行使其命令权时的那些关系。”① 美浓部达吉也主张混合说。其在论述公法与私法区别标准之多元性时指出：“关于公法私法的区别标准的学说之纷然不一，即如前述。考其主要的原因，实在于从事该区别不能只根据任何单一的标准，而应将各种不同的标准结合起来始有可能的缘故。”② 为确立公私法区别的多元标准，其进一步指出：“一切法都是社会的规律，是跟着社会而存在的，所以因法所规律的社会之差异，便当然生出法的类别。而所谓法所规律的社会之差异，又不外是那法所规律的权利义务的主体（法主体）之差异。据此，就可明白从法所规律的法主体之差异去求公法与私法的区别标准的学说，即所谓‘主体说’之所以为正当的理由。”③ 接下来，美浓部达吉又回应了对主体说的质疑：“亦有不少的人曾非难这学说，举出有时国家内的公共团体及其他——间或个人亦可以做与国家同等的公法的法主体，又有时却是国家做与私人同等的私法的法主体这两点来论证主体说的缺点，但这是除此种基本标准之外尚有后述其他附加的副标准之结果，所以这基本标准仍不失其为正当。”④ 至此，美浓部达吉提出了其混合标准的两个类型，即基本标准（主标准）和附加标准（副标准）。在美浓部达吉看来，从法的成立根据、法的规范对象、法的规范内容等角度看，除主体说之外的其他区分标准，都可以作为副标准纳入附加标准的体系中。⑤

---

① *International Encyclopedia of Comparative Law*, Vol. 2, ch. 2, p. 24. 沈宗灵. 比较法研究. 北京：北京大学出版社，1998：126.

② 美浓部达吉. 公法与私法：3版. 黄冯明，译. 台北：“商务印书馆”，1988：30.

③ 同②34.

④ 同②35－36.

⑤ 同②36－38.

三、公私法划分标准再思考

（一）应予澄清的几个问题

对于事物类型的划分和不同事物间的区别，应首先明确一个问题，即不同类型事物间的区别究竟是本质区别还是仅为事物外象的特征区别。“人”与“蜡”是两类事物，这两类事物不仅具有显然的“具象”区别，而且二者间具有本质的不同，所以说“人”与“蜡”的区别就不仅是作为现象的特征区别，而且在本质上也可以区别开来。但是，当以某人为模特，为其塑一尊栩栩如生的“蜡像”的话，“模特”与“蜡像”的区别，就不是在本质与现象上都判然有别了。作为“现象”，模特与蜡像可说是难辨真假，因而要区分模特与蜡像，就不能从特征上入手，而必须深入其本质（肉身与蜡身的区别）。公法与私法的划分和区别问题也是同样，我们应当明确，公法与私法二者间是仅具有外象意义上的特征区别，还是二者间具有本质区别，更或者是二者不论在外象上还是在本质上都具有区别？只有回答了这一问题，才可以给出划分标准的准确定位，也才能提出行之有效的划分标准。

笔者认为，公法与私法二者间不具有本质意义上的区别。在现代法上，公法与私法的类型划分所针对的对象是国家的制定法，而同作为国家的制定法，二者间并不具有本质性区别。因而欲求从本质上将公法与私法区别开，并且基于此而欲探究二者间的本质区别标准，必将是徒劳的。既然公法与私法的区别不能从本质上求之，那么要将二者区别开来，就只能从作为现象的特征入手了。打个不甚恰当的比方，公法与私法的区别就好比人与类人猿的区别一样，二者同作为灵长类动物在本质上是难以断然区别开的（人与类人猿的基因组具有99%的相似性），要将二者区别开就只能从特征上入手了（这也正是当一个人与一只类人猿站在一起时，我们不会误认人与猿的原因）。

接下来，还要明确一个问题，即罗马法上公私法划分的提出缘由和具体的划分标准与现代法上公私法划分的目的及划分标准是否具有一脉相承性。明确这一问题的意义在于解决公私法划分的体用关系，构建起学者间和不同观点间的对话平台。笔者认为，现代法上的公私法划分与罗马法上的公私法划分间不具有一脉相承性，前者不是对后者的承继。并且，在罗马法上，公私法的划分及其各自的范围是明确而无争议的，二者的区别及

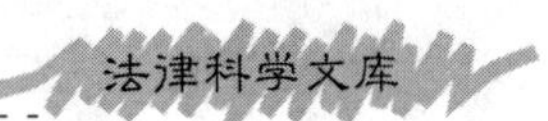

二者的涵摄范围成为一个众说纷纭的模糊问题和不确定问题只是现代法上才有的现象。一如上文所指出的，在罗马法上，公私法划分的最初标准是“创制渊源标准”，按此标准，凡是由国家或者公共权力机构制定的规范均属于公法，此外的则均为私法。换用现代法的语言来讲，即凡由国家制定的法律即为公法，非由国家制定的法律（如习惯法）则为私法。而某一法律是否由国家制定是非常明确的，所以罗马法提出公私法划分的缘起在于区别国家制定法和非国家制定法。毫无疑问，现代法上区分公私法并不在于区别国家制定法和非国家制定法，因而在此意义上，后世的公私法划分并非对最初的公私法划分的承继。在罗马法上，即便到了乌尔比安时代，虽然公私法的划分标准由高度形式化的“创制渊源标准”演变为抽象的目的标准（或者利益标准），但公法的范围仍然通过明确的列举而具有清晰的封闭性，此即乌尔比安提出的“公法由神圣法、有关宗教祭司和执法官制度组成”。而在现代法上，由于社会的变迁，上述三类罗马公法制度已不复存在，后世的“公法”“私法”概念只是借用了罗马法上“公法”“私法”的概念躯壳而已，旧瓶里装的是新酒，这再次佐证了后世的公私法划分并非罗马法上公私法划分的直接承继。因而在公私法划分问题上，没有必要“言必称罗马”，认为“祖宗之法不可变”，而是应当根据现代法的特点和划分的目的来提出二者的区别标准，托古改制则可，胶柱鼓瑟则大谬矣。

接下来，还要再明确一个问题，即公私法的划分与“国际公法”“国际私法”的划分关系问题。毫无疑问，国际公法、国际私法的划分是公私法划分的衍生品，是类推公私法的划分而准用于国际法的分类。在法学界，有人用国际公法是关于平等主体之间的法但其却属于公法为由来批判“主体说”和“法律关系性质说”之不当，也有人在论述公私法的分类时一再提及或有意回避国际法（如美浓部达吉），但笔者认为，上述两种做法都既不恰当也无必要。在现代法上，公私法的划分是有关一国、一法域内的制定法的分类，与超越国家、跨越法域的国际法无关，虽然存在国际公法、国际私法的提法，但是却不能用国际公法、国际私法的特性去肯定或否定某一公私法的划分标准，因为公私法的划分标准都是针对国内法或域内法的。明确了这一点，就可以少去很多不必要的纷扰和争执。

（二）多层标准体系的构建

既然公法与私法的区别不是本质上的区别，而是作为法律现象上的特征区别，那就意味着公法与私法的划分标准不可能是单一的。本质相同的两个事物所呈现出来的外观特征必然会既有共性也有个性，而作为“个性”，其区别点不可能只有一个。这就如同我们面对一个陌生人谈论两个特定男人的区别，你不可能只用一个特征就将两个男人完全区别开，而是需要对二人的诸多显著特征作整体的描述。现象是事物本质的外化，而不同现象对事物本质的反映程度是不同的。因此，我们在认识一个单一事物的本质时，就会像剥洋葱一样，由表及里地层层进行下去；同样地，我们在比较两个事物时，仅通过某一层面特征的比较，是不可能把两个事物完全区别开的，而必须将二者不同层面的特征进行整体的比较方有可能。职是之故，任何一个单一的公私法区分标准都不可能完成公私法区分的任务，在此意义上，就方法论而言，上述的“混合说”（折中说）是科学的。因此，笔者之所以将公私法的区别标准名之为“多层标准体系”，意在强调以下几点：公私法的区分标准是多元的而非单一的；多元的区分标准并非都处于同一层面而是分处不同的层级；多元标准之间构成一个体系而非“无机组合”。

在上文提及的自古罗马至现代的诸多区分标准中，除混合说外，作为一种单一标准的“创制渊源标准”和“权力对象标准”是首先应予否弃的。创制渊源标准是罗马法上特定历史阶段的特殊产物，可以说是人类法律由不成文法向成文法过渡时期的特有法律现象，如果用现代的法律语言来讲，与其说是公私法的区分标准，还不如说是成文的制定法与不成文的习惯法的区别标准。而在现代法上，不论是公法还是私法都是国家法、制定法、成文法①，因而法的“创制渊源”已经不再是公私法的个性，而是其共性，作为共性，当然是不能再以之为区分标准的。“权力对象标准”将公法界定为“对人法”，将私法界定为“对物法”，其不当是显而易见的。不论是公法还是私法，所有法律都是“人对人的法律”，而不可能存在纯粹的“物法”，即便是合同法、物权法等以财产关系为内容的法律也是以人为法律关系主体的法。所以说，“权力对象标准”近乎无稽之谈，除备为一说外，实不足为用。除去这两个单一标准外，剩下的目的说、主体说、法律关系性质说、规范效力说、自由决

① 《民法总则》已将“习惯”确立为民事法渊。习惯是非国家的、自生自发的、不成文的法，对此例外不可不察。因此准确以言，有作为私法的习惯法，也有作为公法的习惯法（如宪法习惯）。

策说五个标准，都具有一定的正确性，都部分地揭示了公私法的一定区别之点。

笔者认为，可以从法律现象的“体”“用”关系上来把握法律的特征。“薪，火之体也。火，薪之用也。火无体，待薪然后为体；薪无用，待火然后为用。”（邵康节《渔樵对问》）如同薪之为体、火之为用一样，法律本身为体，法律适用则为用，因而法律之体、用构成了法律特征的两个首要层面。目的说、规范效力说为法律之体层面的区分标准，其是就法律本身所为之观察；而主体说、法律关系性质说、自由决策说为法律之用层面的区分标准，其是就法律适用中形成的法律关系的不同要素所为之观察。这五个区分标准中的任何一个单独都不足以将公法与私法区别开来，而必须结合起来为综合的考察。根据人认识事物的一般规律——由易到难、由表及里、由近及远、由感性认知到理性认知，我们在识别某一法律制度是应当归属于公法还是私法时，应按照“由用到体”的顺序进行。详言之，先看法律关系主体——是否包含公权力机关，如果一方或者双方为公权力主体，则可将形成该法律关系的法律初步定为公法；如果双方皆为非公权力主体，则可初步定为私法。再看双方的主体地位——是隶属关系还是平等关系，如果为隶属关系，则定为公法；如果为平等关系，则定为私法。法律关系主体的法律地位是否平等不是仅从形式上就能作出判断的，而是需要作实质性判断，判断的主要依据就是当事人是否能够自由地表达自己的意志，这即进入下一个判断标准——自由决策与否的问题。若是贯彻一方主体的单方意志的，则为公法；若是双方意思都得以充分表达，法律关系的形成是双方意志之合致结果的，则为私法。以上三个步骤，是就法律关系要素“用”这一层面的判断，接下来要进入的就是“体”的判断。先就法律规范的效力进行判断，如果形成法律关系的法律是强行法，是当事人不得依其私意而改变的，则为公法；反之，如果形成法律关系的法律是任意法，是当事人可以选择适用与否或者改变与否的法律，则为私法。最后一步的判断，是法律的规范目的——是以公益的保护为直接目的还是以私益的保护为直接目的，以公益保护为直接目的的法为公法，以私益保护为直接目的的法为私法。如果经由以上五步判断，我们再得出结论说某一法律是公法或者私法，那就具有了比较充分的说服力，而不会失之武断或者过于挂一漏万、以偏概全。

公私法的区分标准所揭示的就是公法与私法的特性，更准确言之，是公私法的主要特性而非全部特性。因而所谓的“多层标准体系”不是封闭的，而是开放的。如果说上述五个标准揭示的是主要矛盾方面的特性，那么还会存在诸多的次要矛盾方面的特性没有被揭示出来或者说被有意识地忽略掉了。就此而言，公私法的划分永远是相对的，而不可能是绝对的。因而试图将法律体系一分为二地切分为公法和私法的想法，既是不切实际的幻想，也是不具有任何实益的无用之举。公法与私法的划分是一种理念、一种理论、一种学说，而非实证法的一个现实分类①，因而将现实的国家制定法进行公私法的类型归属，就必然是一个认识上的判断问题。正如“休谟之叉”所揭示的那样，从“是”无法推出“应当”，从“应当”也无法推出“是”，事实判断与价值判断是无法一一对应地统一起来的。当然，我们也不能由公私法区分的相对性而导向公私法区分之不必要的法一元论观点。公法与私法的划分有其现实意义，因为人们赋予了公法与私法以不同的特性和法理念，当我们对实证法进行归属时，就意味着我们赋予了不同的法律其不同的理念期待。例如，是公权控制还是意思自治？是公益优先还是私权保障？是强制适用还是选择适用？是禁止类推还是类推适用？是排除一切合理怀疑还是盖然性优势证据？是举轻以明重还是举重以明轻？等等。观念乃行动的先导，观念变了，行动也就变了，因而观念的选择和立场的确定会直接影响到法本身的价值和相应的法律实践，这正是划分公私法的意义所在。

最后，本书拟斗胆给公法与私法分别下一个“相对论”意义上的定义。定义的目的不在于固化公私法的内涵和明确界定其外延的边界范围，而在于为后文分析公私法的交融提供一个讨论的坐标和支点。所谓公法，是指型构以公权机关为一方或者双方主体，以行使公权力一方之意志的单向贯彻为主要内容的隶属型法律关系的强行法，其目的旨在保护和实现公益。所谓私法，主要是指型构以非公权机关为双方主体，以双方自由意志之合致为主要内容的平权型法律关系的任意法，其目的旨在保障和实现私益。

---

① G·拉德布鲁赫．法哲学．王朴，译．北京：法律出版社，2005：127．

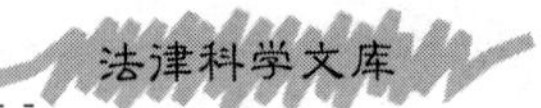

第三节 公法与私法的交融

一、法秩序的统一性

"法秩序的统一性"("法律秩序的统一性"),属法学方法论中有关法律之体系性研究的一种研究方法、法律观念和解释方法。德语 Rechtsordnung 一词可对译为汉语的"法律制度"、"法律体系"或"法律秩序",因而"法秩序的统一性"("法律秩序的统一性")即"法体系的统一性"("法律体系的统一性")。正是在此意义上,德国法理学界将"法律体系"视为"法律秩序的构成"①。法律体系或者法律秩序是一国(或者一法域)的整体法律制度,因而在将 Rechtsordnung 一词译为"法律制度"时,用于表示"法律秩序"或者"法律体系"的德语词即要相应变为 Gesamtrechtsordnung,其义为"整体的/所有的/全部的法律制度"(Gesamt 义为"整体的/所有的/全部的")。就此而言,Gesamtrechtsordnung 与 Rechtsordnung 皆可译为"法律秩序"或者"法律体系"。简言之,所谓"法秩序的统一性",即把一国现行有效的全部法律制度视为一个整体,其整体与部分之间、部分与部分之间、单一法律规范与其他法律规范之间形成一种无矛盾的协和统一的有序状态。

对分散的法律制度进行整体的体系化思考并非法学方法论的独创,体系思考乃人类固有的类型化整合思维潜能的自发流露。但在法学方法论意义上,对法律进行有意识的体化系思考的法学流派应首推 19 世纪兴起并占据主导地位的概念法学派。概念法学派的最高理想是建立起一个无所不包、内部自洽的概念体系,即耶林(Rudolph von Jhering)所称的"法学的概念天国"。对于这一"天国",耶林曾经不无诙谐地作了如下描写:"既然你是个罗马法学者,你将去往法学的概念天国。在那里你将会再次看到你在尘世中所研究的所有法律概念。但是,你会发现这些概念并不像尘世中的立法者和实践者所熟悉的那样,处于不完美和残缺的状态。它们将是完美的,没有瑕疵的、纯粹的、理想的。在这里,法律理论家因为他

① 伯尔尼·魏德士. 法理学. 丁小春,吴越,译. 北京:法律出版社,2003:67.

们在尘世中的贡献而被奖赏。在这里，以与尘世相隔绝的形式出现的概念将是完全清晰的。理论家面对面地注视这些概念，并像同类一样跟它们交往。在尘世，他们徒劳无功地寻找问题的解决办法。在这里，他们可以让概念自身来解答这些问题。在这里不会再有世俗的困扰。……科学的信徒们在其尘世生涯中所热衷的所有其它难题，在这里都被解决了。"① 在这段描述性的语言中，耶林实际上采取了"反话正说"的反讽手法，指出了尘世中法学概念的不完美性、残缺性和不清晰性，认为罗马法学家们所构建起来的概念体系是不能解决"尘世问题"的。德国法学家恩吉施（Karl Engisch）是首先对概念法学中的体系思想进行批判性讨论的学者之一。其指出，法学不可能构成像数学或者其他可精确计算的科学那样严格的"公理式"体系，那种严格的体系首先需要定量的基本概念或公理，而法学的概念如此之多，"一如自然以及社会的世界所能够提供给吾人者一般"，因而法学本身不可能构成一个封闭完结的概念群，"公理式演绎的方法在法学中绝不可行"。但恩吉施并没有因此而放弃法学研究的体系化思想，其认为只要我们仍然应该研究"真正的法秩序"及其在思想上的渗透影响，就不能放弃体系思想。正如其所指出的，实证法秩序内在的一致性，其一方面是法学体系化工作的成果，另一方面则是一种先决规定，"借此，（作为人类精神活动产物的）法秩序内的一些规范性及目的性关系，彼此才不致混沌一片"。基于此，恩吉施结论性地指出："只要该当法秩序的基本思想及主要价值决定彼此协调一致（这也是法思想所要求的），法学就应该将此等一致性显示出来，并由此得出应有的结论——在这个意义上，必须体系性地从事法学研究。"②

但须指出的是，"法秩序的统一性"仅是一种理想而非现实。事实上，法律通常是各种价值冲突相妥协的产物，具体法律规定与法律整体往往都有其各自不同的产生历史。因此，法律并非"一次性的（aus einem Guss）"锻造物，而是充满了紧张对立和不能解决的矛盾的，这在整体法律秩序中就更为明显。可见，那种认为法律、宪法甚至整个法律秩序是

① 鲁道夫·冯·耶林. 法学的概念天国. 柯伟才，于庆生，译. 北京：中国法制出版社，2009：4-5.

② 卡尔·拉伦茨. 法学方法论. 陈爱娥，译. 北京：商务印书馆，2003：43-44.

协调的“评价统一体”和“意义统一体”的观点其实是自觉或不自觉的理想，从现实角度看，它不过是幻想而已。之所以会产生此种幻想，是因为“它假定立法者自己不会出现冲突，而这个假定被历史证明是错误的”①。因此，在正确理解法秩序的统一性时，我们应该清醒地把握“是”与“应当”的关系、“实然”与“应然”的关系，不能错把理想当成现实、把幻想当成真实。当然，既然在理想状态上，法律秩序应当具有统一性，那就意味着，一个具有统一性的法律秩序是可欲的。为此，我们就仍有必要为实现法秩序的统一性而继续作出努力。②

一个值得被评价为具有统一性的法律秩序，至少应具备以下六个“统一性”。

其一，规范目的统一性。不论是自生自发的秩序规则还是理性建构的秩序规则，都必然或隐或显地具有特定的规则形成目的（立法宗旨、法律价值）。如果说整体法秩序的规范目的在于实现“通过法律的社会控制”〔罗斯科·庞德（Roscoe Pound）语〕，那么构成这一整体法秩序的各个部门法体系就会形成统摄于该整体目的下的部门法秩序目的。如刑法在“罪刑法定”的核心价值观下形成了打击犯罪、保护无辜的规范目的；行政法在“依法行政”的核心价值观下形成了控制公权滥用、建设法治政府的规范目的；民法在“私法自治”的核心价值观下形成了保护人民意思自主、人格自由的规范目的。在实证法体系中，整体法秩序的规范目的体现于一国的宪法之中，因而规范目的的统一性首先是指刑法、行政法、民法等各部门法的规范目的应当统一于宪法的规范目的，不得与之相冲突。规范目的的统一性以保持各部门法独立的规范目的为前提，而不在于将各部门法统一到同一规范目的上去。“统一”是一种彼此相容的“和谐”，而非用此者消灭他者的“同一”。

其二，概念构造统一性。法律规范是由一系列法律概念连缀而成的判

① 伯尔尼·魏德士. 法理学. 丁小春，吴越，译. 北京：法律出版社，2003：126.

② 关于法秩序统一性或法律体系的研究目前尚处于婴儿期，这不仅因为所涉及问题的本质目前还没有得到充分的理解，而且还因为这些问题的重要性也没有得到应有的评价（约瑟夫·拉兹. 法律体系的概念. 吴玉章，译. 北京：中国法制出版社，2003：146.）。因此，法秩序的统一性虽然不是现实，但其本身仍是值得去努力追求和接近的一个理想。

断语句，法律概念的内涵和规范性直接决定了法律规范的语义。法律概念是概念法学倾力研究的对象，在概念法学看来，任何一个法律概念都应有其固有的内涵和确定的外延边界，法律秩序的统一性正是来自法律概念的统一性。也正是在此意义上，概念法学认为法律体系是一个逻辑自洽的概念体系。概念法学的上述主张虽然是夸大其词，但其真理性成分是不容否认的。亦即，一个整体法秩序要具有统一性，最起码的要求是做到法律体系内部的法律概念的统一，如果连用于表意的概念工具都不能做到统一，又何来最基本的形式意义上的法秩序统一性呢?！为此，不论是立法者还是法学者们，在进行法律概念的构造时，一方面应关照其概念术语的选择是否足以表达所欲的概念功能，另一方面在赋予其规范含义时还应关照到此一概念与其他概念的语义协调、此一概念在整体部门法体系乃至整个法律体系中的含义一贯性。以“所有权”概念为例，所有权的内涵、类型、归属、得丧变更等是典型的私法制度，我国《物权法》已就此等内容作了详细规定，这就意味着在行政法上、刑法上凡是涉及所有权问题，就都应以《物权法》所规定的所有权内涵为准据而不得与之相冲突，否则所有权制度就无法形成其内在的秩序统一。就是在整个《物权法》内部，所有权的概念含义亦应保持其统一性。就此而言，我国《物权法》的相关规定就有违概念构造统一性的要求。简单指出一点，如国家土地所有权、集体土地所有权就无可得处分性，而处分性是所有权最要害的、最不可或缺的基本属性，一个先天缺失了处分权能的土地所有权就难谓民法意义上的所有权。

其三，事实评价统一性。“系统思维不允许出现明显的评价矛盾。换言之，如果基于相同的事实得出了不同的法律后果，那就违背了追求合理性的立法。”① 因此，所谓事实评价统一性，就是相同事实相同评价，不同事实不同评价。法律规范由事实构成和法律效果两部分构成，“事实构成”是法律规范中的行为模式建构部分，而“法律效果”就是针对不同的行为模式作出的法律评价。所谓“事实相同”，更准确以言，是指“事实相似”，即对事物进行类型化思考时的类型归属同一性，同一类型的事实应作相同评价，不同类型的事实应作不同评价。如在人类的主流伦理和法律制度中，“杀人偿命”是一条基本法律规范，凡非法剥夺他人生命者应

① 伯尔尼·魏德士. 法理学. 丁小春，吴越，译. 北京：法律出版社，2003：68.

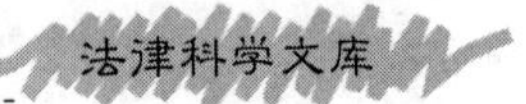

对其处以极刑，从而实现“以命抵命”的法律评价。张三杀人了，张三应被判处极刑而以命相抵，李四杀人了，李四也应该被判处极刑而以命相抵，这就实现了由法律规范的法律效果评价统一性到个案司法评价效果的统一性。也正是基于“同态复仇”的朴素心理，对杀人者处以生命刑仍是现在世界上绝大多数法域的选择，“死刑废除论”难以取得决定性胜利的主要原因即在于此——死刑具有正义性。如果说对杀人者处以死刑具有正义性，那么对于非为杀人的犯罪行为同样处以死刑是否具有正义性呢？这可能是死刑废除论者可以寻求的一个突破口，因为杀人与非为杀人是两个不同的事实类型，对两个不同的事实类型作出相异的法律评价可能更具正义性，也更符合事实评价统一性的体系要求。为此笔者主张，在刑法的罪责体系中，应针对且只应针对“故意杀人罪”和近乎故意剥夺他人生命（如使受害人的生命质量降低至“活着比死了还难受”的程度）的犯罪行为设置死刑，对于经济犯罪等其他犯罪应逐步地废除死刑。在民法上，我国有些法律规范的设计就有违事实评价统一性的要求。如最高人民法院《关于贯彻执行〈中华人民共和国民法通则〉若干问题的意见（试行）》(以下简称《民通意见》)第 170 条规定：“未授权给公民、法人经营、管理的国家财产受到侵害的，不受诉讼时效期间的限制。”从事实评价统一性角度讲，不论是国家财产受到侵害还是非国家财产受到侵害，所产生的都是受害人的侵权损害赔偿请求权，作为同一类型的债权请求权，应一体地受到时效制度的限制，上述规定独将国家财产受害的事实构成排除在时效制度的统一评价之外，其正当性显然欠缺。

其四，规范效力统一性。法律秩序的规范效力统一性，可以用法律秩序位阶结构理论（die Lehre vom Stufenbau der Rechtsordnung）加以说明。该理论的出发点是，并非一切法律规范均处于同一位阶，不同的法律规范在法律秩序中所处的位置是不同的，此即法律秩序的“位阶结构”或者“层级结构”。在出现价值评价矛盾（即规范冲突）时，上位阶的法优于下位阶的法（lex superior derogate legi inferiori）。① 对于法的效力位阶结构，凯尔森有最完善的表达，其指出：“只要一个法律规范决定着创造另一个规范的方式，而且在某种范围内，还决定着后者的内容，那么，法

① 伯尔尼·魏德士. 法理学. 丁小春，吴越，译. 北京：法律出版社，2003：122-123.

律就调整着它自己的创造。由于法律规范之所以有效力是因为它是按照另一个法律规范决定的方式被创造的，因此，后一个规范便成了前一个规范的效力的理由。调整另一个规范的创造的那个规范和另一个规范之间的关系，用空间比喻语来说，可以表现为高级和低级的一种关系。决定另一个规范的创造的那个规范是高级规范（superior Norm），根据这种调整而被创造出来的规范是低级规范（inferior Norm）。法律秩序，尤其是国家作为它的人格化的法律秩序，因而就不是一个相互对等的、如同在同一平面上并立的诸规范的体系，而是一个不同级的诸规范的等级体系。这些规范的统一体是由这样的事实构成的：一个规范（较低的那个规范）的创造为另一个规范（较高的那个规范）所决定，后者的创造又为一个更高的规范所决定，而这一 regressus（回归）以一个最高的规范即基础规范为终点，这一规范，作为整个法律秩序的效力的最高理由，就构成了这一法律秩序的统一体。"① 我国《立法法》于第五章"适用与备案审查"中，专门就不同法规范的效力等级体系作了规定。《立法法》确立的规范效力等级体系如下：宪法具有最高的法律效力，一切法律、行政法规、地方性法规、自治条例和单行条例、规章都不得同宪法相抵触（第 87 条）；法律的效力高于行政法规、地方性法规、规章，行政法规的效力高于地方性法规、规章（第 88 条）；地方性法规的效力高于本级和下级地方政府规章，省、自治区的人民政府制定的规章的效力高于本行政区域内的设区的市、自治州的人民政府制定的规章（第 89 条）；部门规章之间、部门规章与地方政府规章之间具有同等效力，在各自的权限范围内施行（第 91 条）。根据《立法法》第 96 条规定，在出现下位法违反上位法规定的情形时，由有关机关依照其法定权限予以改变或者撤销。这一规范效力体系的建立有力地保障了我国立法体系上法秩序的统一性。

其五，法律解释统一性。法律解释统一性属于法律适用上之法秩序统一性的要求，这主要体现为运用"体系解释"的方法保障法律解释适用的统一性。"事实上，规范之间的矛盾危及到了法的安定性和可信度。法律秩序对同样的事实不应该且不允许规定相互矛盾的法律效果。但是另一方面，法律很少没有矛盾。立法者总是不断地犯错误，从而使规范之间产生

① 凯尔森. 法与国家的一般理论. 沈宗灵，译. 北京：中国大百科全书出版社，1996：141.

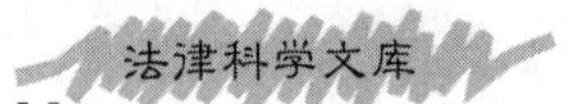

矛盾。特别是整个法律秩序包含了大量的非理性因素，因为它的诸多具体规范都来自不同时期并且通常不相一致。所以，具体法律，特别是整个法律秩序并未形成协调的统一体。如果没有统一，就只能由法律适用者通过和谐化的、解决规范矛盾的解释来创造统一。”① 体系解释就是要以具体法律条文（法律规范）在法律体系上的地位，依其编、章、节、条、款、项、目之前后关联位置，或相关法条之法意，阐明其规范意旨之解释方法。② 体系解释要关照两个方面的“体系”，一个是表现为对法律材料（Rechtsstoff）进行形式上划分（如民法、刑法）的外部的、形式的秩序体系；另一个就是按照人们追求的、协调的价值结构所形成的法律规范的内部秩序体系，它指的是实质性的序位秩序（Rangordnung）、价值体系，也就是将整个法律秩序理解并解释为内部无矛盾的统一体或“意义整体”③。通常所言的体系解释，主要指的是依据法的内部体系、序位秩序、价值体系所进行的法的统一解释。如在医学上被宣告为植物人的人是否能够依据《民法总则》第 21 条第 1 款（《民法通则》第 13 条第 1 款）规定被宣告为无民事行为能力人？如果不能适用该款规定，而就植物人的行为能力宣告问题又无其他的明确法律规定，这是否意味着申请宣告植物人为无行为能力人就于法无据？而不论在医学上还是社会通念上，植物人肯定是不能辨认自己行为的人，如果对其不作无行为能力宣告，又肯定会损及植物人自身以及其他利害关系人的利益。所以说，这一问题的解决就有赖于体系解释的方法，通过体系解释就可以得出一个较为妥适的解决方案。在“罗某林申请宣告呈持续性植物状态的罗某某为无民事行为能力人案”④ 中，审理法院即得出结论认为：被申请人罗某某经鉴定目前认知能力丧失，无意识活动，参照有关规定，目前无民事行为能力，依照《民法通则》第 13 条第 1 款的规定，判决宣告罗某某为无民事行为能力人。这就是法秩序统一性要求下体系解释的结果，其判决结果是值得肯定的。

其六，公法私法统一性。公法私法统一性不仅是法秩序外部体系（形

---

① 伯尔尼·魏德士．法理学．丁小春，吴越，译．北京：法律出版社，2003：338－339.

② 梁慧星．民法解释学．修订版．北京：中国政法大学出版社，2000：213.

③ 同①330.

④ 江苏省盱眙县人民法院（2003）盱民一特字第 424 号民事判决书。

式体系）的要求，更是法秩序内部体系（价值体系）的要求。公法私法统一性不是要用公法"吃掉"私法，把私法统一到公法中去。在计划经济年代，有人曾经指出：马列主义根本否定了资产阶级公法与私法相对立的理论。早在1922年，列宁在苏联起草第一部社会主义民法典时，对于那些企图把资产阶级的私法观点引入苏联民法的学者提出了尖锐的告诫。列宁指出："我们不承认任何'私法'，在我们看来，经济领域中的一切都属于公法范围，而不属于私法范围。"① 列宁的这一教导，是对社会主义民法理论的重大贡献，开拓了社会主义民法的新纪元，同时，也是对坚持公法与私法相对立理论的有力批判。② 这一观点，就是要把私法作为"资本主义尾巴"切割掉，把私法统一到公法中去，这种公法私法统一观既不切合实际，也是基于错误立场的有害观念。不论是资本主义还是社会主义，要建设法治政府，都离不开公法，要建设市场经济，都离不开私法，因而将私法统一到公法中去就是要消灭市场经济而实行计划经济，用国家公权力运作的政治领域吞并社会领域、私人领域。历史已经证明，此种法制观所产生的严重后果是令人感到恐怖的。因而法秩序的统一性，必须在公法、私法相区分的意义上实现公私法的和谐秩序。公法有公法的理念、规范性格和运作机制，私法有私法的理念、规范性格和运作机制，二者应是一种"和而不同"的对立统一关系。

二、公法对私法的规范效应

公法与私法分别是一个整体法律秩序的组成部分，二者各有其相对独立的理念和制度体系。就理念而言，公法的核心理念可以抽象为"管制"，私法的核心理念可以抽象为"自由"，"管制"是对"自由"的管制，"自由"是对"管制"的解禁和对抗，所以说公法与私法具有各自独立的理念系统。就制度体系而言，典型的公法包括宪法、行政法、刑法三大部门法，私法主要是指民法和商法（合称民商法）。正是在彼此独立和相互区分的意义上，公法有公法的规范领域和规范效力，私法有私法的规范领域和规范效力，二者形成一种"井水不犯河水"式的二分体系，可以用"恺

① 列宁全集：第36卷．北京：人民出版社，1959：587.

② 陶希晋．论我国社会主义民法的指导原则．法学季刊，1984（1）.

撒的归恺撒，上帝的归上帝”一语来譬喻二者之间的功能关系。但认识到这一点，还只是认识到了问题的一个方面，同样不可忽视的另一个方面是，公法与私法的独立与区分是相对的，二者不是一种完全割裂的截然分别关系，公法与私法同作为一个法律体系的有机组成部分，二者间尚具有一种渗透与反渗透的交互关系，可以用“你中有我，我中有你”一语来譬喻二者间的此种交融关系。所以说，要正确认识公法与私法的关系，就必须既把握二者间对立的一面，同时又把握二者间统一的另一面。公私法的统一性，即体现在公法对私法的规范效应和私法对公法的规范效应两大方面。

公法对私法的规范效应即学界通常所言的“私法公法化”①。私法公法化现象的发生与民法理念的演进有关。近代民法的规范模式表现为抽象人格、私的所有、私法自治、自己责任，现代民法的规范模式表现为具体人格、财产所有权的限制、对私法自治或者契约自由的限制、社会责任。② 规范模式的演进凸显出现代民法中管制色彩的增强和私人意志自由的相应退却，私法不再是纯粹关乎私人自主的自治法，具有“硬约束”性的管制性规范开始通过各种管道涌入私法体系。正如有学者所概括的，私法公法化是法律以维护公共利益和弱者权益为中心，通过国家干预，使民事主体行使民事权利时承担相应的公法义务或者国家直接承担公法义务对弱者予以特殊保护，达到个人利益和公共利益的一致，从而实现实质正义。③ 在比较法立法例上，明确把“私法公法化”思想予以法定化的典型当属《瑞士民法典》和《荷兰民法典》。《瑞士民法典》第 680 条规定：“公法规定的对所有权的限制，不得变更或废除。”《荷兰民法典》第 14 条规定：“任何人行使依私法享有的权利，不得违背成文或不成文的公法规则。”一言以蔽之，私法公法化即公法对私法产生了强烈的规范效应，公法已经成为私法规范的形成性要素和某些私法法律事实评价的重要规范依据。根据本书的大致整理归纳，我们可以从以下八个方面管窥公法对私法的规范效应。

---

① 钟瑞栋.“私法公法化”的反思与超越——兼论公法与私法接轨的规范配置.法商研究，2013 (4).

② 梁慧星.从近代民法到现代民法.北京：中国法制出版社，2000：173-182.

③ 高伟.私法公法化研究.北京：社会科学文献出版社，2012：26-27.

(一) 宪法的第三人效力问题

在一国法秩序的效力层级体系中，宪法居于最高位阶。宪法的这一“统领”地位不仅具有“立法统一性”的意义——亦即任何与之相冲突的下位阶规范都是无效规范①，而且还具有“司法统一性”意义——即合宪性解释，和“依宪法进行法的续造”的意义——此即德国法学上所谓的“宪法第三人效力”问题。“宪法第三人效力”问题即“宪法私用”问题，亦即宪法中的基本权利条款对私人间的纠纷解决能否直接适用的问题。在德国，宪法对其他普通法律领域的影响问题主要是由法院的司法实践来处理的，因而“宪法第三人效力”规则是由德国的司法实践发展而来的。德国联邦法院和联邦宪法法院将宪法的基本法价值秩序作为渗透于整个法律秩序的价值体系而作出的最轰动的判例之一就是关于“一般人格权”的判决。②《德国民法典》于第 253 条关于非物质损害的赔偿中规定了“仅在法律所规定的情形下，才能因非财产损害而请求金钱赔偿”，亦即对于人格权侵害的精神损害赔偿采用的是“法定主义”。这就带来一个解释问题，即《德国民法典》第 823 条所规定的受侵权法保护的“其他权利”是否包含未法定化为具体人格权的其他人格权呢？对此，德国联邦法院和联邦宪法法院基于德国《基本法》第 1 条第 2 款和第 2 条的价值判断，创造性地提出了“一般人格权”的概念，从而使得未被法定化的其他人格权也可以受到侵权法的保护而获得精神损害赔偿之救济。在德国，宪法的第三人效力规则在以下三个方面发挥了重要的制度功能③：一是有效地防止了对公民基本权利的变相侵害。如在 1975 年的“西德堕胎免罚案”中，法院平衡了胚胎的生命权和妇女的堕胎自由之间的冲突，使妇女具备了一定程度地独立作出与自身关系重大的决定的权利，保障了妇女根据德国《基本法》第二章所享有的个性自由。二是回应了新形势下侵犯公民宪法权利的形式上的变化。如在 1983 年的“人口调查第二案”中，德国的《联邦人口调查法》规定全面收集人口和社会结构数据，详细无遗，以备地方政府

---

① 在我国《立法法》上，与上位法相冲突的下位法应依特定程序被撤销，被撤销后的下位法即自始无效（不发生规范效力）。

② 伯尔尼·魏德士．法理学．丁小春，吴越，译．北京：法律出版社，2003：334．

③ 郭百顺．论德国宪法“第三人效力”的正当性．德国研究，2004 (4)．

施政之需。由于法案直接威胁到公民的基本权利，宪法法院非同寻常地中止了该法的实施，并且通过发展案例法首创了个人的“信息自决权”。三是救济了立法不作为所引发的宪法权利虚置问题。上文提及的“一般人格权”的提出，即为此种功能之适例。在我国，由于《宪法》不具有可直接适用性，因而更谈不上“宪法私用”的第三人效力问题，此为憾事！一部不能进入实践的宪法，当然难以对法秩序的统一性真正起到“统率”作用。在著名的“齐玉苓案”中，最高人民法院曾作过《关于以侵犯姓名权的手段侵犯宪法保护的公民受教育的基本权利是否应承担民事责任的批复》(法释〔2001〕25号)，肯定了宪法基本权利条款对私法案件的适用，因而该案被法学界誉为“中国宪法司法化第一案”。但遗憾的是，此后的最高人民法院《关于废止2007年底以前发布的有关司法解释（第七批）的决定》(法释〔2008〕15号)，又明令废止了该司法解释，这就使得我国宪法是否能够以及何时能够步入司法实践仍是一个未知数。

（二）私人所有权的客体范围

罗马法上根据“物”是否能够产生法律关系而将物区分为“交易物”和“非交易物”。“非交易物”包括“人法物”和“神法物”两种。不可交易的“人法物”在罗马法中又被区分为“共享物”、“公有物”和“团体物”。“神法物”包括“神圣物”、“神息物”和“神护物”三种。作为非交易物，“神法物”和“人法物”不用于经济目的，因而不归任何人所有，法学家们称其为“非财产物”(rullius in bonis)。国家对“非财产物”行使的保护，在今天看来，就是在行使国家的“主权”①。由此可见，法律上的“物”并非都是可以进行产权界定并确定其归属的。更准确以言，并不是所有的物都可以向私人归属，而不可以向私人归属的物也未必是由国家取得物权法意义上的“所有权”，“国家所有权”，毋宁是“国家主权”。当然，我国《物权法》已经无视“国家所有权”的此种“主权”属性，而将“国家所有权”与“私人所有权”并列为私法意义上的所有权类型。《物权法》第41条规定：“法律规定专属于国家所有的不动产和动产，任何单位和个人不能取得所有权。”此条中的“法律规定”主要指的就是公法规定。如《宪法》第9条第1款规定：“矿藏、水流、森林、山岭、草

① 彼德罗·彭梵得．罗马法教科书．修订版．黄风，译．北京：中国政法大学出版社，2005：141-142.

原、荒地、滩涂等自然资源，都属于国家所有，即全民所有；由法律规定属于集体所有的森林和山岭、草原、荒地、滩涂除外。”《宪法》第10条第1、2款规定：“城市的土地属于国家所有。农村和城市郊区的土地，除由法律规定属于国家所有的以外，属于集体所有；宅基地和自留地、自留山，也属于集体所有。”虽然我国《物权法》中也存在着上述类似规定，但此类规定都由《宪法》等公法中复制而来，并不构成原生意义上的私法规范，因而不能因为《物权法》等私法中也存在类似规定而认为上述规范同时也属于私法规范。《物权法》第41条规定中的“法律规定”为私法上所有权的归属设置了公法界限，私法上的赋权必须以公法的禁止或限制为前提。由此决定，在我国现行法上，自然资源和土地属于不能向私人归属的“物”，私的个人或团体不能取得自然资源和土地的所有权。除此之外的不动产或者动产，原则上都存在向私人归属的空间。

在此须提出一个值得探讨的问题，即违法财物之上是否存在所有权？易言之，违法财物可以成为私人所有权的客体吗？有观点认为：“没有法律根据或者违反法律规定而取得财产，属于非法取得，不能形成非法取得人的财产所有权。”[①] 另有观点认为：“非法物不能赋予所有权，假如赋予了，不仅违反民法通则，而且将彻底扰乱民法理论上所有权的取得规则。……非法物之上没有任何权利值得法律保护。”[②] 笔者不赞同上述观点，依笔者之见，违法财物上是完全可以成立私法上的所有权的，在此点上，公法的效果评价并不应构成私法上所有权取得的障碍。

为了论证违法财物上不能成立所有权，有学者将违法财物（非法物）区分为三种类型，即“主体违法的物”、“行为违法的物”和“标的物违法的物”。“主体违法的物”是指物之本身并不违反法律，只是占有物的主体存在非法的情形，如无持枪执照的人持有的枪支即为适例。“行为违法的物”是指物本身也并不违法，只是主体获得占有的行为违法，如盗窃所得之物即为适例。“标的物违法的物”是指物本身即属违法，无论什么主体占有、以何种手段取得占有，都不改变物之违法性质，如盗版音像制品即

① 马俊驹，余延满. 民法原论. 4版. 北京：法律出版社，2010：331-332.

② 冯桂，黄莹. 论非法物之物权//孟勤国，黄莹主编. 中国物权法的理论探索. 武汉：武汉大学出版社，2004：349-353.

为适例。[①] 笔者不赞同上述分类，并认为所有的违法财物都是物之取得行为违法的物。正如有公法学者指出的："所谓非法财产是指违法行为人所占有的违法工具、物品以及违禁品，如非法捕捞的渔具、赌博用的赌具。这些物品本身没有合法、非法的性质区分，只是因为当事人的违法行为，而使物品的性质转化为非法财产。"[②] 不论是在公法上还是在私法上，法律的调整对象都是人的"行为"，"物"只是行为之客体或对象，其本身在法律属性的界定上是完全中性的，无所谓合法或者违法。某物之所以被认为"违法"，盖因法律所评价的对象是物之取得行为，而非"物"本身。如未经许可的生产行为、未经许可的建筑行为、盗窃行为、抢夺行为、抢劫行为、制售毒品行为、盗版行为等，都是造成"违法财物"的"违法行为"，正是因为行为违法，所以其所形成或取得之物才被界定为"违法财物"，而"物"本身是不可能被纳入违法性之法律评价的。

物之取得行为违法，其所违之法仅指公法还是兼指公法私法二者？就此问题，存在观点上的分歧。有学者认为："所谓非法物，是指存在违反法律强制性规定或禁止性规定情形的物。"[③] 依此观点，不论是违反公法上的还是私法上的强制性或禁止性规定，都会因物之取得行为违法而成为违法财物。但另有学者认为："违法物这个概念的产生，出于国家管制的需要，违法与否，往往由体系庞杂的公法规则进行限定。根据公法的规制技术，违法物的制造人或持有人摆脱不了不能按照自己意愿控制违法物的命运，还要因此而承担行政或者刑事责任。"[④] 依此观点，造成财物违法之违法行为所违之法是公法而不包括私法。笔者赞同后者观点，并且认为违反公法的违法行为不应导致产生私法上所有权取得的阻却效果。[⑤] 公法对违法行为的评价效果是公法责任的承担，即行为者应对自己的违法行为承担行政责任或者刑事责任，而不会触及在此物之上是否能够成立私法上

---

① 冯桂，黄莹. 论非法物之物权//孟勤国，黄莹主编. 中国物权法的理论探索. 武汉：武汉大学出版社，2004：356－358.

② 应松年主编. 行政处罚法教程. 北京：法律出版社，2012：75.

③ 同①346.

④ 常鹏翱. 物权法的展开与反思. 北京：法律出版社，2007：63－64.

⑤ 王洪平. 违法建筑的私法问题研究. 北京：法律出版社，2014：39－40.

的所有权问题。公法对所有权归属的限制，除其作出的禁止向私人归属的前提性界定之外（如上文所述），公法的所有权限制并不体现在“归属”上，而是仅体现在“行使”上。申言之，公法的所有权限制是一种在私法上已经确立了所有权归属之后的“事后限制”，而非所有权能否向私人归属意义上的“事前限制”。如《阿根廷共和国民法典》第2611条即规定：“仅为公共利益而对私人所有权设置的约束，由行政法规定。”该规定就将公法与私法的不同规范功能作了言简意赅而又不失准确到位的清晰表述，即作为公法的行政法规范可以对私人所有权设置约束，但该种约束只属于“事后约束”，而非事前所有权归属意义上的肯定或者否定。

总之，笔者认为，“违法”财物上是可以成立私人所有权的，在私法的归属上，物不因其为“违法之物”还是“合法之物”而有区别，违法财物同样属于私人所有权的客体范围。

（三）物权变动的公法上要件

公法规范在特定情形下会成为私法上权利形成的规范性要素，就此而言，物权变动模式上的“登记生效主义”最为典型。我国《物权法》第9条规定：“不动产物权的设立、变更、转让和消灭，经依法登记，发生效力；未经登记，不发生效力，但法律另有规定的除外。”依此规定，除法定的除外情形——主要包括采取登记对抗主义的物权和非基于法律行为的物权变动两种情形，不动产物权变动效力的发生依行政登记而完成。目前，我国规范物权登记的主要法律依据是《不动产登记暂行条例》，该部法律在性质上属于行政法规，属公法范畴，因而依其规定所为的登记在性质上属于行政登记。这足以表明，在特定情形下，私法上的物权行为须结合公法上的行政登记行为方可发生私法上的物权变动效果，公法规范成为私权形成的要件。① 如果说以上情形属于公法规范成为私法上物权变动之积极要件的情形，那么在另外一些情形下，公法规范有时还会成为私法上

① 行政机关所为之物权登记在性质上属于“私法形成之行政处分”（privatrechtgestaltender Verwaltungsakt），属行政处分中的“形成处分”，旨在设定、变更或者废弃某种具体的法律关系。陈敏．行政法总论．台北：神州图书出版社有限公司，2003：335．

物权变动的消极要件，如我国《物权法》禁止盗赃物的善意取得即其适例。①

(四) 基于公权力的私权取得

私权的取得有原始取得与继受取得两种方式，原始取得主要是基于事实行为的取得（当然存在着例外，如善意取得），继受取得主要是基于法律行为的取得（当然也存在着例外，如基于继承的取得）。通常所言的原始取得与继受取得，都是基于私法行为的取得，如先占、添附、建造、买卖、互易、赠与等。但私权的取得并非封闭地属于私法领域，公权力机关依据公法完全可以创设私权。我国《物权法》第 123 条规定："依法取得的探矿权、采矿权、取水权和使用水域、滩涂从事养殖、捕捞的权利受法律保护。"该条规定中的探矿权、采矿权、取水权、养殖权、捕捞权等就是学界俗称的"特许物权"（或"准物权"），此等物权是经由特定公权力机关依行政法之规定而特许创设的用益物权，无行政特许，私人不可能取得此类用益物权，这是此类用益物权与一般用益物权在创设取得上的主要区别所在。在知识产权领域，专利权、注册商标专用权本质上亦是经公权力特许而创设的无形财产权。公权力不仅可以创设财产权性质的私权，而且对于某些身份性的权利，公权力的介入亦是特定身份权的取得依据。如配偶权，是夫妻相互之间和夫妻作为一个整体所享有的一种身份权，但配偶权的取得须以依法登记为前提。就此，《婚姻法》第 8 条规定："要求结

---

① 《物权法》第 107 条仅规定了"遗失物"的有条件善意取得制度，而未规定"盗赃物"，由此可推知《物权法》禁止盗赃物的善意取得。但我国有司法解释似乎已经确立了盗赃物的善意取得制度，如最高人民法院 1996 年发布的《关于审理诈骗案件具体应用法律的若干问题的解释》（法发〔1996〕32 号）第 11 条规定，行为人将诈骗财物已用于归还个人欠款、货款或者其他经济活动的，如果对方明知是诈骗财物而收取，属恶意取得，应当一律予以追缴，如确属善意取得，则不再追缴。再如"两高"、公安部和国家工商行政管理局 1998 年发布的《关于依法查处盗窃、抢劫机动车案件的规定》（公通字〔1998〕31 号）第 12 条规定，对明知是赃车而购买的，应将车辆无偿追缴；对违反国家规定购买车辆，经查证是赃车的，公安机关可以进行追缴和扣押；对不明知是赃车而购买的，结案后予以退还买主。可见，究竟盗赃物是否适用善意取得制度，是一个立法政策的选择问题，我国相关立法在此问题上的态度尚不一致，也难以说《物权法》已经作出了盖棺定论的结论。从法秩序统一性的角度讲，这一问题在未来的民法典制定中应予以一揽子解决。

婚的男女双方必须亲自到婚姻登记机关进行结婚登记。符合本法规定的，予以登记，发给结婚证。取得结婚证，即确立夫妻关系。未办理结婚登记的，应当补办登记。”未依法登记的男女，不会形成夫妻关系（我国法律已经不承认事实婚姻），相互之间也就不可能享有配偶权。可见，配偶权这一身份权的取得以行政登记为前提，公法行为之作成成为私权取得的要件。

（五）基于公权力的私权剥夺

能够导致私权消灭的原因多种多样，如权利主体的消灭、物之灭失、权利移转（相对消灭）等。但私权消灭的原因并不仅仅局限于私法上的原因，公法原因亦可导致私权消灭，这主要体现为公权力对私权的“剥夺”。“剥夺”是一种私权的强制性消灭方式，典型的如税收、公益征收（财产权剥夺）和监护人资格的剥夺（身份权剥夺）。税收具有强制性、固定性和无偿性，这表明税收是一种无对价的私权剥夺，纳税义务人无讨价还价的余地，属于国家税收权的单方运作结果。在征收实物税时，纳税义务人丧失相应的实物的所有权；在征收货币税时，纳税义务人丧失所纳相应数额的货币的所有权。公益征收是指为了实现某种特定的公共利益，由立法机关或者行政机关通过主权性的法律行为，对宪法所保障的财产权予以全部或者部分剥夺的法律制度。① 与税收相比，公益征收虽然也具有强制性特点，但其却不具有固定性和无偿性，是否实施公益征收由征收主管机关根据公益项目的需要而定，实施征收时也必须给予被征收人以适当的公平补偿。监护人资格的剥夺是一种身份权的强制性消灭方式。《民法通则》第 18 条第 3 款规定：“……人民法院可以根据有关人员或者有关单位的申请，撤销监护人的资格。”此条规定中的“监护人”未明定是父母之外的其他监护人，还是也包括父母，这导致长期以来我国司法实践中并不曾存在“父母”被剥夺监护人资格的情形发生。我国《未成年人保护法》第 53 条规定：“父母或者其他监护人不履行监护职责或者侵害被监护的未成年人的合法权益，经教育不改的，人民法院可以根据有关人员或者有关单位的申请，撤销其监护人的资格，依法另行指定监护人。被撤销监护资格的父母应当依法继续负担抚养费用。”该条规定即明确了父母作为监护人时，其监护人资格是可以被剥夺的。但即便如此，司法实践对于剥夺父母

① 房绍坤，王洪平. 公益征收法研究. 北京：中国人民大学出版社，2011：72.

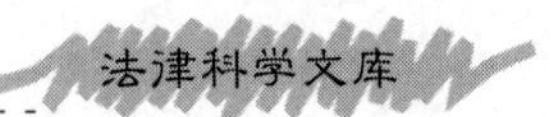

的监护人资格仍持保守态度，这其中的一个主要原因就在于何为不履行监护职责或者何为侵害被监护的未成年人的合法权益仍不明确。为解决这一问题，最高人民法院、最高人民检察院、公安部、民政部联合颁发了《关于依法处理监护人侵害未成年人权益行为若干问题的意见》(法发〔2014〕24号)，其第1条规定："本意见所称监护侵害行为，是指父母或者其他监护人（以下简称监护人）性侵害、出卖、遗弃、虐待、暴力伤害未成年人，教唆、利用未成年人实施违法犯罪行为，胁迫、诱骗、利用未成年人乞讨，以及不履行监护职责严重危害未成年人身心健康等行为。"该意见明确了监护人资格剥夺的法律适用标准，为我国司法实践中监护人资格剥夺案件的受理、审理提供了可以遵循的规范依据，开启了父母之监护人资格剥夺的司法实践。①

（六）公权力行使的私法责任

原则上，公权力的行使即便对私人造成损害，如自由的剥夺、财物的没收毁损乃至生命的剥夺，都不会导致法律的否定性评价，因为公权力对私权的"必要侵害"乃权力正当行使的结果，属不得已的"必要之恶"，具有阻却违法性，既不应产生公法责任，亦不应产生私法责任。但在某些例外情形下，即便是公权力的正当行使，公权力行使并不具有违法性，公权力机关亦须对其行为承担一定的私法上责任——主要是损害赔偿责任或者损失补偿责任。如我国《行政许可法》第8条规定："公民、法人或者其他组织依法取得的行政许可受法律保护，行政机关不得擅自改变已经生效的行政许可。行政许可所依据的法律、法规、规章修改或者废止，或者准予行政许可所依据的客观情况发生重大变化的，为了公共利益的需要，行政机关可以依法变更或者撤回已经生效的行政许可。由此给公民、法人

① 据报道，由于11岁的小玲（化名）多次遭亲生父亲性侵，徐州市铜山区人民法院于2015年2月4日作出终审判决，撤销小玲父母的监护权，由铜山区民政局接管。据悉，这是全国首例由民政部门申请撤销监护人资格的案件，也是"两高"、公安部和民政部联合制定的《关于依法处理监护人侵害未成年人权益行为若干问题的意见》颁发后全国第一例司法实践。(全国首例由民政部门申请撤销监护人资格案件释放出的"标杆意义"(2015-02-07)[2015-09-22]. http://www.chinacourt.org/article/detail/2015/02/id/1552347.shtml.）2017年颁布实施的《民法总则》于第36条，在总结吸收了此前立法和司法实践之有益经验的基础上，就监护人资格的撤销（剥夺）问题，也重新作出了规定。

或者其他组织造成财产损失的，行政机关应当依法给予补偿。”该规定所依据的就是行政法上的信赖保护原则。基于对行政许可的信赖，当行政许可被变更或撤回而造成了私人损失时，行政许可机关应依法予以补偿。此时的补偿虽名为“行政补偿”，但因“补偿”或“赔偿”贯彻的是“损失填补”的规范目的，而“损失填补”主要是一种私法责任的制度功能，因而基于信赖保护原则所作出的“行政补偿”可视为公权力行使的私法上责任。当公权力机关违法行使权力而造成私人损害时，公权力机关依法应承担的是国家赔偿责任。《民法通则》第121条规定：“国家机关或者国家机关工作人员在执行职务中，侵犯公民、法人的合法权益造成损害的，应当承担民事责任。”该条规定是我国早期承担国家赔偿责任的主要法律依据，在《国家赔偿法》颁行后，即改为依据《国家赔偿法》承担国家赔偿责任。但由《民法通则》第121条规定仍可以看出，国家赔偿责任本质上是一种民事责任，即便将其所依据的《国家赔偿法》定性为公法亦是如此。

（七）私法责任的公法上依据

私法责任是一种否定性的私法法律评价，其构成一般只需要符合私法规范中的构成要件即可。如合同当事人逾期履行合同债务，应承担逾期履行的违约责任；未经许可而侵占他人财物的，应承担侵权责任；缔约过程中有背信行为的，应承担缔约过失责任；没有合法根据而取得不当利益的，应承担不当得利的返还责任。但在某些情况下，私法责任的承担需要以公法规范或者依据公法作出的行政处理决定作为责任认定的依据或者证据。如合同签订中就标的物的质量标准，当事人一般约定采取某种特定的国家标准，那么该特定的国标（GB）即经由约定而成为合同履行所交付标的物是否合乎约定的依据。在噪声环境污染责任的认定中，释放噪声者是否要承担侵权责任，应依据国家或者地方政府确立的各类噪声环境质量标准进行认定，高于特定标准的噪声即构成侵权。在刑事附带民事诉讼中，刑事责任的构成可以直接作为确定侵权责任的依据，而无须就犯罪行为是否构成侵权再行认定。在交通事故损害赔偿案件中，公法的某些相关规定具有免责事由的效力。如最高人民法院《关于道路交通事故损害赔偿案件适用法律若干问题的解释》（法释〔2012〕19号）第9条规定：“因道路管理维护缺陷导致机动车发生交通事故造成损害，当事人请求道路管理者承担相应赔偿责任的，人民法院应予支持，但道路管理者能够证明已按照法律、法规、规章、国家标准、行业标准或者地方标准尽到安全防护、警示等管理维护义务的除外。”此条规定中“但书”部分所提到的法律规范原则上都属于公法规范。同样在交通事故损害赔偿案件中，依据公法所作出的行政处理决定还具有责任认定的证据效力。如上述司法解释第27条规定：“公安机关交通管理部门制作的交通事故认定书，人民法院应依法审查并确认其相应的证明力，但有相反证据推翻的除外。”根据我国《侵权责任法》第58条规定，患者有损害，而医疗机构的诊疗行为有违反法律、行政法规、规章以及其他有关诊疗规范的规定情形的，则推定医疗机构有过错。这一规定就是将公法上的诊疗规范，作为私法上侵权责任构成之过错认定依据的很好例证。此外，在比较法上，“违法型侵权”是并列于“过错型侵权”“背俗型侵权”的一类典型侵权行为，如《德国民法典》第823条第2款前段规定：“违反以保护他人为目的的法律的人，担负同样的义务。”我国台湾地区“民法”第184条第2款前段规定：“违反保护他人之法律，致生损害于他人者，负赔偿责任。”这两条规定中的“保护他人之法律”，其所指即为公法上的保护他人之法律。正如我国台湾地区有学者指出的：“第184条第2项真正的功能，应该是授权法官对个案可能涉及的公法规范的违反，立法者尚未就民事责任作特别考虑的情形，依该规定有无保护他人的目的去认定，是否转化为侵权责任规范。”①这一立法例就是将公法规范直接转化为了侵权法上的行为规范和责任认定规范。

（八）缔约自由的公法上限制

一般而言，合同自由包括缔约自由、合同内容的形成自由、合同形式自由三个主要方面的自由。缔约自由的公法上限制是通过限制当事人的缔约自由而对合同自由作出的限制，这主要表现为强制缔约。强制缔约系指，“根据法律制度规范，为一个受利益人的利益，在无权利主体意思拘束的情况下，使一个权利主体负担与该受利益人订立具有特定内容或者具有应由中立方指定内容的合同的义务”②。在公用事业领域，强制缔约的情形普遍存在。如供应电、水、气、热力的公用事业部门不得拒绝与消费者签订服务合同，出租车、公交车不得拒载，保险公司不得拒签机动车强

① 苏永钦. 民事立法与公私法的接轨. 北京：北京大学出版社，2005：85.

② 迪特尔·梅迪库斯. 德国债法总论. 杜景林，卢谌，译. 北京：法律出版社，2004：70.

制保险合同。法律之所以要限制公用事业合同的缔约自由，目的在于保障消费者对公用事业设施和服务的消费选择权，进而保障社会的整体公益。因此也可以说，合同自由原则仅适用于一般性的商事交易领域，在公用事业领域，设施或者服务的提供者不论在缔约自由、形成自由还是形式自由等各个方面，其合同行为都是“不自由的”。公用事业合同因其“公”的一面，虽有私法上“合同”的外壳，但其“底里”却更多地受到了公法的调整和限制。

三、公法向私法的对接与脱离

从法秩序统一性角度讲，民法、行政法、刑法、宪法所使用的法律概念应当具有统一性，唯其统一，才能保证法秩序的协调性，公私法、部门法之间才能协同配合而形成统一的法秩序。但要达成诸法间的概念统一，尚只是一种理想状态，实际上万难做到。法律概念是法律规范的基本构成要素，当不同的法律规范共同作用于同一社会事实时，由于法律概念的不统一，就会发生不同法律规范之间的法效力如何对接的问题。在同一法律内部或者同一部门法的内部，法律概念应尽量保持含义的同一性是一项基本的立法要求，因而在一部具体的法律或者一个法律部门内部会发生“规范竞合”问题。如在刑法中，会出现“诈骗罪”与“合同诈骗罪”、“诈骗罪”与“招摇撞骗罪”等的法条竞合；在民法中，会出现“违约责任”与“侵权责任”、“物权请求权”与“侵权请求权”等的请求权竞合。在出现上述竞合时，刑法采取的解决方案是“择一处罪”，民法采取的解决方案是“请求权择一行使”。因而在发生规范竞合时，作为某一法域的“内部矛盾”解决起来尚不成问题。但当跳出某一自成体系的法域而在不同法域间为观察时，问题就会变得复杂起来。这一复杂性，于公私法之间，不论在立法上还是法律的解释适用上，都有相当明显的体现。以下例举一些比较典型之点，以说明这一问题。

（一）从财产权到侵犯财产罪

所有权制度是一项重要的私法制度，可以毫不夸张地说，其是整个财产法秩序中最核心的私法制度。但在刑事立法中，“所有权”不仅是一个可有可无的术语（我国《刑法》中就没有出现“所有权”这一术语），并且刑法中的财产犯罪在立法设计上也并没有以私法中的所有权制度为起点和基础，这就导致刑法中的财产犯罪制度与民法中的财产权制度（以所有

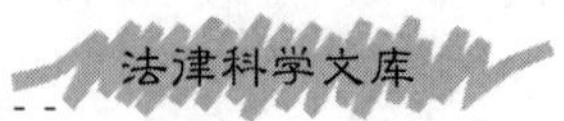

权为中心）产生了分离。只有正确地理解了这一分离现象，才能真正理解刑法与民法的不同规范功能，也才能正确理解刑法向民法的对接和脱离问题。

在民法上，所有权人享有自己之物的自由处分权，包括事实上处分权和法律上处分权，所有权人处分自己之物原则上不受限制，如所有权人享有所有物的自由取回权。但在刑法上，所有权人的某些处分行为却可能构成犯罪，在犯罪构成上对其是否为物之所有权人不予置问。如在刑法上，会产生“盗窃自己之物”的犯罪问题，其法律依据就是《刑法》第 91 条规定。该条规定：“本法所称公共财产，是指下列财产：（一）国有财产；（二）劳动群众集体所有的财产；（三）用于扶贫和其他公益事业的社会捐助或者专项基金的财产。在国家机关、国有公司、企业、集体企业和人民团体管理、使用或者运输中的私人财产，以公共财产论。”依此规定，“私人财产”被论为“公共财产”，而完全无视其私法上的所有权地位，如果某人的车辆被交警查扣而自行偷偷取回，就会构成盗窃罪。

在物之所有权移转的物权变动模式上，我国现行《物权法》第 9 条规定采取的是“登记生效主义”，即基于登记而发生物权变动效力，未登记则不发生物权变动，移转之后手不能取得所有权。该规定是我国法上物权变动的一项生效原则，从法理上讲，刑法上的“受贿罪”原则上应当以物权发生变动为犯罪之客观构成，但实则不然。最高人民法院、最高人民检察院《关于办理受贿刑事案件适用法律若干问题的意见》（法发〔2007〕22 号）规定：“国家工作人员利用职务上的便利为请托人谋取利益，收受请托人房屋、汽车等物品，未变更权属登记或者借用他人名义办理权属变更登记的，不影响受贿的认定。”该条解释不仅无视私法上的“登记生效主义”，而且还无视私法上的“登记名义人即为法律上之所有权人”的一般规则，将未登记的和登记在他人名下的房屋都认定为受贿罪之既遂，其对私法规范的脱离是“决绝的”。

刑法中有关侵占罪的规定，也会发生与民法上所有权制度相脱离的问题。我国《刑法》第 270 条规定：“将代为保管的他人财物非法占为己有，数额较大，拒不退还的，处二年以下有期徒刑、拘役或者罚金；数额巨大或者有其他严重情节的，处二年以上五年以下有期徒刑，并处罚金。”《日本刑法》第 252 条也有类似规定：“侵占自己所占有的他人之物的，处 5 年以下惩役。”在日本，刑法学说一般认为，该规定中的“他人之物”应解释为他人所有之物，所有权的归属问题原则上应根据民法进行判断，但在例外情形下，也有民法上的所有权归属判断与刑法上的所有权归属判断并不一致的情形，其中的一个例子就是关于限定用途的寄托现金问题。日本刑法学说一般认为，虽然民法上发生了金钱所有权与占有同时转移的结果（“占有即所有”），金钱成为受托人之物，但在刑法上受托金钱的所有权仍然属于委托人。因此，当受托人随意使用该限定了用途的受托金钱时，就构成了“侵占他人之物”而成立侵占罪。①

关于抢劫罪，我国《刑法》第263条规定：“以暴力、胁迫或者其他方法抢劫公私财物的，处三年以上十年以下有期徒刑，并处罚金；有下列情形之一的，处十年以上有期徒刑、无期徒刑或者死刑，并处罚金或者没收财产：……”根据一般理解，作为抢劫对象的“公私财物”应属“财物”的范畴，非为“财物”之物不应成为抢劫对象进而不应构成抢劫罪，但实则不然，如我国刑事司法实践中就把“抢劫欠条”定为抢劫罪。欠条本身并非财产，而只是代表债权、债务关系的一种凭据，是据以主张权利的证据，但不代表所有权关系，因而抢劫欠条的行为实际上妨害了债权人主张权利，但债权债务关系并不因此而消灭，从民法角度分析，抢劫欠条的行为应视为一种侵犯债权的行为。但从刑法角度分析，由于欠条的存在直接影响债权人实现自己的财产权利，欠条是其主张权利的唯一证据，因而如果丧失欠条，债权人即很难对自己的权利进行回复和行使。基于此，抢劫欠条的行为实际上最终影响到债权人合法权利的实现，因而抢劫欠条的行为对债权人之财产权利也形成了实质的侵害。所以，对于抢劫欠条的行为也应以抢劫罪追究刑事责任，这也符合抢劫罪的客体构成。②如果说欠条尚属有形之物，可以作为抢劫他人债权的媒介物的话，那么抢劫他人

---

① 佐伯仁志，道垣内弘人．刑法与民法的对话．于改之，张小宁，译．北京：北京大学出版社，2012：3．实际上，就此问题，不论在日本还是我国，学说上是存在争议的。持“所有权转移说”“处分权转移说”“允得消费说”者，主张不构成侵占罪；而持“违背委托意旨说”和“超越权限说”者，主张构成侵占罪。就此问题，我国刑法学界之通说认为，对于种类物（包括金钱）而言，其是否可成为侵占罪的对象，即行为人持有的种类物是否为他人财物，当然应依据民法来具体判定该种类物之所有权是否已移转为行为人所拥有。赵秉志主编．中国刑法案例与学理研究．北京：法律出版社，2004：543－547．

② 赵秉志主编．中国刑法案例与学理研究．北京：法律出版社，2004：329－330．

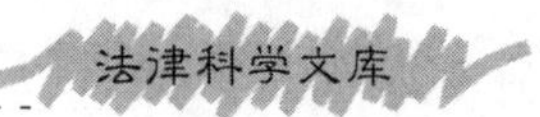

的“财产性利益”——其属“无形财产”，在刑法上是否也构成抢劫罪的犯罪对象呢？回答是肯定的。在刑法上，作为抢劫罪之犯罪对象的“财物”在解释上除有形财物之外，“财产性利益”也包括在内，如持刀拒付出租车费的行为，就被定性为抢劫罪。①

以上数例足以说明，刑法在侵犯财产罪的制度设计上往往有意或者无意地脱离民法上的财产权制度，无视与民法的制度对接问题。之所以会有此不同，其中一个重要原因在于刑法与民法的规范属性存在着差异。民法规范是一种“技术规范”，刑法规范是一种“政策规范”，虽说任何法律规范都有其规范目的，但作为“政策法”的刑法却完全可以基于“打击犯罪”的目的而有意偏离技术规范所具有的“中性目的”，从而为实现特定的规范目的而无视民法上的具有中性目的的技术规范。当然，在某些制度领域，刑事立法也会有意识地向民法制度对接。如对于民法中的占有保护制度，刑法中“黑吃黑也是黑”的相关制度设计，就对接了民法中的占有保护制度，即便是无权源的占有——包括不合法的财产在内，刑法仍通过盗窃罪、抢劫罪、抢夺罪等的犯罪构成给予反射性保护，这与民法中的占有保护思想是一脉相承的。

（二）从人身权到侵犯人身权利罪

在“人身”的保护方面，刑法与民法具有一些共通的理念，充分地体现了刑法与民法的对接。如人身权益是侵权责任法的保护对象，也是刑法的保护对象，凡是侵害人身权益构成犯罪的，必然也同时构成民法上的侵权责任，此时就会发生侵权责任与刑事责任的聚合，侵害人（犯罪人）须一并承担公法上的和私法上的责任。以“尸体”的法律保护为例，在民法上，从其“实体性”上论，尸体是物，从其“人格性”上论，尸体则不是物。民法上，死者的继承人不得以尸体作为所有权的客体，也不得作为使用、收益、处分的标的，继承人将尸体售与医院供解剖研究之用，是有悖于公序良俗的。② 换言之，民法上并不将尸体视为纯粹意义上的物，如将其视为纯粹的物，则必然将其降格为财产意义上的实体物而有辱人伦，故民法上将其视为特殊的权利客体而予以特别的保护。同其道理，刑法上也

---

① 梅传强主编. 刑事案例诉辩审评——抢劫罪　抢夺罪. 北京：中国检察出版社，2005：265－270.

② 施启扬. 民法总则：修订版. 台北：三民书局，2003：177－178.

没有将尸体作为财产意义上的物予以处理。如我国《刑法》第 234 条之一，其虽然没有将摘取尸体器官作为侵犯人身权利犯罪——亦即没有将尸体作为人身权利加以保护，但其也并没有将侵害尸体的行为以侵害财物论，而是将之归入《刑法》上扰乱公共秩序罪这一类罪之中（《刑法》第 302 条），这体现了刑法对尸体的特殊保护理念。在其他的个罪方面，如侮辱罪、诽谤罪、暴力干涉婚姻自由罪、虐待罪、遗弃罪等，也都很好地体现了刑法向民法的对接，刑法上的“入罪”与民法上侵权责任之构成进行了衔接。

但刑法在向民法对接的同时，其规范目的的不同也导致了为数不少的脱离现象产生。如就“事实婚姻”与重婚罪的认定而言，刑法就明显地脱离了民法的规范效果。最高人民法院《关于适用〈中华人民共和国婚姻法〉若干问题的解释（一）》第 5 条规定：“未按婚姻法第八条规定办理结婚登记而以夫妻名义共同生活的男女，起诉到人民法院要求离婚的，应当区别对待：（一）1994 年 2 月 1 日民政部《婚姻登记管理条例》公布实施以前，男女双方已经符合结婚实质要件的，按事实婚姻处理；（二）1994 年 2 月 1 日民政部《婚姻登记管理条例》公布实施以后，男女双方符合结婚实质要件的，人民法院应当告知其在案件受理前补办结婚登记；未补办结婚登记的，按解除同居关系处理。”依此规定，我国现行法对于 1994 年 2 月 1 日之前的“同居关系”，是可以认定为事实婚姻的；但对于此后的同居关系，除非补办登记而溯及既往地成立婚姻关系外，只能按同居关系处理，不再承认事实婚姻。既然在民法上不再承认事实婚姻，那么一个“登记婚”合并一个“事实婚”是否还能构成重婚罪呢？在刑法上，对这一问题的回答是肯定的。1994 年 12 月 14 日最高人民法院《关于〈婚姻登记管理条例〉施行后发生的以夫妻名义非法同居的重婚案件是否以重婚罪定罪处罚的批复》（法复〔1994〕10 号）规定：“新的《婚姻登记管理条例》（1994 年 1 月 12 日国务院批准，1994 年 2 月 1 日民政部发布）发布施行后，有配偶的人与他人以夫妻名义同居生活的，或者明知他人有配偶而与之以夫妻名义同居生活的，仍应按重婚罪定罪处罚。”之所以出现这一批复，原因当然在于地方法院认为民法上的新规则已经不承认事实婚姻，刑法原则上应与之对接，而这一对接会影响到刑法上重婚罪的认定，所以才要请示最高人民法院对此表态。所以说，民法上已经不存在事实婚姻了，但在刑法上却仍然存在着因事实婚姻而构成的重婚罪。

再如就“婚内强奸”问题，刑法的规范效果与民法的规范效果也会发生脱离。在我国学界，历来存在着“婚内强奸论”和“婚内无奸论”的争论。[①] 但在我国司法实践中，“婚内强奸”之构成已成为通行的观点和做法。如在“王某某婚内强奸案”[②] 中，法院判决认为：“被告人王某某主动起诉请求法院判决解除与钱某的婚姻关系，法院一审判决准予离婚后，双方对此均无异议。该判决尚未发生法律效力期间，被告人与被害人已不具备正常的夫妻关系。在此情况下，被告人违背妇女意志，采用暴力手段，强行与钱某发生两性关系，其行为已构成强奸罪，依法应予惩处。被告人认为发生性关系是对方自愿的辩解和其辩护人认为认定被告人采用暴力证据不足的辩护意见，因与经庭审质证的被告人在公安机关的供述及现场勘验笔录、被害人的伤痕照片等证据和事实不符，故法院不予采信。关于辩护人提出的被告人作为丈夫不能成为强奸罪的犯罪主体及认定其有罪社会效果不好的辩护意见，因其未能提供有关丈夫不能成为强奸罪主体的法律依据，且事实上被告人与被害人的夫妻关系已处于感情确已破裂，一审已判决离婚但尚未生效的非正常阶段，在此期间，被告人采用暴力侵犯了被害人的人身权利，扰乱了社会治安秩序，因此其辩护意见法院也不予采纳。鉴于本案的具体情况，可对被告人酌情予以从轻处罚。依照《中华人民共和国刑法》第二百三十六条第一款、第七十二条第一款之规定，以被告人王某某犯强奸罪，判处有期徒刑 3 年，缓刑 3 年。”另在“孙某某婚内强奸案”[③] 中，法院判决认为：“夫妻同居义务是从自愿结婚行为推定出来的伦理义务，不是法律规定的强制性义务。本案被害人顾某某与被告人孙某某结婚系顾某某之父顾某某 1 所逼，非顾某某自愿。双方在领取结婚证书后从未同居过，双方的财产也各归各所有。顾某某向法院起诉离婚也表明两人的夫妻关系实际上只是一种名义上的夫妻关系。被告人孙某某也认识到其与顾某某的婚姻关系实质上已经消失，此时孙某某与顾某某的婚姻已属非正常的婚姻关系，虽然婚姻关系仍然存在，但已不能再推定女方对性行为是一种同意的承诺，也就是说顾某某已不再承诺履行夫妻间同居的

---

① 李立众. 婚内强奸应构成强奸罪——王卫明婚内强奸案评析. 云南大学学报：法学版，2001 (4)；冀祥德. 域外婚内强奸法之发展及其启示. 环球法律评论，2005 (4).

② 上海市青浦县人民法院（1998）青刑初字第 36 号刑事判决书。

③ 上海市浦东新区人民法院（2011）浦刑初字第 685 号刑事判决书。

义务。被告人孙某某在这种特殊的非正常婚姻存续期内，采用殴打、威胁等暴力手段，强行与被害人发生性行为，严重侵犯了被害人的人身权利和性权利，其行为符合强奸罪的主观和客观特征，构成强奸罪。公诉机关指控的罪名成立，应予支持。孙某某自愿认罪，酌情从轻处罚。辩护人所提的相关意见，予以采纳。依照《中华人民共和国刑法》第二百三十六条、第七十二条、第七十三条之规定，作出如下判决：一、被告人孙某某犯强奸罪，判处有期徒刑三年，缓刑三年。二、未经对方同意，禁止在三年内接触、滋扰被害人及其近亲属。”由以上两则案例可见，“婚内强奸”的构成在我国司法实践中已成定论，基于民法上的夫妻同居义务而提出的“婚内无奸论”观点，未被刑事司法实践所采纳。

（三）从合同到合同犯罪

我国《刑法》第224条规定：“有下列情形之一，以非法占有为目的，在签订、履行合同过程中，骗取对方当事人财物，数额较大的，处三年以下有期徒刑或者拘役，并处或者单处罚金；数额巨大或者有其他严重情节的，处三年以上十年以下有期徒刑，并处罚金；数额特别巨大或者有其他特别严重情节的，处十年以上有期徒刑或者无期徒刑，并处罚金或者没收财产：……”该条规定的是刑法上的合同诈骗罪。合同诈骗罪与作为民事纠纷的合同欺诈在规范上如何对接，是一个较为典型的刑民交叉问题。如就“一房二卖”而引发的罪与非罪问题，济南市中级人民法院曾在“王某强合同诈骗案”① 中，发表了以下审理意见：“普天大有公司与唐某虽然在形式上签订了天旺浅水湾4套房屋销售合同，但实际上是以4套房屋抵顶数额过高的双方之间另3套房屋买卖的逾期交房违约金，违约金纠纷是双方签订该4套房屋销售合同的事实基础。此后，该公司在为唐某保留了其中1套房屋的前提下，将其余3套房屋转卖，系事出有因。先期违约金纠纷的存在对于评价行为人转售房屋主观上是否具有非法占有他人财物目的具有影响。该公司将已经出售给李某的1套房屋再出售给他人，是在已经作出将天岳公司经理温某无偿占有的普天大有公司房屋中的1套调整给李某的决定之后进行的。4套房屋当时均在开发建设之中，均有房源保障。普天大有公司将收取的4购房人的购房款用于支付电费、员工工资及诉讼费等公司运营必不可少的费用，也表明其有继续经营的意愿和行为。

① 山东省济南市中级人民法院（2013）济刑二终字第113号刑事裁定书。

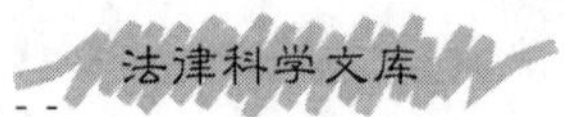

综合上述事实，王某强及其辩护人提出的普天大有公司具有将 4 套房屋交付后手 4 购房人的真实意思表示的辩解、辩护意见与客观事实相符，不能认定该公司具有非法占有后手购房人购房款的主观目的。就普天大有公司与前手购房人唐某、李某二人的关系而言，不能仅因该公司在没有事先告知二人的情况下将二人所购房屋转卖即认定其具有非法占有二人财物的目的，房屋转售有无事先告知与双方可能引发民事纠纷具有因果关系，而与认定该公司具有非法占有二人财物的目的并不具有必然的因果关系。普天大有公司和圣满公司在实施股权及土地转让时，双方约定的圣满公司为普天大有公司承担的债务是一个总数，没有列明究竟包括哪些债务，如果因本案一房二卖而产生了相关债务，也完全可以视为上述债务总额内的一部分，并与其他债务一并平等获得清偿，将因一房二卖所可能产生的债务视为约定承担债务之外的超出部分没有事实依据。退一步讲，即使认定该部分债务属于超出部分，也不能仅因客观上存在债务超出即认定普天大有公司故意隐瞒了该部分债务，没有证据证明其故意实施了隐瞒行为。在普天大有公司与圣满公司已经约定由圣满公司承担清偿巨额债务的义务，事实上圣满公司也已经清偿了数千万元债务的情况下，如果仅因涉及本案一房二卖的相关债务没有清偿即认定王某强的行为构成诈骗，而已经清偿的债务却不构成诈骗，显然属于客观归罪，不符合主客观相统一的认定犯罪的基本原理。本案涉及的一房二卖的行为属于民事法律规范调整的范围，原审判决王某强无罪适用法律准确，抗诉机关及二审出庭的检察员提出的抗诉理由和出庭意见不能成立，不予采纳。据此，依照《中华人民共和国刑事诉讼法》第二百二十五条第一款第一项之规定，裁定驳回抗诉，维持原判。”该裁判结果和法理分析无疑是值得肯定的。要构成刑法上的合同诈骗罪，无疑要以民法上的合同欺诈行为的存在为基础，无“合同欺诈”即无“合同诈骗”；但即便存在民法上的合同欺诈行为，也未必会构成刑法上的合同诈骗罪，只有在实施合同欺诈的行为主体存在“非法占有目的”之主观罪过时，才会构成合同诈骗罪。就上述案件所涉及的“一房二卖”情形而言，因为行为人没有“非法占有目的”，故不构成刑法上的合同诈骗罪；但由于在“一房二卖”时其只能择一履行，故其仍须对履行不能的对方当事人承担违约责任。由于行为人在作出“一房二卖”的决定时，既不具有非法占有目的，亦没有逃避承担民法上违约责任的意思，故其“一房二卖”行为仅属民法上的违约行为，而不构成刑事犯罪。总之，要构成刑法上的合同诈骗罪，应在民事违约的基础上再增加一个构成要件，即行为人具有“非法占有目的”，这即体现了刑法向民法的对接。

但须注意的是，刑法上“合同诈骗罪”的构成并不以民法上合同的有效成立为前提，即便民事合同未成立或者无效的，有时也并不影响刑法上合同诈骗罪的构成。如根据《刑法》第224条之规定，“以虚构的单位或者冒用他人名义签订合同的”或者“以伪造、变造、作废的票据或者其他虚假的产权证明作担保的”，构成合同诈骗罪。但就民法上合同的成立而言，以上两种情形下合同根本就未成立，但这却并不影响合同诈骗罪的构成，这体现了刑法对民法在规范效果上的脱离。此外，抛开“合同诈骗罪”不谈，就“诈骗罪”的构成而言，如果以订立合同为手段而实施诈骗的，合同之无效也不会影响到诈骗罪的构成。如日本名古屋高等裁判所曾著有一则判例，其案情是，被告人两次嫖娼，但使用欺诈手段使对方免收200日元的嫖娼费。原判认定，卖淫契约违反公序良俗，不能认为被告人获得了财产上的不法利益，因而不构成诈骗罪。但名古屋高等裁判所指出：“即便原审认定的契约违反公序良俗，根据《日本民法》第91条规定是无效的，但民事上的契约是否有效与刑事上有无责任是本质不同的问题，二者没有任何联系。……在扰乱社会秩序这一点上，签订卖淫契约时采取欺骗手段与在通常交易时采取欺骗手段，没有任何差异。”① 该判例即说明，刑法上诈骗罪的构成亦不以民法上合同之有效成立为前提。

(四) 从私法之债到公法之债

债包括私法之债与公法之债，公法之债主要存在于行政法领域。根据德国学者的解释，所谓公法之债，是指行政机关和公民之间的、其构成和客体与民法之债类似的公法法律关系。在行政法上，公法之债包括两种，一是公民对国家的请求权，二是国家对公民的请求权②；前者如行政赔偿，后者如国家依法征税、收取罚款等。刑法上也存在公法之债，如没收财产、判处罚金。正是在借鉴民法上债之规范结构的基础上，公法学者提出了“公法之债”的概念。“公法之债”这一概念的提出本身，即很好地诠释了公法向私法的对接。以公法上的“税收之债”为例，税收之所以被

① 张明楷. 法益初论. 北京：中国政法大学出版社，2000：521.

② 哈特穆特·毛雷尔. 行政法学总论. 高家伟，译. 北京：法律出版社，2000：741-742.

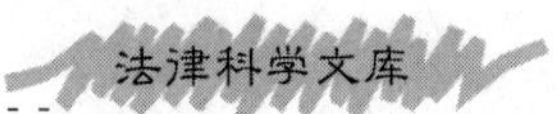

视为一种“债”的关系，主要原因有二：一是税法与民法调整对象之“同一性”，当税法与民法的调整对象是同一财产关系时，税法与民法自然就发生了关联；二是民法调整时序的“先在性”，对同一财产关系的调整，税法与民法属于不同法律的两次进入，民法首先进入评价，税法是在民法评价之后进行的再次评价。① 我国《税收征收管理法》中有诸多规定，都体现了税收关系之债务关系属性。如该法第 38 条规定的“纳税担保制度”，就是参照民法上的担保制度而设计的税收担保；第 48 条规定的税收债务的法定移转，就是参照《合同法》第 99 条规定的合同之债的概括移转而设计的；第 50 条规定的征管机关的代位权、撤销权制度，就是参照《合同法》第 73 条、第 74 条规定的债权人代位权、债权人撤销权制度设计的；第 51 条规定的超纳税款的退还制度，就是参照《民法通则》第 92 条规定的不当得利制度设计的。因而可以说，公法之债的存在，体现了公法向私法的主动对接，是与“私法公法化”相反的“公法私法化”的一种表现。

在公法之债与私法之债的关系上，有一个问题值得探讨，即在二者竞存时，公法债权与私法债权孰为优先的问题。就此问题，我国现行法上大致表现为以下两种情形：一是私法债权优先于公法债权。例如，根据《公司法》第 214 条、《刑法》第 36 条、《刑法》第 60 条、《农民专业合作社法》第 55 条、《企业破产法》第 113 条等规定，刑事损害赔偿债权、共益费用债权（如破产费用）和民生债权（如职工工资和医疗、伤残补助、抚恤费用）等民事债权具有优先于公法债权实现的效力。二是公法债权优先于私法债权，最典型的规定见于《企业破产法》第 113 条和《税收征收管理法》第 45 条规定的税收优先权。根据这两条规定，国家税款债权原则上优先于私法上的普通债权，特殊情形下还优先于私法上的优先受偿债权。但在以上两种关系类型中，笔者赞同前一种处理模式，而反对后一种处理模式。

就税收优先权而言，支持其的理由大致有二：其一，满足公共利益的需要。依此观点，私益之实现有赖于国家提供相应的公共物品，而公共物品的提供有赖于国家财政的支持，税收是国家财政的主要来源，因而具有

① 孙成军. 税收之债不履行的私法调整机制研究——以税收债务人的权益保障为中心. 济南：山东大学，2014：62-63.

公益性之税收债权应具有优先于其他普通债权实现的效力。其二，避免损失转嫁。依此观点，税收债权不能实现的风险不是由政府承担的，而是最终要转移到其他纳税人的头上，亦即由其他无辜的纳税人分摊了本应由破产人（及其普通债权人）承担的（政府）债务，而这样做既有失公平又不利于风险的化解，因而税收债权应具有优先实现性。[①] 以上两点理由虽有一定道理，但笔者认为其尚不足以正当化税收债权之优先性，主要理由有以下三点。[②]

其一，从法政策上考虑，税收确实具有一定的公益性，并且将国家的税收损失转嫁于社会上的无辜第三人确实具有不公平性，但因国家税收债权与私法债权冲突而导致两者不能同时实现的情形毕竟不是常态，国家税收损失及其负担的转嫁对公益和第三人而言并非不能承受之重，而对破产债权人而言却是看得见的直接损失甚至关乎生计。举例来讲，如果某破产债权人（普通债权人）已陷入穷途末路而只指望其破产债权部分受偿来维持生计，但因国家税收债权的优先实现使得其分文不能收回，相对于国家税收债权不能优先受偿而造成的公益损害或第三人分担的损失而言，孰轻孰重，判然有别。此外，在性质上，税收优先权的行使构成了私法债权人的“特别牺牲”，是由其承担了本应由国家、社会公众或不特定第三人承担的损失，很类似于“公益征收”，但普通债权人却不能得到任何的补偿，这显然是更大的不公平。因此，认为税收债权应当优先于普通债权的观点，在法政策的衡量上并不具有妥当性。

其二，从法技术上考虑，就《税收征收管理法》第45条规定的“纳税人欠缴的税款发生在纳税人以其财产设定抵押、质押或者纳税人的财产被留置之前的，税收应当先于抵押权、质权、留置权执行”而言，其可操作性和价值选择也是值得怀疑的。一方面，就税收债权优先于抵押权和质权而言，一是，如果纳税人采取欺诈、隐瞒等手段，不如实向抵押权人、质权人说明其欠税情况的，抵押权人、质权人的利益将受到损害；二是，当抵押权人、质权人对债务人的欠税说明存疑时，其就必须亲自对债务人的欠税情况进行调查，这不仅增加了税务机关的公告和提供查询负担，还

---

① 韩长印．破产优先权的公共政策基础．中国法学，2002（3）．

② 郑冠宇，王洪平．财产权平等保护的三个问题．山东大学学报：哲学社会科学版，2009（3）．

大大增加了担保物权的设定成本，降低了担保物权的设定效率，从而对顺畅经营有所滞碍；三是，如果经纳税情况调查，抵押权人、质权人发现债务人有欠缴税款的情形，特别是欠缴数额较大时，抵押权人、质权人就会心存顾虑，特别是考虑到税收优先权的存在，往往就会作出不予融资的决定，从而阻碍了债务人在有欠缴税款情形下之融资可能，这对欠税企业而言，无异于雪上加霜。另一方面，就税收债权优先于留置权而言，留置权是一种法定担保物权，不以当事人的约定设定为前提，具有较强的担保机能，在这一点上，与税收优先权的法定性具有相似性；但是，留置权大多发生于保管、运送、承揽等提供劳务的情形，此等债权往往是一些劳务报酬请求权，关涉民生，如果税收债权优先实现，无疑会侵害"小民"的生计，从而使得税收优先权不具有合法的正当性基础。

其三，从比较法上考虑，取消税收优先权并不会降低国家税收的地位和损及国库收入。以澳大利亚为例，该国公司法第555条和第556条对公司债权的平等性和例外的优先权，在修法时就作了不同于其往常的制度设计。依其规定，除非公司法另有规定，所有在公司清算程序中得到证实的债权和债务都应当得到平等的对待；当公司的财产不足以满足所有债权人的清偿要求时，各债权按比例获得平等分配。在一般的无担保债权之前，能够享受优先权的权利仅包括两类：一是破产清算费用和其他的破产程序管理费用，二是包括雇员工资、退休金、工伤补偿等在内的劳动者财产权益。[①] 澳大利亚法的上述规定非常明确地将国家的税收优先权排除在了优先受偿的债权之外，而改革后的实践证明了上述做法不仅没有降低国家的税收地位，相反还改善了税收征缴的效果。在废除税收优先权后，澳大利亚采取的替代机制是保留了对公司董事个人的一定权利，换言之，是在企业破产这个关键环节引入了英国的董事个人责任制，其结果是董事们为避免承担个人责任而尽量减少公司欠税情形的发生，从而使得税务署的利益不再需要借助破产清算程序中的优先权即可获得更强的保障。[②]

---

① 王卫国主编. 中国证券法破产法改革. 北京：中国政法大学出版社，1999：105-106.

② 韩长印. 破产优先权的公共政策基础. 中国法学，2002（3）.

综上，笔者认为，在确立公法债权与私法债权的保护关系上，不仅应废除公法债权优先于私法债权保护的不合理规则，而且还应依“私权优先”原则，建立起私法债权优先于公法债权保护的规则。

第二章 “违法建筑”正义

第一节 违法建筑的概念

一、术语辨析：“违法建筑”抑或“违章建筑”

根据法秩序统一性的要求，指称某项事物的名称应当保持一致，不应当忽而用“甲”，忽而用“乙”，令人费解而误以为其分别各有所指。在中国的法律语境中，究竟是使用“违法建筑”还是使用“违章建筑”，历来都莫衷一是，迄今未能定于一尊。例如，在《国有土地上房屋征收与补偿条例》（以下简称《征收条例》）、《城镇个人建造住宅管理办法》（已失效）等行政法规中，使用的是“违法建筑”；而在《长江三峡工程建设移民条例》《广播电视设施保护条例》《城市房屋拆迁管理条例》（已失效）等行政法规中，使用的却是“违章建筑”。这意味着，出于同一立法机关之手的法律作品其所使用的术语也并不一致。此种用语的不一致，是立法粗疏导致的无心之失，还是立法者斟酌之后的有意为之？颇使人不明就里。

或许为回避这一语词之争，我国最高司法机关和有关主管部门曾经创造性地使用过“违法违章建筑”一词。如最高人民法院《关于适用〈中华人民共和国担保法〉若干问题的解释》（法释〔2000〕44号）（以下简称《担保法解释》）第48条规定：“以法定程序确认为违法、违章的建筑物抵押的，抵押无效。”最高人民法院《关于严格执行法律法规和司法解释依法妥善办理征收拆迁案件的通知》（法〔2012〕148号）规定：“对法律法规和司法解释颁布施行后的执法情况进行一次检查，……特别是对近期发生征收拆迁恶性事件的地区和城郊结合部、城中村改造、违法违章建筑拆除等领域，要进行重点检查。”住房和城乡建设部2012年6月27日发布的《全国城镇燃气发展“十二五”规划》中表述为：“安全问题依然突出，造成这种现状的原因主要有以下几点：一是违法违章建筑等占压城镇燃气管线；……”笔者认为，此种合并使用“违法建筑”与“违章建筑”的造词法，貌似严谨，但失之简单粗暴，不仅没有解决用词问题，而且叠床架屋地舍小词而用大词，是不科学的。

笔者主张，“违法建筑”与“违章建筑”虽为同义语，二者所指称的对象相同[①]，但在两词之间仍应择一使用，从而彻底终结两词并用的混乱局面。并且，笔者更进一步主张，应舍“违章建筑”一词，而统一到“违法建筑”这一用语上。[②] 如此主张的主要理由在于：

其一，从法的效力位阶角度看。《立法法》第96条规定：“法律、行政法规、地方性法规、自治条例和单行条例、规章有下列情形之一的，由有关机关依照本法第九十七条规定的权限予以改变或者撤销：……（二）下位法违反上位法规定的；……”据此规定，当下位法的用语与上位法的用语不一致时，下位法应作出相应的“改变”而统一到上位法的用语上。作为《城乡规划法》的前身，《城市规划法》曾于第40条规定中明确使用过“违法建筑物”这一用语。《城乡规划法》虽然没有继续沿用

① 蒋拯. 违法建筑处理制度研究. 北京：法律出版社，2014：37.

② 我国台湾、香港、澳门三个地区皆称“违章建筑”而无“违法建筑”的称谓，大陆没有必要与之相同，立法语言的演进在不同法域有其各自的独立性。

“违法建筑物”这一用语，而是于第64条规定中，将《城市规划法》上的“没收违法建筑物”改为“没收实物”，但这一立法表述的改变并不意味着最高立法机关已经放弃了“违法建筑物”这一用语，其只是用一个外延更为广泛的“实物”概念将“违法建筑物”涵括于其中而已。这一解读，可由《行政强制法》第44条规定得以印证：“对违法的建筑物、构筑物、设施等需要强制拆除的，应当由行政机关予以公告，限期当事人自行拆除。当事人在法定期限内不申请行政复议或者提起行政诉讼，又不拆除的，行政机关可以依法强制拆除。”将《城乡规划法》第64条规定与《行政强制法》第44条规定结合起来解读可知，前者的“没收实物”包括了没收“违法的建筑物、构筑物、设施等”。这足以表明，立法者只是认为“违法建筑物”这一概念的外延略窄，尚不能将“违法构筑物”“违法设施”等包含其中，故选择了用“实物”这一属概念取代了“违法建筑物”这一种概念，但这并不意味着立法者认为“违法建筑”这一概念本身构词不当，更不能由此解读出立法者欲抛弃“违法建筑”这一概念而改采“违章建筑”概念。因此，笔者认为，根据《立法法》第96条规定确立的“上位法优于下位法”的效力规则，凡是使用“违章建筑”一语的下位阶规范，都应当经由法律术语清理而统一到“违法建筑”这一用语上。

其二，从行政法规的用语演变角度看。已废止的《城市房屋拆迁管理条例》使用的是“违章建筑”用语，取而代之的《征收条例》于第24条规定中使用的却是“违法建筑”一语，二者同出于国务院，这表明国务院在行政法规的制定中已经改变了其用语习惯，抛弃了“违章建筑”用语而改采“违法建筑”。如果说国务院在行政法规的制定中是经由深思熟虑而做了审慎的选词工作的话，那么我们可以确信，在今后的行政法规中，将不会再出现“违章建筑”这一术语，“违法建筑”将成为统一的规范用语。而作为部门规章和地方政府规章的规范性文件，从“下位法服从上位法”的角度讲，在今后的规章制定中，就都应统一到“违法建筑”这一行政法规的用语上，如有下位规范继续使用“违章建筑”用语，就有“违法用词”之嫌了。

其三，从语词的规范含义角度看。在传统汉语中，“章”的词义众多，如彰明、标记、印章、文采、奏章、乐章、条理、条款等，但在法律意义上，“章”即“条款”之义，如约法三章、照章办事等词语中的“章”①。如果把“违章建筑”中的“章”作“条款”理解，则显然过于宽泛，因为能够形成“条款”的社会规范众多，如伦理条款、道义条款、乡规民约条款、“家法”条款、同居协议条款、商业合同条款，等等，违反这些“条款”的建筑显然不能被界定为违章建筑。在现代法律语言中，“章”即“规章”。我国《立法法》对“规章”作了专节规定，根据《立法法》第80条规定，国务院各部、委员会、中国人民银行、审计署和具有行政管理职能的直属机构，可以根据法律和国务院的行政法规、决定、命令，在本部门的权限范围内，制定部门规章；根据同法第82条规定，省、自治区、直辖市和设区的市、自治州的人民政府，可以根据法律、行政法规和本省、自治区、直辖市的地方性法规，制定地方政府规章。简言之，在我国现行法上，“规章”包括国务院部门规章和地方政府规章两种。那么，将“违章建筑”中的“章”理解为“规章”是否就正确了呢？或者换言之，将其理解为包括“规章”在内的宽泛意义上的法律，是否就正确了呢？回答都应当是否定的。一建筑物一旦被认定为违法建筑，即可能面临被拆除或没收的法律风险，而“拆除”或“没收”显然属于极其严厉的财产性强制措施，其否定性法律效果更甚于公益征收。而根据《立法法》第8、9两条规定，对非国有财产的征收原则上只能通过制定“法律”（狭义）并依据“法律”（狭义）进行，只有在例外情况下经由授权立法才能由国务院制定“行政法规”和依据“行政法规”进行。依照“举轻以明重”的当然解释规则，对于违法建筑的认定、拆除或者没收当然应当通过制定法律、行政法规并依据法律、行政法规进行，不论是地方性法规还是部门规章、地方政府规章，都不能作为违建执法的终极规范依据。因而在此意义上，“违章建筑”中的“章”在解释上就不能包括“规章”在内。既然如此，为什么还要词不达意地使用“违章建筑”一词，而不使用能够准确地传情达意的“违法建筑”一词呢?!

综上所述，笔者主张，不论何种层级的立法，应统一使用“违法建筑”一词，弃用“违章建筑”术语；“违法建筑”一语简洁而不失准确，因而“违法建筑物”“违法违章建筑物”“违法的建筑物、构筑物、设施”等用语也应一律弃之不用。唯其如此，才能在立法用语统一的基本前提

---

① 辞海. 6版缩印本. 上海：上海辞书出版社，2010：2400.

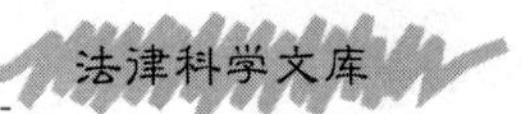

下构建起违建管控的规则体系。因此，本书所论，一律使用“违法建筑”一词，即便作为简称之“违建”，其所指亦是“违法建筑”而非“违章建筑”①。

二、概念属性：“公法概念”抑或“私法概念”

关于“违法建筑”是一个公法概念还是私法概念，学界存在着争议。一种观点认为，违法建筑既是一个公法概念，又是一个私法概念。如我国大陆有学者认为，违法建筑可分为三类：一是仅违反《城市规划法》（已为《城乡规划法》取代）、《土地管理法》等公法，但不构成对他人私权利侵犯的违法建筑；二是既违反公法，又违反私法的违法建筑，如未取得合法的审批程序，而在他人所有的土地上或他人享有使用权的土地上违法建设的违法建筑，其典型为完全侵入他人土地之违法建筑和越界建筑两种情况；三是仅违反私法的违法建筑，此类违法建筑并不违反规划法等公法，仅对他人的私权利构成侵犯，这主要表现为在相邻关系中对他人相邻权的侵犯。② 我国台湾地区亦有学者主张：“违章建筑，依‘建筑法’第 25 条及‘违章建筑处理办法’第 2 条规定，系指违反建筑法令，不能取得建筑执照或使用执照，致无从办理所有权登记之建筑物。惟从民法的角度，违章建筑之定义远比建筑法上的违章建筑来的广泛，亦即违反强制、禁止规定者固为违法，违反训示规定或其他行政命令团体规约，甚至于侵害他人权益而应对受害人负损害赔偿责任者，均属违法。因此，民法上关于违章建筑，系一个相对特定权利人之一定利益，其利益标的则为定着物，但该利益系因不具民法上的合法性，例如属于因过失的越界建筑，而无法受到民法上如权利一般保护者，皆足以该当之。”③ 与之相反的观点认为，各种违建都是因为建造人违反建筑管制的行政性法律、法规等公法性规定而产生的，并因此而招致公法的否定性评价，建造人将依法承担一定的行政

① 当然，由于大量参考文献所使用的术语仍为“违章建筑”，故出于保持引文或者参考文献原貌的考虑，本书在转述或者转引规范性文件以及学者观点时，对其所使用的“违章建筑”一词作了保留而未作替换。

② 杨延超．违法建筑物之私法问题研究．现代法学，2004（2）．

③ 陈重见．违章建筑之所有物返还请求权与时效取得．台湾法学杂志，2010（153）。

法律责任，严重的甚至要追究刑事责任。所谓违反私法的违法建筑，实质是指某一建筑在建造过程中违反公法成为“违法建筑”的同时，行为人也违反了私法，造成了对私益的侵害。仅违反私法不能致生违法建筑。对侵害了私益的违法建筑，在处理时应注重对权利被侵害的第三人的保护。比如越界建筑，仅就越界对邻人土地使用权或所有权的侵害而言，产生的是损害赔偿及恢复原状的私法诉求，但从公法及建筑管制角度而言，越界必然是对土地及建筑管制和规划方面的要求的一种违反，正是没有经过相应的行政审批和许可，我们才说越界建筑本身因对公法有所违反，故也是违法建筑，从而产生公法上的责任。对越界建筑就不能轻易作没收处理，否则对土地使用权被侵害的第三人会造成第二次侵害。反过来，仅违反私法的私益受侵害人诉请建筑所有人或占有人承担侵权责任时，司法及行政机关对该建筑不得因建造人仅违反私法而认定其是违法建筑。①

前文已经指出，所谓公法，是指型构以公权机关为一方或者双方主体，以行使公权力一方之意志的单向贯彻为主要内容的隶属型法律关系的强行法，其目的旨在保护和实现公益；所谓私法，主要是指型构以非公权机关为双方主体，以双方自由意志之合致为主要内容的平权型法律关系的任意法，其目的旨在保障和实现私益；公私法的划分标准不是单一的，而是一个多层级的标准体系。不论是根据目的说、主体说、法律关系性质说、规范效力说还是自由决策说，建筑规划法在性质上都属于公法而非私法。而所谓“违法建筑”，正是对体现于规划法中之规划理性违反的结果，在管制性法律出现之前，人人享有建筑自由，本无所谓建筑之合法与否，而在建筑规划法出现之后，违反其而为建造行为的，则作为建造之成果的建筑就被定性为了违法建筑。既然建筑规划法是公法，违反其形成违法建筑，因而笔者主张违法建筑应是一个公法概念而非私法概念。更进一步言之，从公法与私法之不同规范目的和规范功能角度看，私法之目的系在对特定的私主体之间的权利义务作出价值判断，其功能仅及于权利义务之存否和效力而已，与是否应予以公法上之取缔、处罚甚至是课以刑责无关，因而违法建筑这一概念显然是一个公法上的概念。② 据此，认为越界建筑属于违反私法的违法建筑的观点就是不正确的，越界建筑可能是违法

---

① 蒋拯．违法建筑处理制度研究．北京：法律出版社，2014：105－106．

② 朱柏松．论越界、违章建筑之法律效力．月旦法学杂志，2004（1）．

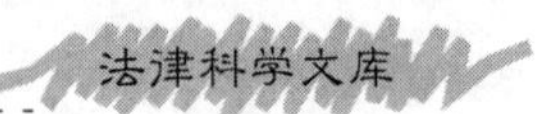

建筑也可能不是违法建筑，其是否为违法建筑均应依作为公法的规划法为判断，而作为“越界”的侵权行为虽然违反了私法上的行为规范，但却不能仅据此而认定凡是越界建筑就是违法建筑。因此，仅存在“公法上的违法建筑”而不存在“私法上的违法建筑”。换言之，违法建筑所违之“法”仅指公法，而不包括私法。① 当然，虽然不存在“私法上的违法建筑”，但不等于说不存在“违法建筑的私法问题”。“违法建筑的私法问题”与违法建筑的公私法属性界定无关，不能因为存在“违法建筑的私法问题”就认为存在“私法上的违法建筑”，此二者系属两事，不能混为一谈。

三、违法建筑定义正解

“违法建筑”不是一个学理概念，仅从学术角度“炮制”违法建筑的定义是危险的。违法建筑的定义一旦被界定，那么其外延——应当被认定为违法建筑的建筑范围——就会被划定，而一建筑是否应当被认定为违法建筑攸关建筑的“命运”与建筑权利人的财产权保障，事涉重大，因而不能通过纯粹的学理探讨“妄议”其定义。

违法建筑的立法定义实际上已经隐含在相关的法律条文中，如《城乡规划法》第 64～66 条的规定中。《城乡规划法》第 64 条规定：“未取得建设工程规划许可证或者未按照建设工程规划许可证的规定进行建设的，由县级以上地方人民政府城乡规划主管部门责令停止建设；……”第 65 条规定：“在乡、村庄规划区内未依法取得乡村建设规划许可证或者未按照乡村建设规划许可证的规定进行建设的，由乡、镇人民政府责令停止建设、限期改正；逾期不改正的，可以拆除。”第 66 条规定：“建设单位或者个人有下列行为之一的，由所在地城市、县人民政府城乡规划主管部门责令限期拆除，可以并处临时建设工程造价一倍以下的罚款：（一）未经批准进行临时建设的；（二）未按照批准内容进行临时建设的；（三）临时建筑物、构筑物超过批准期限不拆除的。”

《城乡规划法》的上述规定，在相关的地方立法中得到了呼应。如《海南省查处违法建筑若干规定》（海南省人大常委会 2012 年第 105 号）

① 史以贤. 违法建筑利用中的若干法律问题分析. 法制与经济，2009 (12).

第3条规定：“本规定所称违法建筑是指违反城乡规划管理的违法建筑，包括城镇违法建筑和乡村违法建筑。城镇违法建筑是指城市、镇、特定地区规划区范围内未取得建设工程规划许可、临时建设工程规划许可或者未按照许可的内容进行建设的建筑物、构筑物。乡村违法建筑是指乡、村庄规划区范围内依法应当取得而未取得乡村建设规划许可、临时乡村建设规划许可或者未按照许可的内容进行建设的建筑物、构筑物。”《上海市拆除违法建筑若干规定》（上海市人大常委会2009年第14号）第2条规定：“本规定适用于本市行政区域内除乡、村庄规划区外未依法取得建设工程规划许可证的违法建筑的拆除。”《深圳市人民代表大会常务委员会关于坚决查处违法建筑的决定》（1999年）第1条规定：“违法建筑，是指未经规划土地主管部门批准，未领取建设工程规划许可证或临时建设工程许可证，擅自建筑的建筑物和构筑物。违法建筑包括：（一）占用已规划为公共场所、公共设施用地或公共绿化用地的建筑；（二）不按批准的设计图纸施工的建筑；（三）擅自改建、加建的建筑；（四）农村经济组织的非农业用地或村民自用宅基地非法转让兴建的建筑；特区内城市化的居民委员会或股份合作公司的非农业用地非法转让兴建的建筑；（五）农村经济组织的非农业用地或村民自用宅基地违反城市规划或超过市政府规定标准的建筑；（六）擅自改变工业厂房、住宅和其他建筑物使用功能的建筑；（七）逾期未拆除的临时建筑；（八）违反法律、法规有关规定的其它建筑。”《苏州市拆除违法建筑实施办法》（2000年苏州市人民政府令第13号）第3条规定：“本办法所称违法建筑，是指未取得建设工程规划许可证，未按建设工程规划许可证核准的内容进行建设、使用的建筑物、构筑物和超过批准使用期限妨碍城市规划、建设、管理的临时建筑。妨碍公共安全、公共卫生、城市交通、市容环境的违法建筑，具体是指：（一）占用消防通道、地下工程、防洪设施、高压供电走廊的，影响输配电安全的，压占给水、雨水、污水、电力、通讯、燃气、热力、有线电视等地下管线的；（二）严重影响居民区安全、交通、卫生、安静、绿化、观瞻的；（三）占用公共广场、公共停车场、城市道路、城市主要出入口的，占压规划道路红线的；（四）不符合市容标准、道路景观规划的，擅自改变沿街建筑平面位置、高度、建筑立面（包括外墙装饰）影响市容景观的，占用绿地、公共用地的。”《长春市制止违法建设、拆除违法建筑若干规定》（2011年长春市人民政府令第25号）第3条规定：“本规定所称违

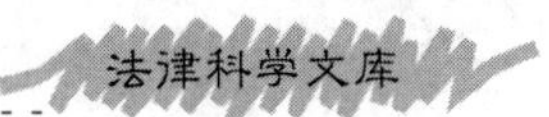

法建设，是指未依法取得建设工程规划许可证、临时建设工程规划许可证（以下统称规划许可证件），或者违反规划许可证件规定进行的建设活动。本规定所称违法建筑，是指未依法取得规划许可证件或者违反规划许可证件规定建设的建（构）筑物。"《乌鲁木齐市拆除违法建筑实施办法》（已失效）第 3 条规定："本办法所称违法建筑，是指未取得建设工程规划许可证或临时用地规划许可证，未按建设工程规划许可证核准的内容进行建设、使用的建筑物、构筑物和超过批准使用期限妨碍城市规划、建设、管理的临时建筑。"《无锡市拆除违法建筑实施办法》（已失效）第 3 条规定："本办法所称违法建筑，是指未取得建设工程规划许可证，未按建设工程规划许可证核准的内容进行建设、使用的建筑物、构筑物和超过批准使用期限妨碍城市规划、建设、管理的临时建筑。具体为：（一）城市主要道路两侧，车站、广场周围影响市容市貌和环境绿化建设的违法建筑和超过批准使用期限应当拆除的临时建筑；（二）占用城市各类道路、市政公用设施、工程管线、绿化以及城市河道两侧规划控制用地的违法建筑和超过批准使用期限应当拆除的临时建筑；（三）太湖风景区范围内影响市容市貌、影响环境绿化建设的违法建筑和超过批准使用期限应当拆除的临时建筑；（四）在居民住宅小区、新村及其周围占绿、占道搭建的违法建筑及临时建筑；（五）其他各类违法建筑。"《资阳市违法建设治理办法》（2018 年 1 月 15 日资阳市政府四届第 23 次常务会议审议通过）第 3 条规定："本办法所称的违法建设，是指下列违反城乡规划法律、法规规定而建造的建筑物、构筑物、道路、管线和其他工程建设：（一）未取得建设工程规划许可证或者未按照建设工程规划许可证的规定进行建设的；（二）未取得乡村建设规划许可证或者未按照乡村建设规划许可证的规定进行建设的；（三）未经批准进行临时建设或者未按照批准内容进行临时建设的；（四）临时建（构）筑物超过批准期限不拆除的；（五）其他违反城乡规划管理规定的。"

综合以上条文，笔者认为，对违法建筑可作如下定义：违法建筑是指在城乡规划区内，未取得建设工程规划许可证、乡村建设规划许可证、临时建设工程规划许可证，或者未按照建设工程规划许可证的规定建造的建筑物，以及超过批准期限未自行拆除的临时建筑物。

一建筑被认定为违法建筑，根据《城乡规划法》第 64～66 条的规定，违法建造人或者利害相关者将承担停止建设、限期改正、罚款、限期拆除、没收实物或者违法收入①等法律责任，相关法律责任的承担将对建造人或者利害相关者造成不利甚至是沉重的法律负担，因而对违建的认定必须慎之又慎，严格限定违建的范围。鉴于此，为准确把握违建的定义，笔者认为，有以下诸多问题须予厘清。

（一）城乡规划区与违法建筑的认定

城乡规划区是城乡分区规划确定的特定规划区域。《城乡规划法》第40条第1款规定：“在城市、镇规划区内进行建筑物、构筑物、道路、管线和其他工程建设的，建设单位或者个人应当向城市、县人民政府城乡规划主管部门或者省、自治区、直辖市人民政府确定的镇人民政府申请办理建设工程规划许可证。”第41条第1款规定：“在乡、村庄规划区内进行乡镇企业、乡村公共设施和公益事业建设的，建设单位或者个人应当向乡、镇人民政府提出申请，由乡、镇人民政府报城市、县人民政府城乡规划主管部门核发乡村建设规划许可证。”第44条第1款规定：“在城市、镇规划区内进行临时建设的，应当经城市、县人民政府城乡规划主管部门批准。”由此三项规定可见，只有在特定的“规划区内”从事建设活动的，才须经规划许可报批申领建设工程规划许可证。而根据《城乡规划法》第64～66条的规定，是否取得相应的建设工程规划许可证是认定某一建筑是否为违法建筑的关键。既然把“建设工程规划许可证”的取得作为认定建筑合法性之不可或缺的要素，那也即意味着《城乡规划法》所界定的违法建筑就仅限于城乡规划区内的违法建筑了。因为违法建筑是违反城乡分区规划进行违法建设的结果，无城乡规划也就无违法建设，无违法建设也就无违法建筑，因而“规划区内”就成为违法建筑概念界定中所不可或缺的构成要素。若此论成立，那是否就意味着在城乡“规划区外”就不存在违法建筑了呢？笔者认为，回答应当是肯定的。这是因为，正是因为有了“分区规划”，所以才有违反规划的违法建筑，无规划即无违法建筑。《城乡规划法》第42条规定：“城乡规划主管部门不得在城乡规划确定的建设用地范围以外作出规划许可。”这就意味着，在规划区外，规划主管部门

① “没收实物或者违法收入”一语在立法表述上是有问题的，其正确的表述应当是“没收实物和违法收入”。对此问题的分析，详见本书后文第四章“违建的行政处理：以小产权房为主要对象”之第四节“实质违建（二）：小产权房的没收”之“三、没收违法收入：违法收入被没收后的小产权房处理”部分。

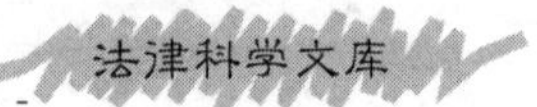

根本就没有实施规划许可的权力，其无权颁发“建设工程规划许可证”，又何来违法建筑呢？所以，从解释论角度讲，在现行法上，规划执法部门无权在“规划区外”进行规划执法，更不能将《城乡规划法》作为“规划区外”规划执法的法律依据。因此，在解释论上，根据现行法，违法建筑只存在于“城乡规划区内”，不能将存在于“城乡规划区外”的建筑认定为违法建筑。

（二）不动产登记与违法建筑的认定

在我国现行法上，违法建筑是不能登记的建筑，因而从严格执法的角度讲，所有的违法建筑都是未获登记的“无证建筑”。但在我国的拆迁实践中（2011 年《征收条例》颁行之前），却存在着一种错误的执法倾向，即把未获登记的“无证建筑”一律认定为违法建筑，从而达到不给予其任何补偿的目的。这种做法毫无疑问是犯了“扩大化”的错误，“违法建筑不予登记”依现行法是成立的，但“未经登记的建筑就是违法建筑”的命题显然是不成立的。《征收条例》第 24 条第 2 款规定：“市、县级人民政府作出房屋征收决定前，应当组织有关部门依法对征收范围内未经登记的建筑进行调查、认定和处理。对认定为合法建筑和未超过批准期限的临时建筑的，应当给予补偿；对认定为违法建筑和超过批准期限的临时建筑的，不予补偿。”该规定即明确了“未经登记的房屋未必是违法建筑”的规则，是完全正确的。此外，还须补充指出一点，《不动产登记暂行条例》第 22 条规定：“登记申请有下列情形之一的，不动产登记机构应当不予登记，并书面告知申请人：（一）违反法律、行政法规规定的；（二）存在尚未解决的权属争议的；（三）申请登记的不动产权利超过规定期限的；（四）法律、行政法规规定不予登记的其他情形。”就该条规定第 1 项“违反法律、行政法规规定的”，在范围上究竟所指为何姑且不论（后文详论），单就其兜底性的第 4 项规定而言，依其规定，只有“法律、行政法规”明确规定了不予登记的情形才应当不予登记，依反对解释，如果是“法律、行政法规”之下的低位阶法——如部门规章、地方性法规、地方规章、司法解释等——规定了不予登记的情形的，则不得作为不予登记的依据。

（三）建筑工程施工许可证与违法建筑的认定

有学者给违法建筑作了如下定义：“违法建筑是指，应经而未经规划许可、建设用地许可和建筑工程施工许可，并发给许可证（或批准书），或虽经许可，但不按许可条件建造的建筑物。”① 很明显，该定义将是否取得建筑工程施工许可证以及是否按照建筑工程施工许可证的内容进行建造，作为违法建筑的一个构成要素进行界定。对于作此定义的理由，该学者作了如下阐述：“未取得施工许可证的不得擅自开工。应领而没有申领施工许可证的建设项目属违法建筑。2001 年 7 月 4 日《建设部发布关于修改〈建筑工程施工许可管理办法〉的决定》对施工许可作出了进一步规定。由申办条件可知，建设方就拟建设的工程领到《建筑工程施工许可证》，说明该工程已经具备了相应条件，尽管只是形式审查，但在施工前有了施工许可，实际就是核查及督促建设方按相关规定办理相应许可及手续，使该工程从根本上成为合法建筑，建筑施工许可因此成为开工前的最后一道程序，正如火箭发射前的最终检验确认程序，重要性不言自明。”② 笔者对于上述定义及其定义的理由，都不表赞同。

《建筑法》第 7 条规定：“建筑工程开工前，建设单位应当按照国家有关规定向工程所在地县级以上人民政府建设行政主管部门申请领取施工许可证；但是，国务院建设行政主管部门确定的限额以下的小型工程除外。”第 8 条规定：“申请领取施工许可证，应当具备下列条件：……（二）依法应当办理建设工程规划许可证的，已经取得建设工程规划许可证；……”由此两条规定可见，取得相应的规划许可证是申领施工许可证的前提条件，未取得规划许可证的，无法申领取得施工许可证。上述学者的观点也正是据此认为，凡是能够取得施工许可证的建筑工程，一定也是已经取得了相关规划许可的建筑，因而也一定就是不违反规划法的合法建筑。此论貌似不错，但其据此而将是否取得施工许可证作为认定是否为违法建筑的一个定义性要素，就显然是犯了逻辑性和常识性错误。未取得“建筑工程施工许可证”而建成的建筑，未必是建造者也未取得“建设工程规划许可证”，其完全可能是已经取得了“建设工程规划许可证”，但因未满足《建筑法》第 8 条规定的其他申领条件而未获得施工许可，如拆迁进度不符合施工要求、未确定建筑施工企业、缺

① 蒋拯．违法建筑定义问题研究．河南省政法管理干部学院学报，2011（5）；蒋拯．违法建筑处理制度研究．北京：法律出版社，2014：57.

② 蒋拯．违法建筑处理制度研究．北京：法律出版社，2014：54－55.

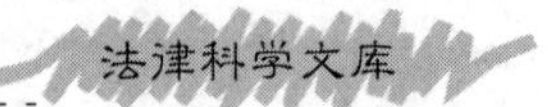

少满足施工需要的施工图纸及技术资料、缺乏保证工程质量和安全的具体措施等原因。因此，作为规划许可的一个后置程序，施工许可的是否获准虽与规划许可的是否获准息息相关，但规划许可的是否获准却与施工许可的是否获准完全无关。如果说以上理由还仅仅是形式逻辑上的一个理由，那么在此还可以给出另一个更为根本的实质理由，即施工许可与规划许可的不同功能。笼统而言，建筑管制包括三个方面，即用地管制、规划管制和建设管制。规划管制主要通过规划许可的实施进行，建设管制则主要通过施工许可来进行。因此，施工许可仅及于建设施工行为，而并不如同规划许可那样还及于作为施工行为之结果的建筑物本身。对于此点区别，《城乡规划法》第45条的规定即为明证："县级以上地方人民政府城乡规划主管部门按照国务院规定对建设工程是否符合规划条件予以核实。未经核实或者经核实不符合规划条件的，建设单位不得组织竣工验收。建设单位应当在竣工验收后六个月内向城乡规划主管部门报送有关竣工验收资料。"由该规定可见，规划管制主要体现为一种"结果管制"和一定程度上的"静态管制"，即作为施工行为之结果而建成的建筑物本身是否符合规划条件的要求；而与之相对应的，建设管制所针对的主要是施工行为和施工过程的"动态管制"，作为施工结果的建筑物是否合乎规划要求则不在其中。总之，在违法建筑的定义中，不能把"施工许可"的内容包含于其中，施工许可证之是否取得与违法建筑的认定无关。

（四）"豆腐渣工程"与违法建筑的认定

有学者认为："作为建设行为管理的最重要的法律之一，《建筑法》对违法建筑的界定与处理具有十分重要的意义。因为，违法建筑中无论是对社会秩序还是对人类的生命财产的危害后果，都以违反《建筑法》规定的情形为最严重。……'豆腐渣工程'是否是违法建筑？我过去没有认真研究，因此在过去的研究成果中未涉及这一问题，我为此内疚。……危及人们的生命、财产安全的'豆腐渣工程'，无疑是违反我国的法律、法规规定和设计规范的，应当属于违法建筑，应当是我们研究和查处违法建筑的重点。实际工作中否定或轻视这一点是不正常的。"[①] 持论者

① 王才亮，陈秋兰. 违法建筑处理实务. 北京：法律出版社，2008：135.

对“豆腐渣工程”所表达的切齿痛恨和对因“豆腐渣工程”而致生命财产遭受戕害者的悲悯情怀是值得赞许的，但笔者对其观点却不能苟同。

通常所言的“豆腐渣工程”，往往是由建设单位或者施工单位为达偷工减料之目的而违法设计、非法施工造成的，其违法建设行为显然违反了相关的建筑质量管制法（主要是指《建筑法》）。但须注意的是，现实中的“豆腐渣工程”其存在本身在项目规划上未必是违法的，亦即其未必没有取得建设工程规划许可证，其令人厌恶痛恨之根源往往不在于工程本身，而在于建造过程中的严重偷工减料行为。因此，如果将“豆腐渣工程”也纳入违法建筑的范畴，就会混淆“违法建设”这一原因与“违法建筑”这一结果二者间的前因后果关系，从而不当地得出任何偷工减料的建筑都是违法建筑的不当结论。① 综括言之，“豆腐渣工程”是否为违法建筑，仍应以建造者是否取得了建设工程规划许可证以及是否按照建设工程规划许可证的规定进行建设为准，不能单纯以建筑质量低劣为由而将已经取得建设工程规划许可证的“豆腐渣工程”认定为违法建筑。当然，不把“豆腐渣工程”认定为违法建筑，并不意味着纵容了此种违法建设行为，而是对其仍应按照相关法律的规定——如《安全生产法》《防震减灾法》《产品质量法》《建设工程安全生产管理条例》《安全生产许可证条例》《建设工程质量管理条例》《建设工程勘察设计管理条例》等，予以严处，严惩不贷。

此外，还须指出的一点是，对于“危险建筑物”是否为违法建筑的问题，也应当与“豆腐渣工程”的认定作相同的理解。“豆腐渣工程”肯定是危险建筑，但造成危险建筑的原因多种多样，既可能是建造原因（“豆腐渣工程”即属此类），也可能是建成后的人为原因、自然原因等正常的或者非正常的原因。但不论因何种原因而造成，一栋危险建筑要被认定为违法建筑，关键还是要看建造者是否取得了建设工程规划许可证。已经取得了建设工程规划许可证的危险建筑就是合法建筑，反之则为违法建筑。

---

① 王洪平. 违法建筑的私法问题研究. 北京：法律出版社，2014：12.

（五）建筑用途的改变与违法建筑的认定

有一种观点认为，擅自改变了使用性质建成的建筑也是违法建筑。[①] 这一观点在一些地方立法中也有体现。如《深圳市人民代表大会常务委员会关于坚决查处违法建筑的决定》于第 1 条中即规定："……违法建筑包括：……（六）擅自改变工业厂房、住宅和其他建筑物使用功能的建筑……"《苏州市拆除违法建筑实施办法》、《乌鲁木齐市拆除违法建筑实施办法》（已失效）、《无锡市拆除违法建筑实施办法》（已失效）等在违法建筑的立法定义中，就都将未按建设工程规划许可证核准的内容"使用"的建筑物界定为违法建筑。笔者对此观点持保留态度。根据《城乡规划法》第 38 条和第 40 条规定，规划主管部门应当依据控制性详细规划，提出出让地块的位置、使用性质、开发强度等规划条件，并根据规划条件颁发建设用地规划许可证；规划主管部门应根据控制性详细规划和规划条件，颁发建设工程规划许可证。这就意味着，在"建设工程规划许可证"中确实会存在着"建筑性质"或者"建筑功能"栏目，这二者一般作同义理解，即建成建筑的使用性质或者使用功能，如是"住宅"还是"商业"等。在笔者看来，如果建造者严格按照"建设工程规划许可证"所开列的附图——如总平面图、各层建筑平面图（包括地下室、屋面平面）、各项立面图以及剖面图等进行设计建造，那么所建成的建筑就是合法建筑。因为已经确定的图纸就是根据已经批准的设计方案制作的，而设计方案就是根据建筑的使用性质和使用功能设计的，如果建造过程中没有改变设计方案和施工图纸，那么所建成的建筑就不可能是不符合建设工程规划许可证所规定之使用性质或使用功能的建筑，因而也就不可能被认定为违法建筑。当然，如果在建造过程中因为设计的使用性质或者功能发生改变而未经批准变更即擅自变更设计的，则所建成的建筑就属于未按照建设工程规划许可证建造的违法建筑了。至于说在建筑工程竣工验收交付使用后，再变更使用性质或者使用功能的——如变商业用房为住宅用房，变住宅用房为商业用房——此时就并不涉及建筑本身之合法与否的问题了。换言之，一栋经合法建造的

① 国务院法制办公室农林城建资源环保法制司，住房城乡建设部法规司，房地产市场监管司. 国有土地上房屋征收与补偿条例释义. 北京：中国法制出版社，2011：73-74.

写字楼，其本身为合法建筑，如果业主将其出租用于居住使用，则该写字楼仍为合法建筑，而不可能因为使用性质的改变而变成为违法建筑。实际上，我国现行法并不禁止建筑使用性质或者使用功能的改变。如《物权法》第77条规定："业主不得违反法律、法规以及管理规约，将住宅改变为经营性用房。业主将住宅改变为经营性用房的，除遵守法律、法规以及管理规约外，应当经有利害关系的业主同意。"依该规定，只要是依法改变，"住改商"并没有被一律禁止。在房屋征收补偿实践中，也并没有把改变了房屋用途的房屋认定为违法建筑。如根据《新疆维吾尔自治区实施〈国有土地上房屋征收与补偿条例〉办法》第11条第4项的规定，"将住宅改变为商业经营用房，并已经以该房屋为住所地办理工商、税务登记的，认定为改变用途的建筑"，但并不认定为违法建筑。在征收实践中，对于依法可认定的"住改商"房屋，甚至给予高于住宅房屋的补偿价格。如根据烟台市人民政府《关于规范国有土地上房屋征收与补偿工作的意见》（烟政发〔2011〕54号）的规定："被征收的住宅房屋用作营业用房的，按住宅补偿。取得工商营业执照、税务登记证，营业至房屋征收决定发布之日，且房屋所有权证书、营业执照和税务登记证注明的营业地点一致的，房屋征收部门应按400元/平方米的标准，支付被征收人利用住宅营业补助费。"在比较法上，我国台湾地区"建筑法"（2001年修订）第25条明确规定："建筑物非经申请直辖市、县（市）（局）主管建筑机关之审查许可并发给执照，不得擅自建造或使用或拆除。"依此规定，建筑物之使用、拆除须申领使用执照和拆除执照，否则不得擅自使用（包括改变使用用途）或者拆除。但是，台湾地区在界定违法建筑时，却并没有把擅自改变使用用途的建筑也纳入违章建筑的范畴。此即其"违章建筑处理办法"（2012年修订）第2条之规定："本办法所称之违章建筑，为建筑法适用地区内，依法应申请当地主管建筑机关之审查许可并发给执照方能建筑，而擅自建筑之建筑物。"可见，其也仅是把未取得建筑执照（相当于大陆的"建设工程规划许可证"）而擅自建造的建筑认定为违法建筑，将未申领使用执照的建筑排除在外。有鉴于上述理由，笔者认为，建筑用途的改变不会导致一建筑由合法建筑变性为违法建筑。

（六）违法用地与违法建筑的认定

"违法用地"历来是我国土地督察的重点内容之一，违法用地及违法建设情状之严重，由历年来的《国家土地总督察公告》可略见一斑。① 由其中林林总总的统计数据可以看出，我国各地方存在着严重的违法用地问题，因违法用地进行违法建设而形成的违法建筑总量数字惊人。同时，由

① 据第1号《国家土地总督察公告》(2008年5月4日发布)统计，2007年各地在整改工作中，共撤销违规违法设立的各类开发园区及其管委会63个，退还非法占用的土地2 500多亩，拆除非法建（构）筑物600多万平方米，没收非法建（构）筑物290多万平方米，罚款5.06亿元。据第2号《国家土地总督察公告》(2009年4月21日发布)统计，截至2008年年底，各地共清理土地违规违法行为183件，立案175件，结案167件；拆除违法建筑物面积26.7万平方米，没收违法建筑物面积107万平方米，罚款6 475万元。据第3号《国家土地总督察公告》(2010年5月10发布)统计，2009年，国家土地督察机构对地方的土地违法问题继续开展专项督察，向北京、河北、内蒙古、辽宁、江苏、湖北、重庆、青海、宁夏等9个省级人民政府发出11份整改意见书、督察建议书。截至2009年12月31日，自行纠正土地违法违规问题1 456件，立案查处5 374件，拆除违法建（构）筑物462.76万平方米，没收违法建（构）筑物1 427.99万平方米，罚款9.09亿元。据第4号《国家土地总督察公告》(2011年4月14日发布)统计，截至2011年2月20日，土地卫片执法检查应立案查处违法违规用地3.09万宗，收缴罚款31.47亿元，拆除违法建（构）筑物及其他设施面积1 217.86万平方米，没收违法建（构）筑物及其他设施面积7 158.2万平方米。据第7号《国家土地总督察公告》(2014年3月12日发布)统计，该次督察总立案查处各类案件3 775件，涉及违法用地1.14万公顷；拆除建（构）筑物346.60万平方米，收缴罚款7.84亿元。据第10号《国家土地总督察公告》(2014年12月17日发布)统计，被督察的乌兰察布市集宁区在整改工作中，对违法征收7 800亩土地问题进行立案查处，其中315亩经处罚后完善用地手续，将违法征收未使用的7 485亩土地全部退还给村集体经济组织，其中的1 672亩耕地已恢复耕种。对集宁区行政办公楼群违法占地417.80亩问题进行立案查处，其中325.60亩违法占地经处罚后完善用地手续，对92.20亩违法占地没收地上建筑物，收缴罚款134.19万元。据2015年4月17日发布的《国家土地总督察公告》(2015年第1号)统计，截至2013年年底，有25个省（区、市）和新疆生产建设兵团存在钢铁、水泥、电解铝、平板玻璃、船舶等产能严重过剩行业违法违规用地问题，共354个项目，涉及土地面积32.89万亩。其中，有16个省（区）在钢铁行业存在违法违规用地，涉及118个项目、土地面积10.40万亩；有21个省（区、市）在水泥行业存在违法违规用地，涉及150个项目、土地面积5.40万亩；有5个省（区、市）在电解铝行业存在违法违规用地，涉及50个项目、土地面积15.97万亩；有5个省（市）在平板玻璃行业存在违法违规用地，涉及22个项目、土地面积2 432亩；有7个省（市）在船舶行业存在违法违规用地，涉及14个项目、土地面积8 808亩。

以上相关公告的内容也可以看出，对违法用地的查处往往伴随着对违法建筑的查处，如对相关的违法建筑物、构筑物采取拆除、没收、罚款等行政处罚措施。由此可见，违法用地与违法建筑的认定确实密切相关。

违法用地是指违反《土地管理法》等相关土地管理法规的土地违法行为。根据《土地管理法》的相关规定，违法用地、土地违法行为的表现形式多种多样，如买卖或者以其他形式非法转让土地的，违反土地利用总体规划擅自将农用地改为建设用地的，违法占用耕地建窑、建坟或者擅自在耕地上建房、挖砂、采石、采矿、取土等破坏种植条件的或者因开发土地造成土地荒漠化、盐渍化的，违反土地复垦规定拒不履行土地复垦义务的，未经批准或者采取欺骗手段骗取批准非法占用土地的，无权批地、越权批地的，等等。严格以言，在存在上述土地违法行为情形下所建造的建筑都应当是违法建筑，因为根据《城乡规划法》第37～40条规定，未取得建设用地规划许可证的建设项目是不可能取得建设工程规划许可证的，而要取得建设用地规划许可证的前提就是不存在土地违法行为，因而严格来说，凡是存在土地违法行为的建设项目都是不可能取得建设工程规划许可证的，而未取得建设工程规划许可证所建造的建筑当然就是违法建筑了。在此有一个问题需要探讨，即对于违法用地项目，如果违规取得了建设用地规划许可证和建设工程规划许可证的，对所建成的建筑应如何认定呢？笔者认为，此时不宜径行将其认定为违法建筑，因为建设工程规划许可证的取得乃建筑合法性之表征，在建设工程规划许可被依法撤销之前，仍应认定为合法建筑，只有撤销了规划许可后才可认定为违法建筑。

还有一点须提及的是，如果违法用地发生在城乡规划区外，那么依现行法的规定，因该违法用地行为所建成的建筑，就不能依《城乡规划法》认定为违法建筑。正如上文已经指出的那样，仅存在城乡规划区内的违法建筑而不存在城乡规划区外的违法建筑。对于城乡规划区外的违法用地和违法建设行为，应以《土地管理法》的相关规定为依据进行认定处罚。

（七）临时建筑改变为永久性建筑与违法建筑的认定

“临时建筑”与“永久性建筑”是相对应的一个建筑分类。我国现行法对何为临时建筑、何为永久性建筑并没有给出相应的立法定义。《城乡规划法》中有“临时建筑”术语，却无“永久性建筑”术语，但在相关的行政法规和地方性立法中，“永久性建筑”早已成为一个袭用已久的立法用语。对于永久性建筑的理解，不能望文生义地理解为“永久存续”的建筑，因为不论用何种耐久材料建造的建筑，都不可能具有“永久性”和“无限存续性”，在材料科学和建筑结构上其总归有一个最长的可能存续期。如根据《建筑结构可靠度设计统一标准》（GB 50068—2001）第 1.0.4 条的规定：“本标准所采用的设计基准期为 50 年。”这 50 年的期限实际上就是一个建筑物能够可靠使用和存续的期间。诚如“人终有一死”一样，“物终有一灭”，因而所谓的永久性建筑也只是相对于临时建筑而言，建筑物的用材具有较好的耐久性及存续期间相对较长而已。根据现行法的相关规定，临时建筑的存续期间为 2 年，并且 2 年期满后原则上最多只能续期 1 次而不可能有更长的存续期间。由此决定，对于临时建筑所使用的建筑材料往往要求较低，其耐久性差。但即便是使用高耐久性材料——如钢、砼、砖、木等——来建造临时建筑，亦不能将该临时建筑认定为永久性建筑。因为临时建筑与永久性建筑的区别标准并不在于所使用的建筑材料上，无论建造用材多么地具有耐久性，在现代科学技术上也是“无坚不拆”的，不存在无法拆除的建筑。

有一种观点认为，擅自将临时建筑改为永久性建筑的，是违法建筑。[①] 在一些地方立法中也有类似规定。如《抚顺市城乡规划管理条例》第 31 条规定：“临时建筑不得改变为永久性建筑。”《鞍山市城乡规划条例》第 34 条规定：“临时建筑不得改变为永久性建筑。”已失效的行政法规《国家建设征用土地条例》也曾于第 18 条规定：“在临时用地上不得修建永久性建筑。”此类规定往往都是从建筑材料的角度来看某一建筑是临时建筑还是永久性建筑，其规范基础是有问题的，实际上仅从建筑的物理形态上是不可能看出某一建筑是临时建筑还是永久性建筑的。临时建筑与永久性建筑是一对法律概念，从法律角度讲，判断某一建筑是临时建筑还是永久性建筑的唯一标准，就是看建造人所取得的建设工程规划许可证的类型。建造人取得的是永久性建筑的建设工程规划许可证的，其所建造的建筑就是永久性建筑；建造人取得的是临时建筑的建设工程规划许可证

---

① 国务院法制办公室农林城建资源环保法制司，住房城乡建设部法规司，房地产市场监管司．国有土地上房屋征收与补偿条例释义．北京：中国法制出版社，2011：73－74．

的，其所建造的建筑就是临时建筑。在我国的一些地方立法中，实际上也是根据这一标准来认定违法建筑的。如《新疆维吾尔自治区实施〈国有土地上房屋征收与补偿条例〉办法》第11条第3项规定："依法应当按照永久性建筑核发建筑规划许可证，但是城乡规划部门核发临时建筑规划许可证，且建成的房屋面积、层数、高度等未超出临时建筑规划许可的，认定为合法建筑。"依此规定，虽然应当核发的是永久性建筑的规划许可证，但核发的却是临时建筑的规划许可证，那么就只能按照临时建筑的建设工程规划许可证进行建设，其所建成的建筑就只能是临时建筑而不会是永久性建筑，只要在核准的临时建筑存续期内，该建筑就应被认定为合法建筑而非违法建筑；只要规划许可证不变，不论采用的是非耐久性材料还是耐久性建筑材料，其所建成的建筑都是临时建筑而不可能变身为永久性建筑，更不能因为其采用的是耐久性建筑材料而把合法的临时建筑认定为永久性建筑类型上的违法建筑。

综上所述，"临时建筑改变为永久性建筑"这一表述是有问题的，如果把其看作一个命题，那么这就是一个伪命题。在临时建筑是否为违法建筑的认定上，应予准确把握的只有两个要素：一是临时建设工程规划许可证，二是存续期间是否超过2年。更准确以言，应予把握的因素实际上只有"临时建设工程规划许可证"这一个，因为如果建造人未取得临时建设工程规划许可证而进行临时建设，不论是否在2年的存续期间内，该建筑都应当被认定为违法临建。

（八）妨害社会公益与违法建筑的认定

有学者认为："违法建筑是妨碍社会公共利益的建筑，这是认定违法建筑的独立的实质要件。……目前的城乡规划覆盖面较小，实践中经处理的违法建筑有很多不是违反了城乡规划，而是妨碍了社会公共利益。"①笔者不赞同该观点，即便是真如持论者所言，实践中经处理的很多违法建筑不是违反城乡规划法的建筑，那么该种实践做法也是值得商榷的。建筑规划旨在保护公共利益，如无此公益之必要，那么建筑规划之存在也就变得没有必要了。因此，违法建筑往往是有碍于公共利益之建筑②，其存在

① 张开泽．违法建筑的法律界定．学术探索，2004（11）．

② 更准确而言，违法建筑未必都是对公共利益造成了有形妨害或实质妨害的建筑，如后文将论及的"程序违建"就是对公共利益之实现无实质危害的可补正的违建。

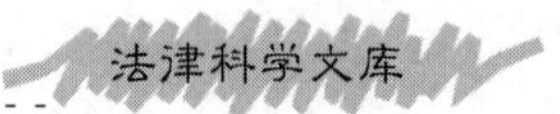

对公共安全、公共卫生、公共交通等公益是有所妨害的，因而对违建之认定处理乃公共利益实现之必需。但是，如果据此而认为凡是有碍于公共利益之建筑就是违法建筑，则有违建认定“扩大化”之弊。即便是合法建筑，也可能对公共利益之实现有所“妨害”。如《征收条例》第 8 条规定：“为了保障国家安全、促进国民经济和社会发展等公共利益的需要，有下列情形之一，确需征收房屋的，由市、县级人民政府作出房屋征收决定：……（五）由政府依照城乡规划法有关规定组织实施的对危房集中、基础设施落后等地段进行旧城区改建的需要；……”该规定所涉“危房”一般情形下就不是违法建筑，但其存续却有害于公共安全这一公共利益；即便是该条规定的其他诸项所涉及的房屋，如果因公益所需须予征收，而被征收人不同意的，则其房屋的继续存在对特定公益的实现同样会构成一种“妨害”，最终也将通过补偿决定和强制执行等程序予以拆除，但却不能据此就认定此等建筑为违法建筑。此外，在因城乡规划的修改而带来的某一建筑有害于公益实现的情形中，也不能将该建筑认定为违法建筑。例如，张三在其宅基地上取得了乡村建设规划许可证而起造了一栋住宅，后因村规划的修改，在张三所建房屋的位置需要修建一处防洪堤坝，其房屋须予拆除。如果张三拒绝拆屋腾地，那么张三的房屋继续保留在原位置上就会有害于防洪安全，从而有害于公共利益的实现。但是，对张三房屋的拆除却不能依照拆违程序进行，因为张三的房屋依法领有建设工程规划许可证，其房屋属于依法建造的合法建筑，对其予以拆除只能通过启动房屋征收程序进行。

（九）“越界建筑”与违法建筑的认定

从是否与他人之土地发生关联的角度看，违法建筑可分为两种类型：第一种是与他人土地发生关联之违法建筑，第二种是与他人土地不发生关联之违法建筑。后一种情形在实践中较为常见，但前一种情形也并非罕见。除无使用他人土地为建筑之权利的典型情形外，比较常见的与他人土地发生关联的违法建筑就是“越界建筑”了。就越界建筑应如何规制的问题，我国现行民法无相关的特别规定，而在大陆法系的其他国家和地区，其民法典中往往定有明文。如我国台湾地区“民法”于第 796 条和第 796 条之一中作了明确规定。其第 796 条规定：“土地所有人建筑房屋非因故意或重大过失逾越地界者，邻地所有人如知其越界而不即提出异议，不得请求移去或变更其房屋。但土地所有人对于邻地因此所受之损害，应支付偿金。前项情形，邻地所有人得请求土地所有人，以相当之价额购买越界部分之土地及因此形成之畸零地，其价额由当事人协议定之；不能协议者，得请求法院以判决定之。”其第796条之一规定：“土地所有人建筑房屋逾越地界，邻地所有人请求移去或变更时，法院得斟酌公共利益及当事人利益，免为全部或一部之移去或变更。但土地所有人故意逾越地界者，不适用之。”有学者认为，“越界建筑”是典型的仅违反私法的违法建筑。[①] 笔者认为，这一论断失之武断，不仅是因为不存在仅违反私法的违法建筑（前文已述），而且将“越界建筑”认定为违法建筑也不是因为其侵犯了他人的土地疆界，而仍旧是因为其违反了规划管制。就大陆现行法而言，一“越界建筑”要被认定为违法建筑，还是要看建造人是否取得了建设工程规划许可证以及是否按照规划许可证的规定进行建造。如果是未取得建设工程规划许可证而进行建设的，则不论其有无越界情状，都是违法建筑，此不待论。如果已经取得了建设工程规划许可证，在核发许可证之前，核发机关要进行勘测定界，一般情形下不会造成误测而越界，所以只要依许可证的内容进行建设，一般也不会形成越界建筑。问题正在于，建造人未按照许可证的内容在其应有的疆界范围内建筑，所以才会形成越界建筑，此种情形下的越界建筑即构成部分违建（下文详述）。既然“越界建筑”问题是民法中相邻关系法上的重要内容之一，那么对越界建筑的处理就会形成公私法上的竞合关系。上引我国台湾地区“民法”的相关法条，就民法上的处理已经作出了明确规定。大陆应如何处理之，将于后文详述，在此先不予展开。

（十）违法建设与违法建筑的认定

在我国地方立法中，有的立法将“违法建设”与“违法建筑”两个概念作同义使用，甚至用“违法建设”概念取代“违法建筑”概念。如《北京市禁止违法建设若干规定》第3条规定：“违法建设包括城镇违法建设和乡村违法建设。”该条规定即用“违法建设”取代了“违法建筑”，而其所称的“违法建设”毫无疑问指的是“违法建筑”。还有一种地方立法例，是将“违法建设”与“违法建筑”两个概念明确地予以区分使用。如《长春市制止违法建设、拆除违法建筑若干规定》第3条规定：“本规定所称违法建设，是指未依法取得建设工程规划许可证、临时建设工程规划许可

① 杨延超．违法建筑物之私法问题研究．现代法学，2004（2）．

证（以下统称规划许可证件），或者违反规划许可证件规定进行的建设活动。本规定所称违法建筑，是指未依法取得规划许可证件或者违反规划许可证件规定建设的建（构）筑物。”该条规定是将“违法建设”归属于“建设活动”，而将“违法建筑”归属于“建（构）筑物”，两个概念的含义不同。在以上两种立法例中，笔者赞同后者。在现代规范汉语中，“建设”一词一般用作动词，“建筑”一词一般用作名词。所以说，将“违法建设”等同于“违法建筑”存在着词性错用的问题。在我国现行法上，不仅地方立法中存在着这一问题，实际上在某些基本法律中也存在着同样的问题。如《城乡规划法》第 44 条第 2 款规定：“临时建设应当在批准的使用期限内自行拆除。”此规定中的“临建建设”即被用作名词，而其准确所指显然是“临时建筑”，只有作为名词意义上的“建筑物”才有拆除问题，而作为动词意义上的“建设行为”又何来“拆除”一说呢？除上述理由外，把“违法建设”等同于“违法建筑”还会造成违法建筑认定的“扩大化”危险。“违法建设”属建筑管制的范畴，建筑管制包括用地管制、规划管制和建设管制三个方面，而对这三个方面中任何一个方面的违反都构成“违法建设”，但对其中一个方面的违反却未必构成“违法建筑”。如前文所述，未取得施工许可证而从事的建设行为就属于“违法建设”，但未取得施工许可证而已取得建设工程规划许可证的建筑却是合法建筑。因此，笔者主张，应区别使用“违法建设”和“违法建筑”两个不同的概念，实施违法建设行为而建成的建筑未必都是违法建筑。1993 年《珠海市违法建筑管理规定》于第 4 条第 2 款中曾规定：“违法建筑行为所产生的建筑物、构筑物和其它设施均属违法建筑。”这一规定即混淆了“违法建筑行为”（违法建设）与“违法建筑”的逻辑关系，把作为原因的“行为”直接等同于作为结果的“物”，通过违法建设行为来界定违法建筑，显属不当。①

（十一）地方立法与违法建筑的认定

前文已述，对违法建筑的没收、拆除是比对非国有财产的征收、征用更为严厉的财产处分行为，根据“举轻以明重”的当然解释规则，依据《立法法》第 8 条规定，违法建筑的认定和处理应当通过制定“法律”的

① 不过好在该条规定之第 1 款所列举的 13 种违法建筑行为都属于违反规划许可的违法建设行为，在解释上尚不至于犯违法建筑认定“扩大化”的严重错误。

方式进行。此处的“法律”当然是指全国人大及其常委会制定的狭义上的法律，而不包括低位阶的法规规章等。《立法法》第 9 条规定：“本法第八条规定的事项尚未制定法律的，全国人民代表大会及其常务委员会有权作出决定，授权国务院可以根据实际需要，对其中的部分事项先制定行政法规”。依此规定，若要制定行政法规层级的《违法建筑处理条例》，就必须先由全国人民代表大会或者其常务委员会作出有效授权，否则国务院无权制定该部行政法规。《立法法》第 88 条第 1 款明确规定：“法律的效力高于行政法规、地方性法规、规章。”这就意味着行政法规、地方性法规与部门规章、地方政府规章所作出的规范违法建筑的立法，都不得与高位阶的法律相抵触，抵触者应依《立法法》第 96 条之规定予以改变式撤销。一言以蔽之，在我国现行法律体系中，认定和处理违法建筑的最高规范依据是《城乡规划法》，低位阶的任何立法都不得与之相冲突，冲突者应当予以改变或者撤销。

第二节　违法建筑的类型

我国大陆有学者将违法建筑的类型划分为二十种之多①，台湾地区有

---

① 包括：(1) 农村违建和城镇违建；(2) 国有土地上的违建和集体土地上的违建；(3) 程序违建和实质违建；(4) 主体建成之前的违建和主体建成之后的违建；(5) 既有违建和嗣后违建；(6) 整体违建和局部违建；(7) 牟利型违建和非牟利型违建；(8) 危险型违建和安全型违建；(9) 老旧违建和新违建；(10) 公法人违建、私法人违建和自然人违建；(11) 未侵害私益的违建和侵害私益的违建；(12) 妨碍公共安全型违建、妨碍公共卫生型违建、妨碍公共交通型违建、妨碍公共绿化型违建、妨碍市容景观型违建等；(13) 违反规划型违建、违法用地型违建、违规施工型违建、擅自搭建型违建、临建超期型违建等；(14) 土地违法型违建、地上物违法型违建和二者兼具型违建；(15) 违反《公路法》的违建、违反《城乡规划法》的违建等；(16) 可准正型违建和不可准正型违建；(17) 可留存型违建（可补正型违建）、需立即拆除型违建和附期限拆除型违建；(18) 未经审批的违建、申而未准的违建和超过审限之违建；(19) 拆迁（征收）区域内的违建和非拆迁（征收）区域内的违建；(20) 可居住型违建和不可居住型违建。〔蒋拯. 违法建筑类型化研究，社科纵横：2012 (3)。〕

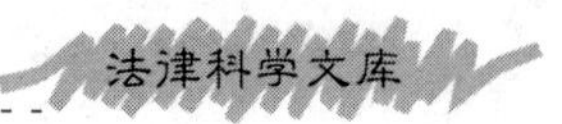

学者亦将违法（章）建筑作了诸多类型的划分。[①] 笔者认为，此等类型划分过于复杂，对某一概念或者术语作过多的类型划分未必妥当，类型越多，类型划分的标准体系就越复杂，类型之间交叉重叠、夹杂纠缠的情况就越多，反而不利于对事物作更加准确的把握。为此，笔者根据违建的法律属性并兼顾违建的不同物理形态，对违建的主要类型作如下分类。

一、城镇违建与乡村违建

在任何一个国家或者地区，城市与乡村的二元存在都是一种正常的社会形态。人的大量聚集和人多地少的矛盾促生了建设规划，因而建设规划首先从城市规划开始。我国第一部规划法是 1984 年的《城市规划条例》，该条例于 1989 年被《城市规划法》取代，这两部法律都是针对“城市规划”的单项立法。1993 年，国务院又颁布了《村庄和集镇规划建设管理

① 包括：其一，依产生形成所定之违建种类包括：在骑楼地上违建砖、木造围墙或铁卷门，占用防火间隔或停车空间之违建，法定空地上之违建，合法屋顶上之违建，天井违建，占用公地之违建，旧违建申请修缮扩大违建，占用公共设施预定地之违建，因兴建公共设施就地整建借机违建，有建造执照未按图施工致无法领到使用执照之违建；其二，依时间区隔之违建种类包括：旧有违章建筑，新有违章建筑；其三，以得否补正建筑执照之违建种类包括：程序违建，实质违建（如未经许可擅自于保护区内建筑者，未经许可擅自于都市计划公共设施保留地建筑者，占用既成巷道或堵塞防火巷者，于合法房屋屋顶上增建房屋或设置檐高超过二公尺之搁架者，于合法房屋法定空地上增建房屋或设置宽度大于二公尺、檐高高过二公尺之棚架者，建筑物建蔽率或其高度不符规定者，建筑物附设防空避难地下室面积不足无法补足者，基地面积狭小或地界曲折不合省、市畸零地使用规则之规定者，基地面临既成巷道不符合面临既成巷道建筑基地申请建筑原则之规定者，违反其他有关建筑法令规定无法于规定期限内申请补照者）；其四，以加盖位置区分之违建种类包括：全部违建，夹层违建，法定空地违建，露台违建，阳台违建，防火间隔或防火巷违建，屋顶平台违建，骑楼违建；其五，依“建筑法”规定之违建种类包括：自始未维护建筑物合法使用或其构造或设备安全者，建筑物室内装修违反规定者，因都市计划或区域计划变更而致成为违建者。（李宗霖. 高雄市违章建筑管理之研究. 高雄：中山大学社会科学院 2008 年硕士学位论文：10-16。另请参见黄建中. 台北市顶楼违章建筑处理探讨及改善对策之研究：以市民观点论述. 桃园：中央大学土木工程学系 2008 年硕士学位论文：4-11；谢昆沧. 都市违章建筑问题之探讨：以高雄市为例. 高雄：中山大学中山学术研究所 2006 年硕士学位论文. 10-15.）

条例》，这是一部针对村庄和集镇规划的专门立法。这一时期，我国的规划立法体现出了城市与乡村分别立法的双轨制特点，城市规划由《城市规划法》调整，乡村规划由《村庄和集镇规划建设管理条例》调整，城市规划与乡村规划隔离并行，彼此之间不存在交叉。2007 年，《城乡规划法》颁布，这是一部规划的统一法，至此，城、乡规划分别立法的割裂状态结束。但需注意的是，规划立法的二元归一①，却并不意味着城镇规划与乡村规划二元分立格局的终结，因为城镇规划与乡村规划的编制仍然分别进行。《城乡规划法》第 3 条规定：“城市和镇应当依照本法制定城市规划和镇规划。城市、镇规划区内的建设活动应当符合规划要求。县级以上地方人民政府根据本地农村经济社会发展水平，按照因地制宜、切实可行的原则，确定应当制定乡规划、村庄规划的区域。在确定区域内的乡、村庄，应当依照本法制定规划，规划区内的乡、村庄建设应当符合规划要求。”由此规定可见，城市规划、镇规划、乡规划、村庄规划仍是分别由不同的规划主体单独制定，而并没有一体地纳入一个统一的规划之中。正是由于规划制定的依据和规划执法的依据不同，城镇规划与乡村规划并立的局面仍然持续，对城镇规划的违反形成的是城镇违建，对乡村规划的违反形成的是乡村违建。

根据原《城市规划法》(已失效) 第 3 条的规定，城市是指国家按行政建制设立的直辖市、市、镇。根据《城市规划基本术语标准》(GB/T 50280—98) 的规定，“城市”与“城镇”同义，是指以非农业和非农业人口聚集为主要特征的居民点，包括按国家行政建制设立的市和镇。根据《城乡规划法》第 2 条的规定，城镇规划包括城镇体系规划、城市规划和镇规划，城市规划、镇规划又分为总体规划和详细规划，详细规划又分为控制性详细规划和修建性详细规划。在城市、镇规划区内进行建筑物、构筑物、道路、管线和其他工程建设的，建设单位或者个人应当向城市、县人民政府城乡规划主管部门或者省、自治区、直辖市人民政府确定的镇人民政府申请办理建设工程规划许可证（《城乡规划法》第 40 条），未取得建设工程规划许可证而建造的建筑为城镇违法建筑。对于城镇违建，由县级以上地方人民政府城乡规划主管部门责令停止建设；尚可采取改正措施消除对规

① 需注意的是，《城乡规划法》的颁行并没有废止《村庄和集镇规划建设管理条例》，后者仍然有效。

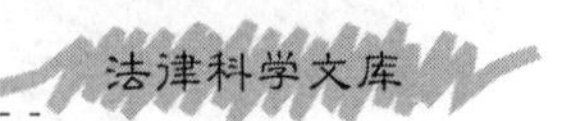

划实施的影响的，限期改正，处建设工程造价5%以上10%以下的罚款；无法采取改正措施消除影响的，限期拆除，不能拆除的，没收实物或者违法收入，可以并处建设工程造价10%以下的罚款（《城乡规划法》第64条）。

根据《村庄和集镇规划建设管理条例》第3条的规定，村庄是指农村村民居住和从事各种生产的聚居点；集镇是指乡、民族乡人民政府所在地和经县级人民政府确认由集市发展而成的作为农村一定区域经济、文化和生活服务中心的非建制镇；村庄、集镇规划区，是指村庄、集镇建成区和因村庄、集镇建设及发展需要实行规划控制的区域。根据《城乡规划法》第2条的规定，乡村规划包括乡规划和村庄规划。在乡、村庄规划区内进行乡镇企业、乡村公共设施和公益事业建设的，建设单位或者个人应当向乡、镇人民政府提出申请，由乡、镇人民政府报城市、县人民政府城乡规划主管部门核发乡村建设规划许可证（《城乡规划法》第41条），未取得乡村建设规划许可证而建造的建筑为乡村违法建筑。对于乡村违建，由乡、镇人民政府责令停止建设、限期改正；逾期不改正的，可以拆除（《城乡规划法》第65条）。

二、住宅违建与非住宅违建

根据建筑物是否用于住居功能，建筑物可分为住宅建筑和非住宅建筑（住宅和非住宅）。与此相对应，用于居住需要的违法建筑就是住宅违建，用于非居住需要的违法建筑就是非住宅违建。这一违建分类在我国的中央一级立法中未曾出现，但在一些地方立法中却早已尝试对此分类进行区别立法和分别管制，这一分类和立法模式是值得肯定的，其典型代表是深圳市的相关立法。深圳市人大常委会于2001年出台了《深圳经济特区处理历史遗留违法私房若干规定》和《深圳经济特区处理历史遗留生产经营性违法建筑若干规定》两部地方性法规，前者针对住宅违建（违法私房），后者针对非住宅违建（生产经营性违建）。根据《深圳经济特区处理历史遗留违法私房若干规定》第2条的规定，所谓历史遗留住宅违建是指1999年3月5日以前违反法律、法规所建的下列私房：（1）原村民非法占用国家所有的土地或者原农村用地红线外其他土地新建、改建、扩建的私房；（2）原村民未经镇级以上人民政府批准在原农村用地红线内新建、改建、扩建的私房；（3）原村民超出批准文件规定的用地面积、建筑面积所建的私房；（4）原村民违反一户一栋原则所建的私房；（5）非原村民未经县级以上人民政府批准单独或合作兴建的私房。根据《深圳经济特区处理历史遗留生产经营性违法建筑若干规定》第2条的规定，所谓历史遗留非住宅违建是指1999年3月5日以前违反规划、土地等有关法律、法规的规定，未经规划国土资源部门批准，未领取建设工程规划许可证，非法占用土地兴建的工业、交通、能源等项目的建筑物及生活配套设施。以上立法分类虽然是针对“历史遗留违建”的分类，但其对于现时的违建分类也有适用的意义。笔者认为，区分住宅违建与非住宅违建的意义在于，从规制之基本立场和处理之基本原则角度讲，对住宅违建原则上应“从宽处理”，对非住宅违建原则上应“从严处理”，因为住宅违建关乎民生，故应慎重对待。尤其是对于棚户区中的住宅违建，在房屋征收与旧城区改建中更应从宽认定，以保障贫弱人口居住的基本人权。生产经营性的非住宅违建大多集中于工业园区和商业街区，因其建设目的具有逐利性，故应从严治理，公共利益不允许被私人的商业利益绑架和侵害。

三、全部违建与部分违建

“全部”乃“部分”之整体，“部分”乃“全部”之局部。全部违建是指作为评价对象之建筑的整体为违法建筑的违建，部分违建是指作为评价对象之建筑的局部为违法建筑的违建。如果一栋楼房未经农用地转用审批而建在了耕地上，那么这栋楼房就是“全部违建”；如果一栋合法建造的楼房在建成之后，未经审批而在顶层加盖楼层或者于地下挖掘地下层的，那么这栋楼房就成了“部分违建”①。但是，全部违建与部分违建的区分貌似简单，实则不然。这是因为全部违建与部分违建的区分并非一种简单的物理形态上的“全部”和“部分”的分隔，其本身包含着非常复杂的观念因素和法律因素。如就一个住宅小区项目的建设而言，假设规划上包含了10栋独立的楼房，开发商未经规划变更审批而建造了11栋楼房，那么就该住宅小区项目为判断，其整体上是全部违建还是部分违建呢？又如就

① 此类“部分违建”的典型是“附有违法建筑的房屋”，如违法搭建的建筑物、构筑物的物理状态依附于房屋，或者违法搭建的建筑物、构筑物位于房屋自用土地范围内的，该房屋即为附有违法建筑的房屋。

一栋楼房而言，规划许可证上规定的建造层数是 7 层，而开发商违规建成了 11 层，那么该栋楼房是全部违建还是部分违建呢？还如，假设某住宅小区建设规划许可的容积率是 2.0，而开发商实际建成的容积率却是 2.5，那么该住宅小区是全部违建还是部分违建呢？还如，假设某住宅小区建设审批的建筑密度（建蔽率）是 0.6，而实际建成的建筑密度却是 0.8，那么该住宅小区是全部违建还是部分违建呢？就一座独栋楼房的建造而言，如果其经审批的基底建筑面积是 1 000 平方米，而开发商未经审批擅自将基底面积扩大为 1 250 平方米，那么这栋楼房是全部违建还是部分违建呢？如假设某一栋楼房的规划高度是 30 米，楼层数为 10 层，而开发商擅自压低层高在保持 30 米高度不变的情况下将楼房建成了 11 层，那么该栋楼房是全部违建还是部分违建呢？于上述诸多情形中判断某一评价对象究竟是全部违建还是部分违建，就会发生种种疑难。在不能作出是全部违建还是部分违建的判断的情况下，违建执法又如何依法进行呢？这是就全部违建和部分违建在认定上的疑难而言的，实际上，即便在认定了某一违建是部分违建的情况下，要判定其哪个局部为违建部分，也同样会发生认定上的疑难。如在上文所示的诸多疑难情形中，如果认为某住宅小区中容积率或者建筑密度超出的部分为违建，那么请问，该部分违建又如何最终具体化到某栋楼房上呢？再如，就擅自加高建设的一栋楼房而言，规划上为 7 层，实际建成为 11 层，如果将其认定为部分违建，那么到底是哪些楼层为违建部分呢？是第 8～11 层吗？为什么不是 1～7 层中的某 4 层？理由与依据何在？这些问题是部分违建本身在违建执法上最终要面临的疑难。因此，区分全部违建和部分违建，在违建执法中具有重要意义。

具体而言，区分全部违建与部分违建的实践意义，主要体现在当违建执法面临“拆除”或者“没收”的行政处罚时，应当如何实际执行的问题上。笔者认为，违建执法中，在执法对象究竟为全部违建还是部分违建的认定上，必须事先将是否具有可执行性纳入考虑，而判断是否具有可执行性的关键在于违建是否具有“可分性”。如果违法建筑不具有可分性，那么就不能将其认定为部分违建，否则就不具有实际可执行性；只有具备可分性的违法建筑，才能将其认定为部分违建，如果将具有可分性的违建认定为全部违建就有违行政执法的比例原则，是失当的。而某一违建是否具有可分性，主要应结合事实和观念两个层面进行判断。在事实上具有可分性的违建，于观念上未必具有可分性；在观念上具有可分性的违建，于事

实上未必具有可分性。只有在事实上和观念上都具备可分性的违建，才能被认定为部分违建。如把规划上的 7 层楼房建成 11 层，在观念上就具有可分性，只要把 8～11 层认定为违建部分予以拆除就可以让楼房符合 7 层高的规划要求，但这在事实上未必具有可行性，尤其是对于一体浇铸建成的框架结构楼房而言，部分拆除于事实上不可能。再如把小区规划上的 10 栋楼房建成 11 栋，在事实上就具有可分性，只要把其中的一栋认定为违建部分予以拆除就可以让栋数符合 10 栋的规划要求，但这在观念上就未必具有可行性，因为把 11 栋楼房中的哪一栋认定为违建在观念上是难以做到的，认定哪一栋为违建都有失允当。于某些例外情形，即便在事实上和观念上都具有可分性，但将某违建认定为部分违建而予以部分拆除（没收除外），恐怕也未必是最优选择，这主要发生在拆除费用过高或者因拆除而造成的实际损失和间接损失过高的情形。总之，对于全部违建或者部分违建的认定，应结合事实上和观念上的切实可行性，在遵循行政执法的比例原则的基础上，审慎进行。

四、新违建与旧违建

新违建与旧违建是我国台湾地区"违章建筑处理办法"明定的一种违建分类。台湾地区"违章建筑处理办法"最早制定于 1957 年，前后历经 1964 年、1975 年、1983 年、1987 年、1992 年、1999 年、2012 年 7 次修订。该"办法"自 1957 年首次制定伊始，就提出了新违建与旧违建的违建分类，一直相沿至今。其 1957 年版本第 5 条规定："新旧违章建筑之划分日期，由'省或直辖市政府'以命令定之，并应报经'内政部'备案。"其 2012 年版第 11 条规定："旧违章建筑，其妨碍都市计划、公共交通、公共安全、公共卫生、防空疏散、军事设施及对市容观瞻有重大影响者，得由'直辖市'、县（市）政府实施勘查，划分下列地区分别处理：一、必须限期拆迁地区；二、配合实施都市计划拆迁地区；三、其他必须整理地区。前项地区经勘定后，应函请'内政部'备查，并以公告限定于一定期限内拆迁或整理。新旧违章建筑之划分日期，依'直辖市'、县（市）主管建筑机关经以命令规定并报'内政部'备案之期。"在我国大陆有"历史遗留违法建筑"的概念，但无与之对应的概念。笔者认为，"历史遗留违法建筑"就是"旧违建"，与之对应的"非历史遗留违法建筑"当然就是"新违建"，所以说台湾地区"新违建"与"旧违建"的分类，

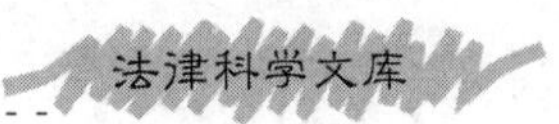

在大陆的法中也同样存在。

区分新旧违建的意义在于针对新违建与旧违建分别采取不同的规制处理态度。总体而言，对于新违建应“从严处理”，对于旧违建应“从宽处理”。这一处理原则，在相关的立法中曾经得到确认。1988 年城乡建设环境保护部制定的《关于房屋所有权登记工作中对违章建筑处理的原则意见》(已失效，以下简称《房屋所有权登记中违章建筑处理意见》)曾明确指出：“各地在处理违章建筑时，对时限以前的可适当放宽，时限以后的应从严处理。”1988 年北京市城镇房屋所有权登记发证领导小组办公室、北京市城市规划管理局《关于房屋所有权登记发证工作中对违章建筑处理的若干规定》(已失效，以下简称《北京市房屋所有权登记中违章建筑处理意见》)曾明确规定：下列违章建筑经过一定程序的申报审查，由城市规划管理部门给予从宽处理（每幢房屋城近郊区 300 平方米以下，远郊区 500 平方米以下，一般由区县规划局检查处理，其他由市规划局检查处理）后，出具证明。房屋登记发证部门可确认其所有权，发给产权证件。(1) 1987 年 1 月 1 日以前建成为社会服务的煤气调压站、公共厕所、垃圾处理设施用房。(2) 1984 年 2 月 10 日以前公、私房屋所有权人在原平房宅院界址内基本未扩大面积、不加层、不侵街占巷、与四邻无纠纷的翻建房屋。(3) 1987 年 1 月 1 日前未完全按建设工程施工许可证批准内容施工，违章情节较轻，以及在一幢房屋内既有合法部分又有违章部分的建筑，但应在产权登记证上注明违章建筑数量。

区分新旧违建的关键在于新、旧划分的“时点”，即把哪一个时点作为分界点，在此时点之前的为旧违建，在此时点之后的为新违建。上文提及的我国台湾地区的相关规定，并没有在全台湾地区确立一个统一的时点，而是授权各地方政府根据各自的实际情况确定一个具体的时点后予以报备。大陆的《房屋所有权登记中违章建筑处理意见》也大致采取了该种态度，其明确指出：“考虑到《城市规划条例》是国务院一九八四年新颁发的，各地制定审批城市规划也有先有后，各市、县可根据实际情况合情合理地确定处理违章建筑的时间界限。”如《深圳经济特区处理历史遗留违法私房若干规定》和《深圳经济特区处理历史遗留生产经营性违法建筑若干规定》，就把《深圳市人民代表大会常务委员会关于坚决查处违法建筑的决定》公布实施以前，即 1999 年 3 月 5 日以前的违法建筑认定为历史遗留违法建筑（即旧违建），与之对应的，在此时点之后的违法建筑即为新违建。“1999 年 3 月 5 日”这个时点，就是深圳市人大根据深圳市地方规划立法并结合规划执法的实际情况合情合理地确定的一个时间界限。笔者认为，就全国范围的层面而言，在确定旧违建与新违建的分界时点时，应着重考虑以下几个时点：一是 1984 年 1 月 5 日，该时点是《城市规划条例》的施行时间，若以此为分界时点，在此之前的为旧违建，在此之后的为新违建；二是 1990 年 4 月 1 日，该时点是《城市规划法》的施行时间，若以此为分界时点，在此之前的为旧违建，在此之后的为新违建；三是 1993 年 11 月 1 日，该时点是《村庄和集镇规划建设管理条例》的施行时间，就乡村违建而言，在此之前的为旧违建，在此之后的为新违建；四是 2008 年 1 月 1 日，该时点是《城乡规划法》的施行时间，若以此为分界时点，在此之前的为旧违建，在此之后的为新违建。各地在确定地域性的分界时点时，如同深圳市的做法，应结合相应的地方立法在综合考虑后进行。总之，有一点须予强调，就是各地在确定新旧违建的分界时点时，应当遵循“不溯及既往”的立法原则，只有在产生“有利溯及”的法律效果时，才能溯及既往地认定是新违建。

五、程序违建与实质违建

程序违建与实质违建是我国台湾地区有关规定中违建的一种法定分类。在学理上，程序违建是指建筑物并未妨碍都市计划，建造者得依一定程序申领建筑执照；实质违建则指建筑物无从依程序补正，使其变为合法的建筑物。① 从是否得补正的角度讲，程序违建即为可补正的违建，实质违建即为不可补正的违建。在我国台湾地区实务上，根据其“内政部”1975 年 10 月 17 日“台内管字第 656943 号函释”的解释，程序违建系指其建筑物之高度、结构与建蔽率等，均不违反当地都市计划建筑法令规定，且获得土地使用权，仅于程序上疏失，未取得建筑执照，擅自兴建者而言；实质违建系指未依“建筑法”及实施都市计划以外地区建筑物管理

① 王泽鉴. 民法物权：通则·所有权. 北京：中国政法大学出版社，2001：116.

办法之规定，申领建造执照或杂项执照而擅自建造者。[①] 划分程序违建与实质违建而予以区别对待的法理依据是行政法上“侵害最小”的比例原则和人民财产权应受最大程度保障之意旨的要求。[②]

我国大陆相关立法虽未直接采取程序违建与实质违建的分类，但这一分类实际上也同样存在。这一分类在1984年的《城市规划条例》中尚未出现，但在1989年的《城市规划法》第40条规定中已经予以明确：“在城市规划区内，未取得建设工程规划许可证件或者违反建设工程规划许可证件的规定进行建设，严重影响城市规划的，由县级以上地方人民政府城市规划行政主管部门责令停止建设，限期拆除或者没收违法建筑物、构筑物或者其他设施；影响城市规划，尚可采取改正措施的，由县级以上地方人民政府城市规划行政主管部门责令限期改正，并处罚款。”该条规定分别针对“严重影响城市规划”和“影响城市规划”两种违建情形设置了不同的法律责任，前者即为不能补正的实质违建，后者即为可予以补正的程序违建。依此规定，程序违建与实质违建的区分标准是抽象的，即视其对城市规划的影响程度而定，产生“严重影响的”即为实质违建，产生“非严重影响的”即为程序违建。最高人民法院曾就该抽象标准的法律适用作出过专门的答复，即最高人民法院行政审判庭《关于对〈中华人民共和国城市规划法〉第四十条如何适用的答复》（〔1995〕法行字第15号）。该答复意见如下：“吉林省高级人民法院：你院关于对《中华人民共和国城市规划法》第四十条应如何适用的请示收悉。经研究，答复如下：违反城市规划的行为人其违反行为是否属于‘严重影响城市规划’，应从其违反行

① 该“函释”还列举了违建的一些具体情形，如：(1) 未经许可擅自于保护区内建筑者；(2) 未经许可擅自于都市计划公共设施保留地建筑者；(3) 占用既成巷道或堵塞防火巷者；(4) 于合法房屋屋顶上增建房屋，或设置檐高超过2公尺之棚架者；(5) 于合法房屋法定空地上增建屋，或设置宽度大于2公尺、檐高超过2公尺之棚架者；(6) 建筑物建蔽率或其高度不符规定者；(7) 建筑物附设防空避难地下室面积不足，无法补足者；(8) 基地面积狭小或地界曲折不符合省、市畸零地使用规则之规定者；(9) 基地面临既成巷道，不符合面临既成巷道建筑基地申请建筑原则之规定者；(10) 违反其他有关建筑法令规定，无法于规定期限内申请补照者。

② 王洪平. 违法建筑的私法问题研究. 北京：法律出版社，2014：28.

为的性质和后果来确认。违反该法第三十五条[①]规定的，属于‘严重影响城市规划’的行为，但‘严重影响城市规划’的行为不仅限于该规定，应根据个案的具体情况予以确认。”[②]

2007年的《城乡规划法》第64条规定继续沿用了程序违建与实质违建的分类，但在区分的标准上，却没有袭用《城市规划法》第40条规定的抽象标准，而是采用了是否“可采取改正措施消除对规划实施的影响”的具体标准。依其规定，可采取改正措施消除对规划实施的影响的违建是程序违建，不能采取改正措施消除对规划实施的影响的违建是实质违建。根据《广州市违法建设查处条例》(2015)第18条的规定：“有下列情形之一的，应当认定为无法采取改正措施消除对规划实施影响的违法建设：(一)未取得建设工程规划许可证，且违反控制性详细规划的强制内容、规划条件或者城乡规划技术标准建设的建筑物、构筑物或者超过合理误差的建筑部分；(二)已取得建设工程规划许可证，但不按照建设工程规划许可证许可的内容进行建设，超过合理误差的建筑部分；(三)未经批准进行临时建设，或者临时建筑物、构筑物超过批准期限不拆除的；(四)已批准进行临时建设，但不按照经审定的建设工程设计方案施工，违反规划条件或者城乡规划技术标准，超过合理误差的建筑部分；(五)未取得乡村建设规划许可证或者未按照乡村建设规划许可证进行建设，违反村庄规划强制性内容、城乡规划技术标准，超过合理误差的建筑部分；(六)其他依

---

① 《城市规划法》第35条规定：“任何单位和个人不得占用道路、广场、绿地、高压供电走廊和压占地下管线进行建设。”

② “根据个案的具体情况予以确认”，即应进行个案裁量，而裁量的因素则不一而足。如我国有些地方立法，就将是否影响相邻关系作为裁量因素。《银川市部分违法违规建筑处理意见的通知》(银政办发〔2014〕147号)规定：“对未经批准擅自加层的处理意见：经市规划局现场查验后，认为不影响相邻关系，不影响城市整体规划，符合日照间距要求的，依法给予行政处罚并补交土地出让金后，可办理规划审批手续。”《石家庄市城市规划违法建设案件处理办法》(石政办函〔2010〕60号，已失效)第8条规定：“有下列情形之一的违法建设，属影响城市规划尚可采取改正措施，消除对规划实施影响的，依法责令其限期改正，处以罚款的行政处罚：……(四)擅自改变建筑位置，没有增加建筑面积，且不涉及地界、退道路红线、消防、日照要求，不影响相邻关系，可以消除对城市规划实施影响的，按建设项目工程造价的5%处以罚款。”

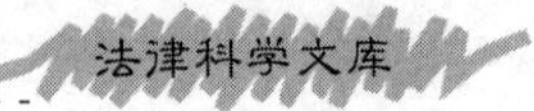

照国家有关规定应当认定为无法采取改正措施消除对规划实施影响的情形。”该规定更为具体和更具可操作性，可作为《城乡规划法》第 64 条规定中之实质违建的解释参照。

第三章　违法建筑所有权

第一节　什么是法律上的“所有权”

一、所有权的“前世今生”

“财产（权）”是一种只能伴随政治权力而存在的法律制度吗？或者换言之，“财产（权）”是否可能是一种前政治的或者前法律的社会现象？就此问题，在政治哲学和社会哲学上存在着不同的回答。如边沁等功利主义者即认为，财产（权）是一种法律造物，没有实施处罚的强制手段就不可能有财产（权），所以说财产（权）不可能是一个前政治的或者前法律的社会现象。但另有哲学家认为，习俗或者自然法则也能够调整财产（权）。如洛克就依据自然法理论认为，人对自身的身体和劳动享有财产权，此等权利的存在并不依赖于法律的承认；并且，在对由社会强制实施的财产制度的合理性进行评估时，可以将这类权利作为评价的基础和准据。[①] 笔者认为，这一问题的实质就是“所有权的起源”问题，而对此问题的回答只能在观念层面上进行，难以给予实证的证成。

中国传统文化中关于家国起源的论述，往往涉及人类的起源问题。如《周易·序卦传》中有如下一段文字：“有天地然后有万物，有万物然后有男女，有男女然后有夫妇，有夫妇然后有父子，有父子然后有君臣，有君臣然后有上下，有上下然后礼义有所错。”其所表达的由“天地生”到“万物生”到“男女生”再到“人类生”的演进观念，与基督教《圣经·旧约》所表达的“上帝造人”的观念具有相通性。如《旧约·创世记》中有这样一段表述：“神说：‘我们要照着我们的形象，按着我们的样式造人，使他们管理海里的鱼、空中的鸟、地上的牲畜和全地，并地上所爬的一切昆虫。”上述东西方经典文本中的表述，其所阐释的寓意都在于：以人类为中心，“万物皆备于我”（《孟子·尽心上》），天地间的“万有”最初是不属于任何一个个体（不论是自然人个体还是团体人格意义上的个体）的，而是属于“人”或者说“人类”这一共同体的。虽然在人类学意义上我们无法证成这一“假说”的真实性和曾经的实存性，但其表达的观念在理性认知的范畴内还是可以接受的。正是立基于此，洛克在其所有权起源论中提出了“从自我所有权到财产所有权”的著名论断。[②] 洛克认为，在原初人们共同拥有一切的时代，“没有人最初就有对某物的排除其他人类成员的独一无二的支配权”，每个人对人们共同拥有的一切都具有同等的权利。但这并不意味着每个人在对一切东西的所有权中都占有一分子，而是意味着最初并没有什么所有权，也没有财产。如果在共同的拥有中任何人都有权利未经他人同意自取共同物中的任何一部分，那么其他人也就没有财产了，因为财产的共性就是“没有一个人的同意，他人就不能从他那儿擅自拿走”。“世界被给予人类一般”这个断言的意义就在于：在最初的时候没有人拥有什么东西，原初的那种普遍的共同据有状态实际上

① 戴维·米勒．布莱克维尔政治思想百科全书：新修订版．邓正来，等译．北京：中国政法大学出版社，2011：456.

② 李迪昕．论所有权的起源．黑龙江社会科学，2014（6）.

就是普遍的无财产状态。[①] 那么，"物"最初又是如何由"无所有"转变为"有所有"的呢？对此，洛克提出了著名的"所有权起源劳动说"。洛克认为："土地和一切低等动物为一切人所共有，但是每人对他自己的人身享有一种所有权，除他以外任何人都没有这种权利。他的身体所从事的劳动和他的双手所进行的工作，我们可以说，是正当地属于他的。所以只要他使任何东西脱离自然所提供的和那个东西所处的状态，它就已经掺进他的劳动，在这上面参加他自己所有的某些东西，因而使它成为他的财产。既然是由他来使这件东西脱离自然所安排给它的一般状态，那么在这上面就由他的劳动加上了一些东西，从而排斥了其他人的共同权利。因为，既然劳动是劳动者的无可争议的所有物，那么对于这一有所增益的东西，除他以外就没有人能够享有权利，至少在还留有足够的同样好的东西给其他人所共有的情况下，事情就是如此。"[②] 笔者认为，在诸多的财产所有权起源论[③]中，若要从更为本源的意义上讲，洛克的解说是最具人文精神和解析力的，笔者对此深以为然。

当然，洛克的"所有权起源劳动说"尚带有一定的神秘性和浓厚的自然法色彩，其"假说性"超过"实证性"。如要在"法权"的意义上理解"财产"，洛克的解说就显得过于"形而上"了，或许其可以作为所有权（财产权）起源的观念基础，却不能直接作为所有权（财产权）取得的事实基础。为此，人们开始在"形而下"的实证范畴中探求财产所有权的起源问题，并且把目光都投向了"占有"。如早在洛克之前的古罗马哲学家西塞罗就曾指出，财产并不是天然私有的，私有财产是从公共的、向所有人开放的土地中划出来的，"正是长期占有（long-term occupatio）确立了财产权利"。为了论证这一点，西塞罗提出了一个著名的比喻："就像在剧场中，空间是公共的，但我也能正当地拥有为之付费的位置，这个世界大

---

① 列奥·施特劳斯，约瑟夫·克罗波西，主编．政治哲学史：3版．李洪润，等译．北京：法律出版社，2009：487.

② 洛克．政府论：下篇．叶启芳，瞿菊农，译．北京：商务印书馆，1964：18.

③ 如先占说、劳动说、天赋说、社会说、人性说、法定说、神授说、契约说、意志说、需要说、进化说、经济说等等，劳动说只是其中之一说。郭明瑞，唐广良，房绍坤．民商法原理（二）：物权法·知识产权法．北京：中国人民大学出版社，1999：66-70.

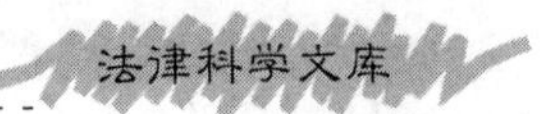

体也是如此，一切共有与人们的私有物并不矛盾。”[①] 实际上，后世的思想家们在论及所有权起源问题时，往往都是从罗马法上的“占有”开始的。正如萨维尼所指出的：“罗马法界定了占有取得和丧失的方式，因而罗马法认为占有不仅是权利的结果，而且还是权利的基础。”[②] 17 世纪和 18 世纪的欧洲哲学家们，就对自然状态中的“先占”或者“最先占有”问题作了大量的思考。“这是一个特别敏感的问题，因为先占公然破坏了上帝对人的原初分配，根据这一分配，万物为一切人共有和共享。”[③]

从“占有”到“私人财产权”，法权意义上的所有权制度实际上远在古罗马之前的古巴比伦社会中就已经确立，这由现存的《汉谟拉比法典》（公元前 18 世纪）用近一半篇幅的条文（第 6—126 条）就私有财产保护问题作了详细规定即可明见，更何况该法典也仅是后世“已经发现”的最早的成文法典，完全可以想象，在其之前完全可能还有更早的先行者。但是，正如彼得·甘西（Peter Garnsey）指出的：“原始公社性的神话（它自身的起源原始且晦暗不明），与社会和个体的道德一起，给私人所有权投下了一个阴影。在古希腊和古罗马，这一神话成了诗人和哲学家的传统主题，但它也被使用，或许是被创造，来批评同时代富人的态度和行为。基督徒通过把它与他们自己的（犹太/基督的）堕落神话嫁接在一起，加强了它的效力，以至于私有财产与其他人类制度一道成了罪恶的产物。”[④] 为此，耶稣基督布道说：“不弃绝者不得救!”作为天主教派别之一的方济会甚至声称：“不仅要弃绝私人所有权，而且要弃绝共同所有权!”[⑤] 与上述宗教否定私人所有权的思想一脉相承，在政治哲学领域，法国的蒲鲁东（Pierre Joseph Proudhom）态度最为激烈和旗帜鲜明。其在《什么是所有权》一书中，开门见山地直陈：“所有权就是盗窃!”[⑥] 接下来，蒲鲁东用一个整章（第四章）的篇幅，详细论证了以下十个论题来证明为什么“所有权是不能存在的”：第一，“因为它想无中生有”；第二，“因为哪里有所

---

① 彼得·甘西. 反思财产：从古代到革命时代. 陈高华，译. 北京：北京大学出版社，2011：129 - 131.

② 萨维尼. 论占有. 朱虎，刘智慧，译. 北京：法律出版社，2007：5.

③ 同①265.

④ 同①264 - 265.

⑤ 同①264.

⑥ 蒲鲁东. 什么是所有权. 孙署冰，译. 北京：商务印书馆，1963：38.

有权，那里的生产品的生产成本就会高过于它的价值”；第三，“因为有了一定的资本，生产是随劳动而不是随所有权发生变化的”；第四，“因为它是杀人的行为”；第五，“因为如果它存在，社会就将自趋灭亡”；第六，“因为它是暴政的根源”；第七，“因为在消费它的收益时，它丧失了它们；在把它们储蓄起来时，它消灭了它们；在把它们用作资本时，它使它们转过来反对生产”；第八，“因为它的积累力量是无限的，并且这种力量只能施展在一些有限的数量上”；第九，“因为它没有反对所有权的力量”；第十，“因为它否定平等”①。当然，不论蒲鲁东的呐喊多么激切、论证多么有力，其后的历史发展轨迹表明，蒲鲁东和宗教家们要消灭所有权的愿望并没有实现，即便在社会主义（共产主义）国家，国家所有权、集体所有权、私人所有权仍然继续存在而没有被消灭。由世界上大多数国家的宪法都将私人财产权规定为一项基本人权，即可看出财产所有权在各国人民的观念和政经制度中的重要性。诚如中国的一句俗话所言："人为财死，鸟为食亡。"此话虽“好说不好听”，但其道出的带有人性真理意味的道理还是可以接受的。或许也正是在同样的人之本性的驱使下，《法国人权宣言》于第2条明确宣告：“任何政治结合的目的都在于保护人的自然的和不可动摇的权利。这些权利就是自由、财产、安全和反抗压迫。”

二、“国家所有”与所有权

2012年6月14日，《黑龙江省气候资源探测和保护条例》（2012年8月1日起施行）发布，其中的第2、7两条规定引发了法学界的热议。其第2条第2款规定：“本条例所称的气候资源，是指能为人类活动所利用的风力风能、太阳能、降水和大气成分等构成气候环境的自然资源。”其第7条规定：“气候资源为国家所有。从事气候资源探测活动，应当经省气象主管机构批准。经批准的气候资源探测活动，应当通知所在地气象主管机构。”此法规出台后，社会各界就其规定的气候资源定义、气候资源归国家所有以及气候资源探测活动须经行政许可等内容展开了热议，笔者感兴趣的是其中的“气候资源为国家所有”的规定。就此问题，有媒体记

① 蒲鲁东．什么是所有权．孙署冰，译．北京：商务印书馆，1963：172－238．

者曾采访了相关的立法官员，问其“气候资源属于国有的依据是什么”时，该官员的回答是：“《宪法》第9条规定，自然资源属国家所有。气候资源属于自然资源，当然应归全民所有。”① 国家能源局针对该条例所引发的热议也作出了官方回应。在国家能源局《对〈黑龙江省气候资源探测和保护条例〉有关争议问题的意见》中，其指出：“6月14日，黑龙江省人大出台了《黑龙江省气候资源探测和保护条例》（以下简称‘《条例》’），在社会上引起了热议。全国人大法工委就《条例》争议问题征求国家能源局的意见。国家能源局组织有关方面进行研究，提出如下意见：……第二，《条例》规定气候资源属于国家所有，不具有合法性和合理性。气候资源所有权归属的解释权和立法权均属于全国人大，地方无权解释和立法。风力、光照等气候资源具有流动性、不确定性，不能被人直接支配和排他占有，古今中外没有任何国家通过立法对气候资源的所有权作出规定。如果将气候资源规定为国家所有，对气象灾害造成的损失，国家应承担赔偿责任。……”② 这一立法事件的真正意义在于，其让我国《宪法》第9条规定③中的“国家所有”概念进入了公众视野，进而引发了大讨论，即究竟什么是“国家所有”？“国家所有”是怎么来的？“国家所有”的客体与范围是什么？凡是“自然资源”都归国家所有吗？“国家所有”与民法上的“国家所有权”等同吗？“国家所有权”的性质是什么？“国家所有”与民法上的“所有权”是何种关系？“国家所有”与“所有制”是何种关系？等等。对于上述问题，我国公法学界已经展开了热烈讨论，涌现出了一大批研究成果，但在私法学界，对此等问题的关注则显然不够。

我国《宪法》的相关规定中只有“国家所有”而无“国家所有权”，“国家所有权”是《物权法》上的一个立法术语。作为部门法和下位法，《物权法》承载着具体化宪法制度的功能，故而有此一问：《宪法》中的

---

① 程子龙. 黑龙江省气象局回应出台条例规范气候资源探测保护问题.（2012-06-20） [2015-12-20]. http://news.xinhuanet.com/politics/2012-06/20/c_112260656.htm.

② 国家能源局《能源工作》（2012-08-29），http://nyj.ahpc.gov.cn/info.jsp?xxnr_id=10085317，[2015-12-20]。

③ 《宪法》第9条第1款规定：“矿藏、水流、森林、山岭、草原、荒地、滩涂等自然资源，都属于国家所有，即全民所有”。《宪法》第10条第1款规定：“城市的土地属于国家所有。”

“国家所有”即《物权法》上的“国家所有权”吗？笔者认为，对此的回答不能简单化，更不能想当然耳。

要搞清楚“国家所有”的制度含义，须先厘清“国家所有制”的政治经济学含义。国家所有制是一种所有制形式。所有制形式大致可以区分为公有制、私有制和混合制三种。随着原始公社生产资料公有制的逐步解体，私有制开始出现，但与此同时，由于国家的产生以及原始公有制的残余，由国家占有生产资料的国家所有制形式也就应运而生。但需注意的是，我们不能简单地把国家所有制归入公有制或者私有制，尤其不能把“国有制”与“公有制”等同起来，社会主义社会存在国有制，资本主义社会、封建主义社会和奴隶主义社会也同样存在着国有制。[①] 正是在此意义上，不能把“国家所有制”与“全民所有制”等同起来。正如有学者正确指出的：“国家所有制可以存在于历史上各不相同的社会形态，因此，它是一种古老的所有制形式，是一个普遍适用的中性范畴；全民所有制是一种高度公有化的所有制形式，迄今为止，只存在于社会主义社会。”[②] 这一“全民所有制即公有制”的观点，也得到了我国宪法相关规定的印证。如我国《宪法》第 6 条第 1 款规定：“中华人民共和国的社会主义经济制度的基础是生产资料的社会主义公有制，即全民所有制和劳动群众集体所有制。”既然国家所有制未必是公有制的实现形式，那么一般而言，对于“国家所有”的讨论也就未必一定要将其置于“社会主义公有制”之下。但是，在我国当下的制度语境中，这一“一般而言”的结论是难以成立的。这是因为，由我国相关立法所使用的术语来看，“国家所有”与“全民所有”二者同义，这两个概念是可以相互界定和相互解释的，“国家所有即全民所有”“全民所有即国家所有”。例如，《民法通则》第 73 条规定：“国家财产属于全民所有。”《企业国有资产法》第 3 条规定：“国有资产属于国家所有即全民所有。”《物权法》第 45 条规定：“法律规定属于国家所有的财产，属于国家所有即全民所有。”《土地管理法》第 2 条规定：“中华人民共和国实行土地的社会主义公有制，即全民所有制和

① 严国海. 中国古代国家所有制思想研究. 上海：上海世界图书出版公司，2011：12－13.

② 薛建强. 国家所有制和全民所有制的区别与国有企业改革. 延安大学学报：社会科学版，2000（1）.

劳动群众集体所有制。全民所有，即国家所有土地的所有权由国务院代表国家行使。”中共中央、国务院印发的《国有林区改革指导意见》(2015年发布）规定：“重点国有林区森林资源产权归国家所有即全民所有。”在我国现行有效的法律体系中，类似上述法条的立法表述可谓比比皆是。这就意味着，在我国当下的政治经济制度中，国家所有制就是全民所有制，国家所有制是公有制的实现形式，“国家所有”只能是“公有”，而不可能是“私有”。同时，不论是《宪法》还是其他法律中的相关规定，实际上都是在所有制（公有制）意义上界定和使用“国家所有”这一概念的；甚至可以说，在我国现行的法律语境下，“国家所有”乃“国家所有制”的缩略，凡是提到“国家所有”的立法表述，实际上都可以用“国家所有制”或者“全民所有制”替而代之。

但是，在《物权法》于2007年颁布之后，上述结论就不再具有可靠性了，因为《物权法》使用了“国家所有权”一语，“国家所有”还可能被解释为“国家所有权”的缩略语。于是乎，围绕着我国《宪法》上“国家所有”到底是指“国家所有制”意义上的国家所有，还是指“国家所有权”意义上的国家所有，以及“国家所有”的性质到底为何等问题，又产生了广泛而又激烈的学术争论。[①] 对此等争论，本书不作深入讨论，但依笔者之见，我国《宪法》以及相关的公法性法律上所规定之“国家所有”，

① 徐祥民．自然资源国家所有权之国家所有制说．法学研究，2013（4）；巩固．自然资源国家所有权公权说．法学研究，2013（4）；巩固．自然资源国家所有权公权说再论．法学研究，2015（2）；王涌．自然资源国家所有权的三层结构说．法学研究，2013（4）；税兵．自然资源国家所有权双阶构造说．法学研究，2013（4）；马俊驹．国家所有权的基本理论和立法结构探讨．中国法学，2011（4）；李忠夏．宪法上的“国家所有权”：一场美丽的误会．清华法学，2015（5）；李忠夏．“国家所有”的宪法规范分析．交大法学，2015（2）；王旭．论自然资源国家所有权的宪法规制功能．中国法学，2013（6）；张翔．宪法所有权的具体内容有待立法形成．法学研究，2013（4）．相关的著作可参见：孙宪忠，等．国家所有权的行使与保护研究．北京：中国社会科学出版社，2015：1-25；张建文．转型时期的国家所有权问题研究：面向公共所有权的思考．北京：法律出版社，2008：61-120；刘俊．土地所有权国家独占研究．北京：法律出版社，2008：194-241；程淑娟．国家所有权民法保护论．北京：法律出版社，2013：49-109；施志源．生态文明背景下的自然资源国家所有权研究．北京：法律出版社，2015：65-95；邱秋．中国自然资源国家所有权制度研究．北京：科学出版社，2010：106-136.

其制度含义就是“国家所有制”或者“全民所有制”意义上的国家所有，相关立法并没有从“权利”的视角切入去规定国家所有，因而将“国家所有”解读为《物权法》上之“国家所有权”，应属误读。①

同时，笔者也认为，通过学术争论厘清“国家所有”之“国家所有制”含义虽然不无意义，但似乎更值得追问的是：《物权法》将所有制意义上的“国家所有”直接转化为私法上的“国家所有权”，其正当性基础何在？“国家所有权”与传统民法中“自物权”意义上的财产所有权具有同质性和兼容性吗？这是一个极其复杂的问题，也是迄今为止尚未辨明的一个疑问。我国未来民法典的制定肯定会再次涉及自物权的立法模式问题，如果仍然采取现行《物权法》的立法模式，那就意味着立法者无意改变国家所有权同样为一种私法上物权的立法决断；如果改采大陆法系的通常立法模式，不再纠缠于所有制下的所有权立法模式，那就意味着立法者已经放弃了国家所有权为一种私权的立法认知，而把民法典还原为比较纯粹意义上的私法了，国家所有制和国家所有权问题就将通过特别法予以另行解决。笔者倾向于后一种立法模式，即在民法典中主要规定“私人所有权”问题，有关国家所有权和集体所有权的确认、行使、保护等问题留待特别法解决。

---

① 对我国现行《宪法》上“国家所有”之正确理解，或许可参照我国1949年之前曾经颁行的另一部宪法——《中华民国宪法》——的相关规定。《中华民国宪法》曾于第143条规定：“中华民国领土内之土地属于国民全体。人民依法取得之土地所有权，应受法律之保障与限制。私有土地应照价纳税，政府并得照价收买。附着于土地之矿，及经济上可供公众利用之天然力，属于国家所有，不因人民取得土地所有权而受影响。土地价值非因施以劳力资本而增加者，应由国家征收土地增值税，归人民共享之。国家对于土地之分配与整理，应以扶植自耕农及自行使用土地人为原则，并规定其适当经营之面积。”该条规定中提到的“属于国民全体”，即为领土主权意义上的土地归属，而非所有制（公有制）意义上的，也非法律上之归属意义的。在“属于国民全体”这层含义之下，实行土地私有制，“人民依法取得之土地所有权”即为私法意义上的土地所有权，可归入我国现行法上的“私人所有权”范畴。与之对应的，“附着于土地之矿，及经济上可供公众利用之天然力，属于国家所有”，这里的“国家所有”就应该是“国家所有制”意义上的国家所有，亦即排除了此等自然资源向私人归属的私有制。因此，对该条规定中的“国家所有”，如果将之理解为“国家所有权”，显然就是一种误读。本书认为，对我国现行法的理解当可参照之。

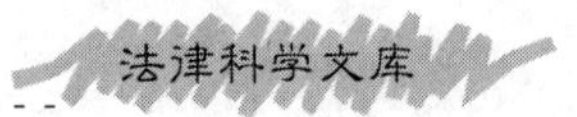

三、各个不同的法律上所有权

“什么是所有权?”不仅蒲鲁东有此一问，这一问题实际上历来都在困扰着所有的人文社会科学学者。“所有权”不仅是一个法律概念，也是一个哲学概念、社会学概念、政治学概念。在现代的学问体系中，甚至有西方学者皮尔斯（Pierce）等提出了“心理所有权”（psychological ownership）概念，认为“所有权”部分是客观，部分是态度，部分是真实，部分是意念，在正式的、法律层面的所有权之外，尚存在着心理层面的所有权，这是一种“个体感觉目标物仿佛为他所拥有的心理状态”①。因而诚如有学者指出的：“将所有权作为一种制度，而在学术上进行研究，其结果自然就导致，不可能存在一个统一的、对所有学科都行之有效的所有权概念。如经济学意义上的‘财产权’（property right）概念，就区别于宪法上的所有权概念，而民法上的所有权概念，又不同于宪法上的所有权概念。”② 抛开其他学科中林林总总的所有权概念不谈，单就法律层面而言，实际上也并不存在一个统一的所有权概念，认为法律上存在一个内涵统一、外延确定的所有权概念的观念，本身就是一种不切实际的幻觉。法律上所有权含义的不确定性，可由法律上所有权观念和类型的多样性而窥见一斑。

（一）“浑一性”所有权与“权利束”所有权

大陆法系传统民法学认为，所有权具有完全性（完整性）、单一性和弹力性③，亦即所有权是一个具有浑一性的独立民事权利，姑且称之为“浑一性”所有权。就此，有学者解释道：“所有权对其客体虽具有种种支配之权能，但究非此诸种权能之集合，乃于法令限制之范围内，得自由利用之浑然一体之权利。”④ 正是基于此种认识，在立法模式上，大陆法系民法倾向于为所有权规定一个立法定义。如《法国民法典》第544条规定：“所有权是指，以完全绝对的方式，享有与处分物的权利，但法律或条例禁止的使用除外。”《德国民法典》第903条规定：“在不与法律或第

① 朱沆，刘舒颖．心理所有权前沿研究述评．管理学报，2011（5）．

② 鲍尔，施蒂尔纳．德国物权法：上册．张双根，译．北京：法律出版社，2004：513-514．

③ 史尚宽．物权法论．北京：中国政法大学出版社，2000：61-62．

④ 郑玉波．民法物权．15版．黄宗乐，修订．台北：三民书局，2007：67．

三人的权利相抵触的限度内，物的所有人可以随意处置该物，并排除他人的一切干涉。”① 我国《物权法》第 39 条亦规定：“所有权人对自己的不动产或者动产，依法享有占有、使用、收益和处分的权利。”赋予所有权以一个立法定义的立法模式，充分表明了大陆法系民法认为所有权是“一个权利”（a right）的强烈观念。

“浑一性”所有权是一项独立的物权，在物权体系中，其作为自物权是与用益物权和担保物权这两类他物权并列的一项独立物权。《巴西民法典》第 1225 条规定：“物权分为：(1) 所有权；……”《阿根廷共和国民法典》第 2503 条规定：“物权包括：1. 所有权和共有；……”《智利共和国民法典》第 577 条规定：“对物权为相对于不特定的人对某物享有的权利。所有权……均为对物权。”我国《物权法》第 2 条第 3 款亦规定：“本法所称物权，……包括所有权、用益物权和担保物权。”以上立法表述，都是将所有权定义为“一个权利”意义上之浑一性所有权的典型立法模式。根据浑一性所有权观，所有权的有机组成部分是“权能”。但就何谓

---

① 《意大利民法典》第 832 条规定：“在法律规定的范围内并且在遵守法律规定的义务的前提下，所有权人对所有物享有完全的、排他的使用和处分的权利。”《葡萄牙民法典》第 1305 条规定：“物之所有人，在法律容许之范围内及在遵守法律规定之限制下，对属其所有之物享有全面及排他之使用权、收益权及处分权。”《瑞士民法典》第 641 条规定：“物的所有人，在法律规范的限制范围内，对该物得自由处分。”《日本民法典》第 206 条规定：“所有人在法令限制内对所有物享有自由使用、收益及处分的权利。”《荷兰民法典》第五编“物权”第 1 条规定：“所有权是人对物所能享有的最广泛的权利。所有权人可以自由使用其物并可以排除其他人的干涉，条件是这种使用并未侵犯其他人的权利，并且这种使用尊重了基于制定法和不成文法所确立的各种限制。”《魁北克民法典》第 947 条规定：“所有权为使用、收益以及完全和自由地处分财产的权利，但必须遵守法律为行使上述权能规定的范围和条件。所有权可附有期限和条件，可发生功用所有权与空虚所有权的分离。”《越南社会主义共和国民法典》第 164 条规定：“所有权是所有权人依法占有、使用和处分其财产的权利。所有权人是指对财产享有完整的占有、使用和处分三项权能的个人、法人和其他主体。”《阿尔及利亚民法典》第 674 条规定：“所有权是享用和处分物的权利，但法律或条例禁止的使用除外。”《埃塞俄比亚民法典》第 1204 条规定：“所有权是可能对有体物享有的最广泛的权利。除非依据法律，此等权利不应被分割和限制。”我国台湾地区“民法”第 765 条规定：“所有人，于法令限制之范围内，得自由使用、收益、处分其所有物，并排除他人之干涉。”

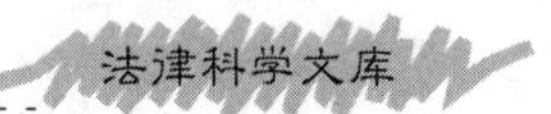

所有权之权能，在大陆法系理论上又有不同的理解，产生了“权利集合说”①、“权利作用说”② 和“折中说”③ 等多种观点。对此，我国民法学界通说采“权利作用说”④。同样采“权利作用说”，我国民法学界又形成了所有权之权能与所有权本身“可分离”与“不可分离”两种不同的权能观。“可分离观”主张，所有权的权能是可分的，所有权之权能分离后形成用益物权和担保物权等他物权。⑤ “不可分离观”主张，所有权的权能与所有权是不能分离的，权利与权能不是整体与部分的关系，而是本质与表现形式的关系，如果认为他物权是所有权权能分离的结果，那么实际上就等于否定了他物权是一种独立物权。⑥ 但不论采取何种权能观，浑一性所有权观都认为所有权由“权能”组成，而非由“权利”组成，这都体现出了所有权为“一个权利”的强烈认知。

而在英美法系，虽然也存在被汉译为“所有权”的“ownership”一词，但这一英文对应词在概念含义上却与大陆法系的“所有权”一词大相径庭。⑦ 易言之，在英美法系的学术谱系中，法律人共同体并不认为存在“所有权”这样的“一个权利”，而认为“所有权”概念所指称的是“一束权利”(a bundle of rights)。对此，英美法系学者有一个非常形象的比喻，就是将所有权想象成“一束棒棒”(a bundle of sticks)，认为即便将其中的一根或者数根棒棒抽掉，该束棒棒的所有人仍然会保留着剩下来的棒棒，其还是“棒棒束”意义上的所有权人。例言之，土地所有人可以将其土地出租给他人，授予承租人在约定的租期内占有土地的权利。于此情形，所有人即通过其处分行为而将“棒棒束”中的“一根棒棒”转让给了

---

① B. Ⅱ. 格里巴诺夫，等主编. 苏联民法：上. 中国社会科学院法学研究所民法经济法研究室，译. 北京：法律出版社，1984：278.

② 梁慧星主编. 中国物权法研究：上册. 北京：法律出版社，1998：258.

③ 王利明. 物权法论. 北京：中国政法大学出版社，1998：253；申卫星，傅穹，李建华. 物权法. 长春：吉林大学出版社，1999：114.

④ 房绍坤. 用益物权基本问题研究. 北京：北京大学出版社，2006：42.

⑤ 佟柔主编. 中国民法. 北京：法律出版社，1990：236；陈华彬. 物权法原理. 北京：国家行政学院出版社，1998：27.

⑥ 孟勤国. 物权二元结构论. 2 版. 北京：人民法院出版社，2004：15-20；房绍坤. 用益物权与所有权关系辨析. 法学论坛，2003 (4).

⑦ 王涌. 所有权概念分析. 中外法学，2000 (5).

承租人，承租人据此取得了对他人土地的进入权和占有权，与这根被取走的棒棒相对应的所有人的排除权也就不再归“棒棒束”的所有人所有了。那么于此情形，谁才是被出租土地的所有权人呢？对此的回答，大陆法系与英美法系会有截然不同的答案。大陆法系的回答肯定是：出租人，即原所有权人，仍是被出租土地的所有人，土地承租人仅是享有合同债权人地位的承租人而已。但英美法系的回答却会是：承租人也取得了“一束权利”，出租人只是保留了“另一束权利”，“原来的那一束权利”被分割成了“两束权利”而分别归出租人和承租人“所有”了。因此，在英美法系学者看来，问“谁是所有人”（who is the owner）是没有意义的，正确的提问方式应是问“所有人有什么”（owner of what）。申言之，根据英美法系的“权利束”所有权观，在某一特定物上，可以存在多个所有人，每个所有人都拥有“一束棒棒”中的“不同棒棒”，而这每一根棒棒又独立构成自己的“棒棒束”，这一“棒棒束”同样不失为一个“完全所有权”（a full ownership）①。

正是基于“权利束”所有权观，英美法系学者甚至对“ownership”这一概念本身的存在必要性提出了质疑。有学者指出，英美法系的所有权观倾向于认为，寻求某种有连接力的思想把与财产相关的权利统摄在一起是没有意义的，比如说像“所有权”那样的思想，这是因为“所有权”不是一种简单的法律关系，而是一种广泛多样的法律关系，一旦注意到这些关系在不同的环境中是多么地不可测量和多变，再单纯地把任何一种关系看作是“所有权关系”都不会有用途。② 另有学者认为，即便完全不使用“所有权”这一术语，先进资本主义的法律家们也能轻松地工作，因而“所有权”在法律和政治理论中已经不再是一个重要的范畴。③ 更有学者甚至认为，虽然似乎有些可惜，但“我们不得不抛弃诸如‘所有权’‘所

---

① 约瑟夫·威廉·辛格. 财产法概论. 影印本. 北京：中信出版社，2003：2-3.

② 克里斯特曼. 财产的神话：走向平等主义的所有权理论. 张绍宗，译. 桂林：广西师范大学出版社，2004：33.

③ Grey, Thomas. “The Disintegration of Property”, in Nomos, Vol. 22: *Property*, J. R. Pennock and J. Chapman, eds. New York: New York University Press, 1980, pp. 73-81.

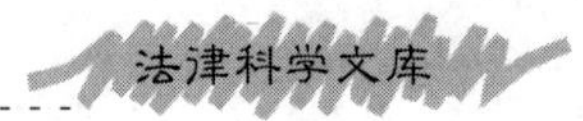

有者'和'所有'这样精彩的术语"①。

由以上所论可见，在比较法上，两大法系之间并不存在可通约的所有权观念，因而我们在提及所有权时，就须小心地界定其论说前提：我们究竟是在谈论大陆法系的所有权概念还是英美法系的所有权概念？否则，就是"鸡同鸭讲"，无法在同一个平台上对话。

（二）完全所有权与不完全所有权

这一对所有权类型是非常中国特色的。国务院《关于继续积极稳妥地进行城镇住房制度改革的通知》（国发〔1991〕30号）曾指出："凡按市场价购买的公房，购房后拥有全部产权。职工购买公有住房，在国家规定住房面积以内，实行标准价，购房后拥有部分产权，可以继承和出售。"该文件明确提出了"全部产权"和"部分产权"的房屋所有权类型，自此之后，该分类正式进入法学概念体系。对于"部分产权"，有称之为"有限产权"者，也有称之为"部分所有权"者，笔者称之为"不完全所有权"。对于不完全所有权的性质，理论界有不同的认识，主要有租赁权说、共有权说、他物权说、永久居住权说、附条件的共有权说、受特殊限制的单独所有权说、连带债权的所有权说等不同观点。② 对于此等争论，本书不予评说，因为不同持论者都不否认，不完全所有权乃城镇房屋改革中房屋所有权的一个类型。

在"房改房"所有权的不完全性之外，我国学界还将不完全所有权的概念移用到对集体土地所有权的分析上，据以分析集体土地所有权的不完全性。如很早就有学者指出，我国现行农村土地尽管名义上是集体所有，但实质上却并不完全，这一所有权的不完全性既体现在法律意义上，又体现在经济意义上。法律意义上的不完全性体现在集体土地没有排他性使用权、没有自由让渡权、没有独立处置权等方面；经济意义上的不完全性，主要体现在征地补偿费支付的象征性和不充分性上。③

---

① F. H. 劳森，B. 拉登. 财产法：第2版. 施天涛，等译. 北京：中国大百科全书出版社，1998：115.

② 郭明瑞，唐广良，房绍坤. 民商法原理（二）：物权法·知识产权法. 北京：中国人民大学出版社，1999：73.

③ 张燕飞，陈平. 论我国集体土地所有权的不完全与完善. 中国土地，1996(11).

不完全所有权是相对于完全所有权而言的，只有存在一个“完全所有权”，亦即以一个完全所有权为参照，才能据以判断一个所有权是否具有完全性。完全所有权只是大陆法系的一种所有权观念，在英美法系、制度经济学和法经济学上，并不存在这一观念，其认为所有的产权都是不完全的，并不存在一个完全所有权或者完全产权。如经济学家德姆塞茨（Demsetz）从法律角度出发，认为始终存在着法律初始界定时所导致的产权残缺；经济学家巴泽尔（Barzel）从产权实际运行角度出发，认为产权存在行使上的不完全性，由此产生了“产权公共领域”①。因此，经济学之通识认为，产权的不能完全界定性乃产权的固有属性，经济学上并不存在与“不完全产权”相对称的“完全产权”，所有的产权都是不完全产权。法经济学观点也认为，所有权（财产权）是一组权利，这一组权利描述人们对其拥有的资源可以做什么、不可以做什么。他们可以占有、使用、开发、改善、改变、消费、消耗、破坏、出售、捐赠、遗赠、转让、抵押、出租、借贷，或者阻止他人侵犯自己的财产。构成所有权的“法律权利束”具有双重含义，即所有者自由行使其财产权利和不允许他人对所有者行使产权进行干涉。②

在笔者看来，“完全所有权”的存在只是一种空想，其只是观念中的一种模型化存在。在现实社会中，任何一个所有权都不可能是完全的，任何两个所有权也不可能是完全相同的。如果我们在观念上接受了所有权的不完全性，那么也就不会再执念于探寻和构造一个完全所有权的理想了，这对于我们更加现实地正确理解法律上的所有权将大有帮助，一些关于某某所有权是否为完全所有权的无谓争论也就可以自然消停了。

（三）国家所有权、集体所有权和私人所有权

我国《物权法》明确规定了国家所有权、集体所有权和私人所有权三类自物权。《关于〈物权法〉（草案）的说明》对此作了如下说明：“所有权是所有制在法律上的表现，是物权制度的基础。草案对国家所有权和集体所有权、私人所有权作了明确规定，其中用较多条款对国家所有权作了

---

① 陈利根．产权不完全界定研究：一个公共域的分析框架．云南财经大学学报，2013（4）．

② 罗伯特·考特，托马斯·尤伦．法和经济学：第5版．史晋川，董雪兵，译．上海：格致出版社，上海三联书店，上海人民出版社，2010：66．

规定，有利于坚持和完善社会主义基本经济制度，有利于各种所有制经济充分发挥各自优势，相互促进，共同发展。”《物权法》第4条规定，“国家、集体、私人的物权和其他权利人的物权受法律保护，任何单位和个人不得侵犯”，是为所有权一体平等保护的规定。但由《物权法》以及相关现行法的规定来看，由所有制衍生而来的三类所有权不论在客体范围、权能范围还是法律保护等方面，都存在着诸多的“不平等”和大不同之处。如就客体范围而言，《物权法》第41条规定：“法律规定专属于国家所有的不动产和动产，任何单位和个人不能取得所有权。”这就意味着，某些财产权客体归国家专属所有，如国防资产、无线电频谱资源等，集体和私人是不能在此等财产上成立所有权的。就权能范围而言，国家所有权与集体所有权虽然都是由公有制衍生出来的所有权，但这两种所有权在权能范围上却有霄壤之别。例如，依法属于国家所有的自然资源所有权可以不登记，但依法属于集体所有的自然资源所有权就应当登记；国家所有土地的建设用地使用权可依法出让和转让，集体所有土地的建设用地使用权依法不得出让和转让。就法律保护而言，国家所有权与集体所有权、私人所有权明显存在着不平等保护问题。如最高人民法院《民通意见》第170条规定：“未授权给公民、法人经营、管理的国家财产受到侵害的，不受诉讼时效期间的限制。”这就意味着，国家公产比非国家公产享有更优越的时效利益。综上可见，这三类所有权不仅政治、经济属性不同，且其法律属性也迥然有异，根本不可能统一到一个所有权概念之下。

（四）自然人所有权、法人所有权和非法人组织所有权

《民法通则》规定了自然人和法人两类民事主体，《合同法》增加规定了“其他组织”的民事主体地位，《民法总则》则总括性地规定了自然人、法人和非法人组织①三类民事主体。民事主体具有民事权利能力。“凡堪供驻足集散之资格，是为能力；凡堪供权利义务驻足集散之资格，即为权利（义务）能力，简称权利能力。”② 因而作为有权利能力的民事主体，皆得为财产所有权之主体，故依民事主体的类型区别，产生了自然人所有

① 《民法总则》用“非法人组织”取代了传统的“其他组织”，这一立法术语的改变似嫌草率，其他规范性文件应随之作出修订，以保持立法术语的统一性，这将造成巨大的修法成本。

② 曾世雄．民法总则之现在与未来．北京：中国政法大学出版社，2001：80.

权（个人所有权）、法人所有权和非法人组织所有权。但是，这三类所有权并不具有同质性，三者比较，其间的不同甚至多于相同。自然人所有权是最典型的所有权，甚至可以说，自然人所有权是民法上构建财产所有权制度的潜在准绳，一切其他的所有权制度都是在自然人所有权的基础上经由增删修正而进行设计的。法人是一种团体人格，法人所有权属于法人财产权①的一种。在公司法人存续期间，法人财产权的归属主体是公司法人，公司的法人所有权在权利属性上与自然人的自然人所有权无本质不同。但是，因为公司法人毕竟是一种团体人格，本质上是由股东经由投资而成立的组织，故法人所有权具有“中间所有权”的性质，公司股东对于公司法人资格终止后的剩余财产享有“终极所有权”，因而公司的股东实际上为公司财产的最终所有权人。当然，在公司存续期间，股东的终极所有权是潜在的、隐而不显的，公司对其法人所有权拥有全面的所有权权能。而与之不同，自然人所有权自其享有之始即为终极所有权，这是自然人所有权与法人所有权的本质不同所在。此外，同样作为团体人格，由于非法人组织与法人具有不同的组织体属性，故而非法人组织所有权与法人所有权也具有质的差异。以合伙为例，不论是个人合伙还是合伙企业，都可以以合伙的名义取得财产所有权，如把合伙登记为房屋所有权人。但是，由于合伙的财产要么归出资人所有，要么归合伙人共有，因而合伙的财产所有权只是“徒具其名”的“名义所有权”而已，其实际的所有权人是个别合伙人或者合伙人全体，在这一点上，合伙的财产权与法人财产权即具有了质的分野。如财政部、国家税务总局《关于合伙企业合伙人所得税问题的通知》（财税〔2008〕159号）规定：“合伙企业以每一个合伙人为纳税义务人。合伙企业合伙人是自然人的，缴纳个人所得税；合伙人是法人和其他组织的，缴纳企业所得税。”另据财政部、国家税务总局《关于企业以售后回租方式进行融资等有关契税政策的通知》（财税〔2012〕82号）规定：“合伙企业的合伙人将其名下的房屋、土地权属转移至合伙企业名下，或合伙企业将其名下的房屋、土地权属转回原合伙人名下，免征契税。”以上两条税法规则完全可以从侧面说明，合伙企业之所以不是企业所得税和契税的纳税主体，原因就在于合伙企业并未实际取得和真正

---

① 《公司法》第3条第1款规定：“公司是企业法人，有独立的法人财产，享有法人财产权。公司以其全部财产对公司的债务承担责任。”

取得合伙企业财产的所有权。而在同样情形下，如是公司法人，就须以所有权人身份缴纳企业所得税和契税了，这表明公司的法人所有权是一种真正的所有权。综上所述，虽然同为所有权，但自然人所有权、法人所有权与非法人组织所有权三者之间，仍是具有诸多差异的不同所有权，难以归到同一所有权概念之下。

（五）有体物所有权、无体物所有权和智慧财产所有权

智慧财产（智力成果）是法律关系的客体，其也可以成为所有权的客体吗？由比较法立法例来看，回答是肯定的。《蒙古国民法典》第 76 条规定："物、智力成果以及法律明文规定的某些财产权，都可成为所有权的客体。"《智利共和国民法典》第 584 条规定："天才或智者的创作是其作者的财产。此种所有权由特别法调整。"众所周知，智慧财产与传统观念中的"物"是有区别的，分别在其上成立之所有权当然会有极大的不同，其不同就如同一个水杯的所有权与水杯设计的专利所有权之间的差别一样昭然。在明晰了物的所有权与智慧财产所有权的不同之后，我们再来看在有体物和无体物上成立的所有权之不同。有体物与无体物的划分始自罗马法。"有些物是有体物，有些物是无体物。有体物是那些人们能够触摸到的，例如土地、奴隶、衣服、金子、银子以及其他数不胜数的东西。无体物是那些人们无法触摸的物，就像那些表现为权利的物，如遗产、用益权、以任何方式产生的债等。"① 有体物上可以成立所有权自不待言，无体物上也可以成立所有权吗？在比较法上的回答同样是肯定的。如《智利共和国民法典》第 583 条规定："对于无体物，也有一种所有权。因此，享有用益权者对其用益权拥有所有权。"因此，所谓无体物上的所有权，实际上就是以权利为客体的"权利所有权"。此种所有权，与有体物所有权不论在权利之享有、行使还是保护上，当然都有质的差异性。总之，以客体为标准而区分的这三类所有权，其含义区别是巨大的，虽同为所有权，但也难以将其置于同一所有权概念之下讨论。

（六）动产所有权与不动产所有权

"在每一种法中都有一个'对物的最基本划分（summa division re-

---

① D. 1. 8. 1. 1. 学说汇纂：第 1 卷. 罗智敏，译. 北京：中国政法大学出版社，2008：154 - 155.

rum）’，……这种基本的划分在现代法中表现为不动产和可动产之分。”[①] 我国《物权法》第 2 条规定：“本法所称物，包括不动产和动产。”这表明，我国现行法也把不动产和动产的划分作为“对物的最基本划分”。近现代各国立法大多对动产与不动产作出了划分，且划分的方法均是对不动产作出界定，而不动产之外的物则为动产。从各国规定来看，动产与不动产划分的基本标准是物理标准，只是各国采用的程度有所不同。有的国家采取单纯的物理标准，而有的国家则在物理标准之外兼采其他标准，但其他标准也都是辅助物理标准而发挥作用的。[②] 在我国物权法的制定过程中，曾有一派观点主张我国物权法所有权的类型应以标的为标准划分为不动产所有权和动产所有权，现行法以所有权主体为标准所划分的国家所有权、集体所有权和私人所有权，“是为反映生产资料所有制的性质，更多具有政治意味，而不是法学意味”[③]。虽然最终通过的《物权法》没有采纳这一立法主张，但现行《物权法》也并不否认动产所有权与不动产所有权的类型区分，并且有相当多的制度设计都是在这一类型区分的基础上进行的，如物权变动模式、登记制度、他物权类型等。由《物权法》的相关规定来看，由于标的属性之不同，动产物权与不动产物权在诸多方面存在着质的差别。如在物权变动模式上，不动产物权变动原则上采登记生效主义，而动产物权变动原则上采交付生效主义；不动产所有权中有建筑物区分所有权问题，而动产所有权中则无此所有权类型；不动产所有权中存在相邻关系制度，而动产所有权之间则无相邻关系问题；在动产之上可以成立动产质权，但在不动产上则不能设定质押；在动产之上可以成立留置权，但在不动产上则不能成立留置权。凡此种种不同都表明，对于动产所有权与不动产所有权，应分别理解和界定，绝对不能将二者混为一谈。

---

① 彼德罗·彭梵得．罗马法教科书．修订版．黄风，译．北京：中国政法大学出版社，2005：145.

② 房绍坤．动产与不动产划分标准探究．河南省政法管理干部学院学报，2006（2）.

③ 梁慧星．中国物权法草案建议稿：条文、说明、理由与参考立法例．北京：社会科学文献出版社，2000：212.

（七）普通动产所有权与特殊动产所有权

我国《物权法》未明确采用“普通动产”与“特殊动产”的分类，但由《物权法》第23、24两条规定来看，这一分类已隐含于《物权法》中。《物权法》第23条规定的是普通动产的物权变动要件，即交付生效主义；第24条规定的是船舶、航空器、机动车等特殊动产的物权变动要件，即登记对抗主义。最高人民法院《关于适用〈中华人民共和国物权法〉若干问题的解释（一）》(法释〔2016〕5号）于第6条作了规定，还就《物权法》第24条规定中的“善意第三人”作了专门的解释界定。普通动产与特殊动产这一分类，在最高人民法院《关于审理买卖合同纠纷案件适用法律问题的解释》(法释〔2012〕8号）中被明确承认。该司法解释于第9条专门就普通动产多重买卖的实际履行规则作了规定，于第10条又就特殊动产多重买卖的实际履行规则作了规定。由上述规定来看，虽然同为动产，但动产所有权的物权变动规则因普通动产所有权和特殊动产所有权而有不同，如不了解这一不同，就不能正确地理解和适用这两类所有权的物权变动规则。

（八）自然物所有权与人工物所有权

人工物是自然界人工化的产物。所谓自然界的人工化，是指“人以自己的意志、知识、能力和价值观给自然界打上印记，自然界按人的需要和尺度改变自己本来面貌的过程”①。指称“人工物”的名称另有很多，如人造物、器具、器件、对象、物品、产品、人工制品等。自然物与人工物之间的最大不同在于，自然物的主体是自然物本身，它的目的因源于自然运动的本性，而人工物的主体却是人，它的目的因源于人的需求。② 正如培根所言，人工物是人类为扩展自己的能力、满足使用的需要，在物体上产生和添加一种或多种新的性质而生产的，它是人类工作的首要目标。③由自然物与人工物的不同性质属性所决定，在物之归属的法律意义上，自然物所有权与人工物所有权具有重大区别。如就自然资源这一类典型的自然物而言，我国《宪法》第9条规定：“矿藏、水流、森林、山岭、草原、荒地、滩涂等自然资源，都属于国家所有，即全民所有；由法律规定属于

① 陈昌曙．技术哲学引论．北京：科学出版社，1999：49．

② 王德伟．试论人工物的基本概念．自然辩证法研究，2003（5）．

③ 培根．新工具．许宝骙，译．北京：商务印书馆，1997：106．

集体所有的森林和山岭、草原、荒地、滩涂除外。”这即意味着，在我国法上，自然资源只能实行“公有”，申言之，原则上归国家所有，例外情况下归集体所有，而不能向私人归属。而对于人工物，由于其是添加了人类劳动的制造物，而“制造行为”是一种典型的事实行为，故人工物的所有权由制造人工物的人原始取得（违法建筑的所有权由建造人原始取得，后文详述），既可以向“公家”归属，也可以向私人归属。为此，我国《物权法》第30条规定：“因合法建造、拆除房屋等事实行为设立或者消灭物权的，自事实行为成就时发生效力。”此外，虽然我国现行法并未明确承认所有权的“先占取得”制度，但“先占”的所有权取得效力并不能被完全否定。先占取得的对象是“无主物”，原则上自然物都是天然的无主物，故先占取得的最重要对象就是自然物，先占取得自然物也是先占取得制度产生的现实动因。而与之不同，人工物是人造物品，制造人原始取得人工物的所有权，故要先占取得人工物的所有权，必待人工物由有主物变为无主物之后才始可能，这体现了二者作为先占取得对象之不同。综上所述，自然物所有权与人工物所有权具有诸多不同，不能把二者统一到一个所有权概念之下。

（九）单独所有权（独有）与共同所有权（共有）

单独所有权与共同所有权乃大陆法系民法对所有权的通行分类。在个人主义不昌的团体生活时代（如原始公社时期至封建主义时代），由于共同体生活乃生活之常态，故不难想象，“共同所有”应是一种主要的所有形态。但在近现代社会，由于奉行个人主义，团体生活虽然仍是人们不可或缺的一种社会生活形态，但对财产的共同所有形态却逐渐为个人的单独所有形态取代，个人的单独所有成为常态，数人的共同所有则退居例外地位。典型的共同所有形态包括共有、合有和总有三种。我国现行《物权法》就“共有”作了规定，并把共有区分为按份共有和共同共有两种亚类型，但我国法未承认合有和总有两种共有形态。

所谓“合有”（Eigentum zur gesamten Hand），系指数个个人为一定之目的，组织一定之团体，由于受到该团体的拘束，个人权利的行使受到制约之共同所有形态。学理上认为合有仍有应有部分，唯系潜在的，因为各合有人对于标的物仍保有管理及收益权能，合有人间有其共同目的（如共同经营一种事业），而合有乃其达成共同目的之手段而已，因之各合有人间会形成一种结合关系（一般为合伙或社团），各合有人之管理权能，

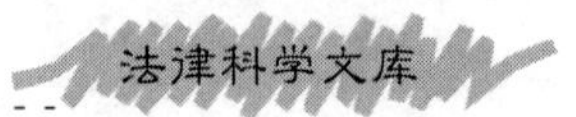

被为达成共同目的由合伙关系或社团所设之规则所拘束，故合有人固有的持份处分权、分割请求权受到限制与禁止，于其共同目的存续中，各共同所有人不得自由处分其应有部分，亦不得请求分割。[①] 总有是古代日耳曼社会中存在过的一种财产共同所有形态，在日耳曼村落共同体中，村落团体与村落成员共同支配村落财产的法律制度就被称为“总有”。总有的核心特征有三个，即身份性、无份额性和不可分性。就身份性而言，村落成员的身份对于个人的财产占有和用益具有至关重要的意义，成员身份的得丧，将直接决定财产支配权利的得丧。就无份额性而言，是指总有的团体成员对于总有财产不存在支配者的份额概念，各个成员各自就其所占有的财产独立进行用益，成员彼此之间不存在份额的划分问题。就不可分性而言，是指对于团体而言，团体的管理、处分权是依照成员的共同意志来实现的，此等权利是属于全体成员的权利，因而各个成员无权请求分割总有财产。[②] 由上可见，同样是共同所有的形态，合有与总有不同，二者的最大区别在于是否具有潜在的份额、是否具有身份性以及是否可请求分割等方面。

我国《物权法》把共有区分为按份共有和共同共有，系统规定于《物权法》第93～105条。由《物权法》的规定来看，这两种共有形态的区别是明显的，不论是在份额、管理、处分、费用负担、分割还是债务承担等诸方面，二者都存在着诸多的差异。

不论是共有、合有还是总有，都是数人共同所有的形态，与一人所有的单独所有当然存在着区别。我们通常所言的所有权，如无特别说明，都是指单独所有权；若非单独所有权，则须揭明是何种形态的共同所有权，否则于数人间的共同所有法律关系就无法厘清。

（十）附条件所有权与无条件所有权

所有权之上可以附条件吗？这在我国理论界，听到此问恐会甚感怪哉。但实际上，就比较法立法例来看，可成立附条件所有权的规定不乏其例。如《葡萄牙民法典》第1307条规定：“一、所有权得以附条件方式设

---

① 古振晖. 共同所有之比较研究. 台湾财产法暨经济法研究协会，2006：37-38.

② 韩松，姜战军，张翔. 物权法所有权编. 北京：中国人民大学出版社，2007：291-293.

定。……三、对于附条件之所有权，适用第 272 条至第 277 条之规定。”我国《澳门民法典》第 1231 条规定：“一、所有权得以附条件方式设定。……三、对于附条件之所有权，适用第二百六十五条至第二百七十条之规定。”《魁北克民法典》第 947 条第 2 款规定：“所有权可附有期限和条件，可发生功用所有权与空虚所有权的分离。”附条件所有权与通常所言的无条件所有权，当然存在着异质性，对此不可不察。

（十一）无期所有权与有期所有权

在我国理论界，所有权具有无期性或者说永久性乃学理通识。那么，所有权可以附期限吗？对此一问，我国学界同样会备感疑惑。实际上，认为所有权是可以附期限的，在比较法上同样不乏其例。如上文刚刚提及的《葡萄牙民法典》第 1307 条规定：“……二、仅在法律特别规定之情况下，方容许设定有期限之所有权。……”我国《澳门民法典》第 1231 条规定：“……二、仅在法律特别规定之情况下，方容许设定有期限之所有权。……”《魁北克民法典》第 947 条第 2 款规定，则明确提到了“所有权可附有期限”。当然，我国亦有学者认识到了所有权的期限性，认为物权发展的趋势之一就是所有权的期限化，即有期产权，并指出有期限所有权的产生是现代社会因资源的相对稀缺需要对资源进行更有效利用的产物。[①] 我国学者讨论的“分时度假权”[②]，实际上就是一种有期所有权。有期所有权制度的产生，对我们持有的所有权无期性、永久性观念的冲击是巨大的，这迫使我们重新审视传统的所有权观念与制度。

（十二）有处分权能的所有权与无处分权能的所有权

处分权能乃所有权之最核心权能。在概念上，处分权能系指最广义之处分，包括事实上之处分以及法律上之处分，前者乃指对物为事实上之管理支配及变更，后者则指就所有物为负担行为与处分行为之法律行为。[③] 因此，在观念上，凡所有权皆有处分权能。难道还存在着无处分权能的所有权吗？回答是肯定的。如在我国法上，国家土地所有权与集体土地所有权本身即不能成为处分权之客体，私人所有权原则上即无此限制。

---

① 王利明. 物权法论. 北京：中国政法大学出版社，2003：13.

② 黄健雄. 分时度假法律模式之研究. 中国法学，2006（6）.

③ 郑冠宇. 民法物权. 台北：自版，2010：187.

（十三）小结：其他诸多类型的所有权

除上述诸多对偶型的所有权之外，还存在着其他众多类型的所有权，如所有权保留买卖中的所有权[①]、信托所有权[②]、让与担保中的所有权[③]、公司股东对公司剩余财产的终极所有权[④]、存在于网络虚拟世界中的虚拟财产所有权[⑤]等。这些所有权，每一类都是一个“个性化”的所有权，各具特质，各有不同。由以上所论足可显见不争的是，不论在观念上、理论上还是制度上，根本就不存在一个统一确定的所有权观念、概念和制度，不存在任何两个所有权是“相同的所有权”。要准确理解所有权的概念，就必须将此所有权多样化的观念作为理解的基础和前设，否则就不能正确地理解所有权观念和所有权制度。有学者认为：“如果允许（自由创设所有权），则不同的当事人之间将拥有不同的所有权。例如，虽然名称同为‘所有权’，但是A可能创设出内容完全不同于B的所有权内容的具有‘个性化’特征的所有权。这将给社会带来怎么样的混乱呢?”[⑥] 此种担心，正是对所有权的非单一性、不确定性和不统一性缺乏正确理解的产物。

四、自由所有权与所有权的自由界限

从比较法制史而言，所有权的原始形态有二：一为罗马法型所有权，

① 余能斌，侯向磊．保留所有权买卖比较研究．法学研究，2000（5）；申卫星．所有权保留买卖买受人期待权之本质．法学研究，2003（2）．

② 于海涌．论英美信托财产双重所有权在中国的本土化．现代法学，2010（3）；温世扬，冯兴俊．论信托财产所有权——兼论我国相关立法的完善．武汉大学学报：哲学社会科学版，2005（2）．

③ 姚辉，刘生亮．让与担保规制模式的立法论阐释．法学家，2006（6）；杨立新．后让与担保：一个正在形成的习惯法担保物权．中国法学，2013（3）；董学立．也论“后让与担保”——与杨立新教授商榷．中国法学，2014（3）．

④ 肖作平．终极所有权结构对资本结构选择的影响——来自中国上市公司的经验证据．中国管理科学，2012（4）；赵磊．剩余索取权归属的理论分歧与现实变化．经济学动态，1998（8）．

⑤ 林旭霞．虚拟财产权性质论．中国法学，2009（1）；刘惠荣，尚志龙．虚拟财产权的法律性质探析．法学论坛，2006（1）．

⑥ 梁上上．物权法定主义：在自由与强制之间．法学研究，2003（3）．

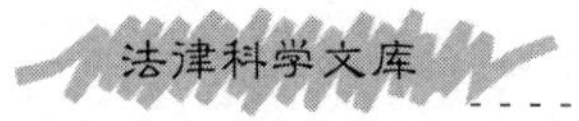

二为日耳曼法型所有权。前者认为，所有权是一种排他的、绝对的权利，所有人对自己之所有物得自由使用、收益、处分。此型所有权因其带有个人主义色彩，故可称之为“个人的所有权”。后者认为，所有权为非排他的权利，在同一土地上可并存着“上级所有权”和“下级所有权”，因其着重在以“村落共同体”为单元的土地利用，所有人对自己所有土地之使用收益，要受团体之约束，因而带有团体主义色彩，故可称之为“社会的所有权”。而近代之所有权思想变迁，系由“个人的所有权”思想进至“社会的所有权”思想，再由“社会的所有权”思想进至“个人与社会调和的所有权”思想。①

“个人的所有权”思想催生出了“自由所有权”制度。自由所有权制度强调所有权的绝对性，认为所有权具有绝对不可侵性、绝对自由性和绝对优越性。② 与自由所有权相对应的是封建所有权。③ 封建所有权是封建社会等级身份在经济领域的延续，其强调所有权的相对性、不自由性和身份性，所以封建所有权制度是“社会的所有权”思想的反映。单就土地所有权来看，罗马法用表示“绝对支配性”的“dominus”一词表征“个人的所有权”“自由所有权”意义上的土地所有权，而日耳曼法则用表示“相对支配性”的“Gewere”一词表征“社会的所有权”“封建所有权”意义上的土地所有权。④ 在欧洲中世纪的封建社会解体后，罗马法上的“个人的所有权”思想和“自由所有权”制度得以复活，在观念和制度上，所有权的绝对性再次被得以强调。既然自由所有权强调所有权的绝对性，那么对于来自外界的对所有权的任何限制就都持一种排斥的态度。罗马法谚有云：“共有为纷争之母（communio mater rixarum）。”由这句法谚即可显见，即便对于“共有”这种不可避免的所有权形态而造成的共有人之间的相互牵制，罗马法都持厌恶态度，认为其是“纷争之母”，更何况是其他的外在的所有权限制了。

---

① 温丰文. 土地法. 台北：自版，2006：43-45；温丰文. 现代社会与土地所有权理论之发展. 台北：五南图书出版公司，1984：9-28.

② 温丰文. 现代社会与土地所有权理论之发展. 台北：五南图书出版公司，1984：15-16.

③ 我妻荣. 日本物权法. 有泉亨，修订. 李宜芬，校订. 台北：五南图书出版公司，1999：237.

④ 古振晖. 共同所有之比较研究. 台湾财产法暨经济法研究协会，2006：17.

在近代法上，自由所有权思想盛行于自由资本主义时期。但正如有学者指出的，其虽然对自由资本主义经济的发展起过推动作用，但是它过分强调个人利益而忽视了社会整体利益，加剧了个人利益与社会利益之间的冲突，阻碍了生产的社会化和大规模的经济建设，甚至导致了个人滥用其所有权而损害他人和社会利益的现象。① 如以美国为例，19 世纪早期，美国财产法以自由意志理论为基础，仅根据所有者的意志来确认和对待私人财产，从而使一个人取得、使用和处分财产的权利受到了前所未有的保护。而这种保护是自美国法律将无所不包的财产权视为自由社会的一个基本方面以来所未曾达到过的。其时，法律的基本目标成了“维护私有财产权”。直到 19 世纪末期，美国判例法尚认为“权利滥用”原则在财产法案件中并无适用之余地。如在著名的“刁难人的栅栏”案中，一块土地的所有者在他的地界附近修筑了一道“刁难人的栅栏”，他不是为了自己方便，而是为了通过遮住光源或者挡住其邻居的视线而损害他的邻居。美国法官就对类似于“刁难人的栅栏”案中的受害人提供救济普遍持否定态度。用霍姆斯大法官（Justice Holmes）的话来说：“一个人拥有在自己的土地上建造栅栏的权利，愿意造多高就造多高，不管它可能把他的邻居的光线和空气挡住多少。”一个人按照他的意愿去使用他的土地的权利与恶意动机无关。“个人自由的理论和一个人对其财产的个人支配权的理论使他能做令其他人厌烦的事……除了会失去每一个思维正常的人所希望的邻人的尊敬外，对此不会有什么惩罚。”对美国当时的大多数法官来说，甚至“只是为了损害别人而使用自己财产的权利也是……为了各种不同的目的而确立的权利的一种或多或少是必要的附属权利”②。综上可见，在整个 19 世纪，支配美国财产法的基本理念和制度就是：财产所有权是一项可以被“滥用”的绝对权利，所有权人在行使其所有权时完全可以置他人利益和社会利益于不顾，而唯自己的“自由意志”是从。③

毫无疑问，当自由的个人主义思想驱使下的自由所有权观念被推向极

---

① 王利明. 物权法研究：上卷. 3 版. 北京：中国人民大学出版社，2013：407 - 408.

② 伯纳德・施瓦茨. 美国法律史. 王军，等译. 北京：中国政法大学出版社，1989：133 - 138.

③ 房绍坤，王洪平. 公益征收法研究. 北京：中国人民大学出版社，2011：26.

端时，就走向了自己的反面，历史上为自由所有权所否定的“社会的所有权”思想再次复萌，经由否定之否定，所有权绝对化的观念被修正，“社会的所有权”思想以“所有权社会化”的面目重新登上了历史舞台。“所有权社会化”意味着自由所有权意义上的不受限制的绝对所有权嬗变为一种不再绝对自由的财产权，意味着所有权的自由是有限度和边界的。

在比较法上，将“所有权社会化”明确以宪法基本法的形式予以固定的应首推德国。1919 年德国《魏玛宪法》第 153 条第 2 款和此后 1949 年德国《基本法》第 14 条第 2 款，都明确规定了所有权的社会化，即“财产权负有义务。财产权之行使应同时有益于公共福祉。”用德国联邦宪法法院的话来说，该规定表明法律已经“抛弃了那种个人利益无论如何都应高于集体利益”的财产权制度。就所有权而言，“今天所有权的内容比以前要狭窄得多了”，有许多法律给所有权规定了各种各样的义务，如建筑法、土地交易法等。因此，衡量所有权的真正内容，不能仅看《德国民法典》第 903 条的抽象规定，而应以上述这些法律规定为基点，“它的法律构成由公法规定的，并不少于由私法规定的”①。

“所有权社会化”并没有使自由所有权完全走向其反对面，“所有权社会化”正是“个人与社会调和的所有权”这一中庸思想的体现。虽然在观念上，所有权是一种先国家且超越国家而存在的基本权利，但其毕竟不能离开国家和法律的保护而存续；如果说存在一种不依赖于国家和法律的所有权，那也只能是学者的空谈和学术的虚构。因此，既然法律应当确定、形成和保障私有财产权，法律当然亦可以对所有权的内容和范围进行限定。历史地看，近代法上之所以会形成“所有权绝对”的私有财产权观，实际上是与近代社会向现代社会转型、资本主义反对封建主义、资本家反对极权的封建主（国王和领主）密不可分的，因而所有权绝对化观念在政治层面上是有其客观的形成基础和存在意义的。但在法律层面上，所有权作为一种法律权利，其本身即带有“个人”与“社会”的两面性；任何一种私人权利，都不可能只是“个人利益”的法律确认，一种不能与“社会利益”共生并存的个人利益既不可能成为法律上的“权利”，也不可能受到法律的保护。所以说，作为一种法律权利的所有权，必然以个人利益和

① 卡尔·拉伦茨. 德国民法通论：上册. 王晓晔，等译. 北京：法律出版社，2003：85－87.

社会利益的对立统一为其内容，所有权负有维护和增进社会利益的义务是其固有的本质内涵，一种没有任何“例外”的“绝对权”在法律的世界中是不可能存在的。①

就法律层面而言，对所有权的自由界限作出之限制来自两个方面：一是私法限制，二是公法限制。就私法限制而言，如《德国民法典》第905条规定：“土地所有人的权利及于地表上的空间和地表下的地壳。但所有人不得禁止在有如此高度或深度，以致他对排除干涉无利益的地方所实施的干涉。”这是对土地所有权之对象范围及所有权行使的私法限制，属于法律上权利形成的范畴。再如《德国民法典》第906条第1款规定：“土地所有人不得禁止煤气、蒸汽、臭气、烟、煤烟子、热、噪音、震动以及从另一块土地发出的类似干涉的侵入，但以该干涉不妨害或仅不显著地妨害其土地的使用为限。”这是基于相邻关系而形成的法定的所有权限制，相邻所有权人负有法定的容忍义务。再如《德国民法典》第903条规定：“在不与法律或第三人的权利相抵触的限度内，物的所有人可以随意处置该物，并排除他人的一切干涉。动物的所有人在行使其权利时，必须注意以保护动物为目的的特别规定。”这是私法对所有权行使的限制。除上述法定的私法限制之外，所有权人还可以通过法律行为设定权利负担，因他人对物的债权性利用或者物权性利用而形成所有权限制。② 就公法限制而言，存在如下一些类型：（1）限制与禁止对某些物的占有和所有，如有关取缔枪支弹药和鸦片的法、兴奋剂取得法等；（2）限制对某些物的生产和交易的法律，如对于黄金、文物等限制流通物的交易；（3）以都市计划安排土地开发使用方面的法律规定，许多公法性法律都对合理利用土地、规划城市建设以及对土地的使用和开发作出了限制性规定；（4）有关河流、矿产、森林、海洋等自然资源和环境的保护法；（5）有关不动产的征收、征用等方面的规定等。③ 正是在公法与私法相对独立和相互交融的意义上，公私法对所有权的自由取得、自由行使等都作出了相应的限制性规定。有关此等限制，可以说是不胜枚举，在此不再过多地进行例示列举。

① 房绍坤，王洪平．公益征收法研究．北京：中国人民大学出版社，2011：28－29.

② 房绍坤．论不动产利用的二元结构．河南司法警官职业学院学报，2003（2）.

③ 王利明．物权法研究：上卷．3版．北京：中国人民大学出版社，2013：410.

第二节　违法建筑“无所有权”吗

一、违法建筑“无所有权说”及其否证

就笔者的检索范围来看，在比较法上，对违法建筑的所有权问题予以明确规定的民法典，仅见于《俄罗斯联邦民法典》。该法典的第 222 条（条旨为“违章建筑”）规定：“1. 如果住宅、建筑物、构筑物或其他不动产系建筑在并非依照法律和其他法律文件规定的程序为此而专门划拨的土地上，或者未得到建设所必需的专门批准，或者严重违反了城市建设或其他建设规范和规则，则属于违章建筑。2. 进行违章建筑的人，不取得违章建筑物的所有权。他无权处分建筑物，即无权出售、赠与、出租或实施其他法律行为。违章建筑物应由进行违章建筑的人拆除或者以其费用拆除，但本条第 3 款规定的情形除外。3. 在不属于自己土地上进行违章建筑的人，如果该土地按照规定程序划拨给他进行该项建筑，则违章建筑物的所有权可以由法院判给进行建筑的人。违章建筑物的所有权，也可以由法院判给对建筑占地享有所有权、终身继承占有权、永久（无限期）使用权的人。在这种情况下，被确认享有建筑物所有权的人，应按法院规定的数额赔偿进行建筑的人用于建筑的费用。如果保留建筑物会侵犯他人的权利和受法律保护的利益，或者对公民的生命和健康造成威胁，则不得判决上述人等享有违章建筑的所有权。”除此之外，其他绝大多数的立法例，如法国、德国、瑞士、意大利、葡萄牙、荷兰、日本、韩国、朝鲜、越南、巴西、阿根廷、阿尔及利亚、智利、埃塞俄比亚、埃及、蒙古等国民法典，就“违法建筑”（“违章建筑”）问题都未置一词。“有规定”和“无规定”形成了两种不同的立法例，也表达了对待违法建筑所有权的两种不同态度，即“有规定”的立法例持明确的“违法建筑无所有权说”，而“无规定”的立法例就此未表明态度。由此而来的疑问是：俄罗斯之否定态度在立法政策的选择上合理吗？其他国家暧昧不明的态度意味着什么？究竟是否定还是肯定？

我国台湾地区“民法”就违法建筑的所有权问题也未置一词，属“无

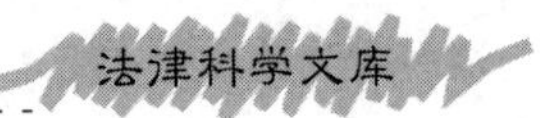

规定”的立法例。台湾地区违法建筑现象相当普遍，其成因复杂。[①] 在1949年之后的不到十年的时间里，台湾当局即为治违而制定了一项专门规定，此即前文提及的1957年的“违章建筑处理办法”。这是一部行政管理类的公法性法律，其在有关违建的所有权归属问题上同样没有作出明确规定。但我国台湾地区判例和学说观点之通说认为，违章建筑系土地之定着物，性质上为不动产，由建造人原始取得其所有权。[②]

我国大陆现行法对于违法建筑的所有权问题，也未置一词，这导致了法律解释论上两种观点的截然对立，即违法建筑“有所有权说”（肯定观点）和违法建筑“无所有权说”（否定观点）。持肯定观点者大有人在[③]，持否定观点者更是所在多有（下文详述）。就此问题，笔者持肯定观点，认为违建之上存在不动产所有权，建造人经由建设行为原始取得违法建筑的所有权。

（一）“不能登记无所有权说”之否证

《物权法》出台之前，有学者主张，我国房地产权属登记采取的是登记要件主义模式，要取得房地产所有权，不仅要有房屋建成、存在的事实，而且还要有登记事实，只有在登记之后，才能完成所有权的设定；违法建筑不能登记，仅有房屋建成、存在的事实，当然也就不能取得所有权。[④] 另有学者也主张，法律规定违章建筑物不得办理所有权登记，其意就在于反对就这种物成立所有权，台湾地区判例允许违章建筑物取得所有

---

① 廖瑞珍. 违章建筑取缔不作为之行政救济. 嘉义：中正大学法律学研究所2008年硕士学位论文：1-3；谢昆沧. 都市违章建筑问题之探讨——以高雄市为例. 高雄：中山大学中山学术研究所2006年硕士学位论文：1.

② 王泽鉴. 民法物权：通则·所有权. 北京：中国政法大学出版社，2001：117；谢在全. 民法物权论：上册. 5版. 北京：中国政法大学出版社，2011：17；台湾地区“最高法院”1952年台上字第1039号判例。

③ 例如：成协中. “违法建筑”的物权地位研究. 改革与开放，2012（3）；李军政，郭继. 论违法建筑的产权归属——基于违法作品的比较分析. 财经界：学术版，2011（1）；李军政，张俊. 论依法行政中公权力与私权利的界限——以违法建筑的归属及其利用为视角. 辽宁教育行政学院学报，2011（3）；杨延超. 违法建筑物之私法问题研究. 现代法学，2004（2）；刘武元. 违法建筑在私法上的地位. 现代法学，2001（4）；周友军. 违章建筑的物权法定位及其体系效应. 法律适用，2010（4）；蒋拯. 违法建筑处理制度研究. 北京：法律出版社，2014：300-306.

④ 黄刚. 违法建筑之上存在权利吗?. 法律适用，2005（9）.

权，已与法律之原旨相违背，法律体系自相矛盾必使民事主体无所适从。自德国民法典以来，不动产所有权的取得须以登记为要件，认定违章建筑物符合定着物要件，成立不动产所有权，却又不准其进行登记，其所有权就不具备法定的公示要件，无公示的不动产所有权存在于社会是一种法律的隐患。① 以上两种学者观点，可称之为"不能登记无所有权说"。

在《物权法》出台之前，不仅有学者主张"不能登记无所有权说"，而且有规范性文件持此观点。如 1990 年建设部发布的《城市房屋产权产籍管理暂行办法》(建设部〔1990〕7 号，已失效) 第 18 条规定："凡未按照本办法申请并办理房屋产权登记的，其房屋产权的取得、转移、变更和他项权利的设定，均为无效。"其意即为，不论是新建房屋还是经由交易而取得的已建成房屋，在完成登记手续之前，都未取得房屋所有权，房屋所有权的取得始于房屋登记的依法完成。据此，违法建筑是不能登记的房屋，故在违建建成之后，因其不能依法完成登记就不可能取得违建所有权，因而这是一种典型的"不能登记无所有权说"观点指导下的立法。

在比较法上，认为新建不动产所有权之发生始于登记完成者，也并非完全没有其例。如《俄罗斯联邦民法典》第 219 条规定："建筑物、构筑物和其他应进行国家登记的新建不动产的所有权，自国家登记之时起发生。"据此规定，新建不动产所有权与移转不动产所有权之取得，同采登记生效主义立法模式，未经登记，建造人不能取得新建不动产的所有权，受让人也不能取得受让不动产之所有权。但就笔者所见，采此规范模式的立法例独此一家，就连受苏联民事立法影响巨大的我国立法，在《物权法》制定时也未予借鉴此种立法模式。

我国《物权法》第 9 条规定："不动产物权的设立、变更、转让和消灭，经依法登记，发生效力；未经登记，不发生效力，但法律另有规定的除外。依法属于国家所有的自然资源，所有权可以不登记。"该条规定确立了我国法上不动产物权变动的登记生效主义（登记要件主义）模式。但需注意的是，在我国现行法上，登记生效主义仅是不动产物权变动的一般模式，因为有一般就必有特殊、有原则就必有例外，故而在此一般模式之下，《物权法》第 9 条还作了例外性规定，即"法律另有规定的除外"。于

① 冯桂，黄莹．论非法物之物权//孟勤国，黄莹主编．中国物权法的理论探索．武汉：武汉大学出版社，2004：350.

此等除外情形，采取的就是与登记生效主义相对应的登记对抗主义，亦即登记是对抗要件而非物权变动要件。此等除外情形不在少数，如《物权法》第9条第2款就直接规定了属于国家所有的自然资源所有权就可以不登记，《物权法》第28～30条就规定了基于公权力、继承、遗赠、事实行为等而导致的物权变动也无须登记即发生物权变动效力；此外，根据《物权法》的相关规定，土地承包经营权、宅基地使用权、地役权三项用益物权的设定采取的也是登记对抗主义，他物权的设定无须登记即发生物权效力。因此，若说在《物权法》颁布之前，“不能登记无所有权说”尚属“有章可循”（上述建设部的规章）的话，那么在《物权法》颁布之后，该说就纯属于法无据了。

（二）“违法性无所有权说”之否证

《物权法》第30条规定：“因合法建造、拆除房屋等事实行为设立或者消灭物权的，自事实行为成就时发生效力。”据此，有观点认为，按照《物权法》第30条规定，只有合法建筑才能够在建成之后发生物权变动的结果，如果是非法、违章建造房屋形成的违章建筑，当然不适用该条规定。[①] 所谓“不适用该条规定”，当然意指对于违法建筑，不能于事实行为成就时取得所有权，此即“违法性无所有权说”的典型表述。“违法性无所有权说”不仅在我国学界居于有影响力的地位，而且在我国的司法实务界也同样居于有力说的地位。如2011年山东省高级人民法院《关于印发全省民事审判工作会议纪要的通知》（鲁高法〔2011〕297号，以下简称《山东高院2011年审判工作会议纪要》）即指出：“依据城乡规划法的规定，违法建筑是指未取得建设工程规划许可证或者未按照建设工程规划许可证规定进行建设的建筑物和构筑物。根据《物权法》第30条的规定，因合法建造房屋等事实行为设立或消灭物权的，自事实行为成就时发生效力。违法建筑因建设行为的违法性，不能发生设立物权的法律效果，建造人对违法建筑也不享有物权权益，因此，因违法建筑的归属和内容发生争议的，人民法院不予受理，告知当事人向有关行政主管部门申请解决。”可见，该司法文件就明确地否定了违法建筑之上有所有权，这体现了“违法性无所有权说”的典型观点。

“违法性无所有权说”是“违法财物无所有权说”的延伸。乍看之下，

① 王利明. 物权法研究：上卷. 3版. 北京：中国人民大学出版社，2013：293.

“违法财物无所有权”观点是具有充分的实定法依据的，因为在我国的现行法律体系中，有大量的法律条文在财产权与所有权的取得、行使、保护等方面的规定上，都明确地、一再地强调财产的“合法性”问题。① 违法财物之上真的不存在所有权吗？笔者的回答是否定的，笔者认为，不能根据现行法的规定进行反对解释而得出违法财物之上无所有权的结论。“物”本身是一个中性的法律概念，不论是被名之为“合法财产”之物还是“违法财产”之物，其上都存在着民法上的所有权。就房屋等建筑物而言，不论是合法建造的建筑物还是违法建造的建筑物，建筑物所有权的取得与建造行为之合法或者违法无关，除“无主物”之外，凡“物”之上就都存在着所有权。有关违法财物之上同样存在着所有权的问题，前文第一章第三节之“二（二）”部分已有详细论述，于此不再展开。

此外，笔者想斗胆补充指出的一点是，我国现行法虽然并未明确规定违法财物之上可以成立所有权，但现行法也未明确否定违法财物之上可以存在所有权。相反，由现行法的最新发展趋势来看，承认违法财物之上存在所有权倒是可以经由合理解释得出的结论。我国 2010 年修正前的《著作权法》第 4 条第 1 款规定：“依法禁止出版、传播的作品，不受本法保护。”据此，学术界和实务界之通说认为，内容违法的作品不受法律保护，不能取得著作权。② 换言之，“违法作品”不受法律保护，不能取得著作权。“违法作品”也是一种违法财物，上述旧法规定显然是承接了违法财物之上不存在权利的一贯立法思维而形成的。而 2010 年修正后的《著作

① 如《宪法》第 13 条第 1 款规定：“公民的合法的私有财产不受侵犯。”《民法通则》第 72 条规定：“财产所有权的取得，不得违反法律规定。按照合同或者其他合法方式取得财产的……”同法第 75 条规定：“公民的个人财产，包括公民的合法收入……和法律允许公民所有的生产资料以及其他合法财产。公民的合法财产受法律保护……”《物权法》第 7 条规定：“物权的取得和行使，应当遵守法律……”同法第 64 条规定：“私人对其合法的收入……享有所有权。”同法第 65 条规定：“私人合法的储蓄、投资及其收益受法律保护。国家依照法律规定保护私人的继承权及其他合法权益。”同法第 66 条规定：“私人的合法财产受法律保护，禁止任何单位和个人侵占、哄抢、破坏。”《刑法》第 92 条规定：“本法所称公民私人所有的财产，是指下列财产：（一）公民的合法收入……；（二）依法归个人、家庭所有的生产资料；（三）个体户和私营企业的合法财产；（四）依法归个人所有的股份……”类此规定，可以说不胜枚举。

② 郑延荣．内容违法的作品不受保护．人民司法，1998（9）．

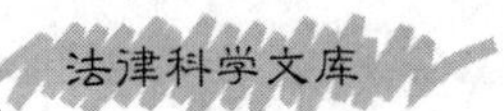

权法》第4条被修正为："著作权人行使著作权，不得违反宪法和法律，不得损害公共利益。……"修正后的该条规定完全删除了旧法中违法作品不受著作权法保护的内容，诚如有学者指出的，这在实质上已经承认了作者对违法作品的著作权，作者不再因违反公法上的禁止出版、传播的规定而不能取得著作权了。[①] 换言之，通过反对解释，根据现行《著作权法》第4条规定，违法作品之上是存在著作权的。继之，通过类比推理，笔者认为，我国现行法实际上也是认可违法财物之上是存在所有权的。这一类比推理之所以能够成立，是因为在民事权利体系中，著作权与所有权都是绝对权，二者的私权属性具有一致性。在某些域外立法例中，对"著作"的权利甚至被直接归入了所有权的客体范畴。如《纽约州民法典草案》第128条规定："所有权存在于一切可实际交付或占有的无生命之物、一切家畜、一切债、劳动或技术产品如作品、商誉、商标和标识以及制定法设立或授予的权利之上。"《智利共和国民法典》第584条规定："天才或智者的创作是其作者的财产。此种所有权由特别法调整。"《蒙古国民法典》第76条规定："物、智力成果以及法律明文规定的某些财产权，都可成为所有权的客体。"因此，从类比推理的角度讲，笔者认为，我国现行法实际上已经曲折地认可了违法财物之上可以成立所有权的观念；进而，再主张违法建筑乃违法财物因而其上不能成立所有权的观点，就站不住脚了。

（三）"占有保护说"之否证

有学者认为，如果认为违章建筑的建造人取得了违章建筑的所有权，那么违章建筑就可以产生对抗第三人的效力，予以拆除即于法无据，便构成对所有人所有权的侵害；当然，这并不意味着违章建筑就完全不受物权法的保护，我国《物权法》第243～245条规定了占有保护制度，这些规定对违章建筑也是可以适用的。[②] 另有学者也认为，对于违法建筑，即便当事人无法获得对于该建筑的所有权，对于该建筑的占有本身也应该得到法律的保护。作为法律保护占有违法建筑这一法律效果的反射，占有人对于违法建筑就拥有合法权利，即占有、使用违法建筑的权利。否则，一方

---

① 杨延超. 违法作品之著作权探究——兼论我国《著作权法》第4条之修改. 法学论坛，2010 (3).

② 王利明. 物权法研究：上卷. 3版. 北京：中国人民大学出版社，2013：85-86.

面承认法律保护占有这一事实状态，另一方面却否认占有人对于标的物有任何权利，岂不自相矛盾。① 以上两种观点，即通常所谓的“占有保护说”。有学者指出，“占有保护说”更加符合违章建筑的实际情况，从合理性的层面出发，更有利于维护当事人的权益，因而对于违章建筑，不应采取“一刀切”的标准予以全部否定。②

除“占有保护说”之外，理论界还有一种与此相关并且在表述上非常相似的观点认为，对于违法建筑虽然不能赋予其所有权，但应赋予其“占有权”③。但需注意的是，此种“占有权”与传统物权法上的“占有”系属完全不同的概念，其是指我国学者孟勤国教授提出的“物权二元结构论”中与“所有权”相并列的另一类物权。孟教授指出：“占有，专属于财产利用领域，是构建财产利用制度的一个基本概念。首先，占有将是占有权产生、变更和消灭的法律事实。不是任何占有都能产生占有权，偷或抢所形成的占有不可能产生占有权。但是，没有占有就没有占有权。……以占有权表述财产利用权利，意味着抛弃大陆法系物权制度中的他物权概念。……在这里，占有权绝不只是一个概念或意义不清的表述，而是一种独立的民事权利，一种与所有权并驾齐驱的物权，一种在位阶上仅次于物权的财产利用权利。”④ 由此表述和界定可见，孟教授所谓的“占有权”与传统大陆法系物权法中基于占有保护的“占有权利”系属不同的两个概念，不可将二者等而视之。笔者认为，孟教授的“物权二元结构论”在当年的学术界虽然刮起了一阵学术争鸣之风，但其学说终究没有被学术界所接纳，也未为立法所吸收，始终居于“极其少数说”的地位。笔者之所以于此提及，只是为了避免混淆，澄清“占有保护说”中的“占有”是指传统大陆法系物权法中占有制度中的占有，亦即我国《物权法》第十九章规定意义上的“占有”。

---

① 杨才然，范杰商．占有人对违法建筑有无合法权利．人民法院报，2004-09-28.

② 巫肇胜．定性与治理：违章建筑在拆迁中补偿问题研究．广东广播电视大学学报，2010（5）.

③ 冯桂，黄莹．论非法物之物权//孟勤国，黄莹主编．中国物权法的理论探索．武汉：武汉大学出版社，2004：353-356.

④ 孟勤国．物权二元结构论——中国物权制度的理论重构．北京：人民法院出版社，2002：77-79.

"占有保护说"并不否认违法建筑之上存在着应受私法保护的法益，但并不承认其上存在着所有权。对于违建可以成立私法上的"占有"，在私法学界并无争议。[①] 但问题在于，对于违法建筑仅给予"占有保护"就足够了吗？笔者认为，"占有保护说"将本应赋予违建的所有权保护降格为占有保护，是不妥当的。占有为一种事实，盗贼管领赃物，亦成立占有。[②] 难道可以认为违建之建造人仅能取得与盗贼相当的法律地位？如若此，这在日常情理和法律情感上是令人难以接受的。笔者认为，"占有保护说"既有其内在的不可调和的法理矛盾，也有其现实实现上的不可行问题。就该学说存在的问题，择其要者简析如下。

其一，就占有的性质而言。关于此点，我国学界存在着争议，有法律制度说[③]、事实说、权能说[④]、权利说[⑤]等多种观点，其中"事实说"为通说观点[⑥]，也是我国现行《物权法》所采行的观点。"事实"是一种法律上的"状态"，而非法律上的"权利"，因而"占有保护说"对违建提供的是一种"状态保护"而非"权利保护"，这无异于对违法建筑之上可能存在着的一些正当性权利要素作了彻底的否定，具有绝对化之嫌。

其二，就"占有"与"所有"的关系而言。占有分为"所有权人的占有"和"非所有权人的占有"两类。所有权人占有的源泉是所有权，即所有权人不假手他人而是亲自占有，此时占有是所有权行使的一项内容和表现形式。非所有权人的占有主要是指非所有权人通过租赁、借贷、他物权设立等形式或其他行为而占有并使用他人之物，原所有人的所有权并不因此而消灭，此时的占有是使用权的派生物，是使用权的表现形式之一。[⑦] 因此，不论何种情形下的占有，都要与一个既存的"所有"相对。正如有

① 王泽鉴. 民法物权：用益物权·占有. 北京：中国政法大学出版社，2001：161.

② 同①172.

③ 王建玲，王忠. 论占有. 吉林大学社会科学学报，1996（6）.

④ 佟柔主编. 中国民法. 北京：法律出版社，1990：232.

⑤ 方令. 民法占有制度研究. 重庆：重庆出版社，1996：149.

⑥ 孟勤国. 占有概念的历史发展与中国占有制度. 中国社会科学，1993（4）；钱明星. 物权法原理. 北京：北京大学出版社，1994：385；高富平. 物权法原论：中. 北京：中国法制出版社，2001：546.

⑦ 刘智慧. 占有制度原理. 北京：中国人民大学出版社，2007：66-67.

学者指出的，占有的背后通常存在某种特定权利，尤其是所有权，保护占有实际上就是在保护此种权利。① 而根据“占有保护说”，既然建造人不是所有人，那其占有就不会是所有权人的占有，而只能是非所有权人的占有，那么除建造人之外，违法建筑的所有权人又是谁呢？难道在违法建筑被依法拆除或者没收之前，其处于无所有权状态吗？无所有权状态就是无主状态，亦即无所有权之物为无主物，而根据我国现行的制度法理，无主物归国家所有(例外情况下归集体所有)，难道违法建筑自建成之始即因为是无主物而归国家所有吗？若此论成立，那么没收违法建筑岂不成了国家没收自己之物了？这岂不荒唐？这一自相矛盾的状态是“占有保护说”自身造成的，其当然无法自圆其说。

其三，我国现行《物权法》占有章将占有区分为“恶意占有”和“善意占有”，而分别规定了不同的法律效果。那么，若采“占有保护说”，就必有一问：违法建筑的建造人对违建的占有是恶意占有还是善意占有呢？若是善意占有，而建造人明知建设行为违法而仍为之，其“善意”何在？若建造人不受善意占有保护，难道其对违法建筑成立“恶意占有”？难道“占有保护说”倡导的是恶意占有保护说？这恐怕也是“占有保护说”难以回答的问题。

其四，在《物权法》第245条规定的占有保护中，占有的不动产被侵占的，占有人享有返还原物请求权，但该权利之行使期间自侵占发生之日起仅为一年。这即意味着，就违法建筑而言，在违法建筑被侵占满一年而建造人未行使返还原物请求权的，建造人即丧失了该权利。于此情形，试问持“占有保护说”者，如果您在北京市郊购买了一幢小产权房，而该房又被认定为违法建筑，在持续满一年期间内您都不知该房屋被第三人侵占(如被一个流浪汉公然占据使用)，在一年期满后待您发现该侵占事实时，您会将自己斥巨资购买的房屋听之任之地拱手让给侵占人继续占有下去吗？这恐怕是“占有保护说”持论者自己都不会愿意作出肯定回答的一个问题。

其五，通说认为，占有具有权利推定效力。② 这就意味着，对于违法建筑的占有也须承认其上存在着“权利推定效力”。占有的权利推定是指

---

① 王泽鉴．民法物权：用益物权·占有．北京：中国政法大学出版社，2001：173.

② 宁红丽．物权法占有编．北京：中国人民大学出版社，2007：137－141.

占有人对占有物的支配状态存在时，推定占有人享有在占有物上合法地实施该项占有的权利，即占有为有权源的占有。① 那么，根据“占有保护说”，占有违法建筑应推定占有人对违建享有何种权利呢？其权源何在？申言之，如果不是所有权，又将会是何种权利或者权源呢？这恐怕也是“占有保护说”无法给予回答的一个问题。

综上几点，“占有保护说”有其自身无法克服的内在缺陷，并且若依其观点，只对违建给予占有保护也明显存在着保护不力的问题，故该说实不足采。

(四)“动产（建筑材料）所有权说”之否证

对违法建筑造成损害时，应赔偿不动产所有权损失还是建筑材料的动产所有权损失？有学者从此权利救济之视角出发，提出了违法建筑的“动产所有权说”或者“建筑材料所有权说”（以下只称“动产所有权说”）。持论者认为，由于违章建筑具有违法性，因而违章建筑被毁损后受法律调整、保护的程度与合法建筑被侵害后受法律调整、保护的程度必然有所区别。对合法建筑而言，由于其有合法的报批手续，故公民、法人不仅对构成该建筑物的建筑材料享有所有权，而且对该建筑物也享有所有权，因而合法建筑完全受法律保护。但对违章建筑而言，因其不具备合法的报建批准手续，故公民、法人只对建筑材料享有所有权，而对建筑材料所构成的建筑物本身不享有所有权。由违章建筑的建筑材料具有民法调整之合法权益这一特点决定，我们在处理毁损违章建筑的索赔案件时，只能保护被毁损违章建筑的建筑材料的所有权，而不能保护违章建筑本身。② 另有学者更是直接表明，违章建筑在物之性质上属于动产，故采违章建筑的“动产所有权说”是完全可行的，也有利于对违章建筑一系列争议问题的解决。③

表面上看，“动产所有权说”看到了与违法建筑有关的所有权，但其眼中所见之所有权却并非作为不动产之违法建筑本身的所有权，而是构成违建之建筑材料的所有权，建筑材料当然都是一些动产，故其才主张建造人对违法建筑享有的只是动产所有权。至于认为违法建筑在物之性质上即

① 赵晓钧. 论占有效力. 北京：法律出版社，2010：114.

② 陈文松. 毁损违章建筑引起索赔案件的处理原则. 人民司法，1998 (3).

③ 韩苏东. 论违章建筑. 广西政法管理干部学院学报，2008 (4).

为动产的观点，在学理上更为荒诞，不足置评。

“动产所有权说”自提出以来，即可谓遭尽批判。如有学者批判性地指出，“动产所有权说”之错误的关键在于对动产与不动产在分类上的认识错误。对违法建筑而言，其建筑材料与违法建筑的关系当然应遵循量变与质变的关系原理，建筑材料本身在未使用于建筑之前当然是动产，当建筑材料用于建造建筑物以至建成建筑物时，当然就转成了整体建筑之不动产本身，建筑材料之动产性质被建筑物之不动产性质吸收。不管该建筑是合法建筑还是违法建筑，皆应为同一处理。而当建筑物被拆除，又还原成建筑材料时，其动产性质因为脱离建筑物之羁绊而得以复原。合法建筑与违法建筑，在被拆除之前都是不动产，这是事实判断问题，绝非合法性判断问题。“动产所有权说”将动产与不动产视为可以随意张贴的标签，注定要犯错。① 另有批评观点指出，对于违章建筑而言，“动产所有权说”认为因违建不具备合法的报建批准手续，故当事人只对建筑材料享有所有权而对建筑物不享有所有权；既然承认当事人对建筑材料享有所有权，为何不承认当事人对建筑材料所构成之建筑物的所有权呢？建筑材料与其所构成之建筑的区别难道大到足以在承认所有权方面应该厚此薄彼吗？持论者形象地指出：“我们可以将违法建筑看作是放错了地方的建筑材料或者建筑，在没有被拆除或者迁移之前，建造者对建筑材料以及由其构成的空间拥有所有权（这两者构成建筑物本身）。这种情形类似于违章停放的车辆：车辆所有人不但对车辆材料拥有所有权，而且对车辆材料所构成的空间拥有所有权，我们不能因为违章停放车辆而否认车辆所有人对车辆（包括车辆材料和车辆材料所构成的空间）的所有权。”② 有学者更是直接指出，建筑材料本身虽然具有所有权的合法性，但这些建筑材料在合成为建筑之后，已经成为一个整体了，再讨论其合法性及对其的保护，已经没有任何意义了。③

当然，在比较法上，“动产所有权说”并非毫无持论依据，如法国民法理论中的“预置动产”理论，就可能为其理据之一（但持“动产所有权

① 蒋拯．违法建筑处理制度研究．北京：法律出版社，2014：260.

② 杨才然，范杰商．占有人对违法建筑有无合法权利．人民法院报，2004-09-28.

③ 刘宗胜，乔旭升．论违章建筑侵害赔偿．学术交流，2006（3）.

说”者都未提到该理据)。所谓的“预置动产”,即不动产的预先动产化。[①] 但需指出的是,这一理论始终没有被转化为《法国民法典》的明文规定,并且在法国现代的司法实践中业已被抛弃,因而其在比较法上的借鉴意义已不足为凭了。此外,我国台湾地区之通说认为,未完成之建筑物,于社会交易观念上,认为其仍然系各种建筑材料之组合,性质上属于动产,自得为物权独立之客体。[②] 这一观点或许也可以作为“动产所有权说”的一个比较法依据。依据该观点,“在建违法建筑”即为动产,在其上成立的即为动产所有权。但需指出的是,在大陆,“在建工程”(在建建筑)不论在观念上还是制度上(如作为不动产抵押之抵押财产),毫无疑问都属于不动产范畴,因而台湾地区的上述观点完全不具有可借鉴性。

就建筑材料与建筑物的关系,由《法国民法典》第532条的规定即可明见:“拆卸建筑物所得的材料,归集起来用于新的建筑时,至工人将这些材料用于某一建筑时为止,为动产。”依此规定,建筑物被分拆之前,组成建筑物之材料属于建筑物的“部分”或“成分”而已,在此意义上,建筑材料既不具有独立性,亦非动产,根本就不可能成为动产所有权的客体。综上,违法建筑之上存在“动产所有权”的观点是站不住脚的。

(五)“不完全产权说”之否证

有观点认为,违法建筑的产权在性质上为一种“不完全产权”[③]。此即“不完全产权说”。不完全产权即不完全所有权,不完全所有权是相对于一个完全所有权而言的。依此观点,就建筑物之所有权而言,合法建筑的所有权为完全产权,违法建筑的所有权即为不完全产权。所谓不完全,当然是指缺损、破碎、不完整。问题在于,不完全产权与完全产权是两个对偶性概念,必然地具有相关性,只有存在一个“完全产权”,才能在与其相比较的意义上产生一个“不完全产权”。这样的“完全产权”存在吗?回答是否定的,对此,本章第一节“三、各个不同的法律上所有权”部分,已经展开了充分论述,于此不赘。总之,“不完全产权说”对违法建筑所有权的界定,在所有权观念和概念上都难以成立,不足采信。

---

① 尹田. 法国物权法. 2版. 北京:法律出版社,2009:79-82;尹田. 法国物权法中动产与不动产的法律地位. 现代法学,1996(3).

② 谢在全. 民法物权论:上册. 5版. 北京:中国政法大学出版社,2011:16.

③ 王卫城. 深圳“违法建筑”的产权分析. 特区经济,2010(3).

二、违法建筑所有权与“第三种权利”

“第三种权利”这一概念是由英国的罗马法学家巴里·尼古拉斯（Barry Nicolas）在其《罗马法概论》一书中提出的。尼古拉斯指出：“罗马法中绝对权利的观念具有这样一种意义：在所有权和占有之间，不存在需要通过诉讼手段加以维护的‘第三种权利’（tertium quid），即那种不能自称属于所有权的占有权（right to possession）。一个人或者是所有主，或者不是所有主，二者必居其一。”① 可见，尼古拉斯所称的“第三种权利”即为“占有权”。违法建筑之上存在的权利不是“所有权”，仅赋予其“占有保护”亦不足够，那么其上存在的权利是否可以是作为“第三种权利”的“占有权”呢？有此一问顺理成章。笔者认为，违法建筑之上存在的权利也并非尼古拉斯观念意义上的“第三种权利”。

尼古拉斯观念意义上的“占有权”与大陆法系传统民法上的“占有权”并非同一概念。关于“占有”是一种事实还是一种权利的问题，在德国的普通法学者之间曾经展开过激烈的争论，最终，“占有是一种事实”的观点占了上风，为《德国民法典》第854条所确认。饶有趣味的是，以德国民法为宗的日本民法却没有继受“占有是一种事实”的德国法模式，而是选择了“占有是一种权利”的观点，明确规定于《日本民法典》第180条。因此，在日本民法上，“占有权”本身就是一种物权，“占有”被认为是构成“占有权”基础的事实。② 我国学界很少使用“占有权”这一概念，即便使用，往往也是在将其作为所有权之一项权能的意义上界定的。③ 总之，在大陆法系，现代法上的“占有”和“占有权”是由继受罗马法上的Possessio和日耳曼法上的Gewere而来的。但尼古拉斯学说意义上的作为“第三种权利”的right to possession，其准确的翻译实际上应是“对占有的权利”，以此可将之与大陆法系中固有的“占有权”概念区别开来。

“第三种权利”概念，是尼古拉斯在比较罗马法与英国法之区别时

① 巴里·尼古拉斯. 罗马法概论. 黄风，译. 北京：法律出版社，2010：147.

② 我妻荣. 新订物权法. 有泉亨，补订. 罗丽，译. 北京：中国法制出版社，2008：473.

③ 王利明. 关于占有、占有权和所有权问题. 法学评论，1986（1）.

提出来的。尼古拉斯指出："罗马人之所以把占有理解为事实，是因为他们认为占有是同所有权相对而言的，从这种意义上讲，所有权不是事实，而是权利。"① 其进一步指出："人们常说，古罗马的所有权具有明显的（在某些批评家看来是过分的）'绝对性'。……所有主的权利不能被简单地说成是相对的，不能被简单地认为比其他并在的权利更好，而应当说是一种最好的权利，或者更准确地说，是唯一最好的权利。……在所有权和占有'事实'之间不存在任何中介物。如果某甲对某物实行着占有，但不拥有所有权，后来某乙从某甲那里拿走了该物，某甲可以依据其占有事实针对某乙进行诉讼。但如果某丙从某乙那里把该物拿走，某甲不能对某丙提起诉讼，尽管从道德讲某甲拥有的权利比某丙的权利高级。因为，当原告不能以占有为依据要求返还时，必须证明自己拥有所有权。换句话说，罗马法允许为维护所有权或者为维护占有而提起诉讼，但不允许仅仅为维护'对占有的权利'而提起诉讼。英国有关动产的法律则是另一样，它允许为维护占有而提起诉讼，也允许为维护'对占有的权利'而提起诉讼。……就我们现在所谈论的问题而言，较为重要的结论是：在罗马法中，主张对物的权利的人必须证明他是所有主；而在英国法中，他只需要证明自己拥有直接占有的权利。……罗马法中的原告必须证明自己拥有绝对的权利，而英国法中的原告则仅仅证明拥有占有权。"②

如果说尼古拉斯有关"第三种权利"的解说尚过于"隐晦"的话，那么美国学者普拉克内特（Plucknett）有关作为地产权（estate）之基础的"seisin"的解释，就更为直截了当："seisin是对财产的一种享用，不能将之与权利截然分开。换言之，罗马法中有关所有权与占有之间的显著区别，在英国法中并不存在，seisin并不是罗马法中的占有（possession），权利（right）也不是罗马法中的所有权（ownership），罗马法中的这两个概念在英国法中仅用seisin来表达。某些人的seisin可以优先于其他人的seisin，这正是seisin这一概念的实质所在。"③ 普拉克内特所阐释的

① 巴里·尼古拉斯．罗马法概论．黄风，译．北京：法律出版社，2010：108.

② 同①145－146.

③ T. F. T. Plucknett. *A concise history of the common law*, New York: The Lawyers Co-operative Publishing Company, 1929, 5th edition, p. 358.

seisin，实际上就是尼古拉斯所提出的“第三种权利”。

由普拉克内特的解释可见，作为“第三种权利”的seisin，混合了罗马法上的“所有权”与“占有”两种元素，但其本身既不是“所有权”，也不是“占有”，却又同时具有了“权利”与“事实”两种特质。故此，seisin虽然也被汉译为“占有”[①]，但该“占有”与作为一种“事实”的大陆法系的“占有”显然并非一事。正因如此，笔者主张将seisin一词对译为“对占有的权利”，而非“占有”，从而避免混淆之困扰。

如果说对违法建筑只给予“占有保护”，存在保护不足的问题，而若给其以“所有权”的保护，又存在保护过剩的问题，那么是否可以赋予其“第三种权利”的法律地位呢？笔者认为不然。正如上文所提示的那样，“第三种权利”是英美法系中的一项特有制度和特有概念，是英美法上不存在如大陆法系上的“所有权”观念和概念以及英美法对“占有”不作纯粹的“事实”理解的结果。在大陆法系“所有权”与“占有”的二元对立格局中，是没有“第三种权利”出现之可能和位置的。在我国现行《物权法》上，“占有”就是一种事实而非一种权利，虽然“占有”有时也会与“权利”发生勾连，但这也仅限于表述“有权源的占有”与“无权源的占有”的情形；易言之，作为一种“事实”的占有，其确实存在是否具有“本权”的问题，但即便一种存在本权的占有，也不会改变其为一种“事实”而非“权利”的法律属性。因此，英美法上的“第三种权利”的概念和制度，在我国找不到现行法上的解释论依据；即便作为立法论，这一概念和制度是否具有可移植性，亦尚需讨论。故此，不能认为，违法建筑之上存在的不是“占有”“所有”就应当是“第三种权利”。

三、违法建筑所有权与物权法定原则

就违法建筑的所有权问题，有学者认为：“‘不动产所有权说’违反了物权法定原则。……物权法定原则要求所有权的取得，既不能违反公法，也不能违反私法，否则，所有权的取得是无效的，是不受法律保护的。”[②]笔者认为，该观点并没有全面准确地理解物权法定原则，故其以此为由否

---

① 薛波主编．元照英美法词典．北京：法律出版社，2003：1238．

② 张开泽，钟继军．论待确权建筑及其法律属性．求索，2006（6）．

定违法建筑之上存在所有权的观点，是不能成立的。

物权法定原则（物权法定主义）最早发端于罗马法，历经后世大陆法系各国（地区）民法之继受而得以固定。日本、韩国、葡萄牙、我国澳门地区、台湾地区等的民法中，都明文规定了物权法定原则。即便在未作明文规定的法国与德国，其学理和判例也无不承认物权法定原则。在以不成文法为传统的英美法上，也同样存在着物权法定原则。如有美国学者即明确指出，英美法虽然未在法律规则或法学理论上明确提出物权法定原则，但在财产法的实际运作中，物权法定原则是英美财产法中暗含的一个基础规则，人们总是默默地遵守那些既有的财产权种类，而不寻求突破。① 进入 20 世纪以来，两大法系出现了强势融合趋势，作为不成文法传统之鼻祖的英国法甚至明确以成文的形式规定了物权法定原则。如根据 1925 年《英国财产法》第 4 条第 1 款的但书规定，禁止创立新类型的财产权益（种类法定）。这一规定意味着，不能满足终身地产权益、自由继承权益、租赁权或地役权存在所要求之标准的权益，不会产生能够约束第三方的对世效力。② 虽然关于物权法定原则的内涵表述在学者间存有争议，但通说认为，所谓物权法定原则，就是指物权的种类、内容、效力以及公示方法由法律规定。③

从理论上讲，物权法定当然包含了所有权法定的内涵。对于所有权法定的必要性，有学者作了如下阐释："对于所有权、土地使用权等权利加以法定，不得由当事人自由创设，是可行的。因为所有权等权利涉及物权间的分际，是整个社会的基础，应当稳定可靠。如同一座大厦，不能建立在经常移动的沙丘上，而应当打桩固基，建立在稳固的基础上。"④ 另有学者认为，所有权当然是需要法定的，即便是极力主张否定物权法定原则

① Michael A. Heller, "The Boundaries of Private Property", *The Yale Law Journal*, Vol. 108, (1999), p. 1154. 转引自张鹏. 美国法上的物权法定原则. 法学，2003 (10).

② F. H. 劳森，B. 拉登. 财产法：2 版. 施天涛，等译. 北京：中国大百科全书出版社，1998：219.

③ 王利明. 物权法定原则. 北方法学，2007 (1).

④ 梁上上. 物权法定主义：在自由与强制之间. 法学研究，2003 (3).

的观点，也并不否定所有权法定的必要性。[①] 但是，笔者注意到了一个非常有趣的现象，在绝大多数研究物权法定原则的文献中，要么对所有权法定问题只字不提而只论述他物权法定，要么虽然提及所有权法定问题但语焉不详，还是把论证的着力点主要放在了他物权的法定上。为什么会出现这一现象呢？是因为所有权法定问题乃不言而喻的问题，从而无须大做文章呢？还是如有学者所言的，这一问题“本身过于复杂因此需要付诸专论”[②]。但就笔者的文献涉猎所及，至今尚未见“专论”过所有权法定的专文或论著。

谢在全教授认为，物权法定主义的理由之一为“整理旧物权，防止封建制物权之复活”。其指出：“封建时代之物权制度系与身份制度相结合，……因此之故，不仅在同一土地上，因各自身份特权之不同需求，成立重叠之所有权，如前述之上下级分割所有权，致有碍物权绝对性之确保。……故旧物权制度自须加以整理，使物权脱离身份之支配，成为纯然之财产权，即所谓自由之所有权。”[③] 笔者对谢教授的上述观点深表赞同，认为物权法定主义之产生和存在的主要理由就在于“自由所有权”之形成和维持。

欧洲中世纪的封建社会，是一个典型的身份社会，所有权不得不受到各种各样的身份禁锢。所以说，在反封建的革命取得胜利之后，去除附加在所有权之上的身份禁锢就成了当务之急。于此历史背景下，就不难理解为“整理旧物权”而要实行物权法定原则了。当附加在所有权之上的封建性限制被清除之后，所有权就“自由了”，现代法上的“自由所有权”即告确立。也正是在这样的历史情景下，1804 年的《法国民法典》确立了“所有权绝对”原则。因此，于此时期，物权法定原则的“形成自由所有权”的历史使命即告完成。在自由所有权形成之后，物权法定原则的功能即转向了“维持自由所有权”。而在人类社会进入“契约社会”之后，除法定的所有权限制之外，对所有权自由威胁最大

---

① 龙卫球. 物权法定原则之辨：一种兼顾财产正义的自由论视角. 比较法研究，2010 (6).

② 同①.

③ 谢在全. 民法物权论：上册. 5 版. 北京：中国政法大学出版社，2011：32 - 33.

的就属“契约自由”了。如果允许当事人任意设定所有权负担，特别是具有对世性、绝对性的他物权负担，那么自由所有权就有倒退回“不自由所有权”（封建所有权）之虞。为此，物权法定原则通过对他物权种类和内容的严格法定化，在现代民法上担负起了维持自由所有权的新的历史使命。既然所有权已经自由了，已经解放了，那么在现代民法上，所有权就已经不再是物权法定的对象了，而是转变成了物权法定原则所要维护的对象。或许正是因为这一原因，现代学者在论及物权法定原则时，总是在自觉或不自觉地、有意识或无意识地谈论“他物权法定原则”，“所有权法定”问题在潜意识里已经成为历史陈迹，似乎已经淡到难以被记起的程度了。①

在大陆法系，所有权是一种最完美的财产权，也可以说是唯一、最好的财产权，是所有财产权之最饱满的“原型”，任何其他的财产权都难望其项背。但是，也正因如此，就如前文已经指出的那样，所有权已经变成一种被神话了的财产权，但这样的权利却只能存在于观念之中，绝无转化为制度实存之可能。这正如制度经济学中“交易成本为零的假设”（科斯定理）一样，在现实的交易世界中是不可能存在的。因而在此意义上可以说，所有权是大陆法系民法构建起来的一个完美的财产权模型。对于这样的一种财产权，恐怕也是法律文本所难以法定化的（参见本章第一节之“三、各个不同的法律上所有权”）。或许正是基于这一原因，大陆法系民法典才出现了热衷于为所有权下定义的立法模式。所有权定义是抽象的，其抽象性越强，涵盖力就越强，而这与物权法定原则所要求的“具体化”倾向，显然是有矛盾的。

当然，话又说回来，即便认为在现代民法上物权法定原则主要是指“他物权法定”，那也并不意味着所有权是“先验的”“神授的”“超越规范的”，因为所有权毕竟是法律的产物，法律可予之，亦可夺之，对其作出限定亦乃理之当然。但需明确的是，法律对所有权得丧行使之限定，恐怕难谓“物权法定原则”意义上之“法定”，而是应当归属于权利不得滥用原则的统摄范畴。

“物权法定原则”下的“种类法定”，主要是指他物权的种类法定，所有权人不得任意创设他物权的类型。如在我国现行法上，房屋所有权人不

---

① 王洪平．违法建筑的私法问题研究．北京：法律出版社，2014：62-63.

能创设“居住权”这类用益物权[①]，也不能创设“让与担保”这类担保物权。[②] 而如果将这一“种类法定”的含义也移用于“所有权法定”上，那所有权的“种类法定”所指为何呢？我国《物权法》规定了国家所有权、集体所有权、私人所有权三种所有权类型，但这一分类根本就谈不上是“种类法定”，其只不过是替代了大陆法系传统民法典中以“不动产所有权”“动产所有权”为物权立法体例的结构线索而已，即便是《物权法》对这三类所有权不作规定，在我国现行法上任何人也不可能创设出能超越这三种所有制类型的新的所有权种类。[③] 而对于前文（本章第一节之“三、各个不同的法律上所有权”）提到的诸多所有权类型而言，更是《物权法》所难以一一法定的。一言以蔽之，对于所有权，不能实行“种类法定”，所有权类型是难以法定的，实际上也是断然不能予以法定化的，所有权类型之法定化无异于所有权之剥夺，与宪法上保障私人财产权之宗旨截然相背。

就“内容法定”而言，所有权的内容法定与他物权的内容法定恐怕也不是一回事。在大陆法系，所谓所有权的“内容”，实际上即指所有权的“权能”，所有权的“内容法定”即指所有权的“权能法定”。所有权的权能能够法定吗？对此问题的不同回答进路，形成了两种不同的所有权定义方式，即抽象概括式和具体列举式。《德国民法典》第 903 条规定：“物的所有权人，以不违反法律或者第三人的权利为限，可以随意处分物，并且排除他人的任何干涉。”《奥地利民法典》第 354 条规定：“所有权即权利人自由地处分标的物及排除他人干预的权利。”这两条规定即抽象概括式

---

① 由正在起草的《民法典》草案及诸多的学者建议稿来看，居住权入典的可能性还是存在的，其一旦入典，即成为一种法定的用益物权类型。

② 最高人民法院《关于审理民间借贷案件适用法律若干问题的规定》（法释〔2015〕18 号）司法解释，已经明确否定了让与担保的物权效力，其第 24 条规定：“当事人以签订买卖合同作为民间借贷合同的担保，借款到期后借款人不能还款，出借人请求履行买卖合同的，人民法院应当按照民间借贷法律关系审理，并向当事人释明变更诉讼请求。当事人拒绝变更的，人民法院裁定驳回起诉。按照民间借贷法律关系审理作出的判决生效后，借款人不履行生效判决确定的金钱债务，出借人可以申请拍卖买卖合同标的物，以偿还债务。就拍卖所得的价款与应偿还借款本息之间的差额，借款人或者出借人有权主张返还或补偿。”

③ 所谓的“混合所有权”，其本身并非一种基于所有制的独立所有权类型。

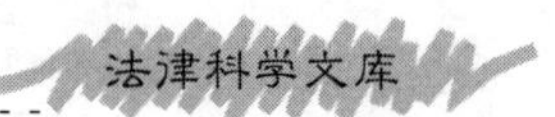

定义之典型立法例。与之不同，我国《民法通则》第71条、《物权法》第39条，采取的就是典型的具体列举式定义方式。两种所有权的定义方式都各有其道理，最终采取何种方式，是一个立法选择问题。[①] 但民法学界已经形成一种共识，即便是采具体列举式的定义方法，法律文本中所列举的“占有、使用、收益和处分”四项权能，也不可能是所有权的全部权能，毋宁说是所有权之典型权能的例示性列举，抽象概括式定义方法也不否定所有权具有这四项典型权能。就此而言，我们可以得出结论认为，所有权的权能是不可能完全法定的，立法理性尚不足以穷尽所有权的可能内容和利用方式。与此不同的是，他物权具有何种权能就必须由法律来作出明确的限定。“他物权内容法定”的原因无非有两个：一是限制他物权的权能范围，使之维持“定限物权”之特性，而不致与所有权的权能重叠，从而架空所有权；二是他物权的内容法定还具有他物权种类的塑型功能，正是因为具有不同的权能内容，所以才可以形成不同的他物权类型。[②] 综上，物权法定原则下的“内容法定”，主要是指他物权内容的法定，与所有权基本无关。

至于“效力法定”和“公示方式法定”，对于所有权与他物权而言，则具有共通性，因为“效力”和“公示”问题乃上位概念“物权”的特性，对所有权和他物权具有一体适用性。如就公示方式而言，所有权与他物权都可以区分为“登记”和“无须登记”两种公示情形，由立法视情形而定。就效力而言，对世效力、排他效力、追及效力、物权请求权效力等，对所有权与他物权而言具有普适性。如果说二者在效力上仍然有所差别，那也是体现在所有权作为“完全物权”、他物权作为“定限物权”的差别上，所有权的“完全性”“整体性”“弹力性”使之具有了“剩余权”的性质，在他物权的限制消灭之后，所有权仍会回复至“自由所有权”的理想状态。

综上所述，“自由所有权”乃现代民法上“物权法定原则”形成的前提和基础，物权法定原则旨在维持自由所有权而非形成自由所有权，通过法律的强行清理而形成自由所有权的历史时代已经过去，物权法定原则实际上已经限缩为他物权法定原则，所有权法定不应再为物权法定

---

① 韩松. 论所有权的定义方法. 甘肃政法学院学报，2007（3）.

② 王洪平. 违法建筑的私法问题研究. 北京：法律出版社，2014：65.

原则的涵摄内容。当然，仍需再次强调指出的是，虽然物权法定原则不再包含所有权法定了，但这并不意味着所有权不再受到法律的限制。相反，正如“所有权社会化”“私法公法化”“所有权相对化”等理论所揭示的，所有权受到公法的限制越来越多、程度也越来越深。但不论限制到何种程度，“自由所有权”之地位仍然不会被取消，其在整个财产权体系中的核心地位也仍然不会被动摇。

至此，可以得出结论认为，即便认可违法建筑之上有所有权，其与物权法定原则亦不生冲突，因而不能以违背物权法定原则为由来否定违法建筑之上可以存在所有权。

第三节　违建所有权的原始取得

一、违建赋权的价值判断：法教义学视角

法教义学（Rechtsdogmatik），又被译称为“法释义学”“法律信条论”等。[①] 一般认为，法教义学系指针对特定之法领域，依照现行有效的法律规范与个案裁判，阐明其规范内涵，并且整理归纳出原理原则，以方便法律适用、法律续造或法律改革的一种学问。[②] 可见，法教义学的主要趣向，就是以一国现行的实定法为研究对象，在尊重现行法有效性的立场上，致力于制定法的解释适用，试图在体系化的基础上消除法律体系自身的内在矛盾。笔者认为，承认违建之上有所有权，并非一种立法论意义上的重构，而纯粹是一个解释论的结果，因而在证成违建之上有所有权这一命题之前，有必要先就法教义学的一般方法问题作一简论。

根据有学者的概括，法教义学具有一些工作前提上的倾向性，如对现行法秩序之合理性的确信、以一国现行实在法秩序为基础及界限、相对于实践理性与道德的诸基础理论的中立性，因而法教义学的主要工作在于解释和体系化。[③] 但另有学者指出，法教义学虽然倡导“道德中立性”，但其实际上从未排斥过价值判断，在法律的制定和应用的各个环节，法教义

---

① 武秀英，焦宝乾．法教义学基本问题初探．河北法学，2006（10）．

② 王立达．法释义学研究取向初探：一个方法论的反省．法令月刊，2000（9）．

③ 白斌．论法教义学：源流、特征及其功能．环球法律评论，2010（3）．

学与价值判断通常都是互相关联、共同作用的。[①] 笔者赞同后者观点，认为法教义学在倡导道德中立性的同时，并不排斥价值判断，当现行法律体系具有逻辑自洽性和体系和谐性时，“道德中立”就足以应对现行法的解释适用问题，但当现行法出现无法自我消解的体系矛盾时，就必须借助于价值判断，价值判断是法律规范“应然性”之自然体现。

当法律裁判遭遇法律适用的困境而必须引入价值判断时，就如何确立价值判断的论证规则问题，存在着不同的路径分歧。有观点主张“论证责任规则”，即先确立两个最低限度的价值共识——平等与自由，同时说明这两项价值并非绝对而是可以限制的，但主张对这两项价值共识进行限制者，必须按照论证负担规则承担起论证责任，必须提出足够充分且正当的理由来支持自己的价值取向。[②] 但与之不同的观点则主张，法律并非抽象的价值，应当被认为是人们目前为止所能达成的最低共识，在面临一个案件时，裁判者应当首先遵守法律所确立的规则以及体现在其中的价值，从法教义学的角度进行裁断。在超出法教义学范围进行价值判断时，应注意维护法律的确定性和有效性，明确超出法教义学范围进行价值判断的补充性，清楚引入判断的价值多元性和多元价值之间的不可比性。[③] 两相比较，笔者认为后者更具程序正当性和科学合理性，也更符合法教义学的实证风格。

遵循法教义学的技术路线，在解释论上，就完全可以得出违法建筑之上存在所有权的结论。这一结论的得出，既遵循了法教义学道德中立性的技术路线，也遵循了法教义学中多元价值判断的技术路线。我国现行法没有否定违建所有权，更没有明文禁止赋予违建以所有权，因而认可违建所有权的观点并非对现行法的修正，也非异质性因素的额外添加，只能说是一种“正确的解读”而已。

有观点认为，对非法物的物权规制，应仅限于表面占有关系的维护，以一般法律秩序的稳定为已足，根本没有必要，也不应该深入非法物的使用收益利益，否则等于法律纵容非法物的制造、使用和享有。物权法对非

① 许德风. 论法教义学与价值判断：以民法方法为重点. 中外法学，2008 (2).

② 王轶. 民法价值判断问题的实体性论证规则——以中国民法学的学术实践为背景. 中国社会科学，2004 (6).

③ 许德风. 论法教义学与价值判断：以民法方法为重点. 中外法学，2008 (2).

法物权关系的干预应当有度，一方面既能保证社会财产占有秩序的稳定，另一方面又不至于过度保护非法物之当事人，放纵犯罪和违法。① 另有观点更是直接指出，在建造房屋的情况下，因为无须办理登记就可以取得物权，因此，房屋的建造必须合法，否则就意味着鼓励人们擅自突破城市规划违章建房，从而有损公共利益。② 以上观点，实际上就是从法教义学角度，从私法与公法的体系协调层面，提出了自己的担忧：如果赋予违建以私法上的所有权，那岂不是与公法对违建之管制态度相冲突？但在笔者看来，此等观点所担忧的"冲突"，实际上并不存在公私法规范相互之间已经发生碰撞的真正规范依据，而仍然是价值判断层面的观念问题。

根据《城乡规划法》第 64 条的规定，对违建可能采取的公法管制措施包括停止建设、限期改正、行政罚款、限期拆除、没收实物、没收违法收入六项。这六项行政处理措施的采取，既具有秩序行政和引导行政的特点③，也代表了行政法对私法权利的干预和限制。虽说"建筑自由"是一项公民权利，通过建造行为取得建筑物之所有权亦是公民的一项私权，但"建筑自由"仍受公法管制与调整，不可能是任意而为的绝对自由（参见本书绪论部分）。故而，即便法律赋予建造人以违建所有权，也并不等于说对于违建之公法管制即被废弃，公法之管制效果实际上也不会因此而被不当克减。打个不甚恰当的比方，赋予每家每户以菜刀所有权，难道就意味着与公法对刀具进行管制的意旨相冲突吗？难道就意味着会造成鼓励持刀行凶行为的实施吗？"菜刀实名制"后难道真的就可以降低违法犯罪率？真的就能够提高凶案侦破率？笔者认为，对于上述问题都难以给出确定的回答，只能说其倾向性的回答都应当是否定的，因为私法上之菜刀所有权享有与公法上之刀具管控之间并无冲突，拥有菜刀所有权与使用菜刀进行违法犯罪之间也无任何的直接关联性。同其道理，即便法律赋予建造人以违建所有权，也不意味着鼓励违法建设行为，更不意味着公法之违建管制效果就被克减甚至是消解了。

---

① 冯桂，黄莹．论非法物之物权//孟勤国，黄莹主编．中国物权法的理论探索．武汉：武汉大学出版社，2004：351.

② 王利明．物权法研究：上卷．3 版．北京：中国人民大学出版社，2013：293.

③ 哈特穆特·毛雷尔．行政法学总论，高家伟，译．北京：法律出版社，2000：8.

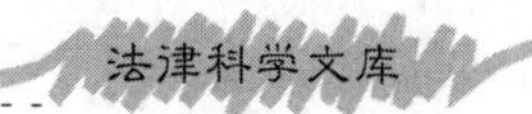

赋予违法财物以私法上所有权之规范意旨，并不在于一味地强调私权之神圣和应受绝对保障之地位，而只是出于法秩序统一性、协调性、衔接性的考虑；赋予违法建筑等违法财物以私法上的所有权，也并不等于赋予该权利以对抗公法上公权实施的“权力”。就违法建筑的查处而言，即便认为其上有所有权，建造人也不能挟其私权来对抗公权力的行使，《城乡规划法》第64条所规定的所有行政处理措施，仍然都可以加于其身。因此，违建所有权的存在与否，对于公权力的正当行使而言毫无阻碍，担心赋予违建所有权会与公法之违建管制意旨相冲突的观点是不成立的。

如果说就我国现行法所蕴含的价值判断直接给出上述论断尚嫌理据不足的话，那么笔者还可以给出我国台湾地区学者的论断以为比较法上的依据。台湾地区学者苏永钦先生指出，在台湾地区现行的有关规定中，即便在交易和持有、使用上都受到严格限制的武器、毒品或纳入管制的保育类野生动物、古物，其创造者、先占者、发现者仍可原始取得所有权，继承也未受到任何限制。这种理论上得为私有，实际上几乎被排除一切权能的动产所有权（如毒品），和不得私有已无差别；但立法者宁可保留空洞的所有权，而不轻易宣示特定物上不得建立所有权的政策，使从公法上的行为规范转介为所有权“不发生”的私法规范必须特别谨慎。比如各式各样违反“建筑法”的违章建筑，即便是即报即拆的新违建，法院也从来没有依台湾地区“民法”（第765条）否定其建造人的原始取得。[①] 笔者认为，上述价值判断理由，亦可作为我国现行法的价值判断依据，对此不应存在理论上或者观念上的障碍。我国的经济基础以公有制为主体，除土地、海洋、江河等实行法定公有制之资源性财产不得由私人所有外，其他财产都可以成为私人所有权之客体。在不违反所有制的前提下，所有权的归属问题就是一个纯粹的私法问题。只要在私法上不存在禁止某物之上成立所有权的强行规范，在该物之上就可以成立私法上的所有权。“财产所有权是一项基本的宪法权利，它和个人自由权利的保障存在密切的内在联系。在宪法权利整体结构中，所有权承担着保障宪法权利享有者在财产法范围内的自由地位并使其能够以自担其责的形式生活的重任。”[②] 财产所有权如

① 苏永钦. 民事立法与公私法的接轨. 北京：北京大学出版社，2005：100.

② 沃尔夫冈·赛勒特. 德国法中所有权和自由权利的发展历史. 赵敏，译. 南京大学法律评论，1996.

此重要，我们又怎能草率地误读现行法，而得出违法建筑之上无所有权的结论呢?!

二、“合法财产”的规范意义

“合法财产受法律保护”几乎已经成为我国学界的定式思维，论者往往以其为据来证明“不合法财产不受法律保护”的命题。前文已就“违法财物”之上可以成立所有权的问题作出过论述（第一章第三节“二、公法对私法的规范效应”之“私人所有权的客体范围”部分），于此，笔者将从公私法交融的视角，正面展开对“合法财产”之规范含义的研究，以期厘清大家耳熟能详的“合法财产受法律保护”这一规范命题的制度含义，从而达到以正视听的纠偏目的。

“不合法财产不受法律保护”这一命题成立吗？答案是否定的，对这一问题的回答由我国 1997 年《刑法》（以下简称《97 刑法》）对 1979 年《刑法》（以下简称《79 刑法》）的修正即可获知确定的答案。《79 刑法》第 10 条规定：“一切……侵犯公民私人所有的合法财产，……以及其他危害社会的行为，依照法律应当受刑罚处罚的，都是犯罪；但是情节显著轻微危害不大的，不认为是犯罪。”与之相对应的《97 刑法》第 13 条规定：“一切……侵犯公民私人所有的财产，……以及其他危害社会的行为，依照法律应当受刑罚处罚的，都是犯罪，但是情节显著轻微危害不大的，不认为是犯罪。”两相比较可见，《97 刑法》删除了《79 刑法》中的“合法”两字。根据后者，侵犯公民私人所有的“合法财产”的行为才是犯罪；而根据前者，只要侵犯公民私人所有的“财产”即构成犯罪。这一修正表明，在犯罪行为的界定上，不仅侵犯“合法财产”是犯罪，即便侵犯的是“不合法财产”也构成犯罪。因此，作为被告人承担刑责之反射效果，当“不合法财产”被作为犯罪对象而遭受侵犯时，“不合法财产”就成了刑法所保护的法益。

实际上，早在《97 刑法》修正之前，刑法学界对于《79 刑法》把犯罪对象限定为“合法财产”的做法即提出了鲜明的批评观点。如有学者指出：“随着商品经济的发展及经济体制的改革，公民持有的财产来源较为复杂。其中大部分是公民利用合法手段获得的，如合法经营的利润、工资、接受的赠与、遗产、稿酬、利息等等；也有的是非法所得，如走私、受贿、贪污、盗窃、诈骗及投机倒把、偷漏税款等等的所得。如果只对公

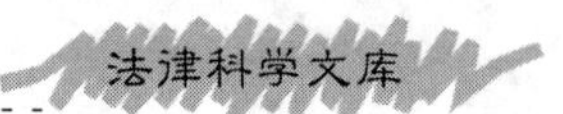

民的合法财产予以保护，对公民持有的那部分非法财产不采取任何手段保持其相对稳定的话，是与我国目前司法实践不相一致的。我们平常说的‘黑吃黑仍是黑，贼偷贼仍是贼’就是讲的非法侵害公民持有的非法财产的行为照样是犯罪。刑法具有维护社会稳定的职能，其中包括稳定财产关系。对公民持有的非法财产，只能经过法定程序、由专门的司法机关依照法律进行处理，决不允许任何人以任何理由和手段随意处理。因此，明知是非法的财产，也不能任意侵害。如若不然，则会造成财产的多次被非法侵害，使财产无休止地处于动态之中。司法机关在办案中，对于被告人所侵犯的财产是否合法，很难确定。有的需要专门机关花费较长时间才能鉴别出来。如果在对被告人适用刑罚时，以‘侵犯合法财产’为依据的话，且不说当前警力和审判力量难以达到，从刑罚的要求来讲也无必要。只要被告人非法侵犯了他人持有的财产，便可以认定被告人的非法行为。至于该财产的来源是否合法，只能是决定该财产持有人的法律责任，而不能作为本案被告人承担法律责任的依据。限定侵犯‘合法财产’为非法行为，将不利于有效地打击侵犯财产的犯罪行为。”① 显然，该观点取得了胜利，《97 刑法》删除了“合法”二字，这在扩大了刑法打击犯罪行为之范围的同时，也使得“不合法财产”取得了刑法上的受保护地位。

笔者认为，“合法财产受法律保护”中的“受法律保护”，乃指“受公私法分离下的多层级保护”。所谓“公私法分离下的多层级保护”，包含两个层面的含义，其一是“公私法的分离保护”，其二是“多层级保护”。

所谓“分离保护”，即“分别保护”，亦即受公法保护的财产未必受私法保护，受私法保护的财产未必受公法保护，财产的公法保护与私法保护不是互为前提、相互决定的关系，而是各自具有其独立构成的制度领域。例如，就刑法对“不合法财产”的保护而言，因为刑法禁止“以暴制暴”“以违法对抗违法”“以犯罪对抗犯罪”，故刑法对“不合法财产”就形成了反射性的保护效果。但在私法上，赃款赃物等不合法财产，最终会因公法上没收措施的采取而不能终局地保有其所有权，即难以获得如同合法财产般的终局性私法保护地位。在此意义上，刑法保护了“不合法财产”，但私法对此等“不合法财产”却不会提供终局的保护地位，这体现了公法与私法对财产保护的分离性。再如，就违法建筑而言，即便赋予了违建以

① 郭凤谭.“侵犯合法财产”的表述应修改. 法学杂志，1991 (1).

私法上的所有权地位，认为其在私法上具有不可侵犯性（受物权法和侵权法保护），但其最终在应然性上也难逃行政法上的制裁，拆除、没收等公法责任仍会加诸其身。因此，所谓“合法财产受法律保护”，其规范含义应是选择性地兼指两个方面，即“要么受公法保护，要么受私法保护”，而非统一地指“同时受公私法保护”。申言之，不能认为某一财产不受私法保护就必然地也不受公法保护，或者不受公法保护就必然地也不受私法保护。正是在此意义上，“不合法财产不受法律保护”的命题是不能成立的，因为不受公法保护却可能受私法保护，不受私法保护却可能受公法保护，二者居其一足矣。因而就违法建筑的法律保护地位而言，不能因为其不受公法保护进而认为其不具有任何的受保护的法律地位，因为其在私法上既具有被赋权的地位，又受到私法中的物权法和侵权法保护。

所谓“多层级保护”，是指不论公法保护还是私法保护，在公法或者私法内部，财产的受保护程度都具有不同程度的层级性。这一层级性的两端，可称之为“初级保护”和“终极保护”。就公法保护的内部而言，如“抢劫非法财物”构成抢劫罪[①]，非法财物的持有人就受到抢劫罪构成的反射保护，这可称为“初级保护”。但由于是“非法财物”（如盗赃物），窃取人（被抢劫人）又会受到盗窃罪的刑事处罚，因退赃或没收而最终不可能保有此财物，故被抢劫人（窃取人）最终又没有受到刑法的“终极保护”。就私法内部而言，如“占有保护”，不论是“有权源的占有”还是“无权源的占有”，都受到占有保护，这一保护层次就是“初级保护”。但对于“无权源的占有”，其只会受到初级保护而不可能受到终极保护；而对于“有权源的占有”，其不仅受到初级保护而且还受到终极保护。因此，就财产保护的层级保护而言，某一财产可能只享有初级保护而不享有终极保护，也可能既享有初级保护又享有终极保护。虽则如此，却不能因为某一财产仅享有初级保护而不享有终极保护，就认为其不具有受法律保护的地位。

综上所述，从“公私法分离下的多层级保护”的角度看，不论是“合法财产”还是“不合法财产”，都不同程度地（层级性）受到公法或者私法（分离性）的保护，即便用“合法”一词来限定受保护的“财产”，也并不意味着就排除了对“不合法财产”的某种程度的法律保护。由此可见，即便将违法建筑定性为公法上的违法财物，那么主张其上可以成立私

① 朱彤．抢劫非法财物，按什么罪处理?．法学杂志，1980（2）．

法上所有权的观点，也符合合法秩序统一性的要求，在解释论上当不存在障碍。

三、“违法建造”的物权取得效力

《物权法》第30条规定：“因合法建造、拆除房屋等事实行为设立或者消灭物权的，自事实行为成就时发生效力。”单就文义来看，似乎只有“合法建造”才能创设房屋所有权，依反对解释，若是“违法建造”，那就不能取得房屋所有权。但笔者认为，这一文义解释不能成立，如果望文生义地理解该条规定，就会得出违法建筑之上无所有权的不当结论。对《物权法》第30条规定的正确理解，至少须厘清以下几个方面的问题。

其一，“违法行为”可导致“物权消灭”意义上之物权变动。在《物权法》第30条规定的“因合法建造、拆除房屋等事实行为”的表述中，是否内含着只有“合法行为”才能导致物权变动的规范意义呢？回答应当是否定的，这即涉及该条规定中的“合法”一词，究竟仅是对“建造”的限定还是也包括对“拆除”的限定。如果是前者，那就意味着“合法建造”与“拆除”相并列，“违法建造”不能导致物权变动；但由于“合法”一词并没有限定“拆除”，故不论是“合法拆除”还是“违法拆除”，都可以导致物权变动。如果是后者，那就意味着“合法建造”与“合法拆除”相并列，不论是“违法建造”还是“违法拆除”，都不能导致物权变动。在以上两种解释中，“合法”一词同时限定“建造”与“拆除”的解释显然不能成立。物权因标的物之灭失而灭失，此乃物权消灭的一般情形，而标的物灭失的原因行为——拆除，则既可能是“合法拆除”也可能是“违法拆除”，亦即“违法拆除”也同样会导致物权因物之毁损灭失而灭失。由此而扩大言之，如果说“违法拆除”也可以导致物权消灭，那即意味着在解释论上，“违法行为”亦可导致物权变动。

其二，“违法行为”亦是“物权取得”意义上之物权变动的原因行为。物权变动包括“物权取得”与“物权消灭”两个方面，既然违法行为可以导致物权消灭，那么为什么违法行为不可以成为物权取得的原因行为呢？换言之，只有合法行为才能取得物权吗？回答同样应当是否定的。单就文义解释方面而言，由《物权法》第30条规定并不能得出“只有合法行为才能导致物权取得”的结论。若是只有合法行为才能导致物权取得，那《物权法》第30条规定的表述即应修正为：“因合法建造房屋等合法事实行为设立物权的，或者因拆除房屋等事实行为消灭物权的，自事实行为成就时发生效力。”而《物权法》没有采取该种虽显啰唆但含义准确的表述，这只能意味着，《物权法》并不认为只有“合法行为”才是物权设立或者取得的原因，“违法行为”未被排除在物权取得的原因行为之外。

其三，不论“事实行为”是“合法行为”还是也包括了“违法行为”，都不能由《物权法》第30条规定得出只有“合法事实行为”才能设立物权的结论。关于事实行为的法律属性，在学界历来存在着争论。有观点认为，事实行为有合法的也有不合法的，从事智力创造活动，拾得遗失物、漂流物，发现埋藏物等，属于合法的事实行为，而侵害国家、集体的财产或他人的人身、财产则是不合法的事实行为。① 另有观点认为，作为法律事实的人的行为首先应区分为法律行为、准法律行为和事实行为三种，前二者是适法行为，事实行为既有适法行为亦有违法行为。② 在德国，民法学界通说认为，事实行为是能产生事实效果且因此依法与法律效果衔接的合法行为，其中所谓的事实效果乃一种客观存于外界、明显有物理或技术品质的事态变化。③ 概言之，前两种观点主张事实行为包括“合法事实行为”和“违法事实行为”两种，而德国法之通说主张事实行为仅指“合法事实行为”。但笔者认为，不论采取这两种观点中的何种观点（本书观点，下文详述），都不能由《物权法》第30条规定解读出只有“合法事实行为”才能设立物权的结论。详言之，如果采事实行为仅指“合法事实行为”的观点，那么认为“违法建造”是“违法事实行为”的观点就无由成立，以此而主张违法建筑之上不存在所有权的观点当然也就失去了成立的概念基础。如果采事实行为包括了“合法事实行为”与“违法事实行为”的观点，且假定立法者也接受了该种界定，那么《物权法》第30条规定要排除“违法事实行为”的物权设定效力，就必须将“合法事实行为”明确表述出来，采取如前文提出的表述：“因合法建造房屋等合法事实行为设立物权的，……自事实行为成就时发生效力。”既然《物权法》第30条

---

① 王利明，郭明瑞，方流芳．民法新论：上册．北京：中国政法大学出版社，1988：121．

② 汪渊智．论民法上的事实行为．山西大学学报：哲学社会科学版，2003（3）．

③ Vgl. Siedler，Zurchnung von Realakten im Buergerlichen Recht，Hamburg 1999，S. 6 ff. 转引自常鹏翱．事实行为的基础规范．法学研究，2010（1）．

规定没有采此表述方式，那就意味着只有“合法事实行为”才能设立物权的解释观点是不成立的，《物权法》并没有明确排除“违法建造”等所谓的“违法事实行为”的物权设立效力。

其四，《物权法》第 30 条规定采取的是“列举＋概括”的立法模式，“合法建造”“拆除”只是一种例示性列举，“等事实行为”并不排除“违法建造”。若对《物权法》第 30 条规定进行简化，其可表述为：“因事实行为设立或者消灭物权的，自事实行为成就时发生效力。”由该条规定的规范意旨来看，“建造”“拆除”的事实行为虽属典型，但显然并非全部。例言之，我国现行《物权法》没有明确规定“添附”和“先占”两种物权取得方式，但这并不意味着在解释上可以认为我国法不承认添附和先占的物权取得效力。添附与先占属于事实行为，即便《物权法》第九章“所有权取得的特别规定”中未将添附与先占明确规定为所有权取得的方式，也不影响我们在解释上认为可以适用《物权法》第 30 条规定而基于添附和先占取得物权。同样地，建造行为属于事实行为，虽然《物权法》第 30 条规定仅例举了“合法建造”的物权取得效力，但其并未明确排除“违法建造”这一事实行为的物权取得效力，因而在解释论上完全可以认为，“违法建造”作为一种事实行为包含在了“等事实行为”的范围之内。

综上理由，《物权法》第 30 条规定并未将“违法建造”的物权取得效力排除在外，认为只有“合法建造”才具有物权取得效力的观点过于狭隘。

四、“建造人”违建所有权之原始取得

违法建筑是建造行为的结果，建造行为是建造人实施的事实行为，故违法建筑是建造人创造的不动产，其所有权应归属于建造人，由建造人原始取得违建之所有权。对此，我国台湾地区有学者即正确指出：“违章建筑也是建筑物，建筑物只要符合‘非土地之成分，继续附着于土地，而达到一定经济上目的，不易移动其所在’即是土地上的定着物，也就是不动产。违章建筑只要建筑物符合定着物‘不动产’定义的阶段，即发生违章建筑所有权，因为此所有权是创造出来的，所以是原始取得，原始取得人就是创造此一所有权的人，也就是违章建筑的起造人。”①

① 谢哲胜. 违章建筑的事实上处分权. 月旦法学杂志，2003 (11).

对于建造行为的事实行为属性，理论上并无争议，但正如上文业已指出的，存在争议的是，事实行为可分为“合法事实行为”与“违法事实行为”吗？上文所述未作回答，在此给出笔者的观点。笔者认为，主张存在“违法事实行为”的观点，实际上是误解了事实行为的法律属性，并且错误地将“违法行为”置于事实行为之上位概念地位，从而导致主张侵权行为是一种“违法事实行为”的错误结论。既然法律行为制度来源于德国的概念法学，那么我们就需要进入德国民法谱系来认识“行为”在民法上的分类。德国民法理论将“行为”（Handlung）分为两类，即“法律行为（Rechtsgeschäft）”和“法律上行为（Rechtshandlung）”。在《德国民法典第一草案》的《立法理由书》中，有如下记载：“对法律行为概念的界定，致使法律上行为这一特殊类型的产生。法律行为之所以产生法律效果是因为当事人希望产生这一法律效果，与之相对的是那些自动产生法律效果的行为，即那些法律效果依据法律秩序的规定而不是当事人意愿产生的行为。在后一种情形中，首先是侵权行为。除此之外，还有一些不属于侵权行为的行为，人们称其为法律上行为并无不当。除特定程序上的行为之外，这类行为还包括：依据的设定和取消、无因管理、占有的取得和加工。法律解释又以上述列举的类型为基础增加了其他一些法律上行为。针对法律上行为，法律没有规定普适性规则；特别是，除那些可以为法律上行为所借用的针对法律行为所规定的法律规则之外，尽管它们在很大程度上可以被适用于法律上行为。较为合理的做法应当是，对于那些在个案中的适用具有重要意义的条文，应当明确宣布其适用性，也即应当将那些内容与相关规范一致的条文纳入法律规定，而关于其他规范的适用性问题则应留待学术界予以确定。”据此，《立法理由书》采纳了三分法：法律行为、法律上行为和侵权行为。侵权行为乃违法行为的典型代表（或者其中的一个重要类型），故以上三分法，亦可以表述为：法律行为、法律上行为和违法行为。因而“法律上行为”这一概念，仅以否定（Negation）为基础而形成，即既不构成“违法行为”，又不构成“法律行为”的行为，即为“法律上行为”。“法律上行为”的一般分类包括：一是事实行为（Realakte），二是通知（Mitteilungen），三是谅解（Verzeihung）。[①] 由以

① 维尔纳·弗卢梅．法律行为论．迟颖，译．北京：法律出版社，2013：122－133.

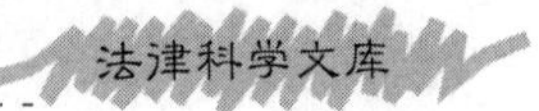

上德国学界的权威观点可见，“事实行为”既非法律行为，亦非违法行为，因而我国学界某些学者主张事实行为可再分为“合法事实行为”与“违法事实行为”的观点，在学术谱系上是没有比较法依据的。在中华民国的旧民法时期，我国学者在继受德国法的法律行为理论时，实际上恰是正确理解了德国法上的行为分类理论的。以史尚宽先生为代表的学界通说认为，“人之行为”（广义的“法律上之行为”）可分为两类，即“适法行为”和“违法行为”，“适法行为”可再分为“表示行为”和“事实行为”，而“违法行为”则包括侵权行为、失权行为和债务不履行行为。[①] 由此亦可见，我国台湾地区学界通说认为，“事实行为”是一种“适法行为”，“违法行为”中不包含“违法事实行为”。大陆学界也并非没有学者正确地认识到这一点。如梁慧星先生认为，“人的行为”分为“合法行为”和“违法行为”，“合法行为”包括“民事法律行为”、“准民事法律行为”和“事实行为”，“违法行为”包括侵权行为和违约行为。[②] 在此分类中，“事实行为”被归入“合法行为”的范畴，又何来“违法事实行为”一说呢？故此，笔者同样主张，事实行为不能再分为“合法事实行为”与“违法事实行为”两类，“违法性”并非“事实行为”之法律属性的应有之义。也正是在此意义上，不能将“违法建造”依照《物权法》第30条规定引申为“违法事实行为”，并进而将“违法事实行为”纳入“违法行为”的范畴，主张“违法建造”不能创造建筑物所有权。“建造行为”作为事实行为，其建筑物所有权的创生效果来自私法规定，既与当事人的主观意思无关（在此意义上建造行为不是法律行为），也与其是否合乎公法上之建筑管制规定无关（在此意义上建造行为不是违法行为）；这恰如著作权之取得，与“创作行为”是“合法创作”还是“违法创作”皆无关联，只要实施了“创作行为”就会相应地产生著作权。只有正确理解了这一点，才会不再纠结于《物权法》第30条规定的反面解释，不再困惑于“违法建造”能否产生所有权创设效果的疑问了。

“违法建造”这一事实行为创造的是何种所有权呢？当然是不动产所有权。根据我国《不动产登记暂行条例》第2条第2款规定：“本条例所称不动产，是指土地、海域以及房屋、林木等定着物。”违法建筑主要是

---

① 史尚宽．民法总论．北京：中国政法大学出版社，2000：302－304.

② 梁慧星．民法总论．北京：法律出版社，1996：55－56.

指房屋，当然，除房屋外还包括一些其他的构筑物。房屋等建筑物、构筑物都属于“定着物”范畴，而定着物当然是不可移动之物，即不动产，故违法建筑为不动产，违法建筑所有权为不动产所有权。

违法建筑乃人之劳力与物料结合的结果，建造人是将二者结合在一起的主体性要素，因而建造人取得违法建筑的所有权。从洛克主张的“所有权起源劳动说”来看，所有权起源于人的劳动，人通过劳动将自己之力加于身外之物，故所有权起源于劳动，土地为财富之母，劳动乃财富之父。因而在原初意义上，房屋的建造者就是劳动者自身，建造者与劳动者合一。但是，自从劳动商品化后，建造者与劳动者即产生了分离，劳动者虽仍占有自己的劳力，但却通过出售劳力的方式由他人来支配自己的劳动，作为劳动的成果，即建成的房屋，也不再归劳动者所有，而是由投入资金雇佣劳力的人所有。这一现象在现代社会极易理解。如房地产开发商雇佣农民工作为建筑工人进行房屋建造工作，所建成的房屋不归直接投入劳动的农民工所有，而是归房地产开发商所有。再如工厂主投资建设厂房，其本身也不是劳动者，但其却透过资本的力量而支配了建筑工人的劳动，取得了厂房的所有权。就违法建筑而言，建造者可能是直接的劳动者，如各种各样的简易违建，基本上举一人之力即可完成者，建造者与劳动者合一。但是，对于更多的违建，建造人却并非直接投入自己的劳动，而是由建筑工人投入劳力完成的，此时违建所有权即归属于投入资本的建造人，而非投入劳力的劳动者。因此，在法律上，所谓的“建造人”，是指取得建筑名义，以自己之劳力或者以自己之资本投入从事建设行为，以取得建造物所有权为目的的人。

违法建筑可能是由一个主体单独建造完成的，此时违建所有权的归属殊无争议。但在有些情形下，违法建筑可能是数个主体合作建造的结果，此时违建之归属即带有复杂性，这主要体现为合作开发房地产中的物权认定问题。合作开发房地产中的违法建筑归属认定，主要涉及在建违建工程的归属和已建成违建的归属两个方面。对于在建违建工程，当合作合同正常履行时，因为该在建违建工程是由合作各方共同投资形成的，因而应认定为合作各方对该在建违建工程拥有共有权，在发生项目转让时，合作方可以共有人的身份对在建违建工程行使权利。但如果合同出现了不能正常继续履行的情况，则双方的合作关系即告终止，此时的物权认定与正常履行情况下的物权认定应有所不同。根据添附原理，笔者认为，此时的在建违建工程应判归以土地使用权出资的一方，对合作他方的投资款及其他经济损失由取得在建违建工程所有权的一方予以返还和根据违约情况予以补偿。对于已建成的违建，除合作合同明确约定分别所有的外，应认定为归合作方共有。如此认定的理由是，不论合作方的投资构成如何，也不论合作方约定的利润分配方式如何，已建成的违法建筑都是合作方共同合作之事实行为产生的物权，因而应认定为归合作方共有。①

建造人是违法建筑的建造名义人，在建造过程中，如果建造名义人发生变更，建造人究竟应如何认定呢？如果建造行为已经实施完毕，违法建筑已经建成，而后又发生建造名义人的变更，建造人又是谁呢？在我国台湾地区的地政实务上，为达成违法建筑所有权移转的目的，其通常的操作手法是采取变更起造人（建造人）的方式，即把原起造人甲的名义变更为乙的名义，从而达到规避违法建筑移转不能登记的问题（后文详述）。但台湾地区的司法实务观点则认为："向主管建筑机关申报变更起造人，仅为行政管理之便利，该等起造人变更，并无法据为所有权认定之归属，仅仅变更起造人名义，而未办理保存登记（第一次所有权登记）时，尚不能因行政上有此权宜措施，而变更原起造人之事实，遽认该受让人为原始所有人。然如变更之行为系于该违章建筑尚未达'定着物'之前，则因变更后之起造人实际上尚负责建造，已有实际起造之行为，非仅属名义上之起造人，故得为违章建筑所有权之原始取得人，已非仅名义上为变更、实质上并未变更，致无法移转所有权者，所可比拟。"② 笔者赞同上述台湾地区的司法实务观点，认为在违法建筑尚未建成时而作出建造名义人变更的，变更后的名义人因具体实施了建造行为而成为建造人，其原始取得违法建筑的所有权；如果违法建筑已经建成而变更建造名义人的，发生的是违法建筑的转让问题，原建造人仍为原始取得人，变更后的建造名义人乃违法建筑的受让人，其违建所有权的取得属继受取得而非原始取得。

① 王洪平. 论合作开发房地产中的物权认定与债务承担. 山东社会科学，2012 (6).

② 陈重见. 违章建筑之所有物返还请求权与时效取得. 台湾法学杂志，2010 (153)。

第四章　违建的行政处理：以小产权房为主要对象

第一节　小产权房的规范含义

“小产权房”不是一个规范的法律概念，但在我国的政策性规范文件中，它却是一个出现频次很高的用语。据笔者考证，在较高层次的规范性文件中，首次使用这一概念的是 2007 年国务院办公厅《关于严格执行有关农村集体建设用地法律和政策的通知》（国办发〔2007〕71 号）。该文指出：“农村住宅用地只能分配给本村村民，城镇居民不得到农村购买宅基地、农民住宅或‘小产权房’。单位和个人不得非法租用、占用农民集体所有土地搞房地产开发。”既然这一概念已为正式的规范性文件所使用，那么厘清其规范含义就是必要的。

一、小产权房的概念辨析

在我国的地方规范性文件中，针对小产权房

的界定，基本上有两种模式：一种是定义式，另一种是类型列举式。定义式以四川和哈尔滨为代表，类型列举式以厦门和宁波为代表。四川省国土资源厅办公室《关于报送"小产权房"清理整治工作阶段性进展情况的紧急通知》（川国土资办函〔2014〕32号）规定："'小产权房'是指在农村集体土地上建设，向本集体经济组织以外的单位或个人销售的住宅。"哈尔滨市人民政府办公厅《关于转发哈尔滨市查处违法建设小产权房工作实施方案的通知》（哈政办综〔2009〕67号）规定："'小产权房'一般是指在农民集体土地上违法建设、向社会公众租售的非法建筑。"厦门市人民政府《关于坚决遏制违法建设销售"小产权房"的意见》（厦府〔2014〕106号）指出："坚持不留死角、不走过场、不打折扣，在全市范围内，对非法占用集体土地、非法使用政府划拨或出让土地、违规使用农村集体发展用地、非法使用部队用地等违法建设和销售'小产权房'行为进行集中拉网式清查，尤其是未取得商品房销售（预售）许可证但擅自销售的项目一律列入检查排查范围，认真查清存在的问题。清理排查情况要分类汇总建立台账。"宁波市国土资源局《关于做好全市小产权房现状排查工作的通知》（甬土资发〔2013〕57号）指出："此次排查对象主要分为以下三类：A类：未经依法批准擅自占用集体土地建造各类住宅，建成后向社会出售或长期租赁。B类：借新农村建设、农民联建房、老年公寓等名义，虽经依法批准使用集体土地建住宅，但建成后出售（长期租赁）给不符合建房条件的本村村民、非本村村民或城镇居民。C类：经审批、登记的村民合法住宅，向非本村村民或城镇居民出售的。"

在我国学界，有人认为，小产权房是指由开发建设单位在集体所有的土地上开发建设，土地使用和开发违反法律的程序性规定，未经国家征收转化为建设用地，未缴纳土地出让金等费用，而作为"商品房"向本集体经济组织之外的居民销售的居住性房屋。① 另有人认为，小产权房是指在农村集体土地上违法或违规修建的，没有获得县级及以上国土和房屋产权管理部门发放的具有法律效力的国有土地使用权证和房屋所有权证的房屋和其他建筑物。② 还有人认为，"小产权房"是相对于拥有国有土地使用

① 薛厚忠. 从一起执行案件谈"小产权房"的执行. 山东审判，2015（2）.

② 刘灿，韩文龙. 小产权房的出路何在——基于产权经济学的分析视角. 当代财经，2013（2）.

权的“大产权房”而言的，指的是由乡镇政府或村委会制作房屋权属证明，在农村集体土地上开发建设且未缴纳土地出让金等费用、向本集体经济组织以外成员销售的房屋。[①] 以上三种学理观点所表达的核心语义，与上文提及的四川省和哈尔滨市的规范模式基本一致，对此笔者表示赞同。

据此，本书给出的小产权房定义是：在集体所有土地上违法建造的、向社会公众租售的住宅型违法建筑。

要正确理解小产权房的概念，还须明确以下几个问题。

其一，小产权房不是“无产权房”。有观点认为，小产权房本质上是没有产权的房屋，只是一种自生自灭的社会现象。[②] 另有观点也认为，由于违反现行法律，所以小产权房从产生之日起就不合法，其所谓的“小产权”也并非“产权”，只是民间约定俗成的一种说法，其实质是不受法律保护的“产权”[③]。笔者认为，这两种观点都否定了小产权房本身具有产权属性，是站不住脚的。主要理由有二：第一，小产权房的本质属性为违法建筑（下文详述），而本书前文已经给出了充分论证，违法建筑之上是存在所有权的，因而否定小产权房具有产权属性的观点是不能成立的。第二，顾名思义，所谓小产权房，就是“产权相对较小的房屋”，是相对于“产权较大的大产权房”而言的，不论是“大产权”还是“小产权”，当然都以产权的存在为前提。如果说我国现行的房地产政策不认可小产权房具有产权属性，那么在相关的政策文件中就不会选择使用“小产权房”这一术语，而是直接使用“无产权房”这一概念了，实则未然，其意昭昭。因此，不能将小产权房归入“无产权房”的范畴。

其二，小产权房不是“部分产权房”。根据国务院《关于继续积极稳妥地进行城镇住房制度改革的通知》（国发〔1991〕30号）的规定，部分产权房是指职工购买的，在国家规定住房面积以内，实行标准价，购房后拥有部分产权，可以继承和出售的公有住房。由该定义可见，部分产权房是“公有住房”，是由国家直接或者间接出资建于国有土地上的合法房屋，与非由国家出资违法建于集体所有土地上的小产权房显然有别。

---

① 郑杰. 小产权房买卖合同的教义学分析. 交大法学，2015（3）.

② 吴春岐，刘宝坤. “小产权房”历史与未来的法学透视. 中国房地产，2008（4）.

③ 王彦. 解决小产权房问题对策研究. 河北法学，2010（9）.

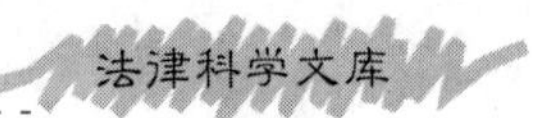

其三，“无证房”未必是小产权房，小产权房也未必是“无证房”。无证房是指未经产权登记、未取得产权证的房屋。房屋建成后未办理产权登记的原因复杂，有的是可登记而尚未办理登记，有的是依法不能办理登记而未登记。就后者情形而言，有的属于国有土地上的依法不能办理登记的房屋，有的属于集体土地上的依法不能办理登记的房屋，小产权房显然属于后者。因此，在外延上，“无证房”的范围要远远大于“小产权房”的范围。此外需注意的是，小产权房也未必是无证房。这是因为，在实践中，违规为小产权房办理房屋所有权登记的，并非所在无有。如国土资源部办公厅、住房和城乡建设部办公厅《关于坚决遏制违法建设、销售“小产权房”的紧急通知》（国土资电发〔2013〕70号）就明确指出：“……对违规为‘小产权房’项目办理建设规划许可、发放施工许可证、发放销售许可证、办理土地登记和房屋所有权登记手续的，要严肃处理。”这即表明，某些有证房可能是披着合法外衣的小产权房。

其四，宅基地上的房屋未必是小产权房。在上文提及的地方规范模式中，宁波市把“经审批、登记的村民合法住宅，向非本村村民或城镇居民出售的”房屋，也归入了小产权房的范畴，这是欠妥的。此类房屋是农民在宅基地上自建的合法住房，建造此类房屋并不具有违法性，因而不能把此类房屋与具有违法性的小产权房相提并论；即便将此类房屋向非本村村民或者城镇居民出售而违反了相关政策、法律的禁止性规定的，也不能因此而改变房屋的合法产权属性。当然，如果利用存量宅基地搞房地产开发经营，那建成的房屋就是小产权房了。

其五，“军产房”不是小产权房。在上文提及的厦门市的地方规范性文件中，把“非法使用部队用地”建成的房屋，也归入了小产权房的范畴，这也是欠妥的。在部队用地上建成的房屋，俗称“军产房”，军产房不是建于集体所有土地上的房屋，当然不能归入小产权房的范畴。

其六，划拨地上违法建设的房屋不是小产权房。同样在上文提及的厦门市的地方规范性文件中，把非法使用政府划拨土地建造的房屋也纳入了小产权房范畴，这是欠妥的。划拨是国有土地使用权取得的一种方式，对集体土地的使用不存在划拨取得的问题，而小产权房是建于集体土地上的房屋，故不能把划拨土地上违法建造的房屋也纳入小产权房范畴，而是应把其作为一般的违法建筑看待和处理。

其七，小产权房是指居住用途房屋，非居住用途房屋不应纳入小产权房的范畴。不论在政策面上，还是社会公众的通行观念中，小产权房都是指建于集体所有土地上的住宅型房屋，经营性用房（如工业厂房、写字楼等）即便构成违法建筑，人们也不会在小产权房的意义上指称它。

其八，“租赁”还是“转让”不影响小产权房的定性。建造小产权房的目的当然在于通过处分而谋利，但处分的方式，不论是债权性处分（租赁）还是物权性处分（转让），都不会影响小产权房的定性。如果把小产权房的范围仅限定为用于出售转让的部分，就会大大地不当缩小小产权房的范围。

二、小产权房的违建属性

前文（第二章第一节“三、违法建筑定义正解”部分）指出，违法建筑是指在城乡规划区内，未取得建设工程规划许可证、乡村建设规划许可证、临时建设工程规划许可证，或者未按照建设工程规划许可证的规定建造的建筑物，以及超过批准期限未自行拆除的临时建筑物。据此定义，小产权房当然属于违法建筑的范畴。根据我国《土地管理法》第 43 条的规定，除法定的少数几种例外情形外，任何单位和个人进行建设需要使用土地的，都必须依法申请使用国有土地。而小产权房是“在集体所有土地上违法建造的、向社会公众租售”的房屋，其法律属性当然应为违法建筑。

虽然本书前文（第二章第二节“违法建筑的类型”部分）在分析违法建筑的类型时，并未提及“国有地违建与集体地违建”这一违法建筑的类型划分，但实际上这一类型划分是存在的，并且在我国特有的土地双重公有制背景下，是一个非常重要的类型划分。简单而言，在国有土地上建设的违建为国有地违建，在集体土地上建设的违建为集体地违建。由于国有土地与城镇规划区、集体土地与乡村规划区并非完全的重叠对应关系，城镇规划区内可以存在“城中村”“城郊村”的集体土地，乡村规划区内也可以存在国有农地、国有工矿区等国有土地，因而相对于“城镇违建与乡村违建”的类型划分而言，“国有地违建与集体地违建”这一类型划分有其独立存在的意义。

既然小产权房是在集体所有土地上违法建造的房屋，那其在违建类型上就应当归属于集体地违建。正是在此意义上，在上文提及的地方规范模式中，厦门市把违规使用国有划拨、出让土地建成的房屋也纳入小产权房的范围，就是不妥当的，因为此类违法建筑应当归入国有地违建。

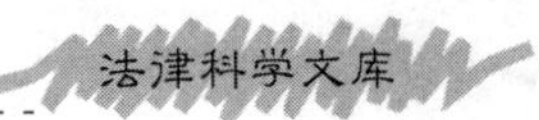

就违法建筑的其他类型划分而言，不同违法形态的小产权房，当然亦可以分别归入城镇违建与乡村违建、全部违建与部分违建、新违建与旧违建、程序违建与实质违建等不同的类型，于此就不再一一展开细述了。本书后文将主要依据程序违建与实质违建的类型划分，就小产权房的行政处理问题作一论述。

第二节　程序违建：小产权房的改正

根据我国《城乡规划法》第 64 条的规定，程序违建与实质违建的区分标准为是否“可采取改正措施消除对规划实施的影响”。依此标准，可采取改正措施消除对规划实施之影响的违建是程序违建，不能采取改正措施消除对规划实施之影响的违建是实质违建。至于应当采取何种改正措施以及相应的改正措施是否能够消除对规划实施的影响，应视违建的具体形态以及对规划实施的具体影响情形而定。

一、小产权房改正的法政策考量

小产权房“改正”之实质即为小产权房的合法化问题。可以毫不夸张地说，房屋产权是社会公众所能够拥有的众多财富中最为重要的一种，因为房屋是人民安身立命之所，无房屋即无立锥之地，舍此其生存即无以维继。在此意义上，一国法律保障私人财产权之重心即在于房屋产权保障，房屋产权无保障，人权即难以保障。但吊诡的是，在我国当下急速城镇化的进程中，却出现了一种不被作合法性认定但又难以否定其社会正当性的小产权房现象。而要消除此种悖谬现象，推动小产权房的合法化乃必由之路。就小产权房的改正和合法化问题，笔者提出以下几点法政策考量的理由。

其一，小产权房建设是追逐经济利益之自然理性的选择结果。农民为什么会无视政策法律而建设小产权房呢？这实际上涉及一个永恒的主题，即义利之争。遵守政策、法律乃“义”之要求，而建设小产权房乃“利”之驱动使然。如果我们要求农民“去利而存义”，那就有违自然理性而过于苛求了。荀子言：“义与利者，人之所两有也。虽尧舜不能去民之欲利，然而能使其欲利不克其好义也。虽桀纣亦不能去民之好义，然而能使其好义不胜其欲利也。”此语即直指人性中有“好义”与“好利”的两面性，对义利的追求是“不能去之”的自然理性。朱熹更是直截了当地言明义与利此消彼长的关系：义与利，此胜则彼退，彼胜则此退。既然逐利性乃不可泯灭之人欲，故《论语》给出了一条正确对待“利”之明路：“因民之所利而利之，斯不亦惠而不费乎?”小产权房之改正即“因民之所利而利之”，是一种因势利导的正确选择。如果政策、法律的取向为不疏反堵，那就有违自然理性中的经济理性了，其实效性必然适得其反。

其二，小产权房建设是集体对土地所有权平等化的本能追求。我国为土地公有制国家，实行国家所有与集体所有的二元公有制。从应然角度讲，同样作为土地所有权，国家土地所有权与集体土地所有权应为平权，具有平等的法律地位，享受同等的财产权保障。但在我国现行法制上，集体土地所有权是一种被“矮化”了的所有权，其所有权权能与国家土地所有权相比，处于严重残缺状态。随着近十几年来我国房地产市场的高歌猛进，通过强制征收方式使集体所有土地被迫进入房地产市场而带来的恶劣社会影响和负外部性日益显现，农民集体不愿再拱手将巨大的开发增值利益让与地方政府和开发商利益集团，这完全是其土地所有权平权化的本能追求使然。令人欣慰的是，2019 年最新修订《土地管理法》已经解禁了集体经营性建设用地的入市问题，于第 63 条就土地所有权人通过出让、出租等方式将集体经营性建设用地使用权交由单位和个人使用作出了明确规定。可以预见，城市土地所有权平权化进程正在加快，小产权房转正的预期完全值得期待。

其三，小产权房建设是农村集体经济组织自发城镇化的体现。从区位上看，小产权房基本上都建于“城中村”或城郊接合部位置，即便稍偏远一些的也位于离城区不远、交通便利的近郊地区。之所以如此，是因为只有这样的地区才有开发增值的空间；而之所以存在开发增值的空间，又是因为这些区域已被纳入城市规划区内或者具有潜在的市场需求。当前，小产权房治理政策所针对的主要对象就是这一部分小产权房。就房地产开发用地的供地侧来看，如果不是利用存量的国有建设用地搞开发建设，而是通过征收集体所有土地来满足土地供应，那么小产权房集中的地区也正是可能被纳入征地范围的区域。房地产开发建设是我国城镇化的一个重要标志，如果通过先征地后出让的开发模式进行城镇化，那么“城中村”或者近郊地区的城镇化就是被动城镇化，农民将被动地甚至是被迫地进入其本来陌生的城市生活。这种城镇化模式，往往只是实现了表象上的城市建设硬件方面的城镇化，而在“人的城镇化”方面往往欠缺。小产权房开发建设，从城镇化的角度看，也正是农民们希望主动融入城市生活、主动实现城镇化、积极分享城镇化改革红利的一种表现。这种自发的城镇化，与我国当下正在积极推动的新型城镇化建设具有方向上的一致性，因而对其一概否定，于新型城镇化建设政策之推行是有害而无益的。

其四，小产权房交易是实现居者有其屋之生存权保障的途径。相对于国民收入水平而言，我国当下已经进入了高房价阶段。居高不下的房价与我国新型城镇化建设的政策目标，实际上是背道而驰的。城镇化的一个重要指标在于人口城镇化率的提高，这就意味着需要有更多的人口进城定居，由农民转变为市民。不论是农民直接进城，还是农家子弟通过升学进阶毕业后留居城市，其所面临的一个重大问题就是住房问题。而这部分人群，往往都是缺少资财原始积累的社会低收入者，其进城后就业或者务工的收入也往往不高，面对令人瞠目结舌的高房价，他们往往也只能望房兴叹，无力购买。先成家而后方能立业，试想，无房何以成家，无家何以立业，业不立何以生存？如若如此，在城镇化大潮中被裹挟而来的所谓“新市民”，在新的城市生活中就无以立足，其生存权和生活权又如何能得以保障呢？所以说，作出购买小产权房决策的购房者，不能被贬抑为贪图低房价的逐利者，购买力决定了其只能购买小产权房，而无力购买价格奇高的大产权房。小产权房虽然不受政策、法律保障，但毕竟在使用功能上也能为其提供一个安身立命之所，这也可以说是一种无奈之举。也正是在此意义上，小产权房对于实现居者有其屋的政策目标和社会低收入者的生存权保障，具有积极意义。

其五，小产权房交易是推动新型城镇化快速发展的重要渠道。在《国家新型城镇化规划（2014—2020 年）》“有序推进农业转移人口市民化”篇中，明确提出要“推进农业转移人口享有城镇基本公共服务”，措施之一就是“拓宽住房保障渠道”，具体举措是：“采取廉租住房、公共租赁住房、租赁补贴等多种方式改善农民工居住条件。完善商品房配建保障性住房政策，鼓励社会资本参与建设。农民工集中的开发区和产业园区可以建设单元型或宿舍型公共租赁住房，农民工数量较多的企业可以在符合规定标准的用地范围内建设农民工集体宿舍。审慎探索由集体经济组织利用农村集体建设用地建设公共租赁住房。把进城落户农民完全纳入城镇住房保障体系。”该段表述，实际上已经为小产权房的未来改正之路指出了方向，即“由集体经济组织利用农村集体建设用地建设公共租赁住房”，这既包括新建住房，当然也应当包括已建成的小产权房。在我国的新型城镇化建设中，住宅房屋供应是重要的一环，房价高企的商品房（大产权房）供应，虽然价格高利润大，但却形成了大供给量和高库存率、高空置率并存的“恶循环”，形成了相对过剩的不良局面，而其绝对量与新型城镇化规划所要求的需求量相比，实际上又是远远不够的。而我国的城镇化率之所以能够快速提高，由此也不难推知，小产权房的供应实际上吸纳了大量的新进城市人口，其交易已经成为推动新型城镇化快速发展的重要渠道之一。

其六，小产权房问题之症结不在于社会之弊而在于法律之病。小产权在政策、法律上被宣告为不合法产权，但这并未能阻止小产权房现象的继续蔓延，集体经济组织无视此种宣告而大量建设小产权房，民众也无视此种宣告而踊跃购入小产权房，究其原因，难道是社会本身出了问题，是广大人民群众出了问题？如果不是，那是不是我们的政策、法律出了问题？“法不察民之情而立之，则不成。”社会决定法律而非法律决定社会，这是一条基本的社会演进和社会治理规律，无视此条规律的“政策、法律”，其本身当然也会被无视。职是之故，从法政策考量角度讲，对于部分小产权房予以改正处理，已成为进一步推动我国当下新一轮土地制度改革的当务之急和重中之重。

其七，小产权房问题的解决对于推动社会良性转型至关重要。当代中国是一个转型社会。社会转型是一个全面的、复杂的社会变迁过程；转型中包含了现代化的内容，但转型不仅仅是现代化；在转型的过程中包含了发展，但转型绝不仅仅是发展。苏联和东欧的社会转型是在政体和主导性的意识形态断裂的情形下进行的“休克疗法”，而中国当下的转型是在政体、主导性意识形态连续情形下的“渐进式改革”①。我国之所以没有采取“休克疗法”，当然是看到了这一社会转型模式存在的问题。但是，如果我们粗暴地对待小产权房问题的解决，采取“一刀切”的没收或者拆除措施，那无异于一种“休克疗法”。因此，小产权房问题的解决也应当是渐进式的。而渐进改革的表现，就是对于部分能够通过改正而消除对城市

① 孙立平．社会转型：发展社会学的新议题．社会学研究，2005（1）．

规划影响的小产权房实行合法化的转正处理，这样做，既顺应民意，又能争取民心，对于当下正在推行的城镇化进程以及我国社会经济的持续发展和现代化，都具有莫大之助益，因而其是推动我国社会良性转型不可缺少的重要一环。

其八，小产权房合法化为广开税源、推动房产税开征提供了契机。在 2013 年第十二届全国人民代表大会第一次会议上，有代表提出了开征个人住房房产税的议案，全国人民代表大会财政经济委员会经审议后认为："目前国家正在一些地方组织开征房产税的试点。建议有关部门在及时总结试点经验的基础上，加快对房产税立法的研究论证。"而在 2013 年第十二届全国人民代表大会第一次会议批准的《关于 2012 年国民经济和社会发展计划执行情况与 2013 年国民经济和社会发展计划草案的报告》中，就明确指出，要"逐步扩大房产税改革试点范围"。实践中，重庆、上海两市已于 2011 年即开始了征收房产税的试点工作。房产税的开征，有利于合理调节收入分配，促进社会公平，也有利于引导居民合理住房消费，促进节约集约用地。作为地方税种，房产税的开征无疑为地方政府广开财源提供了一条重要途径。而房产税的开征，是以公民合法拥有的住房为税基的，小产权房依法不能包括在内。而如果使小产权房合法化，无疑可以广开税源，大大地扩大税基，这对于地方政府增加税收收入是一个极大的利好。因此，如果配合房产税的开征而推动小产权房合法化的改革，就可以大大地减轻来自地方政府和社会公众的改革阻力。

其九，小产权房合法化是集体建设用地入市改革的必然要求。近年来，党中央的一系列决议文件都明确提出了"农村集体经营性建设用地入市"这一改革命题。2015 年 1 月，中共中央办公厅和国务院办公厅联合印发了《关于农村土地征收、集体经营性建设用地入市、宅基地制度改革试点工作的意见》，明确提出了农村集体经营性建设用地入市改革的任务，即"完善农村集体经营性建设用地产权制度，赋予农村集体经营性建设用地出让、租赁、入股权能；明确农村集体经营性建设用地入市范围和途径；建立健全市场交易规则和服务监管制度"。2015 年 2 月 27 日，第十二届全国人大常委会第十三次会议表决通过了《全国人民代表大会常务委员会关于授权国务院在北京市大兴区等三十三个试点县（市、区）行政区域暂时调整实施有关法律规定的决定》，授权国务院在特定地区暂时调整实施《土地管理法》第 43 条和第 63 条、《城市房地产管理法》第 9 条有关集体经营性建设用地入市的有关规定。依据上述规定，在改革的试点地区，农村集体经营性建设用地上建设的商品性住宅用房，就不能再定性为小产权房了，作为“同地同权”的自然延伸结果，也应当是“同房同权”了。2019 年《土地管理法》修正，已经废除了集体建设用地不得入市的规定，而明定集体经营性建设用地使用权可以入市，笔者认为，应当赋予《土地管理法》的相关规定以溯及力，溯及于此前已建成的存量房。在 2013 年国务院发展研究中心向十八届三中全会提交的“383”改革方案中，即明确提出：“在集体建设用地入市交易的架构下，对已经形成的‘小产权房’，按照不同情况补缴一定数量的土地出让收入，妥善解决这一历史遗留问题。”这一改革方案和提出的改革方向是值得肯定的。

二、小产权房改正中的分类处置

小产权房改正和合法化之关键在于是否“可采取改正措施消除对规划实施的影响”，凡是可采取措施消除对规划实施的影响的，就是可改正、可合法化的小产权房；反之，就是不可改正、不能合法化的小产权房。根据小产权房建设和销售所处的阶段，可以将小产权房划分为已建已售、已建在售、在建在售三种情况；根据小产权房建设履行行政审批手续的程度不同，可以将小产权房划分为已取得规划许可证的小产权房①、已取得施工许可证的小产权房、已取得销售许可证的小产权房、已办理房产登记的小产权房等四种情况。以下分别对上述不同情况，就分类处置措施谈一点浅见。

对于已建已售小产权房的处置。这类小产权房在处置上最为棘手，因为其不仅涉及违法用地和违法建设的农村集体经济组织、违规开发的房地产商、违规承建的建筑商的利益，而更为重要的是，其还涉及小产权房交易中的买方。现实中，消费小产权房的买方往往是社会上的中低收入者，其购买力弱，而居住的需求又是刚性的，所以才不得已退而求其次选择购买小产权房。对于此类小产权房，笔者认为必须根据尊重历史、正视现状的原则处理；亦即，对于这类小产权房，应通过立法确定

① 当然是指违规取得了规划许可证。

一条时间底线，对于该时点之前的已建已售小产权房，一律给予合法化处置。即便是规划制定在前，而小产权房建设在后，小产权房建设违反了相应规划的，也不应当没收或者拆除之，而应当采取修改相应规划的措施，消除既已存在的小产权房与规划的冲突。这样处置，虽在一定程度上有损规划的严肃性，但考虑到我国在规划制定方面的种种不足以及城镇化推进速度远远超过规划之可预见性的实际国情，这样做未尝不是最为实事求是的务实做法。在具体的处置措施上，对于此类小产权房，应按照供地当时的区片地价核定其应补缴的土地出让金，再分摊至区分所有的各买方人头上，由小产权房所有人补缴相应的土地出让金。在土地出让金补缴之前，冻结小产权房转移登记手续的办理。如果是已建已售但未办理首次登记的小产权房，在补缴土地出让金后为其办理首次登记。对于小产权房的其他利益相关者，则根据相应的税费规定，要求其补缴相应的税费；如果其拒绝缴纳相关税费的，则依法依规给予相应的处罚，并记入信用档案。当然，对于违法建设小产权房的行为，并不能因小产权房的改正而免于违法责任的追究，对于相关单位和责任人，应依法追究其相应的行政责任甚至是刑事责任。如此处理，兼顾了经济因素、社会因素、法律因素、历史因素，在国家、地方政府、农民集体、购房者和其他利益相关者之间取得了某种利益平衡，公平合理，易于接受，能够推行，应该是比较妥当的。

对于已建在售小产权房的处置。对于已建在售的小产权房，如果作拆除处理，那将是极大的资源浪费，负外部性太大，得不偿失。因此，对于此类小产权房，原则上也应当采取改正措施使其合法化，必要时也可以修改规划消除其与规划的冲突。因为是在售而尚未售出的小产权房，因而对此类小产权房的处理不涉及作为社会弱势群体的购房人之生存保障问题，相对于上文所述的已建已售小产权房而言，在处理上可以更加灵活。在该类小产权房合法化后，由集体经济组织补缴土地出让金，作为大产权房继续销售，将其完全纳入大产权房的管理框架；国家也可以强制征收此类小产权房，在给予集体经济组织以征收补偿的基础上，将征收来的房屋作为社会保障房处理。

对于在建在售小产权房的处置。在建在售小产权房与已建在售小产权房的区别在于，后者是已建成的房屋，而前者尚属于“在建工程”，因而二者在改正的处理上也应当存在差别。笔者认为，对于此类小产权房，应分别其所处的不同建设阶段而作出不同的处理。对于已经具备竣工验收条件的，应让其竣工验收，竣工验收后作为已建在售小产权房处理。对于投资额度已经达到工程总投资额25%以上的在建在售小产权房，原则上也应当允许其继续施工建成，如若不然而采取拆除的措施，也会造成得不偿失的巨大社会资财浪费，不具有决策上的妥当性；待其竣工验收后，再作为已建在售小产权房处理。而对于投资额尚不及工程总投资额25%的在建小产权房，笔者则认为，应当责令其停止建设，对于已建部分予以强制拆除，恢复土地原状；这样处理，既维护了土地规划和建筑规划的严肃性，也贯彻了从严治理小产权房的政策精神，同时又不会造成社会资源的巨大浪费，是妥当的。

对于已取得规划许可证的小产权房，或者已取得施工许可证的小产权房，或者已取得销售许可证的小产权房，或者已办理房产登记的小产权房，因为在小产权房建设或销售的某个环节，已经介入了政府的公权力行为，基于行政信赖原则，对于这些类型的小产权房应作合法化处理。如若不然，将会引发一系列的社会或者法律问题。至于说对于其中存在的违法违规审批行为，对相关单位和直接责任人员应作何种处理，追究其何种责任，则属另一回事，不能因为对相关单位和人员的责任追究而影响到小产权房的改正。

在我国司法实践中，对于小产权房的司法态度，往往是将其“打入另册”，未给予其应有的房屋产权地位。如江苏省高级人民法院执行局《关于首查封普通债权法院与轮候查封优先债权执行法院之间处分查封房地产等相关问题的解答》（苏高法电〔2015〕742号）指出：“本解答所称‘唯一住房’是指被执行人及其所扶养家属生活所必需的唯一可居住房屋。本解答所涉‘唯一住房’的执行仅适用于权属明确的城镇房屋，农村宅基地上的房屋、小产权房及其他无证房产等涉及国家土地制度和政策，按照相关规定执行，不适用本解答。”该规范性文件就不把小产权房作为“住房”对待，这不仅与事实不符，而且在执行中恐怕也难以令申请执行人信服。因此，我国司法机关应顺应和配合小产权房改正和合法化的趋势，纠正上述态度，从“产权”的角度重新定位小产权房的法律地位。

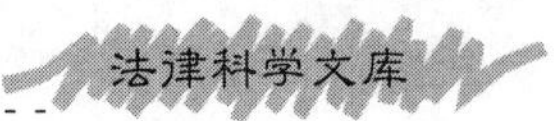

第三节　实质违建（一）：小产权房的拆除

《城乡规划法》第 64 条、第 65 条规定，以及《土地管理法》中针对违法用地型违法建设之法律责任的相关条文，都规定了“责令拆除”这样一种法律责任。对于小产权房整治，在我国相关的部门规章和地方规范性文件中，“责令拆除”也是一种重要的治理措施。如国土资源部办公厅、住房和城乡建设部办公厅《关于坚决遏制违法建设、销售“小产权房”的紧急通知》（国土资电发〔2013〕70 号）即明确指出，对于小产权房，要“坚决拆除一批，教育一片”①。但实践中，关于“责令拆除”的行政行为性质、强制拆除的主体、拆除程序等问题，却要么存在争议，要么缺乏明确的法律规定，因而如何定性和解决这些问题，值得研究和讨论。

一、责令拆除：行政处罚抑或行政强制

关于“责令拆除”的行政行为属性，在我国行政执法部门中存在着极大的争议。有观点认为，责令拆除行为属于行政强制而非行政处罚；与之相反的观点则认为，责令拆除行为属于行政处罚而非行政强制。

持“行政强制说”者的理由在于：其一，从行政处罚的分类来看，责令拆除不属于任何一类行政处罚。行政处罚包括申诫罚、能力罚、财产罚和人身罚，责令拆除很显然不属于申诫罚、能力罚和人身罚。责令拆除也不属于财产罚，因为财产罚作出后，被处罚人将丧失一定的财产权利（包括非法获得的财产权利），而行政机关则获取相应的财产权利；但责令拆除后，尽管相对人丧失一定的财产权利，但行政机关并不会因此而获得相应的财产权利，因为拆除的后果是消灭财产权利和权利指向的“物”，因

---

① 在地方规范性文件中，如在哈尔滨市人民政府办公厅《关于转发哈尔滨市查处违法建设小产权房工作实施方案的通知》（哈政办综〔2009〕67 号）、厦门市人民政府《关于坚决遏制违法建设销售“小产权房”的意见》（厦府〔2014〕106 号）、四川省国土资源厅办公室《关于报送“小产权房”清理整治工作阶段性进展情况的紧急通知》（川国土资办函〔2014〕32 号），也都把“责令拆除”作为一种重要的治理举措加以明确规定。

而责令拆除也不属于财产罚的范畴。其二，《行政处罚法》第 23 条规定："行政机关实施行政处罚时，应当责令当事人改正或者限期改正违法行为。"显然，"责令改正"不属于行政处罚，而责令拆除之实质就是告知相对人要改正非法的建设行为，因而其也不属于行政处罚。总之，责令拆除的目的并不是以相对人丧失财产权利为代价进行惩处，而是拆除违法建筑，这体现了该行政行为的"非惩处性"和"手段性"，因而应将其定性为行政强制行为而非行政处罚。①

针对上述观点和理由，持"行政处罚说"者作出了如下批驳：其一，行政处罚中的财产罚是财产权的剥夺而不是财产权的转移，财产权的剥夺是第一性的，转移是从属性的。财产罚作出后，被处罚人丧失一定的财产权利并不意味着行政机关必然获得相应的财产权利，把行政机关是否获得财产权利作为是否属于财产罚的判别标准是对财产罚的误解。其二，责令拆除不属于《行政处罚法》第 23 条规定的责令改正，因而不能以责令改正不属于行政处罚为由来否定责令拆除的行政处罚属性。其三，行政机关对行政相对人的不动产以强制执行为后盾作出的责令拆除处理，体现的恰恰就是"处罚性"，而且这是一种比"没收"还要严厉的惩罚措施，怎么能说其体现的是"非惩罚性"呢？基于上述理由，持论者认为责令拆除不是行政强制而是行政处罚。持论者还进一步认为，责令拆除属于行政处罚中的行为罚而非财产罚，理由在于：从责令拆除的性质、功能、目的上分析，它不是要剥夺相对人的财产权，而是要限制或者剥夺相对人的某种行为能力（限制相对人继续占有和处分违法建筑的行为能力）、强迫相对人为一定行为（强迫相对人进行限期拆除的行为），因而属于行为罚。②

就此问题，国务院法制办在相关的批复中，其前后态度似乎也并不一致。国务院法制办公室对四川省人民政府法制办公室《〈关于"责令限期拆除"是否是行政处罚行为的请示〉的答复》（国法秘函〔2000〕13 号）中认为："根据《行政处罚法》第二十三条关于'行政机关实施行政处罚时，应当责令改正或者限期改正违法行为'的规定，《城市规划法》第四十条规定的'责令限期拆除'，不应当理解为行政处罚行为。"而在国务院

---

① 官强．浅析"责令限期拆除"的法律属性．中国土地，2012（10）．

② 林翰．也谈"责令限期拆除"的法律属性——与《浅析"责令限期拆除"的法律属性》作者商榷．中国土地，2013（3）．

法制办公室《关于在江西省九江市开展相对集中行政处罚权试点工作的复函》(国法函〔2001〕6号)中,似乎又认为强制拆除属于行政处罚。[①]根据前一答复,责令拆除不是行政处罚,而根据后一答复,责令拆除又属于行政处罚,针对此种前后不一的态度,有学者明确给予了批评:“对同一性质的问题作出两种解释是令人费解的,而且此类解释权是否应当由国务院法制办行使尚值得推敲。”[②]

上述争议观点,立论基础不同,各有其一定的道理。但笔者认为,对于责令拆除行政行为之定性,不能偏执一端,而应进行类型化探讨。立基于此,笔者认为,“责令拆除”行政行为可以为“责令改正”,可以为“行政处罚”,也可以为“行政强制执行”,但不能将其归属于“行政强制措施”。

首先,如果是责令“自行拆除”的,其性质即为“责令改正”行政行为。我国《行政处罚法》第23条规定:“行政机关实施行政处罚的,应当责令当事人改正或者限期改正违法行为。”责令改正系指行政主体命令行政相对人改正违反行政管理秩序行为的行政行为。责令改正的实质意义是恢复合法状态,对被责令改正的人来说,责令改正并没有给其增加新的义务,所以它虽是一种法律责任,但不是承受制裁。[③]在违法建筑的行政处理中,“责令改正”包括两种情形:一是对于可通过改正而消除对规划实施的影响的,经由改正使违法建筑合法化,这是一种典型的责令改正行政行为;二是对于不能经由改正而消除对规划实施的影响的,在作出强制拆除的行政处罚之前,责令违法建设者“自行拆除”。“自行拆除”是违法建

---

① 该文内容如下:“江西省人民政府法制办公室:你办《关于在九江市实行城市管理综合执法试点的请示》(赣法局文〔2000〕03号)及补充请示收悉。根据国务院领导批准的开展相对集中行政处罚权试点工作方案的原则和《国务院办公厅关于继续做好相对集中行政处罚权试点工作的通知》(国办发〔2000〕63号)的有关规定,现函复如下:一、江西省人民政府可以在九江市开展相对集中行政处罚权试点工作。二、集中行使行政处罚权的行政机关的具体职责是:(一)行使市容环境卫生管理方面法律、法规、规章规定的行政处罚权,强制拆除不符合城市容貌标准、环境卫生标准的建筑物或者设施;……”

② 韩小平,姚爱国.责任限期拆除:行政处罚,抑或行政强制措施——对《城市市容和环境卫生管理条例》第37条的再思考.城市管理,2004(1).

③ 应松年主编.行政处罚法教程.北京:法律出版社,2012:24-25.

设者经责令后的自愿行为，拆除行为的实施旨在恢复违法建设之前的原状，因而在行为性质上应定性为“经责令的自行改正行为”。“责令限期自行拆除”有两种实施结果：一是行政相对人自行拆除掉违法建筑，此时责令改正之行政行为效果即告发生，行政行为正常实施终结；二是行政相对人在限期内拒不自行拆除，此时责令改正之行政行为效果即未发生，行政行为也同样实施终结，只不过此时的终结为非正常终结。当非正常终结发生时，承接责令改正意义上之“自行拆除”的行政行为就是行政处罚意义上的“强制拆除”了。

其次，如果是责令“强制拆除”的，其性质即为“行政处罚”行政行为。行政处罚是指有权机关对公民、法人或者其他组织违反行政管理秩序的行为予以惩戒制裁的行政行为。我国《行政处罚法》第 8 条规定：“行政处罚的种类：（一）警告；（二）罚款；（三）没收违法所得、没收非法财物；（四）责令停产停业；（五）暂扣或者吊销许可证、暂扣或者吊销执照；（六）行政拘留；（七）法律、行政法规规定的其他行政处罚。”在学理上，一般将上述例示列举的行政处罚措施分为申诫罚（警告）、财产罚（罚款、没收违法所得、没收非法财物）、行为罚或者能力罚（责令停产停业、暂扣或者吊销许可证、暂扣或者吊销执照）和人身罚或者自由罚（行政拘留）四类。笔者认为，责令强制拆除属于一种行政处罚，且属行政处罚中的“财产罚”，而不同意上文所引述的认为其属于“行为罚”的观点。《土地管理法》第 83 条规定：“依照本法规定，责令限期拆除在非法占用的土地上新建的建筑物和其他设施的，建设单位或者个人必须立即停止施工，自行拆除；对继续施工的，作出处罚决定的机关有权制止。建设单位或者个人对责令限期拆除的行政处罚决定不服的，可以在接到责令限期拆除决定之日起十五日内，向人民法院起诉；期满不起诉又不自行拆除的，由作出处罚决定的机关依法申请人民法院强制执行，费用由违法者承担。”由该规定可见，对于土地违法型的违法建筑，土地行政执法机关作出的责令拆除决定是“行政处罚决定”。而《城乡规划法》第 64、65 条规定并没有明确责令强制拆除的行政行为属性，但根据法秩序统一性的观点，在解释上，对于不能消除对规划实施之影响的违法建筑的责令强制拆除，在行为性质上亦应为行政处罚。之所以将“强制拆除”定性为财产罚，主要是将其与“没收财产”相比较而言的。财产罚并非一定会产生“剥夺”与“取得”的双重效果；申言之，在实施财产罚意义上的行政处罚时，并非

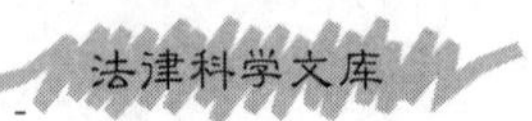

一定会同时产生被处罚之行政相对人的财产权丧失和随之而来的国家对被剥夺之财产权的取得。财产罚的本质在于经由强制剥夺的财产权消灭，而是否发生国家取得财产权之效果并非其本质构成。根据笔者观点，不论是小产权房还是其他违法建筑，都由其建造人原始取得所有权，而对其为“没收”，目的在于消灭其私人所有权而由国家取得所有权；而对其为“拆除”，目的也在于消灭其私人所有权，从所有权消灭之效果的角度看，“没收”与“拆除”之法效相同，亦即都产生同等的所有权消灭效果。故此，将强制拆除定性为财产罚意义上的行政处罚行为是恰当的。

再次，如果是不履行行政处罚决定而拒不自行拆除的，则“强制拆除”之性质即为“行政强制执行”行政行为。根据《行政强制法》第 2 条第 3 款的规定，行政强制执行是指行政机关或者行政机关申请人民法院，对不履行行政决定的公民、法人或者其他组织，依法强制履行义务的行为。不论是责令改正意义上的责令自行拆除，还是行政处罚意义上的责令强制拆除，拆除决定都是一项具体行政行为，既具有可诉性，又具有可强制执行性。《行政强制法》第 34 条规定：“行政机关依法作出行政决定后，当事人在行政机关决定的期限内不履行义务的，具有行政强制执行权的行政机关依照本章规定强制执行。”同法第 53 条规定：“当事人在法定期限内不申请行政复议或者提起行政诉讼，又不履行行政决定的，没有行政强制执行权的行政机关可以自期限届满之日起三个月内，依照本章规定申请人民法院强制执行。”根据《土地管理法》第 83 条规定，作出责令强制拆除的行政处罚决定，由作出处罚决定的机关依法申请人民法院强制执行，行政机关自身无行政强制执行权。而根据《行政强制法》第 44 条的规定，责令强制拆除违法建筑的行政决定，由作出决定的行政机关依法强制执行，行政机关具有行政强制执行权。这种同一位阶立法规定的不一致性，导致了执法实践中的争议和困扰。如何解决这一问题，下文详述之。

最后，责令拆除不符合“行政强制措施”的特性，不应将其归入行政强制措施范畴。根据《行政强制法》第 2 条第 2 款的规定，行政强制措施是指行政机关在行政管理过程中，为制止违法行为、防止证据损毁、避免危害发生、控制危险扩大等情形，依法对公民的人身自由实施暂时性限制，或者对公民、法人或者其他组织的财物实施暂时性控制的行为。与《行政强制法》第 2 条第 3 款规定的“行政强制执行”的概念比较可以看出，我国法上区分行政强制措施和行政强制执行是以是否存在行政决定为标准，即行政强制执行的内容是事先作出一个行政决定，事先不存在决定而实施强制手段的不属于行政强制执行。[①]《行政强制法》第 9 条规定："行政强制措施的种类：（一）限制公民人身自由；（二）查封场所、设施或者财物；（三）扣押财物；（四）冻结存款、汇款；（五）其他行政强制措施。"行政强制措施的主要特点在于：一是暂时性，即行政强制措施是行政执法过程中的"过程行为"，不是最终行政行为，最终行政行为一经作出，行政强制措施即须解除；二是保全性，即行政强制措施是为了保障最终行政决定的合法有效作出的，其本身并不是目的；三是单向性，即行政强制措施由行政机关单方面实施。[②] 除"单向性"是所有行政行为的共同特性外，责令拆除小产权房等违法建筑的行政行为显然不具备"暂时性"和"保全性"两个特性。拆除房屋的法律效果是永久性的，而非暂时性的；拆除房屋旨在通过物之本体的毁损灭失来消灭财产权，而非保全最终行政行为的有效作出。因此，不论是就行政强制措施的概念还是就其特性而言，责令拆除都不能归属于行政强制措施范畴。

二、强拆主体：司法强拆抑或行政强拆

是行政强拆还是司法强拆，会有什么不同吗？对此问题的认识，由《征收条例》制定时公开征集意见中所形成的两种不同看法可见一斑。一种意见认为，政府作为房屋征收主体，是当事人一方，不应有行政强拆权，政府只能依法申请法院强拆，或者即便由政府实施强拆，也必须依法申请法院裁决后方可强拆；另一种意见认为，为了提高行政工作的效率，保证建设活动的顺利进行，有必要保留行政强拆制度，但应当对行政强拆的条件和程序作出严格限定。[③]《征收条例》最终选择了司法强拆，废止了行政强拆制度。《征收条例》第 28 条规定："被征收人在法定期限内不申请行政复议或者不提起行政诉讼，在补偿决定规定的期限内又不搬迁的，由作出房屋征收决定的市、县级人民政府依法申请人民法院强制执

---

① 丁晓华. 强制拆除违法建筑行为定性与规范——基于对《行政强制法》第 44 条的解读. 法学，2012 (10).

② 袁曙宏. 行政强制法教程. 北京：中国法制出版社，2011：11.

③ 于宏伟主编. 国有土地上房屋征收与补偿条例焦点问题解析. 北京：法律出版社，2011：221.

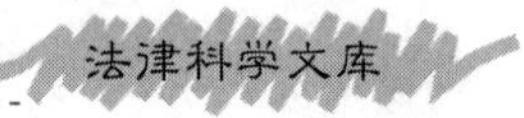

行。”为此，最高人民法院专门发布了《关于办理申请人民法院强制执行国有土地上房屋征收补偿决定案件若干问题的规定》（法释〔2012〕4号），其第9条规定：“人民法院裁定准予执行的，一般由作出征收补偿决定的市、县级人民政府组织实施，也可以由人民法院执行。”这一司法解释，实际上采纳了上述争议看法中的第一种意见。

《征收条例》中的强拆所针对的是作为征收标的“合法建筑”，出于严格保护私人财产权的目的，要求行政机关不能自裁自拆，是完全可以理解的。那么，针对违法建筑的强拆，就实施强拆的主体也会存在争议吗？事实上确实如此。对于城乡建设规划领域的拆违主体，特别是当事人不申请复议、不提起诉讼又不履行限期拆除行政决定的，实践中存在两种不同认识。一种意见认为，既可以由行政机关强制拆除，也可以启动非诉行政执行程序申请人民法院强制拆除；另一种意见认为，人民法院依法不应受理相关非诉行政执行案件。这一观点在一些行政机关与法院之间存在争议，这也是地方法院迫切要求厘清的法律适用的一个具体问题。这一问题在全国法院具有普遍性，此类案件不仅数量多，处理难度也大，个别基层法院甚至积压了上千件涉及拆违的非诉行政执行案件。不少法院在案件受理、执行方面，还承受着来自地方的某些压力。为解决这一问题，最高人民法院针对北京市高级人民法院的请示作出了《关于违法的建筑物、构筑物、设施等强制拆除问题的批复》（法释〔2013〕5号）：“北京市高级人民法院：根据行政强制法和城乡规划法有关规定精神，对涉及违反城乡规划法的违法建筑物、构筑物、设施等的强制拆除，法律已经授予行政机关强制执行权，人民法院不受理行政机关提出的非诉行政执行申请。”这一批复所依据的法律是《行政强制法》第44条规定：“对违法的建筑物、构筑物、设施等需要强制拆除的，应当由行政机关予以公告，限期当事人自行拆除。当事人在法定期限内不申请行政复议或者提起行政诉讼，又不拆除的，行政机关可以依法强制拆除。”据此，对涉及违反城乡规划法的违法建筑物、构筑物、设施等的强制拆除，法律已经授予行政机关强制执行权，这就意味着“强制拆除”要按照行政程序执行，地方人民政府已经获得了法定授权，启动非诉执行司法程序也就于法无据了。

由此可见，我国立法对于强拆“合法建筑”和“违法建筑”所采取的态度是截然不同的。征收程序中强拆合法建筑，应当申请人民法院强制执行；而拆除违法建筑，由行政机关直接采取行政强制执行措施，行政机关不得向人民法院推诿行政职责的履行。

三、拆除程序：行政机关依法强制执行

《行政强制法》第四章规定了行政机关强制执行程序，强制拆除小产权房等违法建筑，除须遵循一般程序外，根据《行政强制法》第44条规定，还须遵循特定的专门程序。

（一）行政强制执行的一般程序

根据《行政强制法》第34条规定，行政机关启动强制执行程序的条件有三：一是行政机关依法作出行政决定。行政决定是行政行为的结果形态，具有公定力，其可以作为强制执行的依据，其为相对人设定的行政义务可以成为强制执行的内容。二是行政相对人逾期不履行义务。行政决定一般会为行政相对人自动履行义务预留一定的期限，在此期限内相对人自动履行了行政决定所确定的行政义务的，则无须启动强制执行程序；反之，则有启动强制执行程序迫其履行之必要。三是行政强制执行有法律授权。只有法律明确授权某一行政决定事项由行政机关强制执行时，待执行的行政决定才能由行政机关启动强制执行程序，否则只能申请人民法院强制执行。以上三个条件，缺一不可。

行政机关作出强制执行决定前，应当事先催告当事人履行义务。催告应当以书面形式作出，并载明履行义务的期限、履行义务的方式、涉及金钱给付的应当有明确的金额和给付方式、当事人依法享有的陈述权和申辩权等事项。当事人收到催告书后有权进行陈述和申辩。行政机关应当充分听取当事人的意见，对当事人提出的事实、理由和证据应当进行记录和复核。当事人提出的事实、理由和证据成立的，行政机关应当采纳。经催告，当事人逾期仍不履行行政决定，且无正当理由的，行政机关可以作出强制执行决定。强制执行决定应当以书面形式作出，并载明下列事项：当事人的姓名或者名称、地址，强制执行的理由和依据，强制执行的方式和时间，申请行政复议或者提起行政诉讼的途径和期限，行政机关的名称、印章和日期。在催告期间，对有证据证明有转移或者隐匿财物迹象的，行政机关可以作出立即强制执行决定。催告书、行政强制执行决定书应当直接送达当事人，当事人拒绝接收或者无法直接送达当事人的，应当依照《民事诉讼法》的有关规定送达。

根据《行政强制法》第39条规定，有下列情形之一的，中止执行：

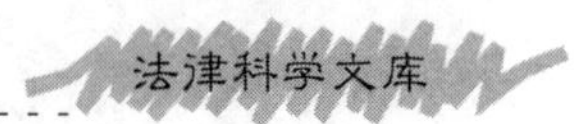

一是当事人履行行政决定确有困难或者暂无履行能力的；二是第三人对执行标的主张权利确有理由的；三是执行可能造成难以弥补的损失且中止执行不损害公共利益的；四是行政机关认为需要中止执行的其他情形。中止执行的情形消失后，行政机关应当恢复执行。对没有明显社会危害，当事人确无能力履行，中止执行满三年未恢复执行的，行政机关不再执行。

根据《行政强制法》第40条规定，有下列情形之一的，终结执行：一是公民死亡，无遗产可供执行，又无义务承受人的；二是法人或者其他组织终止，无财产可供执行，又无义务承受人的；三是执行标的灭失的；四是据以执行的行政决定被撤销的；五是行政机关认为需要终结执行的其他情形。

《行政强制法》于第41条规定了执行回转："在执行中或者执行完毕后，据以执行的行政决定被撤销、变更，或者执行错误的，应当恢复原状或者退还财物；不能恢复原状或者退还财物的，依法给予赔偿。"

《行政强制法》于第42条规定了执行和解："实施行政强制执行，行政机关可以在不损害公共利益和他人合法权益的情况下，与当事人达成执行协议。执行协议可以约定分阶段履行；当事人采取补救措施的，可以减免加处的罚款或者滞纳金。执行协议应当履行。当事人不履行执行协议的，行政机关应当恢复强制执行。"

《行政强制法》于第43条对不得实施强制执行的时间和方式作了明确的禁止性规定："行政机关不得在夜间或者法定节假日实施行政强制执行。但是，情况紧急的除外。行政机关不得对居民生活采取停止供水、供电、供热、供燃气等方式迫使当事人履行相关行政决定。"

（二）拆除违法建筑的专门程序

强制拆除小产权房等违法建筑，除要遵循上述的一般程序外，还要遵循《行政强制法》第44条的专门规定："对违法的建筑物、构筑物、设施等需要强制拆除的，应当由行政机关予以公告，限期当事人自行拆除。当事人在法定期限内不申请行政复议或者提起行政诉讼，又不拆除的，行政机关可以依法强制拆除。"据此规定，在一般程序之外，又增加了公告程序和行政复议或者行政诉讼两个前置程序。

由《行政强制法》第44条的表述来看，限期当事人自行拆除违法建筑的方式是"公告"。但笔者认为，对该条规定不应作此理解。正确的理解应当是，行政机关应当直接向违法建造人发出《责令限期拆除决定书》（性质上为“责令改正”行政行为），以《民事诉讼法》规定的相关送达方式送达给当事人；与此同时，再将《责令限期拆除决定书》以公告的方式进行公示，向社会公布周知。如果行政机关只是公告而没有直接送达，就有程序失当之嫌。此外，“公告”不能替代一般程序中的“催告”程序，申言之，如果当事人在送达《责令限期拆除决定书》和公告之后，在规定的限期内未自行拆除的，行政机关在作出《责令强制拆除决定书》之前，还应当根据《行政强制法》第35条规定以书面形式予以催告，不能因为发布了公告和送达了《责令限期拆除决定书》就认为可以省略催告程序。

另一个专门程序是当事人在法定期限内不申请行政复议或者提起行政诉讼又不自行拆除的，行政机关可以依法强制拆除，这是法律对行政机关强制拆除小产权房等违法建筑而专门增加的特殊程序。《行政强制法》草案四次审议稿第44条曾规定：“对违法的建筑物、构筑物、设施等需要强制拆除的，应当由行政机关予以公告，限期当事人自行拆除；当事人逾期拒不拆除的，行政机关可以依法强制拆除。”原本没有赋予当事人申请行政复议或者提起行政诉讼的权利，但在草案的审议过程中，考虑到为了避免一些认定起来有争议的违法建筑，尚未得到行政复议或者行政诉讼的救济就被行政机关强制拆除，可能给当事人利益造成不可逆的损害，所以增加了一个程序规定，即当事人在法定期限内不申请行政复议或者提起行政诉讼又不拆除的，行政机关可以依法强制拆除。而对于那些认定起来有争议的违法建筑，行政机关可以依法采取查封等行政强制措施使当事人停止施工，待行政复议或者行政诉讼结果出来之后，再决定是否强制拆除。①

第四节　实质违建（二）：小产权房的没收

根据《城乡规划法》第64条规定，应给予没收行政处罚的是“无法采取改正措施消除影响而又不能拆除的违法建筑”；就没收的对象而言，包括实物和违法收入两种。

---

① 袁曙宏主编. 行政强制法教程. 北京：中国法制出版社，2011：123-124.

一、没收范围：无法改正又不能拆除的小产权房

无法改正又不能拆除的小产权房所指向的实质要件实际上只有一个，即“不能拆除”；如果是“能够拆除”的无法改正的小产权房，应给予拆除处罚，不会予以没收。就何谓“不能拆除”，《广州市违法建设查处条例》（2012，2015 最新修正）第 24 条规定给出了一个较好的认定标准和认定机制：“城市和镇规划区内的违法建设属于本条例第十八条规定①的情形，且有下列情形之一的，可以认定为不能拆除的违法建设，由城市管理综合执法机关依法没收实物或者违法收入：（一）部分拆除影响建筑物、构筑物主体结构安全或者整体拆除影响相邻建筑物、构筑物主体结构安全的；（二）现有拆除技术条件和地理环境无法实施拆除的；（三）拆除将对公共利益造成重大损害或者其他严重后果的。城市管理综合执法机关在认定不能拆除的违法建设时，应当会同城乡规划、国土房管、建设等行政管理部门组织专家进行论证；案情重大、复杂的，还应当征求该违法建设所在地人民政府的意见。违法建设被认定不能拆除的，应当书面告知参与论证的行政管理部门和专家。”

前文中，在论述全部违建与部分违建的分类时曾经指出：“区分全部违建与部分违建的实践意义，主要体现在当违建执法面临着‘拆除’或者‘没收’的行政处罚时，应当如何实际执行的问题上。笔者认为，违建执法中，在执法对象究竟为全部违建还是部分违建的认定上，必须事先将是否具有可执行性纳入考虑，而判断是否具有可执行性的关键在于违建是否

① 《广州市违法建设查处条例》第 18 条规定：“有下列情形之一的，应当认定为无法采取改正措施消除对规划实施影响的违法建设：（一）未取得建设工程规划许可证，且违反控制性详细规划的强制内容、规划条件或者城乡规划技术标准建设的建筑物、构筑物或者超过合理误差的建筑部分；（二）已取得建设工程规划许可证，但不按照建设工程规划许可证许可的内容进行建设，超过合理误差的建筑部分；（三）未经批准进行临时建设，或者临时建筑物、构筑物超过批准期限不拆除的；（四）已批准进行临时建设，但不按照经审定的建设工程设计方案施工，违反规划条件或者城乡规划技术标准，超过合理误差的建筑部分；（五）未取得乡村建设规划许可证或者未按照乡村建设规划许可证进行建设，违反村庄规划强制性内容、城乡规划技术标准，超过合理误差的建筑部分；（六）其他依照国家有关规定应当认定为无法采取改正措施消除对规划实施影响的情形。前款所称合理误差的标准由市人民政府另行制定。”

具有‘可分性’。如果违法建筑不具有可分性，那么就不能将其认定为部分违建，否则就不具有实际可执行性；只有具备可分性的违法建筑，才能将其认定为部分违建，如果将具有可分性的违建认定为全部违建就有违行政执法的比例原则，是失当的。而某一违建是否具有可分性，主要应结合事实和观念两个层面进行判断。在事实上具有可分性的违建，于观念上未必具有可分性；在观念上具有可分性的违建，于事实上未必具有可分性。只有在事实上和在观念上都具备可分性的违建，才能被认定为部分违建。”申言之，如果是不能改正的全部违建，予以全部拆除即可，这不存在事实上或者观念上的障碍；如果是部分违建而不能改正，若要对违建部分实施拆除处罚，那么此一部分违建就必须具有可分性，不可分则无法实施部分拆除，就只能给予没收的行政处罚。就何为事实上或者观念上不具备可分性的部分违建，前文已论，于此不赘。

我国有地方立法在界定应予没收的小产权房的范围时，存在逾越立法权限、不当地扩大没收范围的问题。如三亚市人民政府《关于进一步加强查处和打击重点项目建设用地内违法建筑及小产权房工作的通知》（2010年7月9日发布）规定：“对违法建设的小产权房，严重影响城乡规划的，坚决予以拆除；对符合土地利用规划及城乡规划，且满足质量安全要求的，经市政府批准，可以没收实物或非法所得并处罚款。”其所界定的应予没收的小产权房，既然是符合土地利用规划和城乡规划的，那就应认定为程序违建，在性质上属于可经由改正而合法化的小产权房，既不应纳入拆除的范围，也不应当纳入没收的范围。对于此种“矫枉过正”的地方立法，从私人财产权保障的角度出发，应坚决予以清理。

二、没收实物：小产权房被没收后的处理

《城乡规划法》上的“没收实物”，本质上即为《行政处罚法》第8条规定意义上的“没收非法财物”。按照一般法理，已经被没收的非法财物应当收归国库，而不能被执法者个人或者单位截留。作为执法人员或者部门，有权做的只是代表国家将不好保存或者不好变现的非法财物作拍卖、变卖处理，或者交存有关部门保管。如果非法财物是走私品，则不能随意使之流入商品流通环节，而是应由有关部门代表国家进行拍卖，通过合法程序使走私品流通；如果非法财物是生鲜品，则仍由有关部门进行变现处理；如果非法财物是文物，则由执法部门按程序联系文物保护部门，按照

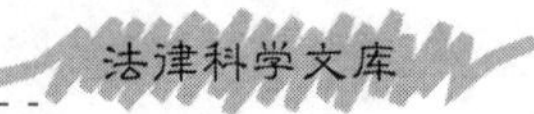

相关法律法规作出处理。① 走私品、生鲜品、文物可作如是处理，被没收后的小产权房又应作何种处理呢？对此，并没有相应的法律规定予以明确；而且，在小产权房的处理实践中，这是一个极其棘手的问题。

城乡规划承载着社会公共利益，不能采取改正措施消除对城乡规划影响的小产权房，就是有损社会公共利益的违法建筑，其对社会公共利益产生危害的社会属性和自然属性并不会因没收措施的采取而改变；易言之，此种小产权房由私人所有是有害公益的，经没收后转由国家所有同样也是有害公益的，其有害公益性不会因为所有权主体的不同而有所改变，既然对其不能采取拆除措施而消除对规划所承载之公共利益的影响，没收的正当性基础又何在呢？难道说国家拥有违法建筑的所有权比私人拥有违法建筑的所有权更具正当性？或者说，国家可以拥有违法建筑所有权而私人不能拥有违法建筑所有权？更或者说，小产权房等违法建筑被国家没收后就变性为合法建筑了？这些问题，都是难以给出合理回答而又绕不开的基本法理难题。更进一步言，在国家采取没收措施后，可以采取补全相关规划手续的方式使之合法化吗？回答也应当是否定的，因为既然在国家取得违法建筑后可以使之合法化，那么为什么在私人手中时国家不对其采取合法化处理措施呢？这在法律情感上是无法令人接受的。所以说，对于小产权房被没收后应当如何处理的问题，既要从实现没收之行政处罚的目的出发，又要从法秩序统一性的要求出发，使所采取的处理措施既合乎法理又符合整体法律秩序的要求。

笔者认为，对于不具备可分性的部分违建，对违建部分不能实施拆除，只能给予没收的行政处罚；在没收之后，国家不能通过补办相关手续使之合法化的方式处置，而是应该启动对于该“部分违建”之其他合法部分的房屋征收程序，通过征收取得该建筑之全部所有权，再对该建筑之全部实施拆除作业。如此处理，其利有三：一是国家拆除的是自己所有的房屋，其有权为之，师出有名；二是国家拆除了没收后的违法建筑，消除了其对规划所承载之公益的影响；三是国家对违建行为进行了惩处，没收了非法财物，剥夺了违法建造人对违建的所有权，有效实现了行政处罚之惩罚性目的。利之所在，政之所向。既然国家已经下定决心要整治严重违法的小产权房问题，那就很有必要在依法治国的大背景下，采取依法行政的

① 应松年主编．行政处罚法教程．北京：法律出版社，2012：76－77．

治理举措，合法合情合理地将其解决掉，因而笔者认为以上的处理方案是妥当可行的。

三、没收违法收入：违法收入被没收后的小产权房处理

由《城乡规划法》第64条规定的表述来看，对于无法改正又不能拆除的小产权房的行政处罚方式，“没收实物”和“没收违法收入”是选择关系，亦即要么给予没收实物的行政处罚，要么给予没收违法收入的行政处罚。申言之，对于此种小产权房，可以给予没收违法收入的行政处罚，而不是没收实物；根据语义解释，依照《城乡规划法》第64条规定，行政机关可以以“没收违法收入”的方式替代“没收实物”的方式。若此论成立，那么在实施了没收违法收入的行政处罚后，作为实物的小产权房又该如何处置呢？是没收违法收入之后通过补办相关手续使之合法化，还是没收违法收入之后其仍然不能合法化，而是由违法建造人“保留使用”“现状使用”？在规范目的上，这两种处理方案显然都不恰当，因为其明显具有“以罚代拆”“一罚了之”的懒政之嫌，视规划之公益性和规划执法之严肃性为儿戏，殊不可取。

在笔者看来，要解决这一问题，只能通过修法来实现，亦即将《城乡规划法》第64条规定的“没收实物或者违法收入”修改为“没收实物和违法收入”。《行政处罚法》第8条规定的“没收违法所得、没收非法财物”是作为一个行政处罚种类规定的，“没收违法所得”和“没收非法财物”并不是两个分别独立的、可选择适用的行政处罚种类；申言之，如果一个行政违法行为既形成了“违法所得”又形成了“非法财物”，那么行政机关在作出财产罚时必须一并作出“没收违法所得、没收非法财物”的行政处罚，而不能选择性地要么作出“没收违法所得”、要么作出“没收非法财物”的行政处罚。“违法建设行为”作为一种行政违法行为，恰恰具有这样的双重属性，即既形成了“违法所得”又形成了“非法财物”，因而在实施“没收”的行政处罚时，应一并没收违法所得和非法财物，而不能选择性地没收“其一”而保留“另一”给违法行为人。因而笔者认为，《城乡规划法》在行政处罚的设定上作为《行政处罚法》的特别法，在立法时误解了“没收违法所得、没收非法财物”的行政处罚类型属性，错误地使用了选择性连接词“或者”，从而造成了规划执法的困扰。而要解决这一困扰，就需要启动《城乡规划法》的修法程序，把“或者”修改

为“和”。

综上所述，笔者认为，就小产权房的没收而言，应在没收实物的同时一并没收违法收入，因为根本就不存在分别独立的“没收实物”和“没收违法收入”两种不同类型的行政处罚，更不能以没收违法收入替代没收实物。此外，对于“违法收入”的认定，《广州市违法建设查处条例》第25条规定可资参照：“违法收入按照违法建筑物、构筑物查处时当地相当等级房屋价格确定，房屋价格由城市管理综合执法机关委托有资质的评估机构进行市场价格评估；不能以房屋价格计算的，按照违法建设工程总造价确定。”

第五章　违法建筑的私法上处分

第一节　违法建筑的转让

一、违建所有权的处分权能与处分形态

前文中，在讨论各个不同的法律上所有权时，提到了所有权的一个分类，即“有处分权能的所有权和无处分权能的所有权”。这一分类，实际上是就所有权之法定形态提出的，其所指主要是我国现行立法中针对国家土地所有权与集体土地所有权之不能为处分权客体的现实。但在应然层面上，凡所有权都应当具有处分权能，无处分权能的财产权，其“物权性”尚且欠缺，又怎能形成自物权意义上的“所有权”呢？当然，即便在应然层面上，不同所有权的处分权能也是各不相同的，有层次深浅、程度高低、范围大小之别。所有权之所以各不相同，从根本上说，其差异性就来自处分权能之多样性。所以说，处分权

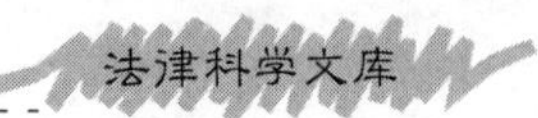

能之“有”与“无”是相对而言的；申言之，凡所有权皆有处分权能，不存在一种所有权之处分权能“全有”或者“全无”的状态，不同所有权的处分权能都位于“全有”和“全无”这两极之间。因而在此意义上，“有处分权能的所有权”与“无处分权能的所有权”也是相对而言的，国家土地所有权之处分权能并不是一种“全有”状态，集体土地所有权之处分权能也不是一种“全无”状态。既然违法建筑之上存在所有权，那么违建所有权必然也就具有处分权能。由于违法建筑所有权毕竟不同于合法建筑所有权，因而违建所有权之处分权能与合法建筑所有权之处分权能相比较而言，也必然会有所差异。

（一）事实上处分与法律上处分

所谓“事实上处分”，是指就所有权之标的为物质的变形、改造或者毁损之行为；所谓“法律上处分”，是指以权利变动为目的而对所有权所为的负担行为和处分行为。在法律上讨论所有权之处分权能时，一般所指都是法律上处分，本章后文所论，也主要是法律上处分，故而于此对法律上处分暂不作详论。

就事实上处分而言，事实上处分属所有权标的物的客观处分，为处分的物理行为直接加作用力于标的物上，通过改变物之客观物质形态而达到处分的目的，如焚毁缴获的毒品，拆解作报废处理的船舶，爆破拆除高楼大厦，撕毁创作不成功的书画作品，将外墙立面由绿色改漆成红色，对倾斜的树木进行侧面支撑，对塌陷的路面进行回填，用废钢打制刀具，勾兑鸡尾酒，调制火锅佐料，通过化学反应将葡萄汁酿制成葡萄酒，等等。事实上处分所加于所有权标的物上之作用力为自然力，具有客观性，往往为有形的物理处置或者无形的化学处理。从法律角度讲，为事实上处分的法律上行为，为“事实行为”。事实行为的法律效力依法律规定而发生，因之，事实上处分的法律效果都是法定的，这构成事实上处分与法律上处分之根本不同。

事实上处分具有自由性和不可控性，这是因为所有权标的物处于所有权人直接的管领支配之下，其随时可能对物为事实上处分而难以事前预知，即便是已经预知或者发现，其要么已经处分完毕，要么所实施的处分行为已经不具有可逆性，从而造成了处分效果在事实上已经发生的结果。当然，事实上处分之自由性和不可控性主要是就动产之事实上处分而言的，就不动产而言，如果需要经过一个比较复杂的处置流程才能完成处分，并且处分行为具有公开性的，则事实上处分同样具有可控性而非任性而为的。

违法建筑的事实上处分，包括在建的和已经建造完成的违法建筑的处分。在建违法建筑的事实上处分，表现为停建、拆除已建部分、改建、扩建等多种形态。已经建造完成的违法建筑的事实上处分，除不能表现为停止建设这一形态外，改建、扩建、拆除等，都是一些常见的事实上处分行为。需指出的是，违法建筑的事实上处分，是指违法建筑所有权人依其意愿主动所为之处分行为，如改扩建行为；而停建和拆除往往是依行政命令（责令改正）、行政处罚（强制拆除）或者行政强制执行而被动施为的，被动的处分不属于事实上处分的范畴，而应将其归入行政处理的范畴。

（二）基于负担行为的处分与基于处分行为的处分

事实上处分是基于事实行为的处分，法律上处分是基于法律行为的处分。法律上处分包括基于负担行为的处分和基于处分行为的处分两种，这属于广义的法律上处分概念，我国学界一般是在这一意义上使用“处分”概念的。[①]

负担行为通常仅形成人与人之间的法律关系，它并不直接引起现存权利的变动，故而基于负担行为的处分，又被称为间接处分。[②] 处分行为是指对某一权利进行处分的法律行为，亦即基于移转、变更、消灭某一权利或者在某一权利上设定负担的情形。只有当原权利人的法律地位发生变化时，也即权利发生移转、变更、消灭或者被设定负担等变化时，该行为才构成处分行为。[③] 相较于通过负担行为的处分为间接处分而言，经由处分行为（物权性行为）的处分就是直接处分。

① 王利明. 善意取得制度的构成. 中国法学，2006（4）. 在物权理论上，“负担行为”与“处分行为”本是相对的两种不同性质的行为，前者为债权性行为，后者为物权性行为。但在“法律上处分”的范畴，“负担行为”也是一种“法律上的处分行为”，对此不可混淆于作为物权性行为的处分行为。

② 林诚二. 民法处分概念分析及其体系构成//民事法学新思维之开展——刘春堂教授六秩华诞祝寿文集. 台北：自版，2008：257.

③ 维尔纳·弗卢梅. 法律行为论. 迟颖，译. 北京：法律出版社，2013：165.

就违法建筑的处分而言，基于负担行为的处分，通常是指违法建筑的出租，亦即通过租赁合同的签订而为他人设定债权性的违法建筑使用权；而基于处分行为的处分，包括违法建筑的转让、抵押权设定和以违建为供役地或者需役地的地役权设定等（后文详述）。

（三）基于法律行为的处分与非基于法律行为的处分

"法律行为是以下的法律事实总和：它包括一个单一的意思表示或多个意思表示……法律承认它是实现某种法律效果的根据（Grund），并承认该项法律效果是自主的意思的产物。"[①] 由此法律行为的定义可见，基于法律行为的处分，就是经由当事人自主意思的处分；而非基于法律行为的处分，就是非经由当事人自主意思的处分。在此意义上，基于法律行为的处分是一种主动处分，非基于法律行为的处分是一种被动处分。通常所言的法律上处分，一般是指基于法律行为的主动处分，亦即通过负担行为或者处分行为而对所有权所为的处分。本章所论违法建筑所有权的转让和他项权利的设定，就是基于法律行为的处分。

有关物权变动的非基于法律行为的处分，规定于我国《物权法》第28～31条中。第28条规定的是基于司法裁判的物权变动和基于公益征收的物权变动，第29条规定的是基于继承和遗赠的物权变动，第30条规定的是基于事实行为的物权变动，第31条规定的是非基于法律行为之物权变动的有效要件。其中，第29条规定的基于继承和遗赠的物权变动，实际上包含了基于法律行为的物权变动和非基于法律行为的物权变动两种情形。如果是遗嘱继承和遗赠，实际上都是通过"遗嘱"这一单方法律行为进行的，性质上属于基于法律行为的物权变动；只有其中的法定继承，才属于非基于法律行为的物权变动。第30条规定的基于事实行为的物权变动，如果是为新建房屋的事实行为，则属于物权取得的范畴，不属于非基于法律行为的处分；如果是拆除已建成房屋，则属于事实上处分范畴，同样亦可归入非基于法律行为的处分。

违法建筑是否会因公益征收而发生非基于法律行为的物权变动呢？对

---

① 沈达明，梁仁洁编著. 德意志法上的法律行为. 北京：对外贸易教育出版社，1992：50.

这一问题的回答，须从立法论和解释论两个层面进行；同时，对这一问题的回答，实际上要解决的问题是，违法建筑是适格的征收标的吗？笔者认为，一切具有财产价值的私法上权利和公法上权利，都应当属于宪法上的财产权范畴[①]，都具有适格的征收标的地位。正如有域外学者指出的："（所有权以外的）其他的（公法和私法性质的）财产权，不同种类的物权，专有权（如专利），不动产负担和其他债权也可因征收而被转让。"[②]这表明，征收标的在范围上是极其广泛的，凡属宪法财产权保障范围内的私人财产权，都应然地具有征收标的之资格。在此意义上，违法建筑所有权亦可因征收而被消灭，违法建筑是适格的征收标的。但这一结论的得出，还仅是立法论意义上的理论探讨。从法教义学角度讲，我国现行法并不承认违法建筑的征收标的地位。如《征收条例》第 24 条第 2 款规定："市、县级人民政府作出房屋征收决定前，应当组织有关部门依法对征收范围内未经登记的建筑进行调查、认定和处理。对认定为合法建筑和未超过批准期限的临时建筑的，应当给予补偿；对认定为违法建筑和超过批准期限的临时建筑的，不予补偿。"既然是"不予补偿"，那就意味着现行法并不认可违法建筑的征收补偿地位。但笔者认为，在认可了违法建筑之上存在着私法上之所有权的层面上，应认可违法建筑的征收标的地位，至于是否应予补偿以及补偿范围的确定，则属于可继续探讨的另一个层面的问题。

本书后文（第六章）所论非基于法律行为的处分，主要是指基于司法裁判和司法执行而发生的违法建筑处分情形，亦即违法建筑的"司法上处分"，而不包括公益征收意义上的"行政上处分"。

二、违法合同与违建转让合同之有效性

由于我国现行法采取的物权变动模式是"有因模式"而非"无因模

---

① 房绍坤，王洪平．公益征收法研究．北京：中国人民大学出版社，2011：10-11.

② M.B. 维涅茨安诺夫．从民法的角度看征收．张建文，译//易继明主编．私法：第 2 期．武汉：华中科技大学出版社，2007：231.

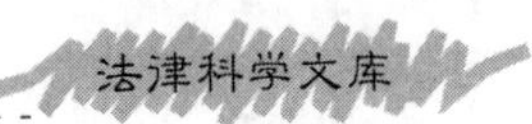

式”，故而违法建筑转让能否发生有效之物权变动结果，须以违法建筑转让合同之有效与否的认定为前提。如果违法建筑转让合同是无效合同，那么基于无效合同必然地不能发生有效的物权让与效果。由于违法建筑在公法上被认定为“非法财物”，当以其作为合同的标的物时，合同标的物即具有了“违法性”，而标的物违法的合同是“违法合同”之一种，故而要解决违法建筑转让合同之效力性问题，就须先厘清“违法合同”的效力问题。

违法合同属于“违法法律行为”的范畴。违法法律行为包括两种：一种是违反法律强制性或者禁止性规定的法律行为；另一种是违反公序良俗的法律行为。① 我国《民法通则》第55条规定：“民事法律行为应当具备下列条件：……（三）不违反法律或者社会公共利益。”其中，“不违反法律”的反义解释，即指违反法律强制性或者禁止性规定的法律行为无效；“不违反社会公共利益”的反义解释，即指违反公序良俗的法律行为无效。②《民法总则》第143条规定：“具备下列条件的民事法律行为有效：……（三）不违反法律、行政法规的强制性规定，不违背公序良俗。”该条规定将“社会公共利益”删除而代之以“公序良俗”，规范含义就更加准确了。如此一来，我国法律的规定就与比较法上的“违法法律行为”之立法通例相接轨，域外法上有关违法法律行为的学说、立法与判例，就可以作为比较法上的参考依据了。

法律行为具有违法性是导致法律行为无效的原因之一，而非唯一原因。根据《民法通则》和《民法总则》的相关规定，法律行为无效还可能是因为行为主体是无民事行为能力人（《民法通则》第55条，《民法总则》

① 维尔纳·弗卢梅. 法律行为论. 迟颖，译. 北京：法律出版社，2013：401-471.

② 《民法通则》第7条规定：“民事活动应当尊重社会公德，不得损害社会公共利益，扰乱社会经济秩序。”我国学者一般认为，该条规定是我国法上的公序良俗条款［龙卫球. 民法总论. 2版. 北京：中国法制出版社，2002：62；梁慧星. 民法总论. 4版. 北京：法律出版社，2011：50；王洪平. 论“国家政策”之法源地位的民法典选择. 烟台大学学报：哲学社会科学版，2016（4）］。在此，是将“公共利益”与“公序良俗”作了同义处理，虽略有不确，但在比较法的意义上也大致不差。

第144条），也可能是行为人的意思表示不真实（《民法总则》第146条）。但需指出的是，无行为能力人实施的法律行为并非一律无效[①]，意思表示不真实的法律行为也并非一律无效[②]；同样的，违法法律行为也并非一律无效。而要正确理解违法法律行为之效力性，就必须先厘清违法法律行为之“违法性”与侵权行为之“违法性”之间质的不同。而要厘清此一问题，又须先厘清侵权行为所违之“法”与法律行为所违之“法”是否具有同质性。还有，要厘清这一问题，就又须回溯性地厘清法律上的行为区分为“法律行为”“事实行为”与“侵权行为”的缘由。而这最后一个问题的厘清，就可以顺带揭开“违法法律行为”的真实面目，从而正确地理解法律行为的法律评价制度。以上诸问题的厘清，循环往复，密不可分。

---

① 《民法总则》第144条规定：“无民事行为能力人实施的民事法律行为无效。”在这个条文之外，再无例外规定。但实际上，这一看似“绝无例外”的全称性判断，在解释上仍然是存在着例外的。如在比较法上，根据《德国民法典》第105a条规定：“成年的无行为能力人从事可用价额不高的资金来履行的日常生活交易的，就给付和（以有约定为限）对待给付而言，给付和对待给付一经履行，该无行为能力人所订立的合同即视为有效。”此即为德国民法上的“日常交易行为有效”条款。根据《德国民法典》第110条规定：“未成年人已用金钱履行合于合同的给付，而该金钱系法定代理人或经法定代理人同意的第三人为此目的或为供任意处分而交给未成年人的，未成年人未经法定代理人同意而订立的合同视为自始有效。”此即为俗称的德国民法上的“零用钱条款”，该条规定并未区分限制行为能力和无行为能力而为不同规定。德国民法的上述两条规定，很值得借鉴。

② 我国《民法通则》第55条规定的“意思表示真实”，实际上为“意思表示无瑕疵”的同义语。有瑕疵的意思表示包括意思与表示不一致和意思表示不自由两类情形。原则上，单方虚伪意思表示、通谋虚伪意思表示（《民法总则》第146条）、隐藏行为等意思与表示不一致的瑕疵意思表示，都会导致法律行为无效的后果。但是，错误、误传、欺诈、胁迫、乘人之危、显失公平等瑕疵意思表示，所导致的法律后果往往是意思表示的可撤销，而非无效。我国原《经济合同法》第7条、原《技术合同法》第21条、原《涉外经济合同法》第10条、《民法通则》第58条，都将胁迫、欺诈的意思表示列为无效情形，现行《劳动法》第18条、《劳动合同法》第26条规定，也将因欺诈、胁迫而为的意思表示列为无效情形，但现行《合同法》已经改变了这一做法，《民法总则》也遵循了《合同法》的做法，基于胁迫、欺诈而实施的法律行为不再是无效法律行为，而属于法律行为可撤销的范畴，此种立法理念和制度设计是值得肯定的。

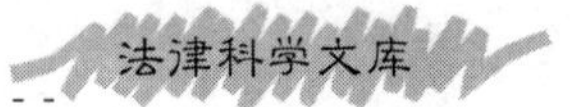

(一) 法律行为是一种“私人间的立法行为”

从学术谱系的角度看，“法律行为”概念来自德国民法，但《德国民法典》并未对法律行为（Rechtsgeschäft）概念予以立法界定，《德国民法典第一草案》的编纂者也故意回避了给法律行为下一个立法定义。但是，《德国民法典第一草案》的《立法理由书》，却给出了有关法律行为的如下定义：“草案意义上的法律行为是旨在产生特定法律效果的私人意思表示，该法律效果之所以依法律秩序而产生，是因为人们希望产生这一法律效果。法律行为的本质在于作出旨在引起法律效果的意思表示，且法律秩序通过认可该意思来判定意思表示旨在进行的法律形成在法律世界中的实现。”正是基于该定义，德国民法学界的权威学说对于法律行为的概念又重述如下：“法律行为是指个体基于法律秩序可以按照自己的意思通过其创造性地形成法律关系的一类行为。法律关系基于实施法律行为的一人或者多人共同制定的因获得法律秩序的认可而生效的规则所形成。以此为目的而制定的规则正是法律行为与那些法律效果基于法律秩序而产生的法定构成要件（rechtlich formierte Tatbestände）之间的区别所在。”① 基于上述两个德国法上的有关法律行为的定义可见，法律行为是创制私人之间法律关系准则的“私人间的立法行为”；亦即，法律行为是一种规则形成行为。而这一学理界定，实际上是有比较法依据的，这就是《法国民法典》第 1134 条第 1 款的规定：“依法成立的契约，对缔结契约的人有相当于法律之效力。”该规定准确地揭示了合同本身的规则属性。易言之，订立合同的法律行为是创制合同当事人间行为规范的“私人立法行为”，合同的内容及其法律效力是依据当事人之间自主形成的规则而产生的，而不是在当事人的自主意志之外由国家的制定法外在强加的。我国市面上流行的民法教科书对法律行为的定义，往往仅停留在法律行为是一种法律事实的层面上，而并没有真正揭示出法律行为与其他法律事实（如事实行为、侵权行为）的本质区别。如梁慧星教授认为：“所谓

---

① 维尔纳·弗卢梅. 法律行为论. 迟颖，译. 北京：法律出版社，2013：26，28.

民事法律行为，指以发生私法上效果的意思表示为要素之一种法律事实。”① 这一定义仅仅阐明了法律行为的核心构成为“意思表示”，而没有揭示出其行为属性。《民法总则》仍然存在这一问题，其第133条规定：“民事法律行为是民事主体通过意思表示设立、变更、终止民事法律关系的行为。”正是由于这种有意或者无意的疏漏和认识偏差，导致我国法上对法律行为之违法性与侵权行为之违法性存在着认知误区，而不能给予二者以清晰的区别和界定。

（二）“效力规范”对“行为规范”的效力评价

既然法律行为是一种“私人间的立法行为”，那么对于法律行为和基于法律行为所形成之规则的认识和评价，就完全可以比照通常所言的国家立法行为和对法律的认识和评价来进行。对此，笔者认为英国分析法学家哈特（H. L. A. Hart）关于“法律的概念”的理论架构，具有很高的分析工具价值。

哈特认为，法是第一性规则和第二性规则的结合。第一性规则要求人们去做或者不做某种行为，而不管他们愿意与否；第二性规则依附于第一性规则，它们规定人们可以通过做某种事情或者表达某种意思，从而引入新的第一性规则，废除或者修改旧规则，或者以各种方式决定第一性规则的作用范围或者控制第一性规则的运作。第一性规则设定义务，第二性规则授予权力（公权力和私权力）。因为第一性规则设定义务，因而第一性规则亦即“第一性义务规则”。由于第一性义务规则在义务的设定上是否具有有效性尚带有“不确定性”，因而第一性义务规则所设定的义务要具有实效性，就必须引入第二性规则对第一性规则的有效性进行确认，此种第二性规则即为“承认规则”，亦即承认第一性规则之有效性的第二性规则。②

根据哈特的概念框架，其所指的第一性义务规则，实际上即为“行为规则”（行为规范）；其所指的作为第二性规则的“承认规则”，实际上即

① 梁慧星. 民法总论. 北京：法律出版社，1996：152.

② 哈特. 法律的概念. 张文显，等译. 北京：中国大百科全书出版社，1996：81-101.

为“效力规则”（效力规范）。行为规范是为法律主体界定行为模式的规范，其行为模式的界定通过权利义务配置的方式进行，是法律主体享受权利、承担义务的规范依据。而行为规范之被遵守和其配置的权利义务之实现，有赖于行为规范本身的有效性。既然须对行为规范之有效性进行评价，那么行为规范在被作出有效性评价之前，其规范效力就具有不确定性；而在对行为规范进行有效性评价时，行为规范成了评价对象。能够作为行为规范之评价依据和标准的，就是效力规范。因而在此意义上，效力规范是行为规范的效力依据。行为规范与效力规范的区分，在立法层面上是客观存在的。如根据我国《立法法》第 96 条规定，下位法违反上位法规定的，下位法应作出改变或被撤销。在此意义上，下位法是上位法的评价对象，上位法就构成了下位法的承认规则（效力规范），不被上位法认可的下位法是无效规则，不会产生行为规范的效力。下位法之所以会被作无效认定，原因是下位法违反了上位法，在此意义上，下位法的制定行为就是违法立法行为，而对此种违法行为（违法立法行为）的法律评价，就是依据效力规范（上位法）而为的效力评价，而非其他。

（三）效力规范对“私人间立法”的效力评价

法律行为作为一种“私人间的立法行为”，经由法律行为而形成的规则，在哈特的分析框架内，就是“第一性规则”意义上的行为规范。以合同法律行为为例，当事人双方经由订立合同的法律行为而成立合同关系，合同法律行为即为合同当事人之间的“私人立法行为”，经由合同法律行为而形成的合同就是“当事人之间的法律”。合同能否经由履行而最终实现合同目的，就取决于作为合同内容之权利义务配置是否具有法律效力；这就如同一部刚刚制定的法律，其能否产生“行为规范”意义上的法律实效，就取决于该部法律能否经受住作为第二性规则之“效力规范”的检验。申言之，合同规则是第一性规则，是当事人之间经由意思自治而为自己创设的行为规范，这一行为规范能否得以遵守，需要经受作为第二性规则的效力规范的检验。而作为合同效力之评价依据的，就是一国现行法律体系中的效力规范；易言之，就是我国法用语上的“效力性强制性规范”。如果合同法律行为违反了作为承认规则之“效力性强制性规范”，那么该合同法律行为所形成的行为规范（合同本身）就将归于无效；反之，如果该合同法律行为所违反的并非“效力性强制性规范”，那么合同的有效性就将得以维持。所以说，在合同法上，对作为“私人间立法”之合同的评价，其评价结果就表现为“合同有效”或者“合同无效”。

（四）效力规范与行为规范之规范构成的不同

由上述的效力规范与行为规范的不同规范功能可见，效力规范是对行为规范之有效性进行评价的规范，而行为规范是直接设定法律主体之间权利义务的规范。合同法律行为属于形成行为规范（合同）的范畴，因而合同之有效性需要经由法律体系中之效力规范的检验，所谓“因违法而无效的合同”，即属于违反了效力性强制性规范的违法合同。职是之故，作为引发违法合同的“违法法律行为”，其所违之法即为法律体系中的“效力规范”而非“行为规范”。恰于此点，作为违法行为的侵权行为与之不同，侵权行为所违之法是法律体系中的“行为规范”而非“效力规范”，违反“行为规范”所导致的否定性法律后果是某种法律责任的承担，而不牵涉到违法行为的效力问题。

以上结论的得出，也可以从法律规范之构成的角度进行论证。从由法律事实到法律规范为涵摄的角度讲，行为规范与效力规范的规范结构不同，因而作为三段论推理的结论也就存在着差别。虽然行为规范与效力规范都由“事实构成”和“法律效果”两个要素构成，但组成二者的要素属性却不相同。公法中的绝大多数规范和私法中的侵权责任规范，都属于行为规范的范畴。如“超速罚款”这条行政法规范，作为行为规范，其构建的行为模式是“应在限速内行车”，违反限速即构成“超速”的违法事实，将这一事实向“超速罚款”这条规范进行涵摄的结论就是“罚款”行政责任的承担。另如“杀人偿命”这条刑法规范，作为行为规范，其构建的行为模式是“不得杀人”，违反之即构成“杀人”的违法事实，将这一事实向“杀人偿命”这条规范进行涵摄的结论就是“偿命”刑事责任的承担。再如“侵害人格权应予精神损害赔偿”这条侵权法规范，作为行为规范，其构建的行为模式是“应尊重人格权”，违反之即构成“侵害人格权”的违法事实，将这一事实向“侵害人格权应予精神损害赔偿”这条规范进行涵摄的结论就是“精神损害赔偿”民事责任的承担。所以说，更具体而言，行为规范的规范构成是“违法行为”

和“法律责任”这两者，由行为规范所推出的结论是法律责任的承担，而无关行为的效力问题。与之不同，认定合同效力的规范在属性上为效力规范，作为向其为涵摄的“法律事实”是合同和合同法律行为，而合同法律行为本身就是一种创制法律规则（合同）的“立法行为”，对其创制的权利义务规则（合同）的评价结果就只能是“规则有效”（合同有效）或者“规则无效”（合同无效），而不存在合同法律行为本身是否要承担法律责任的问题。申言之，效力规范的规范结构由“被创制的规则”和“有效或者无效”两者构成，因此，如果说法律行为也是一种“法律事实”的话，其并非向行为规范为涵摄的“行为事实”（违法行为），而是一种“规范事实”，即被法律行为所创制出的“规范”（规则）本身成了作为大前提之效力规范的评价对象，所以其评价结论也只会是“规则有效”或者“规则无效”，而不是作为创制规则的行为本身是“有责”或者“无责”。由此决定了，对法律行为为效力评价的规范（大前提）应是效力规范，而不是行为规范。

（五）基于“无效法定主义”之效力规范识别

效力性强制性规范就是对行为规范进行效力评价的承认规则和效力规范，要将某一法律规范作为合同效力评价的依据，其前提是要对该规范是否为效力规范作出识别；如果其非为效力规范，那么违反之亦不会导致合同无效的后果。对此，最高人民法院《关于适用〈中华人民共和国合同法〉若干问题的解释（二）》（法释〔2009〕5 号）第 14 条作了明确规定：“合同法第五十二条第（五）项规定的‘强制性规定’，是指效力性强制性规定。”申言之，违反效力性强制性规定的，合同无效；而如果违反的是非为效力性的管理性强制性规定的，则不会导致合同无效。管理性强制性规定虽然也具有强制性，属于非任意性规范的范畴，但其规范性质却为行为规范，亦即为法律主体设定行为义务的规范，而非效力规范。如我国《合同法》上所要求的合同订立应当采取书面形式的诸多规定，就是在为当事人设定行为模式，违反之并不导致合同无效，只是会对当事人产生其他的一些不利后果而已（如产生合同纠纷后书证阙如）。

就效力性强制性规定而言，有私法上的，也有公法上的。如果某一法律规范的条文表述中明确提到了违反之将导致法律行为无效或者合同无效的，那么该法律规范当然即为效力性强制性规定。如《民法通则》第58条、《合同法》第52条、《民法总则》第153条等就无效民事行为（无效民事法律行为）和无效合同情形作了总括性规定，《合同法》第40条与第53条、《保险法》第19条、《海商法》第126条、《消费者权益保护法》第26条、《民用航空法》第130条等就相关合同的“格式条款”（包括“免责条款”）无效作了规定，《物权法》第172条、《担保法》第5条就担保合同因主合同之无效而无效作了专条规定，《拍卖法》第65条就拍卖合同的无效作了规定，《信托法》第11条就信托合同的无效作了规定，《劳动法》第18条、《劳动合同法》第26条就劳动合同的无效作了总括性规定，《政府采购法》第77条就中标、成交之诸无效情形作了规定，《农村土地承包法》第60条就土地承包经营权互换、转让和土地经营权流转合同之无效作了规定，等等。在某些典型的公法规范中，也就合同的无效问题明确作了规定，如《城乡规划法》第39条就规定了因未将规划条件纳入出让合同而导致土地使用权出让合同无效的情形。对于上述情形，不论是规定于私法中还是规定于公法中，因为法律明定了合同无效的后果，因而这些规范不问其公私法性质，都是可导致合同无效的“效力性强制性规定”。

但问题在于，如果某一法律规范的条文表述中，并未明言违反之将导致法律行为或者合同无效的后果，那么如何识别其为效力性强制性规定还是管理性强制性规定呢？对这一问题的回答，不论在理论界还是司法实务界，都存在着极大的争议，因此也形成了一类非常棘手的疑难案型。在我国学界，就何为“强制性规范”都难以达成一致意见①，又如何能对“管理性强制性规范”与“效力性强制性规范”二者作出泾渭分明的区分呢？此诚为一大难题。

对于将强制性规定区分为效力规定和取缔规定（管理规定）的二分法，苏永钦先生曾作出过以下颇有见地的评论：“基于不同的文本，（海峡）两岸转介条款的理论与实务都不约而同地走向效力规定和取缔（管

---

① 钟瑞栋. 民法中的强制性规范：公法与私法“接轨”的规范配置问题. 北京：法律出版社，2009：47－50.

理）规定的二分法，但如何界定某一强制或禁止规定为此或彼，其形式或实质因素必须具有何种特征，对此提出二分法者一开始都语焉不详，顶多是用某种空洞的公式去作以问答问的推论，这也是两岸皆然。法官有点像在度量衡发明以前的市场肉贩，只能用手掂掂案件的分量，凭经验就作了要不要让该管制法规介入此一私法关系的综合判断，当事人也只看到判决书上泛泛地宣读一遍口诀，比如'依该规定之意旨'，立刻就得到其为效力规定或取缔（管理）规定的结论，决定该契约有无完整效力的命运。便即到了今天，台湾'民法'已有 80 年的实施经验，大陆《合同法》也用了 10 年，研究此一问题的学者多半也还停留在德国古老的'规范目的说'，没有往前多走一步，笼统地提出所谓综合考虑：'应综合法规的意旨，权衡相冲突的利益（法益的种类、交易安全、其所禁止者究系针对双方当事人或仅一方当事人等）加以认定'，因为过于笼统，同样没有跳脱只能基于某种无法言传的经验法则的窘境。"① 为跳出上述"以问答问"的绕圈圈窘境，苏先生建议用英美法系的案例方法，通过案型的累积，归纳成较为具体、可预见性高的权衡规则，再慢慢摸索出贯穿规则之间的体系。为使案例方法的操作具有一定的方向可循，苏先生还尝试性地就契约效力管制可能斟酌的一些因素作了整理，认为管制法益、管制取向、管制领域、管制重心、管制性质、管制强度、管制工具、管制本益等八个因素是应予考虑的。② 但笔者认为，苏先生只是正确地提出了问题，但其问题的解决方案可能仍然是无济于事的，其提出的案例方法并无新意，并且也是两岸司法实务界一直以来都不曾忽视的一个方法，其所提出的八大斟酌因素也只是比传统的"抽象公式"多了几个考虑的因素而已，仍然未跳出"以问答问"和"以抽象界定抽象"的怪圈。此问题在日本学界也引起了极大的争论，先后有法规渊源区别说、综合判断说、履行阶段说、经济公序说、基本权保护义务说等有影响力的观点登场。③ 但其各种学说，仍然不能跳脱抽象判断的弊端。对此问题，最高

① 苏永钦．寻找新民法．北京：北京大学出版社，2012：298－299．

② 同①300－305．

③ 孙鹏．私法自治与公法强制——日本强制性法规违反行为效力论之展开．环球法律评论，2007（2）．

人民法院在《关于当前形势下审理民商事合同纠纷案件若干问题的指导意见》(法发〔2009〕40 号)中曾指出:“人民法院应当综合法律法规的意旨,权衡相互冲突的权益,诸如权益的种类、交易安全以及其所规制的对象等,综合认定强制性规定的类型。如果强制性规范规制的是合同行为本身即只要该合同行为发生即绝对地损害国家利益或者社会公共利益的,人民法院应当认定合同无效。如果强制性规定规制的是当事人的‘市场准入’资格而非某种类型的合同行为,或者规制的是某种合同的履行行为而非某类合同行为,人民法院对于此类合同效力的认定,应当慎重把握,必要时应当征求相关立法部门的意见或者请示上级人民法院。”该规定虽然提出了诸多的综合衡量因素,但实际上却也仍失之抽象。

依笔者之见,要彻底解决这一问题,就须采取釜底抽薪式的做法,采行“无效法定主义”。申言之,不论是私法规范还是公法规范,要成为效力规范,都必须是在法律条文的表述中明确存在“无效”字样的规范;如果法律条文仅仅表述为“应当”“必须”“不得”“禁止”等,而未作更进一步的“若……则无效”规定的,那就不属于效力性强制性规定(效力规范),而属于对法律主体之行为自由作出限制、课予行为义务的行为规范(管理性强制性规定)。

依笔者的观察,我国最高人民法院近年来基于“合同自由原则”“合同效力维持原则”等基本理念,已经慢慢地开始有意识地趋近于采取“合同无效法定主义”,这其中的突出表现就是对于法律规定中之效力规范的范围明确地采取了目的性限缩解释态度。如在《第八次全国法院民事商事审判工作会议(民事部分)纪要》(2016)中,关于房地产纠纷案件的审理,就明确提到了两点:“13. 城市房地产管理法第三十九条第一款第二项规定①并非效力性强制性规定,当事人仅以转让国有

① 《城市房地产管理法》第 39 条第 1 款第 2 项规定:“以出让方式取得土地使用权的,转让房地产时,应当符合下列条件:……(二)按照出让合同约定进行投资开发,属于房屋建设工程的,完成开发投资总额的百分之二十五以上,属于成片开发土地的,形成工业用地或者其他建设用地条件。”

土地使用权未达到该项规定条件为由，请求确认转让合同无效的，不予支持。14. 物权法第一百九十一条第二款[①]并非针对抵押财产转让合同的效力性强制性规定，当事人仅以转让抵押房地产未经抵押权人同意为由，请求确认转让合同无效的，不予支持。受让人在抵押登记未涂销时要求办理过户登记的，不予支持。”该会议纪要更是明确了此前在我国司法实践中一直存在广泛争议的两个法律条文的规范属性，将此前倾向于认定其为效力规范的态度，一举改变为认定其为行为规范的态度。依笔者之见，不论是否有意为之，这都意味着，最高人民法院正在悄然推进“合同无效法定主义”这样一种新的合同效力认定模式。这一认定模式一旦确立，“效力性强制性规定”与“管理性强制性规定”的区分窘境，就立刻解决。

（六）公法规范作为法律行为效力的认定依据

有学者认为，我国《合同法》第52条第5项规定在适用关系上，应主要适用于公法上的强制性规范。这一方面是因为，涉及合同效力的强制性规范在民事法律上相对较少，另一方面，也是更主要的方面，有可能对私法发生影响的公法，相对于私法规范来说，是一个无尽的领域，因此为了使其在必要时对私法发生影响，有必要为其在民法上设立一条一般的连接适用条款。通过连接条款，公法就可以进入私法，对私法加以必要的调整，毫无疑问，《合同法》第52条第5项正担当着这一重任。[②]

公法规范大多数为行为规范，即为法律主体设置法律义务的规范，在此意义上，公法规范能够充当法律行为之效力认定的“承认规则”（效力规范）的应当只是少数，上述认为只有公法中的效力规范才能作为合同效力认定依据的看法是值得肯定的，但其同时又认为这样的公法规范是一个无尽的领域，就是言过其实了，亦即不当地扩大了公法中效力性强制性规范的范围，犯了合同无效认定之大忌，与“合同无效法定主义”的发展趋

① 《物权法》第191条第2款规定：“抵押期间，抵押人未经抵押权人同意，不得转让抵押财产，但受让人代为清偿债务消灭抵押权的除外。”

② 耿林. 强制规范与合同效力——以合同法第52条第5项为中心. 北京：中国民主法制出版社，2009：252.

势南辕北辙。

公法的制度宗旨在于行为管制，因而公法规范的属性为行为规范，违反行为规范所确立的行为模式导致的不利法律后果是相应的公法责任的承担，如行政责任、刑事责任的承担，原则上不能产生私法上合同无效的法律后果。如近年颁行的《关于审理民间借贷案件适用法律若干问题的规定》(法释〔2015〕18号）第13条规定："借款人或者出借人的借贷行为涉嫌犯罪，或者已经生效的判决认定构成犯罪，当事人提起民事诉讼的，民间借贷合同并不当然无效。人民法院应当根据合同法第五十二条、本规定第十四条之规定，认定民间借贷合同的效力。"该条规定即明确了，即便借贷行为触犯了刑法而构成犯罪，作为犯罪手段的民间借贷合同也并不因之而当然无效，这就科学地将刑法上的行为管制与私法上的合同效力进行了合理区隔，体现了私法规范对公法规范的效力脱离性。宣告合同无效不是一种法律责任的承担方式，其只是强制性地取消或者否定合同当事人所意欲发生的法律效果，导致当事人之间的合同目的不能实现。合同无效虽然也是对当事人法律行为的一种否定，但其否定的目的并非全是产生负面性的、不利的法律后果，如"完全无民事行为能力人签订的合同无效"就是通过合同无效的宣告来保护完全无民事行为能力人的利益的。因此，合同无效原则上不应成为违反公法上行为规范的法律后果。

或许有人会提出质疑：若此论成立，那么公法上强制或者禁止的管制性规范目的又如何实现呢？合同不被宣告无效的评价结果岂不是与公法的管制意旨相冲突而消解了公法的管制效果？笔者认为这一担心是没有必要的。公法是"政策法"，凡公法规范皆有其特定的规范目的。笼而统之地讲，公法的规范目的在于"行为管制"，通过特定的行为管制而达成特定法益保护或者特定法秩序维续的终极目的。作为一种行为规范，公法上的强制或者禁止规范不会将规范目的直接指向作为私法规范领域的合同效力(有效或者无效)。公法的强制或者禁止规范会影响合同目的效力的实现，会导致当事人间合同目的的落空，但公法的这一影响效果的发生并不是通过宣告合同无效来实现的。合同行为是一种交易行为，当事人通过处分自

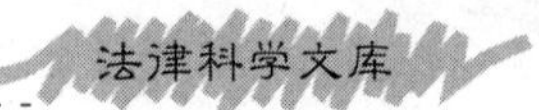

己之固有利益而换取合同的履行利益，利益的交换表现为当事人通过“负担行为”的作出而进入合同关系，通过履行合同来最终达成合同履行利益的交换。[①] 公法对合同效力发生影响的切入点，不应在于当事人所为的“负担行为”是否有效上，而应在于当事人通过负担行为所意欲达成的“处分效果”上。如果合同的处分效果触犯了公法的强制性或者禁止性规定，那么相应的公权力机关就可以依法拒绝作成一定的行为来协同完成当事人所意欲达成的法律效果。公法规范完全没有必要通过宣告一个合同的无效来达成阻止或者否定某种法律效果发生或者变动的管制目的。负担行为之作成属于当事人行为自由的范畴，公法也完全不可能将社会上的全部负担行为都纳入其监管的范围，因而事后法律效果实现上的监管就应成为实现公法上管制目的的切入点。譬如，如果当事人签订的是转让不动产所有权的合同，那么不动产登记机关完全可以依据《城市房地产管理法》第38条和《不动产登记暂行条例》第22条规定作出不予登记的决定，再结合《物权法》第9条规定的“登记生效主义”规定，阻止当事人之间所意欲达成的转让不动产所有权之处分效果，公法上的管制目的即完全不至于因承认转让合同的有效性而落空。如果当事人签订的合同有违公法上的管制性规范，如以买卖假冒伪劣商品为目的的合同，那么司法机关在当事人诉请强制履行时，人民法院完全可以以合同有悖于公法上“禁止生产、销售假冒伪劣商品”的禁止性规范为据而拒绝对其为强制履行。拒绝强制履行并不是直接否定合同的效力，但却会产生与合同无效近乎等值的法律

① 如果当事人签订的是以转移标的物之所有权为目的的合同，那么通过合同的履行，一方获得物之所有权（如房屋所有权），另一方获得价金的所有权（对价利益的取得）。如果当事人签订的是以他物权设定为目的的合同，那么通过合同的履行，一方取得他物权（如用益物权或者担保物权的设立），另一方获得相应的对价利益。如果当事人签订的是以他人之物的债权性用益为目的的合同，那么通过合同的履行，一方获得他人之物的债权性用益权（如房屋或者土地的租赁权），另一方获得相应的对价利益。如果当事人签订的是以劳务给付为目的的合同，那么给付劳务方付出劳务而交换对方所支付的劳务报酬，支付报酬方享用对方所提供的服务或者同时取得对方给付的劳动成果。

效果。①

总之，笔者主张，“合同效力维持原则”应当成为我国合同法的一项基本原则。正如我国刑法中的死刑个罪正在日趋减少一样，宣告合同无效无异于判处合同“死刑”，因而对合同无效的宣告也应该采取审慎的态度而逐步减少之。宣告一个合同无效就是强制性地取消一次交易，如果合同被大量地宣告无效，就会扰乱交易秩序，危及市场经济，反而于社会公共利益不利。从本质上讲，合同无效制度与私法自治原则是相冲突的。宣告合同无效是对合同当事人自由意志之否定，往大处讲，是对当事人自由人格的一种干涉，事关当事人自主人格的养成和实现。因而无效宣告只能作为极个别之“例外”存在，而不应成为一种多发性的合同效力状态。通过“合同无效法定主义”，就可以将公法上大量的强制性规定排除在效力规范之外，从而实现合同效力维持、合同自由保障之目的。

（七）违建之违法性与转让合同效力判断

前文中，就违法建筑之违法性已经作出过论述。违法建筑之所以被认为是“违法财物”，原因在于违法建造行为本身具有违法性，其是违反了建筑规划而实施的建造行为，故具有公法上的违法性。但根据上文所论，违法建筑之公法上的违法性并不能阻止在违法建筑之上可以成立所有权。既然违建之上可以成立所有权，而所有的所有权就都应当具有应然意义上之处分权能，那么以处分违建所有权为目的之违建转让合同是否具有有效性呢？

《山东高院 2011 年审判工作会议纪要》指出：“当事人之间以违法建

① “可强制履行合同”与“不可强制履行合同”是一个重要的合同分类，在大陆法系的立法与学说理论上，在规定或论述合同的类型（债之类型）时，一般不会提及这一分类，但在英美法上，这一分类却不可或缺。如美国法院会以公共政策（public policy）为由而拒绝执行一个本非无效的合同。（E. 艾伦·范斯沃思. 美国合同法. 葛云松，丁春艳，译. 北京：中国政法大学出版社，2004：321.）实际上大陆法系立法上的“自然之债”（当然也包括基于合同而发生的合同性自然之债），就是一种不可强制履行之债。有关此一分类的较详细论述，见房绍坤，王洪平. 债法要论. 武汉：华中科技大学出版社，2013：64－65.

筑为标的物签订的买卖、租赁合同发生的争议，人民法院应当依法受理，并依法确认以违法建筑为标的物的买卖、租赁合同无效。”而《第八次全国法院民事商事审判工作会议（民事部分）纪要》（2016）指出：“对于未取得建设工程规划许可证或者未按照建设工程规划许可证规定内容建设的违法建筑的认定和处理，属于国家有关行政机关的职权范围，应避免通过民事审判变相为违法建筑确权。当事人请求确认违法建筑权利归属及内容的，人民法院不予受理；已经受理的，裁定驳回起诉。”前者还规定应当受理，后者直接规定了不予受理，其否定的倾向性态度何其坚决！但笔者认为，这两种做法都是错误的，关于违法建筑之上存在所有权的观点前文已经作了充分论述，既然其上存在着所有权，那么起诉请求确认其权利归属和权利内容也就具有了正当性，不予受理和给予裁驳就是错误的程序处理；在此基础上，确认违法建筑转让合同之有效性，从而确保实现违法建筑所有权之处分权能，就是理所当然的逻辑要求了。

《城市房地产管理法》第 38 条规定，将“未依法登记领取权属证书的”房地产，列为不得转让的房地产范围。而根据现行法，违法建筑不可能完成首次登记，因而根据该条规定其当然属于不得转让的房地产。就“不得转让”的规范含义，有两种理解：一种是从转让合同无效的角度理解，另一种是从不得发生有效之物权变动的角度理解。上文刚刚提及的山东高院的文件，就是从合同无效的角度切入的；而最高院发布的民商事审判会议纪要，则是从不得发生有效之物权变动角度理解的。而在笔者看来，这两种理解都是曲解，都没有正确把握立法本意，与法教义学和法秩序统一性之要求不符。

对于《城市房地产管理法》第 38 条规定（2007 年修正前为第 37 条规定）的规范性质，最高人民法院在相关案件判决中实际上早有表态，认为其为行政管理性质的规定，而非针对转让合同效力的强制性规定。① 在《最高人民法院公报》发布的“丁某如与石某房屋买卖合同纠纷案”中，其裁判要旨指出：“房屋行政主管部门对未经审批而改建、重建的房屋，可因现实状况与不动产登记簿记载的权利状况不一致，将其认定为附有违法建筑并结构相连的房屋进而限制其交易。如何认定这类房屋买卖合同的

① 最高人民法院“河南鑫苑置业有限公司与河南花园置业有限公司建设用地使用权转让合同纠纷案”民事判决书（〔2006〕民一终字第 26 号）。

效力，实践中存在分歧。善意买受人根据不动产登记的公示公信原则，确信登记的权利状态与现实状态相一致，此信赖利益应予保护；根据区分原则，房屋因附有违法建筑而无法过户应属合同履行范畴，不影响合同效力。因此，这类合同如不具备合同法第五十二条的无效情形，应当认定有效。出卖人负有将房屋恢复至原登记的权利状态并消除行政限制的义务。在买受人同意按现状交付并自愿承担恢复原状义务的情况下，出卖人应按诚实信用原则将房屋交付买受人，并于买受人将房屋恢复原状、消除行政限制后协助完成过户手续。”[①] 这一观点，在地方法院的某些相关判决中也有体现。如广州市中级人民法院在“杜某梅与郑某等房屋买卖合同纠纷上诉案”[②] 的判决中指出：“我国合同法规定，依法成立的合同，自成立时生效，本案双方当事人签订的房屋买卖合同，可以确认出自双方当事人的真实意愿，但对合同内容的效力却有争议，主张无效的依据是未领取权属证书的房屋不能出售的相关规定。最高人民法院《关于适用〈中华人民共和国合同法〉若干问题的解释（二）》第 14 条规定，合同法第五十二条第（五）项规定的‘强制性规定’，是指效力性强制性规定。也就是说，导致合同无效的违法内容必须是违反法律效力性强制性规定。上诉人所引用的法律规定或者规章，都不属于效力性强制性法律规定。本案合同约定买卖的房屋，虽然未取得权属证书，但该权属证书的审查正在进行，无论将来是否能够出具归属于上诉人或者被上诉人的权证，影响的是双方当事人的合同目的，并不影响合同效力，因此，上诉人要求确认合同无效，缺乏法律依据，本院不予采纳。”该判决的理由阐述得很精彩，观点完全值得赞同。

小产权房作为一类违法建筑，在现实中有大量与其相关的交易发生，因而关于小产权房买卖合同的效力认定，就成为司法实践面临的一个重要问题，也是能够反映出司法实践对于违法建筑转让合同之效力认定态度的一个典型领域。迄今为止，我国司法实践对小产权房买卖合同的效力，主流观点仍持无效态度。如北京市高级人民法院《关于印发农村私有房屋买卖纠纷合同效力认定及处理原则研讨会会议纪要的通知》（京高法发〔2004〕391 号）即指出：小产权房买卖合同应当认定无效。主要理由是：

① 最高人民法院公报，2012（11）。

② 广东省广州市中级人民法院〔2009〕穗中法民五终字第 1365 号民事判决书。

第一，建于农村宅基地上的小产权房买卖必然涉及宅基地买卖，而宅基地买卖是我国法律、法规所禁止的；第二，宅基地使用权是集体经济组织成员享有的权利，与特定的身份关系相联系，不允许转让；第三，目前，小产权房买卖无法办理产权证书变更登记，故买卖虽完成，但买受人无法获得所有权人的保护；第四，认定买卖合同有效不利于保护出卖人的利益，在许多案件中，出卖人相对处于弱者地位，其要求返还房屋的要求更关涉其生存权益。由该文件所阐述的结论和理由来看，小产权房等集体地违建转让合同要被认定为有效合同，就只能在“立法论”的立场上进行探讨了，这不是“解释论”所能胜任的论证。但另据报道，北京市门头沟区人民法院作出的一则判决，与北京市高院的上述态度却截然不同。2010 年 1 月，阴女士将自己在门头沟某村的一套小产权房以 45 万元的价格，出售给某单位科员朱先生。今年 10 月，她以“小产权房不能买卖”为由，起诉买房人，请求法院判令双方合同无效。但法院经审理认为，买卖双方签订的《房屋买卖协议》是当事人真实的意思表示，且不违反法律、行政法规的强制性规定，应为有效合同；加之，双方均明确在买卖诉争房屋时，对于该房屋为小产权房的事实均知情。最终，一审判决阴女士败诉。① 应当说，此则判决观点有很大的“新意”，因为之前绝大多数法院都认为这种小产权买卖合同是属于违反法律、行政法规强制性规定而无效的合同。之所以会出现这一判决结果，据笔者猜测，可能与十八届三中全会通过的《中共中央关于全面深化改革若干重大问题的决定》有关，因为该文件明确提出：“允许农村集体经营性建设用地出让、租赁、入股，实行与国有土地同等入市、同权同价。”

我国有学者认为，《城市房地产管理法》第 38 条规定，通常而言属于管理性强制性规定，但在例外情况下会成为效力性强制性规定。该条规定不得转让无权属证书的房地产，是为避免来源不清、归属不明的房地产进入流通领域，若系自始不能办理权属登记的房地产，其转让合同应属无效，但对常见的依法可以领取但尚未领取权属证书的房地产转让合同而

① 沈彬. 小产权房，法官只能帮你到这儿了. http://comments.caijing.com.cn/2013-12-19/113709667.html.（2013-12-19）[2014-01-08].

言，该规定并非效力性强制性规定，转让合同有效。① 依此观点，违法建筑属于自始不能办理权属证书的房地产，其转让合同是无效的。该观点将转让合同的效力系于能否办理不动产登记上，进而依此来定性《房地产管理法》第 38 条规定的规范属性，本末倒置，显然是不科学的。另有学者认为，违法建筑转让合同属于效力待定合同，合同效力取决于违法建筑人补办相关手续这一待定事实。亦即，只要在合同订立之后，违法建筑人依法补办了有关土地管理和城市规划方面的手续，违法建筑也就从违法转为合法，合同的效力得以补正而有效；反之，如果不能补办相关手续，合同应归于无效。在此意义上，通过补办手续这一待定事实补正合同的效力，也是行政主管部门对违法建筑人行使处分权的一种追认。② 该观点将公权力行使行为视为对私法上处分行为的追认，显然于理不通。另有学者虽然也持效力待定说，但其理由不同，其认为以违法建筑作为标的签订的买卖合同，显然不属于《合同法》第 51 条规定的处分他人之物的无权处分行为，但是，由于处分权欠缺，故仍然属于无权处分的一种；所以，以违法建筑作为标的签订买卖合同时，违法建筑的所有权是否发生移转处于效力待定状态，也就是说该买卖合同的物权变动行为的效力为效力待定。③ 该观点的不妥之处在于，其将合同效力的认定系于物权变动之结果能否发生上，显然有违《物权法》第 15 条规定的原因行为与物权变动结果相分离的区分原则，物权效力发生与否的待定与作为负担行为的合同效力的认定无关。对于此点，我国《物权法》第 31 条规定的"宣示登记"，也仅是将未登记作为不发生物权效力的条件，而并不影响转让合同的效力。

就违法建筑转让合同的效力而言，我国台湾地区相关规定中的观点至为明确。台湾地区"最高法院"1960 年台上字第 2544 号判决指出："查违章建筑，虽属不能办理移转登记，俾取得所有权，然并非不得为买卖之标的物，故违章建筑买卖之当事人，要难以系不能给付为契约之标的物，

---

① 田朗亮. 违反城市房地产管理法第 38、39 条等强制性法律规定的房地产转让合同的效力认定//江必新，最高人民法院审判监督庭. 全国法院再审法律疑难问题. 北京：中国法制出版社，2011：97－98.

② 王小莉. 违章建筑买卖合同法律问题初探. 黑龙江省政法管理干部学院学报，2007（5）.

③ 崔俊贵，白晨航. 违法建筑的权利归属及买卖合同的效力. 法学杂志，2013（6）.

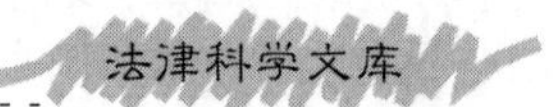

而主张其买卖契约为无效。”与我国《物权法》第31条规定相类似，我国台湾地区“民法”第759条规定：“因继承、强制执行、征收、法院之判决或其他非因法律行为，于登记前已取得不动产物权者，应经登记，始得处分其物权。”针对该条规定，我国台湾地区有判例指出：“第759条所谓非经登记不得处分其物权，系指物权处分行为而言。继承人简甲、简乙代表全体继承人出卖系争土地，所订买卖契约，仅属债权行为。订约时，即令继承人未办毕继承登记，亦不生违反第759条之规定，而使债权契约成为无效之问题。”① 以上观点，在比较法的解释上，值得赞同，可资借鉴。

综上所述，违法建筑转让合同在定性上应为有效合同，我国法律的有关规定只是管理性强制性规定而非效力性强制规定。将违法建筑转让合同定性为有效合同，并不会影响到公法上对违建管制之意旨的实现。违法建筑能否办理不动产登记，不应成为影响违法建筑转让合同之效力认定的因素。

三、事实上处分权与违建所有权的转让

在我国台湾地区的违建研究领域，“事实上处分权”这一概念有所特指，并非与上文所提及的“为法律上处分”之权能相对应的“为事实上处分”之权能意义上的概念。“事实上处分权”概念，是用来特指在违法建筑转让中，出卖人虽欲转让违建所有权于买受人，但买受人却不能取得违建所有权，其取得的只是“事实上处分权”而已。因而这一概念的功能和创造这一概念的本意，即在于否定违法建筑所有权的可让与性。于此，笔者将先通过事实上处分权概念的提出及其遭遇的实践困境和我国台湾地区学者对此概念的批评，来否证该概念；然后，在此基础上提出并论证违法建筑转让，所转让的就是违法建筑的所有权，而非其他权利。

我国台湾地区学者姚嘉文首先在违法建筑转让领域提出了“事实上处分权”概念，其大意略谓：违法建筑的建造人对违法建筑得为完全的使用，但其不能为法律上处分或者设定他物权。在建造人将违法建筑出卖之后，其在法律上虽仍保留着所有权，但除在诉讼上因代位关系仍须以其为所有人之地位为主张外，并无实质上之意义，故原始所有人之地位与罹于

① 台湾地区“最高法院”1985年台上字第2024号判例。

时效之不动产所有人之地位相似。反之，买受人买受与占有之后，虽无从取得所有权，但其享有用益权及事实上之处分权（如拆除、修建等）则无疑问，这一法律地位与一般所有人之地位并无差异，仅在受强制执行时不能以所有人之地位而提出主张而已。为解决这一问题，在事实上处分权概念之后，实务上又创设了代位理论，以济其穷。① 事实上处分权概念提出之后，旋即被我国台湾地区的司法实务所接受。1978 年度台湾地区第二次民事庭庭推总会（一）决议："违章建筑之让与，虽因不能为移转登记而不能为不动产所有权之让与，但受让人与让与人间如无相反之约定，应认为让与人已将该违章建筑之事实上处分权让与受让人。"② 其后，台湾地区"最高法院"再次指出："违章建筑之让与，虽因不能为移转登记而不能为不动产所有权之让与，但受让人与让与人间如无相反之约定，应认为让与人已将该违章建筑之事实上处分权让与受让人。又房屋之拆除为一种事实上之处分行为，须有事实上之处分权者，始有拆除之权限。"③ 可以说，在我国台湾地区，违法建筑转让所移转的是事实上处分权而非所有权的观点，已经成为司法实务界的一种通行观点。

但近年来，通行了近半个世纪的事实上处分权概念，却不再受学界待见，屡屡遭受批判，因而大有摇摇欲坠之势。如有学者指出，事实上处分权概念虽然具有一定的创见性，但其仅是解决了让与人与受让人间的权利义务争议问题，而未全面妥善地解决其他的相关问题，这造成了有关违章建筑的许多判决之间互相矛盾，严重损害了关系人的权益，必须改弦易辙才能彻底地解决相关争议。④ 就事实上处分权概念所造成的理论上困扰和对关系人之不公，该学者指出，由我国台湾地区"最高法院"的一系列判决观点推论，事实上处分权是"物权"，因而具有排他性并可以作为侵权行为之客体，事实上处分权之让与使所有权人的所有权变成"空的"，即所有权人是让与其全部的所有权，就此而言，事实上处分权似乎就是所有权。但是，一方面，我国台湾地区"最高法院"认为受让事实上处分权之买受人并未取得所有权，其不得提起第三人异议之诉，这就明确地否定了

① 姚嘉文. 违章建筑在私法上之地位. 台北：台湾大学，1967："摘要"部分.

② 王泽鉴. 民法物权：通则·所有权. 北京：中国政法大学出版社，2001：117.

③ 台湾地区"最高法院"1997 年台上字第 2272 号判例。

④ 谢哲胜. 违章建筑的事实上处分权. 月旦法学杂志，2003（11）.

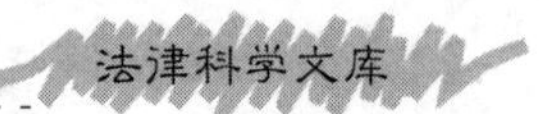

事实上处分权为所有权的推论观点；另一方面，我国台湾地区“最高法院”又认为，拆除违章建筑的权限在于事实上处分权人，因此，在诉请拆除违章建筑时，必须以事实上处分权人为诉请对象，而非以所有权人为诉请对象。事实上处分权人并非所有权人，但却有拆除违章建筑之权利，台湾地区“最高法院”等于承认了存在一种权利，该种权利可以排除所有权，但其又不能作为第三人异议之诉的请求权基础，这与前述所推论的事实上处分权似乎就是所有权的观点显然存在矛盾。该学者进一步指出，台湾地区“最高法院”既然不能周延地解决这一问题，于是下级法院就出现了以建造人为债务人而拍卖违章建筑系拍卖抽离了事实上处分权负担之所有权的见解，这等于宣告违章建筑之买受人一旦遭遇建造人之债权人声请法院拍卖违章建筑，其事实上处分权就自动丧失（相当于无物权的追及效）；而与之相反，又有地方法院观点认为，违章建筑的买受人为债务人而拍卖违章建筑时，所拍卖之标的就是建筑物之所有权。此处之矛盾昭然，事实上处分权一再不被认为是所有权，而且买受人不得主张物权之追及效，在法院作为拍卖标的物时，却突然变成了所有权，此等矛盾见解可谓已深陷泥沼，不能自拔。故此，该学者最后主张，违章建筑的让与，在当事人之间都有让与和受让所有权的意思，让与人和受让人是将违章建筑所属的全部权利完全让与，所让与的权利又是对物的权利，因而其是物权，且为完全物权，所以违章建筑之让与所让与的就是所有权，创设事实上处分权概念纯属多此一举，毫无意义。①

我国台湾地区另有学者同样认为，违章建筑之本质乃系不法，此其原罪，事实上处分权概念之创造，不但未能解决问题，反倒落人口实，实在是应当废弃这一概念。该学者更进一步地指出，围绕着违章建筑发生的所有争论的根源，不外乎违章建筑可为交易之客体，但却无法完成登记。故此，违章建筑问题之可能解决方案有：一是直接否认违章建筑得为交易客体的做法；二是改变违章建筑不能登记的做法，给予违章建筑以登记管理；三是以违章建筑“移转占有”方式代替登记方式；四是违章建筑之买受人于以其前手之建造人为债务人而被声请拍卖违章建筑时，声明异议，提出户籍迁入、税单、水费单、电费单等资料，且要求于相关的拍卖文件中注明“标的物为第三人占有中，拍卖后不点交”等内容，让潜在的投标

① 谢哲胜. 违章建筑的事实上处分权. 月旦法学杂志，2003 (11).

者知难而退。①

当然，我国台湾地区学界也有力挺事实上处分权概念的观点。如有学者认为，事实上处分权概念已为司法实务沿用多年，短期内无改变之可能，纵然学界对此概念有所质疑，但与其讨论其用语适当与否，不如针对事实上处分权在法理上应如何解释，从不同面向来讨论其权利的性质更有意义。如果违章建筑事实上处分权与合法建筑所有权之权利内容、保护方式、交易安全等事项均应作相同之评价，则事实上处分权概念即无维续之必要。但违章建筑从“宪法”“行政法”之观点来看，均难完全等同于合法建筑物，因而在“民法”之法理上具有不同评价之可能。故持论者认为，事实上处分权概念之创设，并非如学者所持之完全无用论，至少其可表征不同于合法建筑所有权之法律地位。既然“民法”已明定合法建筑物之不动产所有权变动要件，不动产所有权在“民法”之架构下有其固定的法律意义，再将违章建筑之权利变动称为不动产所有权之变动，容易发生混淆。② 另有学者认为，台湾地区“最高法院”在物权法的现行框架中，为因应法律交易之实际需求，不拘泥于不动产登记之窠臼，由所有人处分权能中获致灵感，承认事实上处分权概念，一方面，将其限缩为弱于所有权的权能，使其形式上不具有等同于所有权的权利性质，但实质上却使其汇集所有权的重要权能；另一方面，又扩张其概念内涵，使其得继承或者成为转让标的，并在特定条件下承载法条所指的“所有权转让”功能，运用方式灵活而有弹性，展现了法官的智慧，值得肯定。③ 因此，在上述两者看来，事实上处分权概念有其存在之价值和必要，其与所有权不同，不能用所有权称之或代之。

但在笔者看来，事实上处分权概念不可取，其对于大陆法制而言，亦无比较法上的借鉴意义。事实上处分权本为所有权权能之一，台湾地区学说判例将其从所有权中抽离出来上升为一种排他性的权利，而又不能在既存的民事权利体系中给予其妥适的安排，赋予其恰当的体系地位，并且造成了既有的理论体系和权利体系的混乱与冲突，因而该概念的创造是不科

① 吴光陆. 物权法新论. 台北：新学林出版股份有限公司，2006：103.

② 林俊廷. 违章建筑之法律地位研究——从法秩序统一之观点而论：下. 司法周刊，2012，总第1586期.

③ 许政贤. 浅析违章建筑事实上处分权之定位. 月旦裁判时报，2014（12）.

学的，无益而有害。既然违法建筑之上存在着所有权，并且违法建筑所有人享有法律上的处分权，那么建造人将违法建筑所有权让与受让人，诚为自然之理，根本无须大费周章地论证其所转让的是何种不同于所有权的权利。即便是违法建筑所有权与合法建筑所有权有所不同，正如上文早已指出的，所有权各个不同，这也并不影响建造人原始取得的权利为所有权，作为自然之逻辑结果，也不应当影响到违建转让中之所有权移转和后手对违建所有权之取得。换言之，违建所有权之公法上的瑕疵、局限和负担，不能影响到其私法上的可处分性，基于继受取得的制度法理，受让人所取得之违建所有权也仍然不能摆脱违建所有权本身所固有之公法上的瑕疵、局限和负担。如此论之，否定违建所有权的可让与性，又何理何益之有呢?!

四、违建买受人的私法保护与公法限制

根据前文所述，违法建筑转让合同是有效合同，违法建筑转让之标的为违法建筑所有权，违法建筑买受人基于转让而取得违法建筑所有权。那么，违法建筑买受人在转让完成后，即享有违法建筑所有权人的私法地位，依法应受到私法上所有权之保障。同时，因为违法建筑之公法地位与合法建筑之公法地位不同，因而违法建筑受让人在受私法保障的同时，亦必须受到公法上相应的限制。

（一）原违建所有人物权确认请求权丧失

物权确认请求权是物权保护的方式之一。我国《物权法》第33条规定："因物权的归属、内容发生争议的，利害关系人可以请求确认权利。"该条规定为我国法上物权确认请求权行使的规范基础。在程序上，物权请求权的行使通过"确认之诉"进行。在确认之诉中，当物权确认请求权人胜诉时，其诉讼请求得以支持，其物权被胜诉判决所确认，其物权人地位即不再具有可争辩性；当其败诉时，就说明其请求确认物权缺乏请求权基础，其将被终局地证明不享有某物之物权。强调违法建筑的出卖人，亦即违法建筑的原所有人，在其出卖违法建筑之后不再享有物权确认请求权，对于违法建筑买受人的保护而言，具有特殊意义。因为依现行法，违法建筑是既不能进行首次登记，亦不能进行转移登记的不动产，而登记不仅是不动产物权发生有效变动之要件，同时也是物权享有之公示公信要件。既然违法建筑所有权无从为首次登记和转移登记，那么违法建筑的建造人作

为出卖人，就可能恶意利用此点，在出卖违法建筑之后反悔，起诉请求确认其违建所有权，而要求买受人返还违法建筑。对此，我国台湾地区有判例认为："违章建筑物虽为'地政机关'所不许登记，但非不得以之为交易之标的，故原建筑人出卖建筑物时，依一般法则，仍负有交付其物于买受人之义务，则其事后如以有不能登记之弱点可乘，又随时随意主张所有权为其原始取得，诉请确认，势将无以确保交易之安全，故此种情形，即属所谓无即受确定判决之法律上利益，应予驳回。"[①] 该观点值得赞同。既然违法建筑的出卖人不再享有违建所有权，违建所有权已经移转于买受人，那么违法建筑的物权确认请求权当然归买受人享有，出卖人丧失之乃理所当然。

（二）原违建所有人瑕疵担保责任之负担

违法建筑的转让属于买卖合同的一种。在买卖合同中，出卖人负有一类重要义务，即瑕疵担保责任。顾名思义，瑕疵担保责任即出卖人要保证其所售之物无瑕疵。当然，在现实世界中，"无瑕疵之物"几乎是不可能存在的，"完美无瑕"只是一种美好的想象。虽然如此，在买卖合同中，哪些瑕疵是容许存在的，或者说是一种合理的存在，瑕疵应当控制在何种范围和程度之内，则是法律所要解决的问题。在法律上，所谓瑕疵，既包括物之瑕疵，也包括权利瑕疵。所谓物之瑕疵，即物之性能瑕疵。"符合合同规定的标的物的性能被称作标的物的应有性能（Sollbeschaffenheit）。这一性能应当同标的物实际上具有的性能即实际性能（Istbeschaffenheit）相比较：如果实际性能以买受人的不利益偏离了应有性能，则为物的瑕疵（Sachmangel）。"[②] 这种性能偏离，可能是实际交付的标的物在性能上与约定的性能不相符合，可能是交付的标的物在性能上不合于合同目的的实现，可能是交付的标的物在性能上不合于此类物之通常性能要求，等等。所谓权利瑕疵，是指第三人对买卖标的物提出权利主张，致使买受人有不能安全保有标的物所有权之虞。我国《合同法》第148～152条，就物之瑕疵担保责任和权利瑕疵担保责任作了规定。合法建筑的出卖人须负瑕疵担保责任，如在商品房买卖合同中，有一个重要的附件"质量保修书"，

---

① 台湾地区"最高法院"1959年台上字第1812号判例。

② 迪特尔·梅迪库斯. 德国债法分论. 杜景林，卢谌，译. 北京：法律出版社，2007：37.

实际上就是合同当事人对于房屋性能所约定的物之瑕疵担保责任。同样地，在违法建筑买卖情形，违建之出卖人同样须负瑕疵担保责任。对此问题，我国台湾地区著有二则判例可资参考。其中一则判例指出，上诉人向被上诉人购买房屋时，已知该房屋有一部分为违章建筑在必须拆除之列，但却不向政府相关部门查询明确，不能说上诉人没有重大过失，而两造当事人所订立的买卖契约，又未有出卖人保证该房屋绝无拆除危险之记载，故依台湾地区“民法”第355条第2项规定，被上诉人自不负担保责任，即无赔偿义务之可言。① 该则判例虽然最终判决结果是否定了瑕疵担保责任，但其否定的原因不在于违建出卖人无瑕疵担保义务，而在于违建买受人于房屋买卖时即知房屋存在违建情形之瑕疵却不作出明确约定予以处理，所以其丧失了请求赔偿的权利，出卖人取得了有效之抗辩权。另一则判例指出，甲出卖房屋于乙，当时纵曾告知该房屋系属违章建筑，未能办理所有权登记情事，亦仅危险负担移转于乙之后，政府机关命令拆除时，甲不负担保责任而已，至于其他的瑕疵担保责任，仍不因此而免责。② 所谓“其他的瑕疵担保责任”，实际上与合法建筑之质量瑕疵担保责任并无不同。就我国大陆的法而言，由于大陆现行法一直否认违法建筑所有权、否定违法建筑交易合同之效力，故而就违法建筑的瑕疵担保责任问题，至今没有明确的立法规定和司法判例可资遵循，学说上也鲜有论及者，故上述两则台湾地区的判例观点，甚具参考意义。

（三）一物二卖时的买受人优先权之保障

一物二卖发生于债权契约成立之后至买方取得完整意义上的所有权之前的期间，是债权契约成立与所有权变动的时间差所致，在任何一个所有权变动的立法模式之下，想排除这个时间差，并由此从根本上杜绝一物二卖现象，都是不可能的。③

就动产的一物二卖问题，最高人民法院《关于审理买卖合同纠纷案件适用法律问题的解释》（法释〔2012〕8号）对普通动产与特殊动产分别作了明确规定。就普通动产的一物二卖，其在确定优先权次序时，主要考

---

① 台湾地区“最高法院”1960年台上字第2544号判例。

② 台湾地区“最高法院”1957年台上字第689号判例。

③ 马新彦．一物二卖的救济与防范．法学研究，2005（2）．

虑了“受领在先”“付款在先”“合同在先”三个因素[①]；就特殊动产的一物二卖，则主要考虑了“受领在先”“合同在先”“登记在先”三个因素。[②]

就不动产一物二卖而言，我国现行法中没有专门的明确规定。最高人民法院《关于审理商品房买卖合同纠纷案件适用法律若干问题的解释》（法释〔2003〕7号）第7条就拆迁补偿安置房的一物二卖问题，明确规定了安置在先的，被拆迁人优先取得补偿安置房的所有权。同一解释第10条规定：“买受人以出卖人与第三人恶意串通[③]，另行订立商品房买卖合同并将房屋交付使用，导致其无法取得房屋为由，请求确认出卖人与第三人订立的商品房买卖合同无效的，应予支持。”该条规定了恶意串通情形下的“合同在先，取得在先”规则。根据同一解释的第11条规定，房屋的转移占有，视为房屋的交付使用[④]，房屋毁损、灭失的风险，在交付

---

① 该解释第9条规定：“出卖人就同一普通动产订立多重买卖合同，在买卖合同均有效的情况下，买受人均要求实际履行合同的，应当按照以下情形分别处理：（一）先行受领交付的买受人请求确认所有权已经转移的，人民法院应予支持；（二）均未受领交付，先行支付价款的买受人请求出卖人履行交付标的物等合同义务的，人民法院应予支持；（三）均未受领交付，也未支付价款，依法成立在先合同的买受人请求出卖人履行交付标的物等合同义务的，人民法院应予支持。”

② 该解释第10条规定：“出卖人就同一船舶、航空器、机动车等特殊动产订立多重买卖合同，在买卖合同均有效的情况下，买受人均要求实际履行合同的，应当按照以下情形分别处理：（一）先行受领交付的买受人请求出卖人履行办理所有权转移登记手续等合同义务的，人民法院应予支持；（二）均未受领交付，先行办理所有权转移登记手续的买受人请求出卖人履行交付标的物等合同义务的，人民法院应予支持；（三）均未受领交付，也未办理所有权转移登记手续，依法成立在先合同的买受人请求出卖人履行交付标的物和办理所有权转移登记手续等合同义务的，人民法院应予支持；（四）出卖人将标的物交付给买受人之一，又为其他买受人办理所有权转移登记，已受领交付的买受人请求将标的物所有权登记在自己名下的，人民法院应予支持。”该条规定未将“付款在先”的因素考虑在内，殊欠妥当。

③ 《民法总则》第154条规定：“行为人与相对人恶意串通，损害他人合法权益的民事法律行为无效。”

④ “交付”和“转移占有”对于动产和不动产而言，具有不同的规范含义。对于动产而言，转移占有即交付，交付是动产所有权变动的方式。而对于不动产而言，转移占有也是交付，但不动产的交付却并不产生不动产所有权转移的效果。对此，不可不察。

使用前由出卖人承担，交付使用后由买受人承担。这虽是一条关于风险负担的规定，但其隐含了一条解决权利冲突的规范，即“受领在先”规则。

就一物二卖问题的最终解决，本来寄希望于最高人民法院在物权法的相关司法解释中能够予以规定，但最终发布的《关于适用〈中华人民共和国物权法〉若干问题的解释（一）》(法释〔2016〕5号，以下简称《物权法解释一》)却故意回避了该问题，仍未作明确规定，诚为憾事。[①]

以上相关规定，是就合法房屋之一物二卖而言的，就违法建筑的一物二卖处理规则，我国现行法当然更是没有相关的明确规定了。在建立违法建筑登记制度之前（后文详论），笔者认为，在处理违法建筑一物二卖的问题上，“占有在先”“付款在先”“生效在先”“合同在先”四项规则应是须予依次考虑的重要因素。在建立了违法建筑登记制度之后，还应把“登记在先”作为第一顺位的考虑因素。详言之，在发生违法建筑一物二卖情形时，已经登记的先于未登记的取得违建所有权；都未登记的，先行占有的取得违建所有权；都未登记也都未转移占有的，付款在先的取得违建所有权；都未登记、未占有、未付款的，合同生效有先后的，先生效的取得违建所有权；合同生效时间相同的，合同成立在先的取得违建所有权。

（四）违建强制拍卖中买受人执行异议权

我国《民事诉讼法》第227条规定：“执行过程中，案外人对执行标的提出书面异议的，人民法院应当自收到书面异议之日起十五日内审查，理由成立的，裁定中止对该标的的执行；理由不成立的，裁定驳回。案外

---

① 在《物权法解释一》出台之前的“民法学会讨论稿”中，曾有一条专门针对“房屋多重转让中的权利保护顺位”问题的规定，其内容如下：“转让人就同一房屋订立数份合法有效的买卖合同，各买受人均提出权利主张的，按照以下原则处理：（一）已经办理移转登记，但恶意办理转移登记的除外；（二）均未办理转移登记的，按照买卖合同约定已经合法占有房屋；（三）均未办理转移登记亦未合法占有房屋，买卖合同成立时间在先。买卖合同虽然依法成立，但尚未生效的，应当以生效时间作为权利保护顺位的依据。根据买卖合同约定已经合法占有但尚未办理转移登记的买受人，有证据证明已经办理转移登记的人明知或者应当知道上述事实仍然办理转移登记的，应当认定为前款第一项所称恶意办理转移登记。”该条规定考虑了“登记在先”“占有在先”“合同在先”“生效在先”等因素，来确定优先权的主体。但这一规定在讨论中产生了极大争议，或许正是因为这一原因，该规定最终没能上升为正式的司法解释条款。

人、当事人对裁定不服，认为原判决、裁定错误的，依照审判监督程序办理；与原判决、裁定无关的，可以自裁定送达之日起十五日内向人民法院提起诉讼。”此即为我国法上第三人（案外人）执行异议之诉的法条依据。根据最高人民法院《关于适用〈中华人民共和国民事诉讼法〉的解释》（法释〔2015〕5号）第312条规定，对案外人提起的执行异议之诉，人民法院经审理，案外人就执行标的享有足以排除强制执行的民事权益的，判决不得执行该执行标的。依此规定，第三人执行异议之诉能否获得胜诉判决，关键在于其对执行标的是否“享有足以排除强制执行的民事权益”，若将这一条件稍加弱化，就可以推论认为，只有当案外人对执行标的享有民事权益时，其才能成为适格的执行异议和执行异议之诉的当事人，而其享有的民事权益是否足以排除强制执行，则另当别论，需经法院审理后确定。

就此问题，我国台湾地区司法实务之通行观点认为，所谓就执行标的物有足以排除强制执行之权利者，系指对于执行标的物有所有权、典权、留置权、质权存在情形之一者，事实上占有或者事实上处分权均不包括在内，从而否定了违章建筑买受人得提起第三人异议之诉。① 对此司法实务观点，台湾地区有学者作了如下评论：“从‘最高法院’之判例、裁判至各级法院之判决及法律座谈会研究意见，不论违章建筑之买受人或原所有人，既不得提起第三人异议之诉，亦不得提起确认所有权存在之诉，已成为固定之结论，牢不可破。姑不论此项法律解释之方法妥适与否，就结论而言，原所有人之债权人实为最大之赢家，因为原所有人纵然自己不得就已让与之违章建筑主张任何权利，其债权人却能优于原所有人自己，就买受人取得之违章建筑声请强制执行而拍卖受偿，买受人无从行使权利而为对抗。而买受人自己之债权人，亦得声请强制执行买受人取得事实上处分权之违章建筑而拍卖受偿，原所有人并无权利对抗买受人之债权人。买受人因取得之违章建筑会遭到原所有人之债权人及买受人自己之债权人两方面之查封拍卖，成为最大之输家。至于原所有人，因其债权人拍卖已让与买受人之违章建筑而获得价金分配受偿，会消减该部分债权而获得实质利益，但买受人嗣后可否依不当得利之法律关系向原所有人求偿？如参照实务类似案例之见解，恐怕亦无法成立不当得利，至多仅能主张买卖契约债

① 林俊廷．违章建筑与第三人异议之诉：上．司法周刊，2012，总第1609期．

务不履行而已。现行之实务见解等于是牺牲违章建筑买受人之事实上处分权之权利而优先保障原所有人之债权人之债权，恐非属于合理的利益衡量下所作之选择。"① 笔者认为，就我国台湾地区的法律语境而言，以上评论甚为切当，因为其司法实务固守着事实上处分权非为所有权的结论，故其必然纠结于事实上处分权是否属于可排除强制执行之民事权益的矛盾之中。

上文已述，我国台湾地区有关规定中的"事实上处分权"不是一个科学的概念构造，没有比较法上之借鉴意义。既然我们以认可买受人取得违法建筑之所有权为前提，那么我们当然就应该承认买受人享有执行异议权，有权提起第三人执行异议之诉。

（五）买受人应承受违法建筑的公法限制

建造人经由事实行为而原始取得违建所有权，买受人经由法律行为而继受取得违建所有权。违建买受人一方面享有受私法保障之地位，另一方面也须承受来自公私法方面的限制，尤其是公法限制。根据物权变动的一般规则，物上负担不因物之处分而受到影响。此等物上负担，既包括私法上的负担，也包括公法上的负担。就私法上的负担而言，如共有人优先购买权行使的负担，就是买受人在购买违法建筑时必须考虑的一个重要约束因素。就公法上的负担而言，主要是指违法建筑的公法地位需要由买受人承继。违法建筑的公法地位是一种消极地位，几乎不包含任何积极利益，所有施加于违法建筑的公法限制和管制，都将随着违建的流转而移转于买受人。当然，这一说法也仅是就抽象层面而言的，在具体的处理上，会因不同的公法限制措施而有不同。前文讨论了违法建筑的行政处理，其中主要涉及改正、拆除、没收实物和没收违法收入三种处理措施。具体而言，某种公法限制是否随着交易而移转于买受人，要区别该限制是"对物的"还是"对人的"。如果是"对物限制"，那么该限制就将随着物之流转而移转；如果是"对人限制"，那么该限制将停留于物之出让人之处，而不会随物移转。在以上三种行政处理措施中，改正、拆除和没收实物，属于对物限制，随着物之流转而由受让人承继；但没收违法收入，则是对人限制，更准确地说，是对行为人之行为的限制，因而其仍停留于出让人（违法建造人）处，而不由买受人

① 林俊廷. 违章建筑与第三人异议之诉：下. 司法周刊，2012，总第1610期.

承受。这就意味着，对于程序违建而言，如果行政机关要求采取改正措施的，改正义务人就是买受人；对于实质违建而言，如果行政机关要求拆除或者处以没收实物处罚的，则行政处罚的相对人就是买受人。于此情形，买受人无法抗辩成功，其不能以自己非为建造人为由而逃脱行政处罚。

第二节　他项权利的设定

他项权利是相对于"源权利"① 而言的，他项权利构成源权利之权利负担。在民法上，他项权利包括物权性他项权利（物权性权利负担）和债权性他项权利（债权性权利负担）两类。物权性他项权利，主要指用益物权和担保物权两类他物权；债权性他项权利，主要指租赁权。我国现行《物权法》规定了土地承包经营权、建设用地使用权、宅基地使用权和地役权四类用益物权，在这四类用益物权中，与违法建筑之他项权利设定相关的只有地役权一种。在《物权法》规定的抵押权、质权、留置权三类担保物权中，也只有抵押权与违法建筑的他项权利设定有关。本节以下，分别就违法建筑上地役权、抵押权的设定和租赁权的成立进行简要论述。

一、地役权的设定

地役权，是指不动产物权人为使用自己不动产之便利而通过合同约定使用他人不动产的一类用益物权。地役权的主要客体是土地，但随着现代社会不动产利用方式市场化程度的提高，地役权的客体逐步多样化，现实

① 作为派生出他项权利之权利，一般著述称其为"原权利"，但笔者更倾向于使用"源权利"这一表述。"原权利"使用于"原权利人"的表述是恰当的，如出卖人作为原权利人，债权让与人作为原权利人等，亦即"原权利"概念使用于权利移转场合更贴切。但作为派生他项权利的"母权"，是其所派生之权利的源泉，故称之为"源权利"更为恰当。当然，这也仅是一家之言，其可接受度如何，还有待于学术实践的检验。

中设定于房屋和其他构筑物上的地役权已属常见。[①] 合法建筑可以成为需役地也可以成为供役地，违法建筑是否同样也是适格的地役权客体呢？笔者认为，回答应当是肯定的。

我国《物权法》第156条规定："地役权人有权按照合同约定，利用他人的不动产，以提高自己的不动产的效益。"据此，地役权之客体为不动产，包括土地、房屋等。就房屋而言，其并没有区分规定必须在合法房屋上才能成立地役权，这就意味着，在解释上，不论是作为合法建筑的房屋还是作为违法建筑的房屋，其都可以作为需役地或者供役地而为地役权之适格客体。

《物权法》第158条规定："地役权自地役权合同生效时设立。当事人要求登记的，可以向登记机构申请地役权登记；未经登记，不得对抗善意第三人。"据此，我国法上地役权的设定采取的是登记对抗主义变动模式，登记是对抗要件而非生效要件。虽然在现行法上违法建筑是不能登记的不动产，但根据登记对抗主义，这恰恰不会因为不能登记而影响到地役权的有效设立。因此，笔者主张，地役权设定合同为有效合同，自合同有效成立时，地役权有效设定。此后，不论是需役地人还是供役地人，如再以地役权之客体是违法建筑为由而请求宣告合同无效或者主张地役权未有效设立的，法院都不应予以支持。

遵从物权消灭的一般规则，当物权客体消灭时，物权本体随之消灭。对此，我国《物权法》第30条作了一般性规定，即因拆除房屋的事实行为而消灭物权的，自事实行为成就时发生效力。地役权的消灭，可因作为供役地之不动产的毁损灭失而消灭，亦可因作为需役地之不动产的毁损灭失而消灭。以违法建筑为客体设定地役权时，地役权的消灭事由有一定的特殊性。如果行政机关对违法建筑作出了责令拆除的行政处理，拆除后，地役权消灭。如果行政机关对违法建筑作出了没收实物的行政处理，则没收后，因为违法建筑由国家原始取得所有权，物上负担因原始取得而消灭，故地役权消灭。于上述两种情形，地役权当事人之间不构成违约，不存在违约责任的承担问题。由于违法建筑始终面临着被拆除或者被没收的

① 李国强. 物权法讲义. 北京：高等教育出版社，2016：130. 正是因为现代"地役权"并非都设定于土地之上，故我国台湾地区"民法"在最新修法时已经将"地役权"改称为"不动产役权"，以使"名""实"相符。

风险，因而当事人之间在以违法建筑为客体设定地役权时，应当在合同中事先就违法建筑被拆除或者被没收后的处理作出约定，以免滋生事后争议。

二、违法建筑抵押

根据《担保法》第 37 条和《物权法》第 184 条规定，下列财产不得抵押：一是土地所有权，二是耕地、宅基地、自留地、自留山等集体所有的土地使用权（法律规定可以抵押的除外），三是学校、幼儿园、医院等以公益为目的的事业单位、社会团体的教育设施、医疗卫生设施和其他社会公益设施，四是所有权、使用权不明或者有争议的财产，五是依法被查封、扣押、监管的财产，六是依法不得抵押的其他财产。这两条规定，都没有明确将违法建筑列为不得抵押的财产。但《担保法解释》第 48 条却明确规定："以法定程序确认为违法、违章的建筑物抵押的，抵押无效。"这即意味着，我国司法解释不认可违法建筑抵押的效力。严格以言，根据《担保法》《物权法》的上述规定，司法解释并无权对不得抵押或者禁止抵押的财产作出扩大规定，在应然意义上，其规定应当不会产生阻止违法建筑抵押的效力。但问题在于，违法建筑在物之属性上为不动产，根据《担保法》《物权法》的相关规定，不动产抵押权的有效设定又以抵押登记为前提，那么，虽然法律、行政法规对于违法建筑抵押未作出禁止性规定，这是否就意味着违法建筑抵押权在现实中就能被有效设立呢？答案是否定的。根据《不动产登记暂行条例实施细则》（国土资源部令 63 号）第 66 条规定："自然人、法人或者其他组织为保障其债权的实现，依法以不动产设定抵押的，可以由当事人持不动产权属证书、抵押合同与主债权合同等必要材料，共同申请办理抵押登记。"此一规定，是遵从上位法的相关规定而作出的。因此，在我国现行法上，由于违法建筑是无法办理首次登记的不动产，故其在设定抵押权时，由于无法提出不动产权属证书，因而也就无法办理抵押权登记，从而也就不能有效设定抵押权。

违法建筑不能抵押这一结论的得出，只是解释论的结果，但在立法论上，笔者认为，应当允许违法建筑抵押。如上文所述，在我国现行的法律和行政法规层面上，并没有禁止违法建筑抵押的明确规定，这即意味着，违法建筑并不在禁止抵押或者不得抵押之列。违法建筑不能抵押这一解释结论的得出，也仅是现行法上不动产抵押登记制度的否定性反射效果而已。因此，违法建筑之能否设定抵押的问题，归根结底还是一个违法建筑之能否办理抵押登记的问题，而抵押登记之能否办理，又与违法建筑登记制度的建立直接相关。有关这一问题，于此暂且不论，留待下文讨论。在此笔者主张，在建立起违法建筑登记制度之前，作为权宜之计，有三点须提及：其一，违法建筑抵押合同是有效合同，而非无效合同，其理与上文所述的违法建筑转让合同为有效合同相类，于此不再赘述。其二，违法建筑属于可得抵押的财产，以违法建筑为抵押财产的，并不违反法律的效力性强制性规定，不能将违法建筑排除在抵押财产之列。其三，违法建筑抵押合同有效成立后，虽然当事人无法申请办理抵押登记，但这并不影响当事人之间抵押关系的成立和部分抵押权效力在当事人之间的发生。抵押权登记生效主义并非我国现行法上所有类型的抵押权的共性特征，其只是不动产抵押权的特性，而对于动产抵押权则不适用。我国《物权法》第 188 条规定："以本法第一百八十条第一款第四项、第六项规定的财产或者第五项规定的正在建造的船舶、航空器抵押的，抵押权自抵押合同生效时设立；未经登记，不得对抗善意第三人。"依此规定，动产抵押权的设定实行的是登记对抗主义。与不动产抵押权相比较而言，动产抵押权的物权性效力较弱，其债权保障功能也较弱，难谓其具有真正的担保物权优先效力。但既然我国法对其作了规定，并且承认其担保物权地位，这就意味着其非典型性并不影响其权利属性。因而笔者建议，对于违法建筑抵押，可以类推适用《物权法》第 188 条有关动产抵押的规定；申言之，违法建筑抵押权的设立，无须登记，自抵押合同生效时设立，其虽不能对抗善意第三人，但却可以对抗恶意第三人，并且在无关第三人时，债权人在其债权不能获偿的情况下，可以拍卖、变卖作为抵押财产的违法建筑偿债，债务人不得以违法建筑抵押无效为由进行对抗。

三、违法建筑出租

最高人民法院《关于审理城镇房屋租赁合同纠纷案件具体应用法律若干问题的解释》（法释〔2009〕11 号）（以下简称《租赁合同解释》）第 2 条规定："出租人就未取得建设工程规划许可证或者未按照建设工程规划许可证的规定建设的房屋，与承租人订立的租赁合同无效。"第 3 条规定："出租人就未经批准或者未按照批准内容建设的临时建筑，与承租人订立的租赁合同无效。"根据这两条规定，违法建筑租赁合同属无效合同，承租人当然不能取得有效的租赁权。司法解释虽有此规定，但在司法实务中，就违建租赁合同的效力问题，实际上一直存在着争议。

在“北京市通州京航化工厂诉赵某江房屋租赁纠纷案”中，被告提出的抗辩理由之一是：“原告房屋系建设在北京上营农场的二亩半耕地上，原告至今对该房没有合法的产权手续，该房屋系违章建筑，该租赁合同属于无效合同。”该抗辩理由提出了一个尖锐的问题，即违建租赁合同是无效合同吗？就此问题，在该案的审理过程中，形成了两种不同意见：一种意见认为，违反法律、行政法规强制性规定的合同无效，我国法律禁止非法占用耕地建造房屋，故建筑在耕地上的建筑物属非法建筑，出租非法建筑违反法律、行政法规的强制性规定，应属无效。另一种意见则认为，应当区分非法建筑行为和出租行为，建筑行为违法属于行政法规范的范畴，其应受到行政法的制裁；出租行为是不同于建筑行为的独立民事行为，其效力不受建筑行为的影响，故租赁物为非法建筑不影响租赁合同的效力，本案亦无其他影响合同效力的因素，故租赁合同应为有效。①

实际上，早在《租赁合同解释》出台之前，地方法院在审理违建房屋出租纠纷中，就对租赁合同之有效性持肯定态度。如在广州市中级人民法院审理的“何某玲与广州市城辉物业有限公司租赁合同纠纷上诉案”②中，判决即认为：“若相应当事人出资兴建了某没有办理合法报建和违反规划的建筑物用于出租谋利，同样基于物权理论，在建设过程中和建成后，该建设主体即拥有相应建筑物的占有、使用、收益和处分的权利，这些权利的取得并不需要以其一定取得明确所有权为前提。如果其将上述违规建设的建筑物出租，相应租赁合同同样是有效的。只是在行政部门作出违法认定和拆除之后，导致租赁合同没有履行的标的物而对承租人造成的损失应由出租人承担。其是否为违章建筑只是属于行政管理层面的问题，是发生在违规建设主体和行政部门之间的关系，而和承租人没有任何关系，故不应当影响出租人和承租人之间基于真实意思表示而签订的租赁合

---

① 邱琳，张涛. 租赁物为违法建筑是否影响租赁合同的效力. http://chinacourt.org/article/detail/2007/05/id/250002.shtml.（2007-05-30）[2014-01-12].

② 广东省广州市中级人民法院〔2006〕穗中法民五终字第2533号民事判决书。

同的效力。”该审判推理应当说是准确地把握了现行法的规定，并且作出了正确的论理推理。总之，笔者赞同违建租赁合同是有效合同的观点，基于有效合同，承租人能够取得有效的租赁权。既然如此，那么在合法建筑租赁中承租人享有的优先购买权，在违法建筑租赁中的承租人也应当同样享有。

当然，从法秩序统一性的观点来看，由于我国现行法就违法建筑的处理问题尚没有形成一整套的规范体系，因而此点与彼点相龃龉的地方颇多。即便我们承认了违法建筑租赁合同为有效合同，承租人基于有效合同而取得了租赁权，但由于不当的公法管制规范的存在，仍然会导致无法办理租赁备案登记，对于营业性用房，则会导致不能办理营业登记、税务登记等问题。这些问题的存在，都不具有合理性，还是应予体系化地理顺。

第三节　违法建筑的登记

一、违建的权利登记

（一）首次登记与转移登记

不动产登记，是指不动产登记机构依法将不动产权利归属和其他法定事项记载于不动产登记簿的行为。不动产登记包括首次登记、变更登记、转移登记、注销登记、更正登记、异议登记、预告登记、查封登记等。不动产的首次登记，是指不动产权利的第一次登记；亦即，在不动产上的权利第一次产生时进行的登记，其范围包括了以往不动产登记中的初始登记、设立登记与总登记等各种类型。转移登记，是不动产物权在不同的主体之间进行转移时，不动产登记机构依据当事人的申请或者有关机关的嘱托而进行的登记。转移登记实际上包含在了广义的变更登记中，《物权法》并未规定转移登记，因不动产转让导致的登记行为一并包含在变更登记的范围内。但在《不动产登记暂行条例》及其《实施细则》的制定过程中，考虑到两者之间的巨大差异，将转移登记从变更登记中抽离出来了，从而更有利于我国不动产登记类型的清晰与明确，也有利于登记机构进行相应的审查。所以，现行法分别规定了变更登记与转移登记两种登记类型。①

我国现行法规定的不动产登记，其规范对象是“合法财产”，那么对于违法建筑，是否也应当纳入不动产登记的范围，可以申请首次登记和转移登记呢？对此，须进行立法论探讨，非三言两语可得回答。根据《不动产登记暂行条例》第 22 条的规定：“登记申请有下列情形之一的，不动产登记机构应当不予登记，并书面告知申请人：（一）违反法律、行政法规规定的；（二）存在尚未解决的权属争议的；（三）申请登记的不动产权利超过规定期限的；（四）法律、行政法规规定不予登记的其他情形。”违法建筑就属于存在第 1 项规定的“违反法律、行政法规规定的”情形的建筑，在解释论上，当属于不予登记的情形。但这一规定是否科学合理呢？笔者认为颇值得探讨。

在比较法上，我国台湾地区“民法”也将违法建筑列入不能登记的范畴，并由此引发了一系列的问题和争议。就违法建筑的物权变动问题，台湾地区学者展开了立法论和解释论层面的探讨，主要形成了两种有代表性的观点，即“占有论”与“合意论”。

持“占有论”者认为，只有能办理登记之不动产才以移转登记为权利移转的公示方法，违章建筑因不能办理登记，故以“移转占有”为权利移转之公示方法。② 另有学者主张，违章建筑所有权因法律行为而发生变动，虽然无须登记即发生物权变动效力，但为了保护交易安全，物权变动仍以践行公示手段为必要，该公示方法即为占有移转。③ 还有学者主张类似的观点，主张在现行法上，包括违章建筑在内之一切未经登记之不动产所有权，于其由原始起造人让与他人时，即以有交付之事实而发生物权变动效力。④

持“合意论”者认为，“占有论”将房屋交付时作为买受人取得违章建筑权利之时点，容易发生只要无权占有人拒绝迁出系争违章建筑，而原权利人（出卖人）又因自侵夺之日起一年内未主张返还占有物而罹于时

① 国土资源部不动产登记中心（国土资源部法律事务中心）编．不动产登记暂行条例实施细则释义．北京：北京大学出版社，2016：55，62.

② 陈荣宗．强制执行法．台北：三民书局，1991：206.

③ 谢哲胜．违章建筑的事实上处分权．月旦法学杂志，2003（11）.

④ 朱柏松．论越界、违章建筑之法律效力．月旦法学杂志，2004（1）.

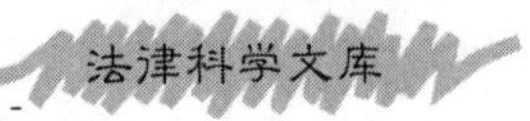

效，致使陷入无人得对无权占有人主张返还房屋之困境，因而是不妥当的。虽然违章建筑因为违反了行政法规而无法办理登记，但既然实务上承认其得为交易之标的，那么就可以考虑以意思主义来决定违章建筑之权利转移时点，这既符合当事人意思自治原则，又兼顾了违章建筑受让人之财产权益保障，是妥当的。①

但笔者认为，上述的“占有论”与“合意论”皆为不妥，笔者主张对违法建筑应建立起登记管理制度。实际上，在我国城市规划实施的早期阶段，对于违法建筑，岂止是允许其登记，而且申请登记是建造人的义务，亦即实行的是“强制登记”而非自愿的“申请登记”。如城乡建设环境保护部 1988 年制定的《房屋所有权登记中违章建筑处理意见》中曾规定：“违章建筑不论其能否给予从宽确权处理，一律都要进行登记，做到不重不漏，为城市规划建设和管理积累资料。”再如 1988 年《北京市房屋所有权登记中违章建筑处理意见》中曾规定：“凡我市城镇范围内建国以后违章建筑的房屋一律进行登记。违章建筑的单位和个人必须在规定时间内办理登记手续，逾期不办理登记手续者按照《北京市城镇房屋所有权登记暂行办法》第十三条处理。”上述规章文件表明，给予违法建筑以登记管理在我国法上曾经是于法有据的，并非不存在立法先例。正如有学者指出的，给予违法建筑以登记管理，有利于维护财产秩序和交易安全，是违法建筑类型化管理和实行房地产宏观调控的需要，不允许登记反而将造成对违法建设行为的反向激励。② 也有学者指出，对违法建筑给予登记，可以体现对私权的尊重和保护，有利于国家对全国各地违章建筑存在情况的了解、掌握，有利于对我国土地、房地产市场进行宏观调控，还有利于实现资源的优化配置，避免资源的闲置。③ 以上观点，言之成理，都足以证成违法建筑之应予登记管理的观点。在接受了违法建筑之上存在所有权的观点之后，将违法建筑纳入登记管理，乃顺理成章之事。通过登记管理，可以将违法建筑的违法状态在登记簿和不动产权证书中予以固定、明示和公

---

① 曾品杰.“民法”物权编所有权修正评析——以通则部分为中心.台北：中山大学法学集刊.2009（10）.

② 蒋拯.违法建筑处理制度研究——从权利保护与限制的视角.重庆：西南政法大学，2012：423-432.

③ 吴桂山.违章建筑登记问题之思考.法制与社会，2010（6）.

示，这不仅有利于私法上财产权保障和交易安全保障，而且更便于公法管理，对公法之管制意旨的实现可以说是有增无损。

就违法建筑登记在公法上之实益问题，可略述几句以说明之。举例言之，如国务院办公厅转发国务院第六次全国人口普查领导小组、公安部《关于在第六次全国人口普查前进行户口整顿工作意见的通知》（国办发〔2010〕30号）文要求："对辖区的各类房屋，包括违章建筑，均应全面登记核对，有条件的地区可绘制居民小区实有房屋示意图，方便入户核对和普查登记。"可以想见，如果有完善的违建登记制度，不论是人口调查、工商管理、房地产管理等各个方面的行政目标，在实现上都将顺畅许多。再譬如，在我国台湾地区，税捐机关对违章建筑是照章征税的。如台湾地区财政主管部门于1978年之"台财税字第31475号函"规定："房屋税系以附着于土地之各种房屋及有增加房屋使用价值之建筑物为课征对象，无照违章建筑房屋，自不例外。"嗣后于1980年之"台财税字第38975号函"规定："违章建筑可依不动产评价委员会评定房屋之标准价格核定其房屋现值而据以课税，如对违章建筑不予设籍课税，不仅增加税籍管理及计征遗产税之困难，对于合法房屋更有失公平，或将助长违建之风，为求课税公平及健全税籍起见，违章建筑在未拆除前，均应依法设籍。"笔者认为，对拆除之前的违法建筑依法予以征税的做法，是大陆应该借鉴的制度。因此，如果在我国大陆开征房产税时，也能把违法建筑纳入征缴对象，就可以大开税源，甚至可能因征税而在一定程度上遏制违建之风。在违建登记制度构建以后，不仅可以征收房产税，而且还可以征收转让时的增值税，如此"利好"，从公法角度讲，于国家又何乐而不为呢?!

我国《物权法》第31条规定："依照本法第二十八条至第三十条规定享有不动产物权的，处分该物权时，依照法律规定需要办理登记的，未经登记，不发生物权效力。"该条规定所涉及的"登记"，包括了首次登记和转移登记两者。① 当建立起了违法建筑登记制度之后，该条规定即可作为违法建筑首次登记和转移登记的最高规范依据。

---

① 就我国《物权法》第31条规定的"登记"所指为何，在理论上有比较大的争议，有认为仅指首次登记（宣示登记）者，有认为兼指首次登记和转移登记（设权登记）者。有关论述，请参见王洪平．违法建筑的私法问题研究．北京：法律出版社，2014：99－102.

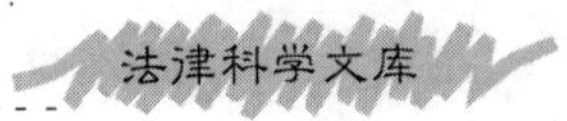

（二）地役权与抵押权登记

就违法建筑的地役权登记和抵押权登记之立法论探讨，于此就不再展开，因为如果我们认可了违法建筑的首次登记和转移登记，那么违法建筑的他项权利登记也就是顺理成章的事情了。《不动产登记暂行条例实施细则》于第四章第八节规定了地役权登记，于同章第九节规定了抵押权登记。这些规定，也是违法建筑地役权和抵押权登记的规范依据。

根据相关规定，按照约定设定地役权，当事人可以持需役地和供役地的不动产权属证书、地役权合同以及其他必要文件，申请地役权首次登记。经依法登记的地役权发生地役权当事人的姓名或者名称等发生变化、共有性质变更、需役地或者供役地自然状况发生变化、地役权内容变更等情形的，当事人应当持地役权合同、不动产登记证明和证实变更的材料等必要材料，申请地役权变更登记。供役地分割转让办理登记，转让部分涉及地役权的，应当由受让人与地役权人一并申请地役权变更登记。已经登记的地役权因土地承包经营权、建设用地使用权转让发生转移的，当事人应当持不动产登记证明、地役权转移合同等必要材料，申请地役权转移登记。申请需役地转移登记的，或者需役地分割转让，转让部分涉及已登记的地役权的，当事人应当一并申请地役权转移登记，但当事人另有约定的除外。当事人拒绝一并申请地役权转移登记的，应当出具书面材料。不动产登记机构办理转移登记时，应当同时办理地役权注销登记。已经登记的地役权，发生地役权期限届满、供需役地混同、供需役地消灭、地役权合同解除等情形的，当事人可以持不动产登记证明、证实地役权发生消灭的材料等必要材料，申请地役权注销登记。地役权登记，不动产登记机构应当将登记事项分别记载于需役地和供役地登记簿。

根据相关规定，自然人、法人或者其他组织为保障其债权的实现，依法以不动产设定抵押的，可以由当事人持不动产权属证书、抵押合同与主债权合同等必要材料，共同申请办理抵押登记。同一不动产上设立多个抵押权的，不动产登记机构应当按照受理时间的先后顺序依次办理登记，并记载于不动产登记簿。当事人对抵押权顺位另有约定的，从其规定办理登记。在发生抵押人、抵押权人的姓名或者名称变更，被担保的主债权数额变更，债务履行期限变更，抵押权顺位变更等诸情形时，当事人应当持不动产权属证书、不动产登记证明、抵押权变更等必要材料，申请抵押权变更登记。因被担保债权主债权的种类及数额、担保范围、债务履行期限、抵押权顺位发生变更申请抵押权变更登记时，如果该抵押权的变更将对其他抵押权人产生不利影响的，还应当提交其他抵押权人书面同意的材料与身份证或者户口簿等材料。因主债权转让导致抵押权转让的，当事人可以持不动产权属证书、不动产登记证明、被担保主债权的转让协议、债权人已经通知债务人的材料等相关材料，申请抵押权的转移登记。在发生主债权消灭、押权已经实现、抵押权人放弃抵押权等情形时，当事人可以持不动产登记证明、抵押权消灭的材料等必要材料，申请抵押权注销登记。

二、违建的其他登记

（一）更正登记

根据《不动产登记暂行条例实施细则》的相关规定，权利人、利害关系人认为不动产登记簿记载的事项有错误的，可以申请更正登记。利害关系人申请更正登记的，应当提交利害关系材料、证实不动产登记簿记载错误的材料以及其他必要材料。不动产权利人或者利害关系人申请更正登记，不动产登记机构认为不动产登记簿记载确有错误的，应当予以更正；但在错误登记之后已经办理了涉及不动产权利处分的登记、预告登记和查封登记的除外。不动产权属证书或者不动产登记证明填制错误以及不动产登记机构在办理更正登记中，需要更正不动产权属证书或者不动产登记证明内容的，应当书面通知权利人换发，并把换发不动产权属证书或者不动产登记证明的事项记载于登记簿。不动产登记簿记载无误的，不动产登记机构不予更正，并书面通知申请人。不动产登记机构发现不动产登记簿记载的事项错误，应当通知当事人在30个工作日内办理更正登记。当事人逾期不办理的，不动产登记机构应当在公告15个工作日后，依法予以更正；但在错误登记之后已经办理了涉及不动产权利处分的登记、预告登记和查封登记的除外。对于违法建筑的更正登记，应遵循上述规定。

（二）异议登记

根据相关规定，利害关系人认为不动产登记簿记载的事项错误，权利人不同意更正的，利害关系人可以申请异议登记。利害关系人申请异议登记的，应当提交证实对登记的不动产权利有利害关系的材料、证实不动产登记簿记载的事项错误的材料以及其他的必要材料。不动产登记机构受理异议登记申请的，应当将异议事项记载于不动产登记簿，并向申请人出具异议登记证明。异议登记申请人应当在异议登记之日起15日内，提交人

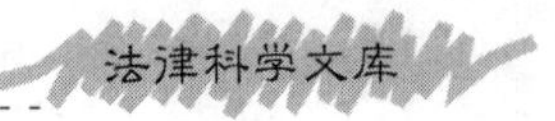

民法院受理通知书、仲裁委员会受理通知书等提起诉讼、申请仲裁的材料；逾期不提交的，异议登记失效。异议登记失效后，申请人就同一事项以同一理由再次申请异议登记的，不动产登记机构不予受理。异议登记期间，不动产登记簿上记载的权利人以及第三人因处分权利申请登记的，不动产登记机构应当书面告知申请人该权利已经存在异议登记的有关事项。申请人申请继续办理的，应当予以办理，但申请人应当提供知悉异议登记存在并自担风险的书面承诺。对违法建筑的异议登记，应遵循上述规定。

（三）预告登记

根据相关规定，在发生商品房等不动产预售、不动产买卖抵押、以预购商品房设定抵押权等情形时，当事人可以按照约定申请不动产预告登记。预告登记生效期间，未经预告登记的权利人书面同意，处分该不动产权利申请登记的，不动产登记机构应当不予办理。预告登记后，债权未消灭且自能够进行相应的不动产登记之日起3个月内，当事人申请不动产登记的，不动产登记机构应当按照预告登记事项办理相应的登记。预告登记未到期，发生预告登记的权利人放弃预告登记、债权消灭等情形时，当事人可以持不动产登记证明、债权消灭或者权利人放弃预告登记的材料，以及法律、行政法规规定的其他必要材料申请注销预告登记。对违法建筑的预告登记，应遵循上述规定。

（四）查封登记

根据相关规定，人民法院要求不动产登记机构办理查封登记的，应当提交人民法院工作人员工作证、协助执行通知书等必要材料。两个以上人民法院查封同一不动产的，不动产登记机构应当为先送达协助执行通知书的人民法院办理查封登记，对后送达协助执行通知书的人民法院办理轮候查封登记。轮候查封登记的顺序按照人民法院协助执行通知书送达不动产登记机构的时间先后进行排列。查封期间，人民法院解除查封的，不动产登记机构应当及时根据人民法院协助执行通知书注销查封登记。不动产查封期限届满，人民法院未续封的，查封登记失效。人民检察院等其他国家有权机关依法要求不动产登记机构办理查封登记的，参照上述规定办理。对违法建筑的查封登记，应遵循上述规定。

三、违建登记的操作

为规范不动产登记的操作，国土资源部发布了《不动产登记操作规范

(试行)》(国土资规〔2016〕6 号)，就相关的技术性内容作了详细规定。根据其相关规定，不动产登记簿应当采取电子介质，并具有唯一、确定的纸质转化形式。不动产登记机构应当配备专门的不动产登记电子存储设施，采取信息网络安全防护措施，保证电子数据安全，并定期进行异地备份。不动产登记簿应当以宗地、宗海为单位编制，一宗地或者一宗海范围内的全部不动产编入一个不动产登记簿。宗地或宗海权属界线发生变化的，应当重新建簿，并实现与原不动产登记簿关联。不动产登记机构应当依法对不动产登记簿进行记载、保存和重建，不得随意更改。有证据证实不动产登记簿记载的事项确实存在错误的，应当依法进行更正登记。

不动产登记簿由不动产登记机构负责管理，并永久保存。不动产权证书和不动产登记证明由国土资源部统一制定样式、统一监制、统一编号。不动产权证书和不动产登记证明的印制、发行、管理和质量监督工作由省级国土资源主管部门负责。不动产权证书和不动产登记证明应当一证一号，更换证书和证明应当更换号码。有条件的地区，不动产登记机构可以采用印制二维码等防伪手段。

不动产权证书分单一版和集成版两个版式。不动产登记原则上按一个不动产单元核发一本不动产权证书，采用单一版版本。农村集体经济组织拥有多个建设用地使用权或一户拥有多个土地承包经营权的，可以将其集中记载在一本集成版的不动产权证书，一本证书可以记载一个权利人在同一登记辖区内享有的多个不动产单元上的不动产权利。以上是有关不动产登记簿和不动产权证书的相关规定，违法建筑的登记也应当遵循上述规定。

笔者建议，就违法建筑的登记而言，与合法建筑登记在登记簿和权证的制作上应有所区别，实行“另册处理”。申言之，应区别全部违建与部分违建而分别处理。对于全部违建，应建立“违法建筑不动产权登记簿”，其对应的产权证书名称亦为“违法建筑不动产权证”。对于部分违建，应在合法建筑的相应不动产登记簿中，专门开辟一个专栏，就违法部分的违法状况进行记载；与之对应的，在颁发的不动产权证中，亦应开辟出一个专栏，以记载其违法情状。通过以上操作，一个建筑是否为违法建筑，或者一个建筑之上是否附有违法建筑之部分，就一目了然，其公示公信效果也极其明显，对于交易安全的保护和公法管理目标的实现，可谓一举两得，相得益彰。

第六章　违法建筑的司法上处分

第一节　违法建筑的裁判分割

违法建筑的司法上处分属违法建筑的被动处分，是基于裁判行为所为的强制处分，与基于建造人之自主意志所为的私法上处分性质迥异。违法建筑的司法上处分主要包括违法建筑的裁判分割和违法建筑的强制拍卖两种处分情形。违法建筑的裁判分割问题属于共有物裁判分割中的一个问题。共有物的分割方法有两种：一是协议分割，二是裁判分割。[①] 裁判分割通过诉讼的方式进行，分割判决一经作成，即具有形成力。[②] 就违法建筑的裁判分割而言，三种典型情形包括合作开发房地产的裁判分割、夫妻共同财产的裁判

① 郑玉波．民法物权．黄宗乐，修订．15 版．台北：三民书局，2007：51.

② 房绍坤．论共有物分割判决的形成效力．法学，2016 (11).

分割及共同继承遗产的裁判分割。

一、合作开发房地产中之违法建筑裁判分割

合作开发房地产是通过订立房地产合作开发合同进行的。房地产合作开发合同，是指当事人订立的以提供出让土地使用权、资金等作为共同投资，共享利润、共担风险合作开发房地产为基本内容的协议。我国的房地产合作开发形式多样，无一定之规。合作双方或多方基于不同的合作目的和合作基础，随机组合出了众多的开发模式和合作类型。具有影响的常见类型，大致有如下几种：项目公司型与合同合作型，合伙联营型与协作联营型；共同开发型与单方开发型，共同经营型与单方经营型；双方合作型与多方合作型，简单合作型与复合合作型；集体土地型与国有土地型，划拨土地型与出让土地型；利润分配型与实物分割型，提前购入型与股权转让型；虚假合作型与真实合作型，有效合作型与无效合作型。① 不论是何种类型的合作开发，作为开发行为所最终形成的建筑，都既有可能是合法建筑，也有可能是违法建筑。已建成的违法建筑所有权是合作方共同合作之事实行为（建造行为）产生的物权，因而应当认定为归合作各方共有。在上述的诸多类型中，虚假合作型与无效合作型因未形成真实有效的合作关系，故不产生共有关系，也就不存在违法建筑的裁判分割问题。

最高人民法院《关于审理涉及国有土地使用权合同纠纷案件适用法律问题的解释》（法释〔2005〕5号）第19条规定："在下列情形下，合作开发房地产合同的当事人请求分配房地产项目利益的，不予受理；已经受理的，驳回起诉：（一）依法需经批准的房地产建设项目未经有批准权的人民政府主管部门批准；（二）房地产建设项目未取得建设工程规划许可证；（三）擅自变更建设工程规划。"据此规定，当事人请求违法建筑裁判分割的，人民法院不予受理；已经受理的，裁定驳回起诉。笔者认为，这一规定存在以下问题：其一，"不予受理"于法无据。关于民事诉讼案件的起诉条件，我国《民事诉讼法》第119条规定："起诉必须符合下列条件：（一）原告是与本案有直接利害关系的公民、法人和其他组织；（二）有明

① 王洪平．论合作开发房地产中的物权认定与债务承担．山东社会科学，2012(6).

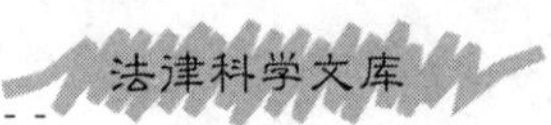

确的被告；（三）有具体的诉讼请求和事实、理由；（四）属于人民法院受理民事诉讼的范围和人民法院管辖。”当事人请求裁判分割违法建筑时，显然满足了当事人适格、有明确的被告、有具体的诉讼请求和事实、理由的要件；而是否应当受理的关键在于，违法建筑裁判分割是否属于人民法院受理民事诉讼的范围这一要件。根据我国的诉讼体制，诉讼分为民事诉讼、行政诉讼和刑事诉讼三种。当事人请求分割违法建筑的诉讼，毫无疑问不是行政诉讼和刑事诉讼，用简单的排除法即可得出其只能是民事诉讼的结论。如果“不予受理”，那就意味着对当事人关闭了诉讼救济的大门，这显然与司法的应有职能相背离。我国《民事诉讼法》第124条明确规定的“不予受理”情形，只有“依照法律规定，在一定期限内不得起诉的案件，在不得起诉的期限内起诉的，不予受理”和“判决不准离婚和调解和好的离婚案件，判决、调解维持收养关系的案件，没有新情况、新理由，原告在六个月内又起诉的，不予受理”两种情形。如果司法解释将违法建筑裁判分割排除在民事诉讼的受案范围之外，就违反了法律规定，不当地限缩了民事诉讼的受案范围。因而笔者主张，在当前的立案登记制下，“不予受理”的规定应予废止。其二，“驳回起诉”之实质，即拒绝裁判，这显然违背了“法官不得拒绝裁判”的法治要求。在程序上，“驳回起诉”所达成的法律效果与“不予受理”是一致的，因而其同样存在上述问题。其三，在私法上，违法建筑是不动产，上文对于违法建筑之上存在所有权已经给出了充分论证，因而合作开发房地产形成的违法建筑当然属于当事人（合作各方）的共有财产，共有人之间在不能协议分割的情况下请求裁判分割，乃当然之理和不得已而为之的必然选择。因而笔者主张，对于合作开发房地产而形成的违法建筑，当事人请求裁判分割的，人民法院应予受理，并在审理后根据当事人的诉讼请求，作出共有物分割判决。

二、作为夫妻共同财产之违法建筑裁判分割

我国《婚姻法》第39条规定：“离婚时，夫妻的共同财产由双方协议处理；协议不成时，由人民法院根据财产的具体情况，照顾子女和女方权益的原则判决。”该条规定确立了夫妻共同财产在离婚时的分割方法，即协议分割和裁判分割。夫妻共同财产裁判分割之关键，在于确定夫妻共同财产的范围。《婚姻法》第17条规定：“夫妻在婚姻关系存续期间所得的下列财产，归夫妻共同所有：（一）工资、奖金；（二）生产、经营的收

益；（三）知识产权的收益；（四）继承或赠与所得的财产，但本法第十八条第三项规定的除外；（五）其他应当归共同所有的财产。”该规定通过例示列举与兜底概括，对夫妻共同财产的范围框定了一个大致的范围。但从最高人民法院先后出台的三个司法解释可以看出，有关夫妻共同财产的认定问题，在现实中是一个问题层出不穷的领域，立法既不可能穷尽列举，司法解释也难以跟得上社会发展的快速、复杂和多样化。当然，违法建筑被当事人请求作为夫妻共同财产分割的问题，也并非一个新问题。

《山东高院 2011 年审判工作会议纪要》指出，违法建筑是夫妻共同财产的，离婚时婚姻当事人请求分割的，原则上不予支持，但对违法建筑产生的收益，应当作为夫妻共同财产进行分割。该规定所奉行的裁判理念是有大问题的：其一，既然认可了违法建筑在私法上归属于夫妻共同财产，那为何又拒绝给予其裁判分割呢？其二，何为“原则上不予支持”？予以支持的例外情形有哪些？如何界定？该规定未予言明。其三，既然不支持违法建筑作为夫妻共同财产分割，那为何又支持其收益的分割呢？如何界定哪些利益属于收益？根据“孳息归原物所有人所有”之物权法一般规则，既然对原物的分割请求不被支持，那为何对作为其孳息的收益分割要予以支持呢？以上诸种矛盾之处，反映出司法裁判者对这一问题的认识不清晰和缺乏决断的勇气。依笔者猜测，这一司法政策的潜台词是：违法建筑是违法财物，公法对违法建筑持否定态度，违法建筑属于行政执法的取缔对象，在司法上就应配合这一公法目标的实现，否则就有通过司法裁判而使违法建筑合法化的危险。实际上，这一担心完全没有必要。在本书中，笔者反复在阐释一个理念，即“恺撒的归恺撒，上帝的归上帝”。私法上物之归属与公法上的行为管制是和谐共处的，而非一种紧张对立关系。我们认可了违法建筑的私法上所有权，就应当进而认可共同所有时的裁判分割。给予违法建筑以裁判分割的支持，并不意味着通过司法裁判就使得违法建筑合法化了，被分割的是违法建筑，分割之后的建筑仍然是违法建筑，公法上的违法负担并不会因裁判分割而被去除，行政执法机关仍旧有权针对分割后的违法建筑进行行政执法，分割当事人根本无从手持法院的裁判分割判决而对抗行政执法。所以说，进行司法上的裁判分割无碍于公法上管制目标的实现，正相反，只有给予裁判分割，才能理顺公私法的关系。

三、作为共同继承遗产之违法建筑裁判分割

我国《继承法》第3条规定："遗产是公民死亡时遗留的个人合法财产，包括：（一）公民的收入；（二）公民的房屋、储蓄和生活用品；（三）公民的林木、牲畜和家禽；（四）公民的文物、图书资料；（五）法律允许公民所有的生产资料；（六）公民的著作权、专利权中的财产权利；（七）公民的其他合法财产。"该规定一再强调只有"合法财产"才属于遗产，或许正是因此，造成了现实中对遗产认定的一些误区，致使我国有许多地方法规规章明令禁止违法建筑作为遗产继承。[①] 这些地方立法显然不享有针对遗产范围的立法权，其禁止性规定依法应予改变或者撤销。但这种立法态度所造成的负面影响却不容低估，因为它给人们传递了一个不正确的信号：既然违法建筑不是遗产，那么违法建筑就是不受法律保护的、可以任意侵犯的物品。这一信号，显然与法治原则和私有财产权保障之宗旨相背离。为此，笔者主张，我国立法应明确违法建筑的可继承性，并且明确因违法建筑之继承而发生的裁判分割应依法由人民法院作出裁判。其理一如上文所述，于此不赘。

在此要补充提及的一个问题是，当违法建筑作为继承而来的共有财产进行分割时，是按照按份共有进行还是按照共同共有进行分割。就共同继承遗产形成的共有是按份共有还是共同共有的问题，我国《继承法》及其司法解释都未予明确，但我国民法学界历来之通说认为，共同继承遗产属于共同共有财产，并且这一观点也是司法实践所一贯秉持的做法。查考该观点的规范依据，应当是曾经的《民通意见》第88条规定："对于共有财产，部分共有人主张按份共有，部分共有人主张共同共有，如果不能证明财产是按份共有的，应当认定为共同共有。"该规定把"推定共同共有"作为基本规则，所以在为何种共有不明的情形下，学界和司法实务界把共同继承遗产之共有视为共同共有也不能为错。但这一"机械式"的法律解释适用，实际上历来都不能很好地解释一个潜藏的问题，即共同共有只有在共有的基础关系消灭时才能请求分割，其共同共有的财产具有"不可任

① 如前文提及的1993年《珠海市违法建筑管理规定》、2010年桂林市人民政府《关于印发桂林市违法建筑处理暂行办法的通知》（市政〔2010〕162号）等。

意分割性”；而按份共有财产的本质属性，恰恰在于“可随时分割性”，亦即共有人之一可随时提出分割请求，而其他的按份共有人须应其请求而予以分割，以消灭按份共有关系。但谁都不能否认，共同继承遗产所形成的共有状态是暂时的，任何一个共有人都有权随时请求分割，因而其本质属性更接近于按份共有而不是共同共有。而把共同继承遗产界定为按份共有，与界定为共同共有相比，并没有减损共同继承人的任何继承利益。对于这一问题，传统的通说观点并没有作出说明，也没有给出合理的解释。更需注意的是，《物权法》出台之后，最高人民法院旋即废止了《民通意见》第88条规定。最高人民法院虽然没有明确表明废止该条规定的原因，但其答案由《物权法》第103条的规定即可确知：“共有人对共有的不动产或者动产没有约定为按份共有或者共同共有，或者约定不明确的，除共有人具有家庭关系等外，视为按份共有。”该条规定否弃了先前的“推定共同共有规则”，而改采“推定按份共有规则”，先前的司法解释因与之冲突，故须予以废止。那么接下来的问题是，共同继承遗产所形成的共有状态在推定上是否存在《物权法》第103条所规定的“具有家庭关系”这一除外情形呢？笔者认为，对此应作否定回答。举例来说，父甲，子乙，女丙，父亲与子女三人本来属于具有家庭关系的一家三口，后乙成年婚娶，与父亲析产别居；后丙成年婚嫁，户籍迁至夫家。父亲甲去世，乙与丙对甲的遗产形成共同继承。于继承发生时，乙、丙的“家庭关系”早已终结，乙与丙分属两个不同的独立家庭，他们虽为甲的遗产的共同继承人，但二人之间显然不再具有“家庭关系”。职是之故，由《物权法》第103条规定，并不能解释得出共同继承之遗产为共同共有财产的结论。但有趣的是，在《物权法》实施了近十年之后，最高人民法院仍固守旧念，把共同继承之共有视为共同共有。如《第八次全国法院民事商事审判工作会议（民事部分）纪要》（2016年）第25条规定：“被继承人死亡后遗产未分割，各继承人均未表示放弃继承，依据继承法第二十五条规定应视为均已接受继承，遗产属各继承人共同共有。”其条文表述明确了“遗产属各继承人共同共有”的观点。笔者认为，此等执念，应予改变。综上，笔者主张，基于共同继承而形成的财产共有，应属按份共有，而非共同共有；具体到违法建筑的裁判分割上，应按照按份共有进行分割处理。

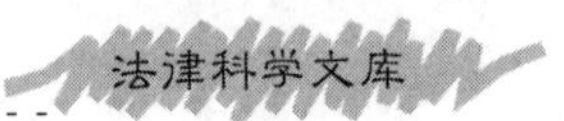

第二节　违法建筑的强制拍卖

一、违建作为强制拍卖标的之适格性

违法建筑能否成为适格的拍卖标的呢？就此问题，我国地方法院、地方政府和一般的社会公众，在认知上往往持否定态度，认为拍卖违法建筑就是变相地使违法建筑合法化。[①] 如在“乌鲁木齐正汇商贸有限公司诉新疆嘉信拍卖有限公司等拍卖合同纠纷案”[②] 判决中，审理法院即认为：“临建市场在拍卖前即应依法予以拆除，管理局不得再将其进行有偿转让。根据《中华人民共和国拍卖法》第六条、第七条的规定，拍卖标的应当是委托人所有或者依法可以处分的物品或者财产权利，行政法规禁止买卖的物品或者财产权利，不得作为拍卖标的。管理局委托拍卖临建市场，违反了国家法律的强制性规定，其与拍卖公司签订的《委托拍卖合同》中有关临建市场部分的约定依法当属无效。”该判决所指，就是作为违法建筑的临时建筑，判决认为其不得作为强制拍卖的标的。

就此问题，我国台湾地区之通说认为，经由法院之强制执行，买受人得取得违章建筑的所有权。[③] 我国司法实务界也早有观点从违法建筑执行之必要性（被执行人享有利益）和可行性（存在执行空间）角度，就违法建筑的可执行性问题进行了探讨论证。[④] 笔者认为，将违法建筑纳入适格的执行标的范畴，在我国现行法上是有法可依的，这就是最高人民法院《关于转发住房和城乡建设部〈关于无证房产依据协助执行文书办理产权登记有关问题的函〉的通知》（法〔2012〕151 号，以下简称《关于无证

---

① 拍卖公司公然拍卖违法建筑. 深圳特区报，2008-04-17（B03）；法院怎能为违章建筑“洗白”. 市场报，2004-01-30（7）.

② 新疆维吾尔自治区高级人民法院〔2006〕新民二初字第 85 号民事判决书。

③ 王泽鉴. 民法物权：通则・所有权. 北京：中国政法大学出版社，2001：118；谢在全.“民法”第 759 条争议问题之研究//苏永钦主编. 民法物权争议问题研究. 北京：清华大学出版社，2004：8；吴光陆. 法院拍卖违章建筑之买受人有无取得所有权. 月旦法学杂志，1996（10）.

④ 李海军. 执行程序中违章建筑的认定及处理. 山东审判，2007（5）.

房产办理产权登记问题的函》）。该通知指出："一、各级人民法院在执行程序中，既要依法履行强制执行职责，又要尊重房屋登记机构依法享有的行政权力；既要保证执行工作的顺利开展，也要防止'违法建筑'等不符合法律、行政法规规定的房屋通过协助执行行为合法化。二、执行程序中处置未办理初始登记的房屋时，……不具备初始登记条件的，原则上进行'现状处置'，即处置前披露房屋不具备初始登记条件的现状，买受人或承受人按照房屋的权利现状取得房屋，后续的产权登记事项由买受人或承受人自行负责。"由以上表述可以看出，最高人民法院和住建部对于通过协助执行而可能带来的违法建筑合法化问题，早已有充分认识，但即便如此，最高人民法院也没有否定违法建筑的可拍卖性，而是创造性地提出了违法建筑拍卖的"权利现状取得"原则（现状处置原则）。依"权利现状取得"原则，拍卖标的是违法建筑的，拍定人取得的仍然是违法建筑，违法建筑不会因强制拍卖而变成合法建筑，对此后果，只要买受人明知，其就须"自负其责"，而无权再行主张权利瑕疵抗辩。依笔者之见，"权利现状取得"原则之提出，也代表着我国强制执行法上的一大进步。

"权利现状取得"是符合法理的一项取得规则。根据民法上"任何人不能将大于自己权利之权利让与他人"的基本定律，在违法建筑拍卖中，拍定人只能按照权利现状取得，此乃不争之论。所谓"权利现状取得"，亦即违法建筑上所负载的所有公私法限制（对物限制）都由后手承继，后手不可能经由法院的司法拍卖程序而变违法建筑为合法建筑。正是在此意义上，否定违法建筑可执行性的担心是不必要的。笔者还进而认为，既然我们可以承认违法建筑之上存在着所有权，违法建筑可经由私人法律行为而实现有效转让，那么我们当然也就应当承认违法建筑拍卖所转移的就是违法建筑的所有权，而非其他权利。在本质上，所谓的"权利现状取得"，实际上就是"违法建筑所有权的取得"。

二、违建强制拍卖之拍定人权益保护

违法建筑强制拍卖之拍定人的权益保护问题，关键在于拍定人"知情同意权"的保障。在上文提及的最高人民法院《关于无证房产办理产权登记问题的函》中，对拍定人"知情同意权"的保障问题，实际上已经有所规定，即"不具备初始登记条件的，原则上进行'现状处置'，即处置前披露房屋不具备初始登记条件的现状，买受人或承受人按照房屋的权利现状取得房屋，后续的产权登记事项由买受人或承受人自行负责。”所谓“知情”，是指法院在委托拍卖时，必须向拍卖行就拍卖标的为违法建筑的事实为书面告知，并且拍卖行在拍卖公告中也必须同样如实记载拍卖标的为违法建筑的事实，且应在拍卖现场再次向竞买人作出明确的告知和说明，给竞买人以最后退出竞买活动的选择权。所谓“同意”，是指在竞买人之知情权得以充分保障的前提下，竞买人对自愿参与违法建筑之拍卖活动作出承诺，其自愿承担违法建筑竞得后不能过户登记的瑕疵负担，并且自愿承担拍得后随时可能面临着的公法上被没收、拆除的法律风险，其承诺对委托拍卖法院和拍卖行具有私法上之免责效力，拍定人不得事后再以拍卖标的物系违法建筑为由而行争执。当然，就拍定人“知情同意权”的保障问题，上述司法解释的规定尚嫌笼统，对此，可借鉴我国台湾地区的相关做法，以细化之。在我国台湾地区，强制拍卖违法建筑时，法院的拍卖公告一般会作如下记载：“本标内暂编号之建物，系未办理建筑物所有权第一次登记之不动产，拍定后拍定人不能持权利移转证书办理所有权移转登记，亦不得以面积不符，请求减少价金，或撤销拍定；且若该建筑物经建筑主管机关认定为违章建筑，拍定人应自行承担受拆除之风险。”①这一记载和说明，内容比较全面，值得借鉴。

三、强制拍卖与行政强拆之竞合处理

强制拍卖属于司法强制执行，强制拆除属于行政强制执行，二者可能会发生冲突与竞合。如果违法建筑已被行政主管机关强制拆除而执行法院和拍卖行并不知情，仍然继续拍卖程序而为拍定时，就会因拍卖标的之自始不存在而导致拍卖无效，徒增纠纷。如果行政主管机关在违法建筑拍卖后近乎“无缝对接”地跟进强拆，恐怕会让拍得人产生一种被愚弄了的受骗感，强制拍卖的社会效果必然不好。为此，为保证作为拍卖标的之违法建筑仍然是既存违建，而且拍卖之后是否会被强拆以及何时会被强拆仍处于一种不确定状态，竞得人仍对违法建筑被拆除前的现状利用利益抱有某种期待，就有必要协调好强制拍卖与强制拆除两种程序间的冲突与竞合。②

---

① 林俊廷. 违章建筑之法律地位研究——从法秩序统一之观点而论：上. 司法周刊，2012，总第1585期.

② 王洪平. 违法建筑的私法问题研究. 北京：法律出版社，2014：121-122.

就此问题，我国台湾地区相关主管部门1989年之“台内管字第702801号函”曾作出如下规定：“考虑到民事强制执行虽就债务人之财产（即违章建筑）予以查封拍卖，禁止债务人为民法上之处分行为，但不能因此排除行政上之强制拆除效力，且违章建筑之存续在民法上亦不成为保护之对象，故行政主管机关仍得依法执行拆除，无须通知法院办理启封。”很显然，该处理方案仅从行政强制执行的单一视角入手，确定了“行政强拆优先”的规则，而完全未顾及司法强制拍卖程序的效力。对此，我国台湾地区有学者提出了以下修正意见：“惟从民事执行实务角度而言，执行法院如已办理查封拍卖，于减价拍卖程序进行中，执行法院原则上不会再至现场履勘，此时违章建筑遭到拆除者，除非主管机关主动告知或相关当事人自行陈报，否则执行法院实难主动查知，如经拍定者，自属拍定无效之问题。为避免后续无益执行程序之浪费及拍定无效，应要求主管机关执行强制拆除时，主动通知执行法院，以利执行法院追踪办理，此点在行政程序上并无困难，只要主管机关执行强制拆除前向地政机关查询，即可得知该违章建筑有无因民事执行而有暂编建号查封登记之记录。”① 但笔者认为，该修正意见所提方案还是有所不足，因为其只考虑到了行政机关的单方配合要求，而没有考虑到要求执行法院在作出拍卖裁定之前应当向行政执法机关主动查询，就拍卖标的究竟为程序违建还是实质违建、是否已被纳入强拆计划、是否已被作出没收处理等问题进行调查了解。为此，笔者认为，在建立起行政机关的主动配合机制的同时，还应当建立起相应的法院裁定拍卖时向行政机关查询的主动配合机制。只有法院与行政机关双方通过双向的通力配合，违建拍卖才会得以顺利进行，也才会最大可能地发挥违建被拆除之前的社会效用。当然，从立法论的角度讲，如果建立了违建登记制度，行政强制拆除与司法强制拍卖的配合问题也就变得更加简单易解了，一切都可以在登记簿上予以清楚记载，也可予以直观了解，冲突竞合的问题也就可以在事前化解掉。

① 林俊廷. 违章建筑之法律地位研究——从法秩序统一之观点而论：上. 司法周刊，2012，总第1585期.

第七章　违建相邻关系纠纷

第一节　私法相邻关系与公法相邻关系

相邻关系是一种基于不动产之物理空间上的邻近性而发生的法定关系。当然，只有位置上的邻近性尚不能直接发生法律上的相邻关系，要发生相邻法律关系仍需要相应法律事实的产生。相邻关系从罗马法开始，即以民事契约为主要规范工具，民法提供了若干特别的物权调整规范，以补契约法之不足；20 世纪福利国家的出现，大量的行政法规范开始调整土地使用，从而形成了公的相邻法与私的相邻法交错的景象。[①] 私法相邻关系（私的相邻法）与公法相邻关系（公的相邻法）分别承载着不同的制度功能，虽然两者会

① 苏永钦. 私法自治中的经济理性. 北京：中国人民大学出版社，2004：248.

因规范对象的重叠而在一定情形下发生冲突，但二者在制度功能上之互补性是主要的，二者的结合形成了现代法上完整的相邻关系制度。

一、私法相邻关系：所有权的限制

相邻关系在罗马法上即已形成一种成熟的私法制度。根据相邻关系，所有主（不动产所有权人）不仅应当容忍相邻者行使某些权利，如通行权、采光权、墙役权（搭梁役权）等，还应当特别注意自己权利之行使不要构成对相邻者权利的妨害或者影响。① 《十二铜表法》之第七表，就相邻关系制度作了如下的详细规定：相邻田地之间，应留空地 5 尺，以便通行和犁地；在他人土地上有通行权的，其道路宽度直向为 8 尺，拐弯处为 16 尺，建筑物的周围留 2.5 尺的空地以利通行；树枝越界的，其下垂的枝叶应修剪至离地 15 尺，使它不致影响邻地；树木所有人不于相当期间内修剪的，邻地所有人得自行剪除；如树木因风吹倾斜于邻地时，邻地所有人也可诉请处理；树上的果实落入邻地时，果树的所有人有权进入邻地去拾取；用人为的方法变更自然水流以致他人财产遭受损害的，受害人得诉请赔偿。其后，罗马的大法官法又规定，房屋有倾倒可能的，邻居得申请法律救济，以预防不测的损害；建成或拆毁房屋，若邻居认为有损其利益的，得暂时阻止其建筑或拆毁，至双方明确其权益时为止。② 大陆法系的民法典，无不继受了罗马法上的相邻关系制度，在民法典中对相邻关系作了专门规定。相邻关系构成所有权内容的当然限制，相邻关系制度的构建以不动产所有人之容忍义务为基点。③

我国《物权法》用专章（第七章）规定了相邻关系。根据相关规定，不动产相邻关系的处理原则是有利生产、方便生活、团结互助和公平合理。处理相邻关系的依据是法律法规，法律法规没有规定的可以按照当地习惯。《物权法》第 86～91 条，就相邻用水排水、相邻通行、邻地利用、通风、采光、日照、不可量物侵入、相邻不动产安全等典型的相邻关系作了规定。根据《物权法》第 92 条规定："不动产权利人因用水、排水、通

---

① 黄风. 罗马私法导论. 北京：中国政法大学出版社，2003：204.

② 周枏. 罗马法原论：上册. 北京：商务印书馆，1994：325－326.

③ 鲍尔，施蒂尔纳. 德国物权法：上册. 张双根，译. 北京：法律出版社，2004：523.

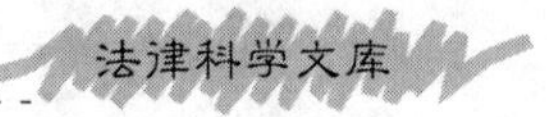

行、铺设管线等利用相邻不动产的，应当尽量避免对相邻的不动产权利人造成损害；造成损害的，应当给予赔偿。”

地役权也是处理私法上相邻不动产之间利用关系的一项重要制度，《法国民法典》就将相邻关系规定为法定地役权，与约定地役权相并列。我国法没有采此立法例，而是在《物权法》所有权编（第二编）中规定了相邻关系，将地役权作为一项用益物权规定于用益物权编（第三编第十四章）。因此，从不动产所有权限制的角度讲，相邻关系是法定的不动产所有权限制，地役权是约定的不动产所有权限制。从所有权限制强度的角度讲，相邻关系为一种最低限度的限制，而地役权所构成的限制可根据当事人之约定而进一步强化。从是否需要支付对价的角度讲，相邻关系制度下以无偿为原则，以有偿为例外；而在地役权制度下，以有偿为原则，以无偿为例外。

二、公法相邻关系：公法的私效力

在公法发达以前，相邻不动产之间的空间关系主要由私法上的相邻关系制度调整。但随着社会的发展，一元的私法相邻关系制度显然已经不敷因应相邻关系人之间的利益调整。就建筑规划的出现而言，在低密度分散居住的乡村地区，虽然也有进行规划的必要性，但原则上，仅利用私法相邻关系制度已足以平衡调整相邻私人之间的不动产用益关系。但在人口拥挤、建筑密集的城镇地区，相邻不动产的利用关系仅有私法调整，显然已经远远不够，建筑规划变得必要而迫切。当此之时，由作为公法的建筑规划法介入相邻关系的调整，亦乃势所必然。正如有学者指出的：“土地的立体化利用，导致建筑物向高空方向发展，由此造成高楼林立、蔚为壮观的城市景象。相应地，也就形成建筑物与建筑物在空间关系上彼此邻近的立体的相邻关系。这种立体的相邻关系，如仅依民法上的相邻关系规范，将显然不能有效因应。于是乃透过制定公法规范，来调整和规范之。之所以如此，是因为此种相邻关系，已不仅涉及私益，而且也涉及公益，只有通过私法与公法的协力才能有效地加以规范，而且也只有如此，才能形成和谐的城市生活局面。”① 就环境污染问题的解决而言，如果环境污染问题仅仅是偶发地以点对点的方式发生于相邻不动产之间，那么通过私法相邻关系进行调整即已足够。但随着现代工商业的发展和社会生活方式的改变，

---

① 陈华彬. 民法物权论. 北京：中国法制出版社，2010：267.

环境污染问题已经越出了邻人之间“私害”的范畴，而向普遍化的“公害”方向发展，此时的相邻关系调整，就必然地要引入公法机制。正如有学者指出的：“为了共同生活的需要，对于超过相当程度的侵害，原则上应当采取禁止或预防措施，以防免对邻人的损害。然而大部分的工矿企业、交通运输企业的气体、粉尘、音响等侵害属于不可避免，对其绝对加以禁止应为例外之情形。解决之道，在于通过环境影响评价、土地利用规划等公法手段划定工业区、实现合理布局，以及通过公法上的‘技术强制’使工矿、交通企业在技术可能的范围内采用排污少的先进的清洁工艺技术和建立污染防治设施，以避免或减轻危害。此外，设立排放有毒物质的危险性工厂企业，必须经过主管政府机构的批准许可，且业主应当根据公法上的要求，如排污许可证中规定的条件，在不加损害于他人的范围内经营管理其企业，不得以受行政许可作为免责的事由，从而受害人得请求损害赔偿和将来损害的预防。”① 可见，公法对相邻关系调整的介入，是从保护公共利益的角度切入的。当公法开始介入相邻关系的调整时，“公法相邻关系”亦即应运而生。

但不能忽视的是，尽管公法相邻关系主要以实现公共利益为旨归，但公法对相邻关系的调整也往往会对相邻人的私人利益产生直接的影响，此即公法的私效力。如建筑法关于建筑区域、建筑方式、建筑面积、建筑物高度、建筑间距等的规定固然主要是为了实现环保、防险及市容美观等公法上的利益，但不能否认的是，这些规定对于第三人的私人利益亦会产生重大影响。故此，为了防止行政权力的滥用，避免行政机关假借公共利益之名过度侵害第三人的利益，立法者在制定这些公法规范时，除了要达成公共利益实现之目的之外，也须兼顾第三人的利益保护。如一些国家的建筑法就明确规定了建筑许可程序，赋予邻人参与权和救济权。这些包含有以保护邻人（第三人）利益为目的的公法规范，就是“公法相邻关系法”，邻人所享有的权利即为“公法相邻权”②。

---

① 王明远. 相邻关系制度的调整与环境侵权的救济. 法学研究，1999 (3).

② 金启洲. 德国公法相邻关系制度初论. 环球法律评论，2006 (1). 本书此部分对金启洲先生的此篇文献有较大篇幅的多处引用，特别提出感谢！由于本书无意对公法相邻关系进行深入研究，而仅是为下文中违法建筑相邻关系纠纷的处理提供一个理论基础和分析框架，故而没有涉猎大量文献以展开论述，金先生的文章充分利用了德国法上的一手文献，极具参考价值。

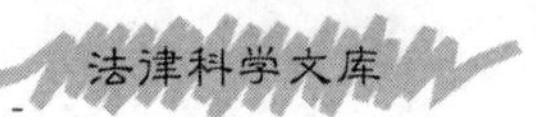

我国现行法上也同样存在着公法相邻关系，只不过我国法上的公法相邻关系往往失之空泛，一定程度上是无意识的不自觉的立法认知结果，尚没有被提升至有意识立法和进行体系构建的高度。某些关于公法相邻关系的规范所采取的也只是“附带式”立法方式，此种附带性实际上并非直接针对相邻关系纠纷，而是针对一般的行政侵权行为，公法相邻关系纠纷成为特例，对邻人利益的保护亦只有“框架式”规定，而缺乏具体的保护内容。这种“附带式”与“框架式”的公法相邻关系保护机制，其内容上的空洞性直接造成了邻人利益在法律上的“泛化与空白化”，最终影响到邻人权利保护的可操作性，也成为我国当前公法相邻关系法在实践中功能发挥的最大制约因素。①

三、公私法相邻关系的冲突与互补

由于作用对象相同，私法相邻关系与公法相邻关系有时会发生规范上的龃龉与救济上的冲突。德国联邦最高法院 1983 年的网球场案判决，即体现出了这一点。该案判决指出，如果与一个私人经营的网球场相邻的住宅所有人要想对该网球场产生的不可预期的噪声采取行动，那么他可以有两种方法：一是他可以依据《德国民法典》有关相邻关系的规定，在普通民事法院主张民法上的不作为请求权；二是基于公法上的排除和保护请求权，对行政机关的建筑许可向建筑主管机关提出异议，且在必要时提起撤销许可的行政诉讼。而问题在于，邻人对这两种不同的保护方式是否享有选择自由？如果邻人选择公法相邻权保护方式并获得了成功，这一般不会产生问题；但如果邻人选择私法相邻权的保护方式，那就会发生公法上的建筑计划或者建筑许可与私法权利保护间相冲突的问题，因为私法相邻保护一旦成功，公法上的建筑计划或者建筑许可就会被自动排除，此时立法者通过建筑计划或者许可所追求的公法目的就无法实现。为解决这一问题，德国形成了三种不同的观点，即私法优位说、公法优位说和双轨制说。私法优位说认为，公法相邻关系法是不能成立的或者说是不必要的，其所解决的问题仍旧是建筑权利人与其邻居之间的冲突，该冲突完全可以

① 焦富民. 功能分析视角下相邻关系的公私法协调与现代发展. 法学论坛，2013 (5).

通过私法途径而获得救济。与私法优位说正好相反，公法优位说主张，法律制度是不可分割的，此种不可分割性自身所必然产生的结果是，若要撤销或者废除公法上之许可，就必须排除私法手段。针对私法优位说和公法优位说之不足，德国学界又提出了双轨制说，即私法相邻关系和公法相邻关系可以竞合存在。该说认为，公法相邻关系和私法相邻关系可以并行存在，二者相互独立并具有相同的地位，原则上不存在何者优先的问题。依照私法和公法发生效力方式的不同，该说又进一步区分为绝对双轨制说和相对双轨制说。绝对双轨制说认为，相邻关系的公法规范原则上对私法相邻关系不具有直接的效力，公法和私法相邻关系法各自均具有完整的独立自主性。绝对双轨制说实际上并没有解决问题，故而又产生了相对双轨制说。该观点对"建筑计划"（建筑规划）和"建筑许可"进行了区分，并分别赋予了二者不同的对私法相邻权效力。就建筑计划而言，建筑计划排除私法上相邻关系的适用，这是因为建筑计划在制定时，就已经公正地、有计划地考虑了所有的相冲突的利益。而建筑许可则不然，在建筑许可程序中，邻人的私权不需要被审查，所以建筑许可不能产生影响私权的效力，邻人可基于其私法相邻权排除公法上的建筑许可的效力。相对双轨制说，是德国如今唯一被普遍接受的观点。①

公私法相邻关系间存在着一定程度的紧张关系，但在一个统一的法秩序内，二者间更具有一种相辅相成的补充关系。私法相邻关系有其界限，公法相邻关系可以补其不足；公法相邻关系亦有其界限，私法相邻关系可以补其不足。为了追求特定的管制目的，在某些情形下，私法相邻关系的适用可能被直接排除。如上文提及的建筑规划，就排除了私法相邻关系的适用。对于私法相邻关系中的漏洞，公法相邻关系可以给予补充。如有关建筑间距、建筑物高度以及一般性的有关建筑利用和建筑设施之建造的方式等问题，私法相邻关系中没有规定，而是通过作为公法的建筑法加以规定的，这些建筑规范属于公法相邻关系制度。私法相邻关系中的某些概念具有不确定性，而依据公法相邻关系法可以使之确定化。如不可量物侵入的"重大侵害"认定问题，原《德国民法典》中没有明确规定，而德国《联邦公害防治法》所规定的极限值和标准值则可以直接作为"重大"与否的认定标准。私法相邻关系法对私人利益的保护具有事后的抑制性特

① 金启洲. 德国公法相邻关系制度初论. 环球法律评论，2006 (1).

征，公法相邻关系法对公共利益和私人利益的保护则具有事前的预防性特征，二者可以结合起来，互为补充。公法相邻关系法的结构性缺陷在于，公法领域缺少一部统一的法典，各个单行的公法之间缺少体系上的关联和一些共同适用的基本原则，因社会发展而新出现的妨害类型不易像民法典那样通过体系解释或类推适用的方法加以补充，而这些公法相邻关系法的保护漏洞在一定程度上可以借助私法相邻关系法加以弥补。①

第二节　违建相邻关系纠纷的诉讼处理

一、民事与行政交叉案件的诉讼处理机制

民行交叉案件（民事与行政交叉案件）主要是指在法律事实上相互关联，在处理结果上互为因果或者互为前提的案件。② 民行交叉案件复杂多样，类型化地看，典型的如不服行政登记行为与民事权属纠纷的民行交叉案件，不服行政裁决与权属、拆迁补偿等民事纠纷的民行交叉案件，不服行政处罚行为与侵权赔偿纠纷的民行交叉案件，不服行政确认行为与民事侵权赔偿的民行交叉案件，不服行政许可行为与民事侵权纠纷的民行交叉案件等。③

由于案件类型的复杂多样，在审判实践中，就民行交叉案件的处理，并未形成统一的模式。根据湖南省高级人民法院2007—2008年抽样调查的结果显示，目前处理民行交叉案件的模式主要有五种：一是先行后民，此种处理模式在实践中应用最多，占交叉案件处理总数的58%；二是先民后行，占交叉案件处理总数的5%；三是行政附带民事诉讼，占处理总数的32%；四是在民事诉讼中直接对行政行为合法性进行审查，占交叉案件总数的4%；五是行政诉讼与民事诉讼分别进行，占处理总数的1%。④ 在比较法上，其他国家解决此类案件主要有以下几种方法：第一，

① 金启洲. 德国公法相邻关系制度初论. 环球法律评论，2006 (1).

② 杨荣馨. 民事诉讼原理. 北京：法律出版社，2003：729 .

③ 宁杰. 民行交叉诉讼中基础诉讼的确定. 人民司法，2011 (1).

④ 李佳. 论民行交叉案件现行处理模式中存在的风险及其预防. 法学杂志，2011 (5).

行政附带民事。法院受理行政案件的，不能再单独受理民事案件，民事争议必须和行政争议一并解决，其代表是英美法系国家。第二，行政案件和民事案件分开审理，但先行政，后民事，行政判决是民事判决的依据。第三，行政案件和民事案件分开审理，各自作出判决，但行政判决的效力高于民事判决。第四，只作为民事案件审理，不进行行政诉讼。第五，行政案件和民事案件同时审理，但在行政案件的审理过程中，先中止民事案件的审理，待行政案件审结后，再审理民事案件。①

在学理上，学术界就民行交叉案件的处理也形成了五花八门的观点，典型的有先决说、附带归并说、民行并行说、民诉单行说等。先决说又分为先行后民说和先民后行说两种观点。先行后民说认为，由于行政行为具有公定力，非经法定程序不得改变，因而大多数情况下行政争议的解决决定会影响到民事争议的处理，不解决行政行为的合法性问题，民事争议就无法解决，而民事争议的解决则对行政争议的解决不产生影响。因而在民事诉讼中涉及行政问题时，应由当事人先提起行政诉讼，然后再根据行政诉讼的结果确定当事人之间的民事关系。先民后行说认为，有时民事争议的解决决定会影响着行政争议的处理，不解决民事行为的合法性问题，行政审判就无法进行，而行政案件的结果则对民事争议的解决不产生影响。这种情况下应当先进行民事诉讼，等待民事诉讼作出判决后再进行行政诉讼。附带归并说认为，为了节约时间、增加效率，同时也是为了避免人民法院在解决同一种类案件时因审理人员不同而导致的判决结果不一致，人民法院可以在解决某一纠纷时，就案件事实所涉及的另一性质的法律关系同时予以解决。由于案件中民事争议和行政争议的主次不同，因而附带诉讼可能发生在行政诉讼中，也可能发生在民事诉讼中，因而该说又分为行政附带民事说和民事附带行政说两说。行政附带民事说认为，在行政诉讼过程中，人民法院可以根据当事人或利害关系人的请求，受理与被诉行政行为密切相关的民事争议，将民事争议与行政争议合并处理。民事附带行政说认为，民事附带行政主要适用于以民事争议为主、涉及关联行政争议的案件，在审理民事纠纷的同时一并解决行政纠纷。民行并行说认为，通常情况下，民事诉讼和行政诉讼可以并行不悖地进行，因为民事诉讼解决

① 王光辉．一个案件八份判决——从一个案例看行政诉讼与民事诉讼的交叉与协调．中外法学，1998（2）．

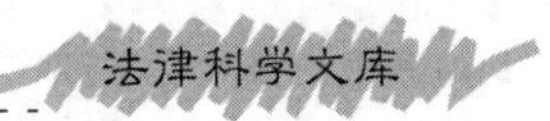

平等主体的公民、法人或其他组织之间及其相互之间因人身关系和财产关系而发生的纠纷，行政诉讼解决作为行政相对人的公民、法人或其他组织与具有国家行政职权的国家机关和组织之间因行政权的行使而引起的纠纷，这两种纠纷性质不同。此外，两大诉讼之目的和功能不同，审查对象和适用的法律也不同，应该彼此独立。对行政争议与民事争议并重的案件，民事诉讼和行政诉讼可以并行，这种案件具有如下特点：第一，行政争议与民事争议相对独立，一案的处理结果并不影响另一案的处理；第二，法院完全可以分别审理，分别审理时一案可不以另一案的处理作为定案根据。民诉单行说是就房屋登记与确权纠纷而言的，该说认为，房屋产权登记行为仅是一种认可和证明行为，房产登记仅具有证据效力，如果法院查明的事实或认定的法律关系与登记的事实及登记所认可的法律关系相矛盾，法院可以直接对登记不予采信，而无须作出撤销判决。①

在以上诸说中，对于典型的、真正的民行交叉案件，笔者赞同行政附带民事说和民事附带行政说两种处理机制。《物权法解释一》第1条规定："因不动产物权的归属，以及作为不动产物权登记基础的买卖、赠与、抵押等产生争议，当事人提起民事诉讼的，应当依法受理。当事人已经在行政诉讼中申请一并解决上述民事争议，且人民法院一并审理的除外。"该条规定采取的就是行政附带民事诉讼说和民事诉讼附带行政诉讼说两种可选择的处理机制。进一步而言，在民行交叉案件的两个诉讼中，一定存在着主次、先后、前提与派生、决定和被决定的关系。探寻民行交叉案件的合理处理机制，关键在于确定何者为主、何者为次。被确定为主要者、前提者、决定者，即为基础诉讼。申言之，所谓基础诉讼，是指相互交叉的诉讼中，一个诉讼所确定的法律关系是基本法律关系，是另一个诉讼所确定之法律关系的前提，那么前者即为基础诉讼，是主要诉讼；后者即为从属诉讼，是次要诉讼。在基础诉讼确定后，再遵循基础诉讼优先审理规则来确定民事或者行政案件审理的优先顺序。所谓基础诉讼优先审理规则，是指在民行交叉的诉讼中，应当遵循基础诉讼优先审理的客观规律，在审判程序上先行审理基础诉讼所涉及的案件，待基础诉讼结束后再审理从属诉讼所涉及的案件。换言之，在民行交叉诉讼中，若民事诉讼被确定为基

---

① 曹婧. 房屋权属纠纷诉讼机制探析——以民行交叉为背景展开. 西南政法大学学报，2010 (5).

础诉讼，则应当先审理民事诉讼案件，待民事诉讼案件审结后再审理从属于民事诉讼案件的行政诉讼案件；反之，当行政诉讼案件被确定为基础诉讼后，待行政诉讼案件审结后，再审理从属于行政诉讼案件的民事诉讼案件。① 以上两种处理机制，表现在案件的审理程序上，即为民事附带行政诉讼或行政附带民事诉讼。如此处理，既提高了司法效率，又有助于厘清民事法律关系和行政法律关系的纠缠，保证了裁判结果的统一和公正，在司法政策上是值得选择的。

二、违建相邻关系纠纷处理（Ⅰ）：立案

违建相邻关系纠纷的立案问题，主要发生在当事人因违建相邻关系而发生纠纷时，提起违建相邻关系纠纷的民事诉讼，人民法院是否作为民事案件立案的问题。

根据《山东高院 2011 年审判工作会议纪要》的规定，因违法建筑的归属和内容发生争议的，人民法院不予受理，告知当事人向有关行政主管部门申请解决。持类似态度的法院判决，在司法实践中也并非少数。如在“阳江市江城区中洲街潭塘村中一经济合作社与杨某方排除妨害纠纷上诉案”② 中，原审即认为：本案中，诉讼双方对涉讼的土地权属问题存在争议，而且当事人在涉讼土地上所添建的建筑物并未取得乡村建设规划许可证或经有关行政主管部门批准建设，根据《城乡规划法》第 65 条之规定，原告起诉不当，应予驳回。二审法院经审理认为：当事人就讼争土地的使用权发生争议，根据《土地管理法》第 14 条“土地所有权和使用权争议，由当事人协商解决；协商不成的，由人民政府处理”的规定，双方应向人民政府申请处理，原审裁定驳回起诉正确，上诉人上诉理据不足，不予支持。

但笔者认为，上述的“不予受理”或者“驳回起诉”的处理是值得商榷的。民法上的相邻关系纠纷，并不限于“合法不动产之间”的相邻关系，不论是合法建筑还是违法建筑，只要存在相邻关系并且有侵权事实的发生，就属于民法上的相邻关系纠纷，人民法院应作为民事案件立案受

① 宁杰. 民行交叉诉讼中基础诉讼的确定. 人民司法，2011 (1).

② 广东省阳江市中级人民法院〔2015〕阳中法民一终字第 813 号民事裁定书。

理。上述观点以此类案件属于行政纠纷为由不予立案，其蕴含的裁判理路是民行交叉案件的“先行后民”思路。但是，即便是“先行后民”，也需要民事案件先立案受理，再告知当事人另行起诉行政案件，在先立案的民事案件中止审理，待行政判决作出后再恢复民事案件的审理。故此，不予立案和裁定驳回起诉的司法实践做法应予改变。

三、违建相邻关系纠纷处理（Ⅱ）：审理

依据公法相邻关系，相邻关系人有权提起行政诉讼，如请求行政机关撤销建筑许可或者请求行政机关对违法建筑作出行政处理决定。依据私法相邻关系，相邻关系人有权提起民事诉讼，如请求法院判决违法建造人给予侵权赔偿，或者在违法建造人发动的侵权之诉中，利用私法相邻权的行使进行有效抗辩，从而维护自己不动产的合法权益。在处理程序上，相邻关系人如果分别提起了行政诉讼和民事诉讼，这时就形成了民行交叉案件，根据上文所述，人民法院应当按照民事附带行政诉讼或者行政附带民事诉讼进行审理。对于程序问题，于此不再展开讨论。以下仅就单一的行政诉讼和单一的民事诉讼，各讨论一个案件，以略示违法建筑相邻关系纠纷处理的一些实体问题。

（一）违建相邻关系纠纷行政案件的审理

在“余某忠等诉龙川县住房和城乡规划建设局处罚纠纷案”① 中，原判认为：原告余某忠房屋与第三人李某富旧房拆建房屋上下相邻，第三人李某富旧房拆建经被告规划，施工许可为七层，占地面积 149.36 平方米，第三人李某富建房现建成建筑占地面积约 204 平方米，框架八层，本院予以确认。本案中，被告查实李某富违反规划许可建设房屋后向李某富发出《停工通知》和《限期拆除通知书》，并于 2013 年 6 月 14 日向第三人李某富作出龙住建处〔2013〕11 号《行政处罚决定书》，对第三人李某富处以人民币壹拾叁万玖仟伍佰陆拾壹元（￥139 561.00）行政罚款，其具体行政行为事实清楚、程序合法、法律依据充分。本案被告处罚行为的行政相对人是第三人，原告与被告作出的处罚行为并没有法律上的直接利害关系。原告认为第三人所建房屋影响其相邻通风采光，属另一民事法律关

① 广东省河源市中级人民法院〔2014〕河中法行终字第 5 号行政判决书。

系，不属本案审查范围，且双方已经达成并履行了调解协议。原告于2013年10月8日向本院申请鉴定第三人李某富于2011年7月在老隆镇乌石下兴建住宅楼的验线日期，不符合《最高人民法院关于行政诉讼证据若干问题的规定》相关规定，本院不予采纳。原告请求撤销被告于2013年6月14日向第三人作出的龙住建处〔2013〕11号《行政处罚决定书》缺乏法律和事实依据，本院不予支持。综上，原审判决如下：驳回原告余某忠的诉讼请求。

上诉人余某忠不服原审判决，上诉称：（一）原审判决事实不清，证据不足。《行政诉讼法》第32条规定："被告对作出的具体行政行为负有举证责任，应当提供作出该具体行政行为的证据和所依据的规范性文件。"被上诉人未提交任何证据证明其作出〔2013〕11号《行政处罚决定书》的具体行政行为是合法的，依法应当承担举证不能的责任，但原审法院认定被上诉人的具体行政行为合法，没有任何事实和法律依据。（二）被上诉人作出的本案被诉处罚决定书不合法。被上诉人向第三人仅作出罚款处罚，并未消除违章建筑对上诉人的影响。根据《城乡规划法》第64条规定，被上诉人对第三人作出的行政处罚应是先限期拆除，不能拆除的，没收实物或者违法收入，并处罚款。事实上，第三人由"建设工程规划许可、施工许可七层，规划底层建筑面积149.36平方米"建成八层结构，基底面积超规划许可面积84.28平方米，一至七层超越规划许可面积589.96平方米，第八层超越规划许可面积233.64平方米，如果一至七层无法拆除，那第八层拆除后并不会影响整栋楼的结构及安全，即第八层是完全可以拆除的。因此，被上诉人应重新作出行政处罚决定，限期拆除第八层，对基层、第一至七层超规划许可面积部分没收违法所得，再对整体予以罚款。（三）原审判决认定"原告与被告作出的处罚行为并没有法律上的直接利害关系"，明显不当。被上诉人向第三人核发《建设用地规划许可证》《建设工程规划许可证》《建设工程施工许可证》及作出〔2013〕11号《行政处罚决定书》的具体行政行为主要涉及上诉人的相邻排水权、通行权和相邻危险预防与排除权。因此，上诉人是适格的诉讼主体。

被上诉人龙川县住房和城乡规划建设局辩称：（一）上诉人不是本案被诉处罚决定书的行政相对人，不是本案适格的诉讼主体。（二）被上诉人对第三人李某富违章建筑的处罚是根据龙川人民法院〔2013〕河龙法行初字第10号行政判决，依据《城乡规划法》第64条、《建筑工程施工许

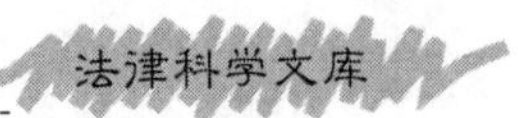

可管理办法》第 13 条规定，作出了〔2013〕11 号《行政处罚决定书》，没收违章建筑违法收入 139 561.00 元，该行政处罚依法依规并无不妥，受处罚的行政相对人也未提出异议。综上所述，请求法院依法驳回上诉人的上诉请求。

第三人李某富述称：被上诉人查明第三人违章建筑的事实，依据《城乡规划法》第 64 条及法律相关规定，并结合实际情况，于 2013 年 6 月 14 日向第三人作出的龙住建处〔2013〕11 号《行政处罚决定书》是合法、有效的具体行政行为，第三人也已于 2013 年 7 月 21 日缴交了违章罚款。上诉人请求撤销一审判决，违反了《行政诉讼法》及司法解释的相关规定，上诉人不具备诉讼主体的资格。被上诉人该《行政处罚决定书》符合法律规定，程序合法，该行政行为既没有侵害上诉人的财产权，也未影响上诉人其他的合法权益，而且，上诉人与第三人在本案起诉前因相邻关系提起过诉讼，经法院调解双方自愿达成协议并自行撤诉，第三人也履行了协议。综上所述，请求法院依法驳回上诉人的上诉请求。

二审法院经审理认为，本案的争议焦点有两个：一是上诉人余某忠是否具有原告资格，二是被上诉人龙川县住房和城乡规划建设局作出的龙住建处〔2013〕11 号《行政处罚决定书》的具体行政行为是否合法。根据《行政诉讼法》第 2 条规定“公民、法人或者其他组织认为行政机关和行政机关工作人员的具体行政行为侵犯其合法权益，有权依照本法向人民法院提起诉讼”和《最高人民法院关于执行〈中华人民共和国行政诉讼法〉若干问题的解释》第 13 条规定：“有下列情形之一的，公民、法人或者其他组织可以依法提起行政诉讼：（一）被诉的具体行政行为涉及其相邻权……”本案中，第三人拆旧建新的房屋与上诉人的房屋在地理位置上已形成相邻关系，上诉人以第三人违章建筑影响其通行、采光等为由，对被诉处罚决定书提起行政诉讼，符合法律规定。同时，根据《城乡规划法》第 64 条规定，被上诉人作为城乡规划主管部门，有权对第三人未按颁发的建设工程规划许可证规定建筑的违章建筑行为作出处罚；根据本条法律规定，建筑物不能拆除的事实状态是指建筑物因存在事实上的障碍而无法拆除的情形，被上诉人认为“此建筑物已竣工，采取强制拆除超建部分会引起房屋结构不安全因素”等作为不能拆除的情形，但其并没有提供合法有效的证据予以证明，依照《行政诉讼法》第 32 条规定，应承担举证不能的后果。综上，被上诉人作出的龙住建处〔2013〕11 号《行政处罚决定书》的实体处罚结果不符合法律规定，该具体行政行为属证据不足、理由不充分，原审法院判决驳回原告余某忠诉讼请求不当。最终二审判决，撤销原判决，责令被上诉人重新作出行政处罚决定。

这是一起典型的公法相邻关系案件，被诉具体行政行为不仅涉及违建管制的公共利益，而且与相邻第三人的相邻权直接相关，因而二审认为上诉人的当事人主体资格适格，是正确的。本案事实的特殊性在于，作为行政处罚对象的诉讼第三人的建设行为本是合法的，取得了全部的规划手续，其建成的建筑本应是合法建筑。如果其不超规划面积建设，所建成的是合法建筑，那么即便与上诉人之间仍然存在相邻关系纠纷，该纠纷也只是纯粹的私法相邻关系纠纷，而不涉及公法相邻关系纠纷。当然，引申而言，即便建成的是合法建筑，该建筑的存在仍然可能构成对上诉人相邻权的侵害，于此情形，上诉人仍可发动行政诉讼，请求撤销行政机关的规划许可，此时仍为公法相邻关系纠纷。

（二）违建相邻关系纠纷民事案件的审理

在“李某与张某杰相邻损害防免纠纷上诉案”[①] 中，一审法院查明，原告张某杰与被告李某两家系住房毗邻的邻居。张某杰家在前，李某家居后。1997 年村调整土地时，将梁屯村西洼子地 1.8 亩承包给张某杰一家，该承包地以张某杰之名登记，共有人为 6 人。张某杰持有的由兴城市人民政府颁发的《农村土地承包经营权证》上西洼子地四至注明：东至沟；西至李家田；南至道；北至九队地。该证记载的填发时间为 1997 年 1 月 11 日。1997 年 3 月，张某杰家以其父张某名义申请在自家承包地内建房三间。房后留有 0.36 亩的承包地。2001 年，李某与他人在张某杰家房后建房（相关费用已交，但至今没有办理审批手续）。李某建房后，因需要在张某杰家房屋东侧即张某杰的承包地上通行，因张某阻止而与之发生纠纷。2005 年春，张某准备在自家后院垒墙。李某强行阻拦，并称该地块为通道。张某以相邻关系纠纷为由提起民事诉讼，一审法院经审理后认为，该纠纷属于土地使用权争议，应由行政部门处理，故驳回了张某的起诉。2009 年 4 月，李某出车回来，将张某杰家的厕所刮倒。2009 年 6 月 1 日，张某杰以李某对其构成侵权为由提起民事诉讼。后由于双方的土地使用权纠纷已由兴城市红崖子满族乡人民政府受理，一审法院于 2009 年

① 辽宁省葫芦岛市中级人民法院〔2014〕葫民终字第 00635 号民事判决书。

8月4日作出了中止审理的裁定。2011年1月17日，兴城市红崖子满族乡人民政府作出了《关于梁屯村张某与陈某华、李某因道路通行纠纷地段的确权决定》。张某对该决定不服，向一审法院提起行政诉讼。一审法院于2012年2月21日作出撤销该决定的判决。该判决现已发生法律效力。2013年1月6日，李某以兴城市人民政府为被告提起行政诉讼。2013年11月26日李某撤回起诉。2014年1月6日，李某仍以兴城市人民政府为被告向葫芦岛市中级人民法院提起行政诉讼，2014年1月21日，葫芦岛市中级人民法院作出〔2014〕葫行初字第00005号行政裁定书，该裁定书以“原告李某虽与第三人张某杰系前后邻居，但李某的房屋已被兴城市国土资源局确认为违法建筑，因此原告所谓的相邻权并不受法律保护，其与被告（兴城市人民政府）颁发给张某杰的承包经营权证不存在法律上的利害关系，故李某不具有原告主体资格”为由驳回李某的起诉，该裁定书现已发生法律效力。2014年5月14日本案恢复审理。经依法评估，影响张某杰后院0.36亩土地6年种土豆、白菜的损失价值取整为5 179.00元。另查，李某家所建房屋已被兴城市国土资源局认定为违法建筑，并申请一审法院强制执行，一审法院裁定准许强制执行，至今该房屋仍在被执行中。

一审法院认为，不动产的相邻权利人应当按照有利生产、方便生活、团结互助、公平合理的原则，正确处理相邻关系。不动产权利人对相邻权利人因通行等必须利用其土地的，应当提供必要的便利。相邻关系以不动产毗邻为条件，它所指的是毗邻各方在各自行使财产权利时发生的权利义务关系。认定相邻关系应以不动产的权属明确为前提。相邻不动产的权属不明确的，应先由行政主管部门处理。本案中，李伟所建的房屋已被兴城市国土资源局认定为违法建筑，并已向人民法院申请强制执行，至今该房屋仍在被执行之中。处理相邻关系，应尊重历史形成的客观状态和先后顺序。应当审查行为人是否具有相邻权和在何种情况下才能行使相邻权。“私人的合法财产受法律保护”，而李某所建的房屋属于违法建筑，且其所谓的相邻权已为葫芦岛市中级人民法院生效的〔2014〕葫行初字第00005号行政裁定书确认为“不受法律保护”。故李某以张某杰侵害其出行权为由所作的抗辩，理由不充分，且无法律依据，法院不予支持。李某未征得张某杰的同意，擅自利用张某杰的承包地开道通行，侵害了张某杰的土地承包经营权。对张某杰要求其停止侵害、排除妨碍并赔偿经济损失的诉讼请求，合理部分法院应予支持。张某杰住房后院的0.36亩承包地的经济损失应以评估结论为依据，损失为5 179.00元，该损失应由李某予以赔偿。综上所述，一审判决，被告李某于本判决生效之日立即停止对原告张某杰承包地的侵害，不得妨碍张某杰行使土地承包经营权，赔偿原告张某杰经济损失5 179.00元。二审法院经审理后，基于与一审法院相同的判决理由，判决驳回上诉，维持原判。

该案是一起典型的私法相邻关系纠纷。该案事实之特殊性在于，主张相邻通行权的一方，其通行权被妨害是由于自己的违建行为导致的。建造人未经批准而建造了违法建筑，其在建造时未于自己享有权利的土地上留出足够的通行通道，而是建成后于相邻的他人土地上主张通行权，被拒绝后又以自己的相邻通行权被侵害为由进行抗辩，其抗辩当然不会成功。在本案中，违建人“自绝后路”的行为，实际上是一种典型的“自找妨害行为”，亦即其妨害结果的发生是因自己的在先行为引发的，依法应由其自担其责，而不能转嫁于邻人。①

四、违建相邻关系纠纷处理（Ⅲ）：执行

不论是公法相邻关系纠纷还是私法相邻关系纠纷，既然是由人民法院作出判决，当然要由人民法院执行。之所以要提出这个问题单独进行讨论，主要是因为违建相邻关系纠纷涉及违法建筑的强制拆除问题，而正如上文已经指出的，根据现行相关司法解释及《行政强制法》第44条之规定，人民法院不再受理违法建筑拆除的司法强制执行案件。那么，这是否意味着，在违建相邻关系纠纷案件中，人民法院就不能再对造成相邻关系纠纷的违法建筑作出拆除判决了？回答是否定的。以下以一则实务判决为例，来说明这一问题。

在“刘某宁等与郭某新排除妨害纠纷上诉案”② 中，2014年8月，郭某新起诉至原审法院称：我与刘某宁、展某策住在怀柔区××号同一单元楼内，刘某宁、展某策住在三楼。刘某宁、展某策入住后，就在我的露台上私自加建一个棚子，现在我的露台上就剩两米高了，严重影响了我的采

---

① 王洪平．“自找妨害”之诉的救济——以利益平衡基础上的英美判例法为视角．烟台大学学报：哲学社会科学版，2009（3）．

② 北京市第三中级人民法院〔2015〕三中民终字第00164号民事判决书。

光和通风，给我生活造成了诸多不便。现我诉至法院，请求判令刘某宁、展某策将其修建在我露台上的棚子拆除；本案诉讼费由刘某宁、展某策负担。刘某宁、展某策辩称：郭某新所谓的露台其实是我们单元楼的公共面积，有建筑图纸为证，诉争露台是公共面积，而不是原告所有的露台。我们买房的时候，开发商向我们承诺露台上可以建房屋。后来，我们照着其他业主一样，也在露台上搭建了房屋。另外，在我们施工的时候，郭某新还没买二楼。如果当时郭某新不同意的话，可以向销售商申请排除妨碍，但郭某新没有申请，说明已经认可了该既定事实，至今过去将近一年了，又要求我们排除妨碍，属于无理要求。因此，我们不同意郭某新的诉讼请求。

原审法院经审理查明：郭某新系本区×1（以下称×1 号房屋）业主；刘某宁与展某策居住在该单元×2 号房屋（登记业主为刘××，以下称×2 号房屋）。2013 年 9 月，刘某宁与展某策对×2 号房屋进行装饰装修，并在×1 号房屋南侧露台上方搭建构筑物。2013 年 12 月，郭某新自北京凤桐祥瑞房地产开发有限公司处购得×1 号房屋。后郭某新因露台使用问题与刘某宁、展某策产生争议。2014 年 8 月，郭某新持诉称理由将刘××诉至法院。本案在审理过程中，刘某宁、展某策自称其系×2 号房屋的实际所有人，搭建了诉争建筑物。经法院释明，郭某新申请撤回对刘××的起诉，并申请追加刘某宁、展某策为本案共同被告，要求二人立即拆除其搭建在×1 号房屋南侧露台上方的构筑物。庭审中，刘某宁、展某策持辩称理由不同意郭某新的诉讼请求。双方争议较大，调解未果。

原审法院经审理认为：不动产的相邻各方，应当按照有利生产、方便生活、团结互助、公平合理的精神，正确处理截水、排水、通行、通风、采光等方面的相邻关系。给相邻方造成妨碍或者损失的，应当停止侵害，排除妨碍，赔偿损失。本案中，根据已查明的事实，刘某宁、展某策未经有关部门批准，擅自在北京市怀柔区×1 号房屋南侧露台上方搭建构筑物，已对郭某新的采光、通风造成妨碍，应将搭建的构筑物予以拆除，故郭某新之诉讼请求，理由正当，法院予以支持。

判决后，刘某宁、展某策不服，上诉至北京市第三中级人民法院。其上诉理由之一为，根据相关规定，因违章建筑妨碍他人通风采光或因违章建筑的买卖、租赁、抵押等引起的民事纠纷，人民法院可以受理。违章建筑的认定、拆除不属于民事纠纷，依法应由有关行政部门处理。因此，郭某新的诉讼不属于人民法院受理民事诉讼的范围。上诉请求二审法院依法撤销原判。

二审法院认为，业主对其建筑物专有部分享有占有、使用、收益和处分的权利。业主行使权利不得危及建筑物的安全，不得损害其他业主的合法权益；不动产的相邻权利人应当按照有利生产、方便生活、团结互助、公平合理的原则，正确处理相邻关系；建造建筑物，不得违反国家有关工程建设标准，妨碍相邻建筑物的通风、采光和日照。刘某宁、展某策在×1号房屋旁的共有部分露台之上搭建的构筑物经法院现场勘查，原本露天的露台经搭建，变为一个封闭的空间，采光和通风已经受到了实质性的影响，因此，原审法院认定郭某新有权向刘某宁、展某策主张排除妨碍，对搭建的构筑物予以拆除，并无不当。综上，刘某宁、展某策的上诉理由缺乏事实及法律依据，本院对其上诉请求不予支持。

由该案的两审判决来看，法院都直接判决建造人拆除违法建筑。这就表明，人民法院不再受理违建强拆案件，其所指是指由行政机关作出的强制拆除决定，人民法院不再受理执行，亦即人民法院不再受理违法建筑的非诉行政强拆案件，而对于由人民法院直接作出的拆除判决，当然还是由人民法院自己来执行。

第八章　违法建筑的公私法保护

第一节　违法建筑的私法保护

一、违法建筑的物权法保护

在我们承认了违法建筑之上存在着私法上的所有权之后，进而主张其应受物权法保护，也就是顺理成章之事了。根据我国现行《物权法》的规定，物权保护的主要方式包括物权确认请求权、返还原物请求权、妨害排除请求权、恢复原状请求权和损害赔偿请求权五种请求权的行使。除损害赔偿请求权属典型的侵权法保护方式外①，其他四种方式都属于比较典型的物权法保护方式。

（一）违法建筑的物权确认请求权

物权确认请求权不仅是所有权的保护方式，

① 当然，我国民法学界对此存有争议，本书对此存而不论。

同时也是他物权的保护方式。[①] 我国司法实践对违法建筑之所有权确认请求权是持否定态度的。如在“连云港运通贸易有限公司与张某梅所有权确认纠纷上诉案”[②] 中，终审判决即指出：本院认为，根据二审中本院向连云港市规划局城建档案馆调取的新华大厦一号楼附楼竣工图，及向连云港市房产局测绘大队调取的开发商为办理产权登记向连云港市房产局提交的施工图，本案讼争的一、二楼房间位置均标注为电梯井等，图中并无讼争的房间，房产登记机关亦无相应的该一、二楼房间的房产登记，结合上诉人在二审中关于讼争的一、二楼房间没有合法报建手续的陈述，本案要对讼争的一、二楼房间确认所有权必然涉及对讼争房间是否符合规划，即是否属于违法建筑的认定，依照相关规定，此不属于人民法院受理民事诉讼的范围，依法应当驳回起诉。根据“无救济即无权利”的法理，“驳回起诉”也就意味着当事人并不享有违法建筑的物权确认请求权。

笔者认为，应赋予违法建筑以物权确认请求权的保护。前文已述，在建造人将违法建筑转让给受让人之后，原所有权人即不再享有物权确认请求权，违建所有权转归受让人，受让人同样取得了违建的物权确认请求权。易言之，建造人原始取得违法建筑所有权，建造人享有所有权确认请求权；受让人继受取得违法建筑所有权，受让人同样也享有所有权确认请求权。在承认了违法建筑之上存在着所有权之后，就必须同时承认违建所有人享有物权确认请求权，否则就存在着体系违反。因此，不论是程序违建还是实质违建，都有承认其享有物权确认请求权保护之必要。

（二）违法建筑的返还原物请求权

对于程序违建的返还原物请求权，我国司法实践是予以认可的。如在“陈某与曾某返还原物纠纷上诉案”[③] 中，审理法院即认为，上诉人占有的丽东三村 202 号房屋第六层虽然属于未批超建的违章建筑，但根据丽水市建设局违法建筑处理补办手续审批表，丽水市建设局对丽东三村 202 号房屋未批超建部分的处理意见是对曾某星进行罚款处罚，对未批超建部分暂时保留使用。现被上诉人曾某从曾某星处受赠取得丽东三村 202 号房屋一至六层，曾某星对丽东三村 202 号房屋一至六层享有的权利相应地移转

① 孙宪忠. 中国物权法总论. 2 版. 北京：法律出版社，2009：401.

② 江苏省高级人民法院〔2013〕苏民终字第 0212 号民事判决书。

③ 浙江省丽水市中级人民法院〔2013〕浙丽民终字第 226 号民事判决书。

给被上诉人曾某。综上，上诉人主张其合法占用丽东三村 202 号房屋第一层朝南、靠东边的一间房屋及第六层房屋缺乏依据，原审法院判令其腾空房屋并返还给被上诉人曾某并无不当。就此问题，我国台湾地区有判例认为："依'大法官'释字第 107 号解释认为，已登记不动产之所有物返还请求权，无消灭时效之适用；反之，未登记不动产之所有物返还请求权，则有消灭时效之适用。是以，违章建筑既属未登记之不动产，其所有物返还请求权应有'民法'第 125 条 15 年消灭时效之适用。"[①] 此则判例未区分程序违建与实质违建，因而可以推论，不论是程序违建还是实质违建，在我国台湾地区权利人都是享有返还原物请求权的。

笔者赞同上述我国台湾地区的判例观点，认为对于实质违建的返还原物请求权，也同样应当予以承认。这是因为，即便是持违法建筑之上不存在所有权的观点，也并不能否认违法建筑享有占有保护；而基于占有保护，违法建筑的占用人同样享有返还原物请求权（返还占有）之保护。

（三）违法建筑的妨害排除请求权

就违法建筑的妨害排除请求权而言，我国台湾地区判例学说观点都是明确予以承认的。如我国台湾地区有学者基于前文述及的"事实上处分权"概念，对于违法建筑的妨害排除请求权作了以下评论："事实上处分权之实际权能，仅在为不动产处分权能与换价权能之若干限度，例如移转登记、设定抵押权登记等事项上，与所有人有异。除此以外，在对标的物为占有、自由使用收益、为事实行为之范围内，应与所有人无殊，而具有相似性。既然事实上处分权与所有权二者，在占有、用益权能之范畴内，具有法律上特征之同一性，遇有他人不法干扰或妨害事实上处分权人自由使用、收益违章建筑的场合，应许事实上处分权人主张'类推适用'所有人之物上请求权，请求返还其物，并排除他人之干涉，俾贯彻'等者等之、相同者齐一处理'之平等原则的宪政价值。"[②] 笔者基本赞同该观点，但同时认为，对于违法建筑之妨害排除请求权，完全无须通过"类推适用"的方式处理，而认为其本就是违法建筑所有权所当然应具有的物权保护方式。最高人民法院《物权法解释一》第 8 条规定："依照物权法第二

① 我国台湾地区"最高法院"2007 年台上字第 1838 号判例。

② 曾品杰. 民法物权编所有权修正评析——以通则部分为中心. 台北：中山大学法学集刊，2009 (10).

十八条至第三十条规定享有物权，但尚未完成动产交付或者不动产登记的物权人，根据物权法第三十四条至第三十七条的规定，请求保护其物权的，应予支持。”据此规定，在本书的观点体系下，既然建造人依据《物权法》第30条规定原始取得了违法建筑的所有权，那么其虽然不能登记，也同样享有妨害排除请求权的保护。

（四）违法建筑的恢复原状请求权

就违法建造人是否享有违法建筑的恢复原状请求权问题，我国学说和判例观点都持否定态度。有学者认为：“毁损违章建筑引起索赔案件的民事责任承担方式，只能适用作价赔偿，不能适用恢复原状。这是由违章建筑的违法性决定的。如果允许对违章建筑恢复原状，实质上是通过诉讼使违章建筑合法化，违反了我国有关土地、规划等方面的法律、法规的精神。”① 另有学者认为：“在违章建筑被他人毁损的情况下，只能请求损害赔偿，包括对造成的原告的全部直接损失，即建材、施工等费用也应予以赔偿，而不能请求恢复原状。因为，违章建筑本身的违法性，一般需要被拆除或者没收，也就是说法律不允许它的存在。在违章建筑被毁损后，如果法院支持重建违章建筑的请求，则显得荒唐了。”② 在“陈某充诉陈某欣相邻关系纠纷案”③ 中，判决指出，陈某充未经批准，就擅自在万宁市和乐镇封浩村委会集体所有的土地上建住宅及围墙，违反了《土地管理法》的有关规定，其所建住宅及围墙属违法建筑。陈某充所建住宅及围墙虽属违法建筑，依法应由万宁市人民政府进行处罚。可是，陈某欣置国家法律于不顾，以陈某充的围墙向北开门有违乡规民约，影响村容村貌，并使其家人出入极其不便为由而不准陈某充向北开大门，并集其家人将陈某充建好的门柱推倒，也是一种违法行为。但陈某充请求判令陈某欣筑起推倒的门柱，恢复原状，因陈某充的围墙属违法建筑，其请求不符合法律规定，依法不予支持。

笔者认为，就此问题，应区分程序违建与实质违建而论。对于实质违建，上述观点无疑是应予肯定的，因为实质违建是无法改正的违建，其最终难逃被拆除的命运，即便对其作“保留使用”处理，也只是暂时

① 陈文松．毁损违章建筑引起索赔案件的处理原则．人民司法，1998（3）．

② 刘宗胜，乔旭升．论违章建筑侵害赔偿．学术交流，2006（3）．

③ 海南省海南中级人民法院〔2002〕海南民终字第156号民事判决书。

的，故而在其被毁损时，如果允许恢复原状，而在恢复原状后再作拆除处理，无疑是一种资源的极大浪费，因而不允许对实质违建给予恢复原状请求权之救济，是正当的处理方式。但程序违建则不然，程序违建是能够补正的违建，补正后其与合法建筑并无区别，因而对于补正前的违建应给予其与合法建筑相同的对待，赋予其恢复原状请求权的保护。

二、违法建筑的侵权法保护

当违法建筑遭受不法侵害时，其是否具有可诉性呢？对此，有否定与肯定两种观点。否定说认为，被他人损害的建筑物是否属于违法建筑，首先应由有关行政机关去确认，人民法院无权对建筑物作出是否为违法建筑的认定。在有关行政机关没有确认被他人损害的建筑物是否为违法建筑之前，人民法院无权对案件进行审理和判决，人民法院只能就已被法律所确认的合法建筑物遭他人损害的案件进行审判。公民、法人或其他组织的建筑物（已被法律所确认的合法建筑物除外）遭到他人损害后，首先应当申请有关行政机关对自己的建筑物是否为合法建筑予以确认。只有这样，才不至于削弱有关行政机关行使职权的权力，才不会让有关行政机关忘记自己的职责，也有利于促使有关行政机关严肃执行法律法规。因此，否定说主张，对于此类诉讼，要么裁定不予受理，要么在受理后裁定驳回起诉，告知原告向有关的行政机关申请解决，待有关行政机关作出被损害的建筑不是违法建筑物的决定后，人民法院方可受理。而与之对立的肯定说则认为，法院对公民、法人或者其他组织的一切行为和取得的财产是否合法都有权依照法律法规进行审查、确认，审查、确认是人民法院对案件行使审判权的一部分，即审理权。原告的建筑物遭到侵害，客观上存在着财产上的损失；损害违法或者合法建筑物的行为均是民事侵权行为，其主观上有过错；原、被告双方是平等的民事主体，这类案件应属于人民法院主管。因此，对这类案件应当受理并作出实体判决。[①] 就此问题，我国台湾地区判例持肯定态度。[②] 笔者赞同违法建筑遭受不法侵害时具有可诉性的观点，认为违法建筑是侵权法的

---

① 曹满章. 对损害他人违章建筑引起的财产损害赔偿案件处理之我见. 法律适用，1995（6）.

② 我国台湾地区“最高法院”1983年台上字第1453号判例。

保护对象，当违法建筑被侵害时，人民法院应立案受理，并经审理后作出实体判决。

就侵害违法建筑的可诉性以及人民法院依法审理的问题，兹举一例说明之。在“崔某菊等与黄某朋等侵权责任纠纷上诉案”[①] 中，邓某高（已故，系原告崔某菊之夫，原告邓某平、邓某霞等之父）于2003年与被告黄某朋、王某炯、倪某华、廖某培等32户户主签订《联户集资协议书》，约定位于重庆市奉节县原竹园营业所的9号地段拆除后，共同开发，联户集资建房。房屋建成之后，奉节县国土资源和房屋管理部门于2004年8月前后分别为32户业主颁发了房屋所有权证和国有土地使用权证。邓某高拥有该幢集资房1层的房屋，建筑面积为318.52平方米，产权性质登记为“非住宅、市场”。该幢集资房第一层三面封闭，一面留有通道出入市场，市场与3个单元的住户相通。2012年2月22日上午和4月8日下午，原告在未办理规划许可和施工许可的情况下，组织施工人员拟将市场改建为门市。改建过程中，四被告认为原告的改建行为影响被告等人的出行便利，要求原告留足消防通道，协商未果，遂将原告砌筑的门市隔墙推倒并阻止原告施工。纠纷发生后，原告以被告的行为构成侵权为由诉至法院，要求四被告连带赔偿其经济损失33 870.00元并承担诉讼费用。四被告辩称：本案所涉房屋由原告亲属邓某高和四被告等32户业主联户联建，原告享有权益的房屋位于该幢房屋的第一层，其规划用途是菜市场。原告未经主管部门批准并取得规划许可和施工许可，改变市场用途亦未经全体业主讨论同意，该建筑系违法建筑。原告擅自改建的门市占用了32户业主的公摊面积，严重影响了该幢房屋业主的通行便利与消防安全，原告的行为违反了法律的规定，不受法律保护，推倒隔墙的行为不属侵权行为，请求法院驳回原告的诉讼请求。重庆市奉节县人民法院经审理认为，原告享有权益的房屋，其产权性质为非住宅系市场。根据该案房屋的客观情况，市场上面3个单元的住户均必须从该市场通行。原告未举证证明其改建行为系经过有关部门批准、许可的合法行为，故原告砌筑隔墙、自行将市场改为封闭式单个门市的改建行为违法，原告的施工行为不受法律保护，故砌墙经济损失应由原告自行承担。遂判决：驳回四原告的诉讼请

① 重庆市第二中级人民法院〔2012〕渝二中法民终字第01678号民事判决书。

求。宣判后，四原告不服一审判决，提起上诉。重庆市第二中级人民法院经审理认为，四上诉人拥有本案所涉集资房屋第一层房屋的产权，但《联户集资协议书》约定底层至顶层梯间均系本幢户主共同使用通行，同时，该幢联建房屋自建成以来，一楼作为开放式的市场，没有修建隔墙，楼上居住的集资户均可自由通行，已形成历史性的通道，四上诉人未经其他集资户同意擅自砌筑隔墙，改变现状，影响他人的生活，其上诉理由不能成立。遂判决：驳回上诉，维持原判。该案的裁判要旨虽然为自助行为的免责效力问题，但本案的意义还在于，原告作为违法建筑的建造人，其违法建筑保护的请求虽然最终没有获得支持，但人民法院对于案件的受理、审理及判决无疑是正确的。

在依法行政中，当行政行为失当时，同样存在着侵权损害赔偿问题。如在“上海彭浦电器开关厂诉上海市闸北区人民政府要求确认侵占行为违法一并要求行政赔偿案”① 中，法院判决认为：因原告未在原闸北区规划局闸规查〔2009〕第 011 号限期拆除违法建筑决定规定的期限内，自行拆除违法建筑，闸北区政府根据该局的申请，依法组织相关部门实施强制拆除，该强制拆迁行为是对限期拆除违法建筑决定的执行行为，并没有设定原告新的权利和义务。原告在本市彭浦路 4 号厂区 1 号、2 号、3 号房楼顶搭建的建筑物及在地面空间搭建的地面棚，虽已被上述限期拆除决定认定为违法建筑，但原告认为其对被拆除建筑物、搭建物的建筑材料享有权利的主张，能够成立。被告实施强制拆除后，原告曾多次向被告及上海市人民政府信访办提出书面请求，要求返还财物，但没有收到任何答复。原告现向法院提起本案诉讼，符合法律规定的起诉条件。原告在诉讼中提供的强制拆除现场的 DVD 光盘，可以证明执行强制拆除的人员将拆下的部分旧彩钢板运离现场的事实。这部分旧彩钢板尽管被使用多年，但在原告认为仍有使用价值的情况下，被告的执法人员将其作为建筑垃圾进行处理确有不当，被告应依法予以返还。鉴于旧彩钢板是被告在强制执行过程中从违法建筑上拆下已被使用多年的建筑材料，被告的强制拆除行为无法保证全部建筑材料整体的完好无损，且被告已将拆除的建筑材料作为建筑垃圾予以处理，客观上无

① 上海市第二中级人民法院〔2009〕沪二中行初字第 28 号行政判决书。

法返还，故被告应对被执法人员运离执法现场、尚有使用价值部分的彩钢板等建筑材料酌情折价赔偿。

第二节　违法建筑的公法保护

违法建筑上存在着私法上的所有权，所以违法建筑的保护主要是一个私法保护问题。但是，违法建筑所违之法虽然为公法，却并不意味着违法建筑在公法上不享有任何的受保护性地位。当违法建筑未经法定的行政程序而被强制拆除时，或当违法建筑被犯罪行为故意毁损时，就可能涉及公法责任的承担，因而违法建筑在公法上享有反射性的保护地位是毋庸置疑的。

一、违法拆违的行政赔偿责任

违法拆违，即违建主管机关违法行使职权或者违反了拆违之法定程序而对违法建筑实施的强制拆除。违法拆除违法建筑是否要承担侵权责任呢？对此，司法实践中存在着不同的观点，有否定之者，亦有肯定之者。

在“王某德诉苏州市吴中区临湖镇石塘村村民委员会违法拆除违法建筑纠纷案”中，审理法院对违法拆违的损害赔偿责任即持否定态度，其认为：“公民的合法财产受法律保护，由于原告所建房屋没有合法的审批手续，属违章建筑，不受法律保护。被告系村民实行自治的基层组织，在开会经村民代表同意，并向原告多次劝导、催告无效后，拆除了该违章建筑，其行为系村民自我管理行为，并无不妥。原告对所搭建房屋的砖、瓦、卷帘门等建筑材料享有所有权，但上述材料仍在原地，原告可以收集整理，不存在损害，故对原告的诉讼请求，法院不予支持。”① 但在“陆某与鞍山市城乡建设委员会等限期改正违法通知、强制拆除及赔偿纠纷上

① 朱巍，高为民. 村委会强制拆除违章建筑的法律问题. 人民司法，2008 (2).

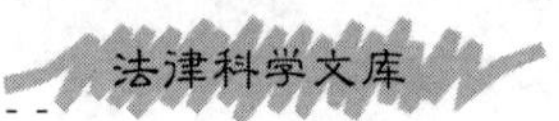

诉案”中，审理法院对违法拆违的损害赔偿责任则持肯定态度。①

---

① 辽宁省高级人民法院〔2002〕辽行终字第81号行政判决书。该案判决指出：“本院认为，1. 鞍山市监察支队2000年6月23日作出的《限期改正违法（章）行为通知书》，适用《鞍山市城市市容和环境卫生管理条例》第13条，因该条是针对沿街设置临时建筑物或其他设施，与本案违反《建设工程规划许可证》改变设计结构建房无关，原判认为适用法律错误正确。2. 根据《城市规划法》第四十条的规定，及鞍山市建委的委托，监察支队行使城市规划监察管理权时，应以委托人城乡建设委员会的名义进行，其以自己名义作出的《限期改正违法（章）行为通知书》程序违法。3. 根据《行政诉讼法》第二十五条第四款、《国家赔偿法》第七条第四款的规定，委托机关鞍山市建委是通知行为的适格被告；根据《城建监察规定》第五条、《鞍山市城建监察暂行规定》第五条、第十三条及《解释》第二十条第二款的规定，鞍山市监察支队是规章授权的内设机构，是拆除行为的适格被告。4.《辽宁省实施〈中华人民共和国城市规划法〉办法》第三十三条规定：‘城市规划行政主管部门下发限期拆除违法建设通知书后，当事人无正当理由拒绝拆除的，县级以上人民政府可以作出责令限期拆除的决定，逾期不拆除的，由县级以上人民政府责成有关部门强制拆除’。被上诉人鞍山市监察支队强制拆除时，鞍山市人民政府并未作出限期拆除决定，故强制拆除行为没有执行根据，原判确认违法正确。5. 根据《城市规划法》第四十条的规定，只有严重影响城市规划的建筑物才应限期拆除。中华小学综合楼已经有关机关批准，取得《建筑工程规划许可证》，手续完备，且工程外观施工符合规划要求，虽内部结构有部分改变，但完全可以通过补救措施恢复原功能，尚未构成严重影响城市规划，依据《城市规划法》第四十条的规定，应当责令限期改正恢复原设计功能，并处罚款。采取拆除方式属于适用法律错误。6.《解释》第十二条规定：‘与具体行政行为有法律上利害关系的公民、法人或者其他组织对该行为不服，可以依法提起行政诉讼’，此条并不要求原告必须是行政管理的直接对象，而是只要具体行政行为对其权利义务产生实际影响，就可以作为原告提起诉讼。上诉人陆某与中华小学签订联建协议，并根据协议的约定投入了全部建设资金，因中华小学综合楼工程被强拆受损失的是陆某。根据《国家赔偿法》第二条、第六条第一款的规定，陆某有权提起行政赔偿。二被上诉人认为陆某没有赔偿主体资格的理由不能成立。7. 中华小学综合楼工程，因建设中改变了使用功能，违反了《建筑工程规划许可证》规定的用途，其违反规划导致被拆除的损失不受法律保护。对于符合规划和不严重影响规划又可通过改正措施得到补救却因强制拆除而受到的损失，是合法权益损失，应受到保护。考虑施工单位的损失，又鉴于陆某在与中华小学联建综合楼工程中，未根据鞍山市人民政府办公厅鞍政办发〔1998〕120号《批转市教委关于加强中小学用地和校舍管理意见的通知》的规定履行审批手续，在建设过程中又擅自改变规划，有违法行为，应承担一定责任即20%，鞍山市建设监察支队承担80%责任。鞍山市中级人民法院委托辽宁中惠会计师事务所有限公司对陆某与中华小学联建的综合楼工程评估价格为1 069 654.00元人民币，其中利润部分29 996.00元人民币根据国家赔偿法的规定不属于直接损失不应赔偿。”

笔者赞同肯定态度，认为行政机关违法拆违要承担行政赔偿责任。关于违法拆违能否免责的问题，实际上涉及一个非常有意义的法律现象和理论，即修补因果关系问题。修补因果关系的中心思想是：损害事故因可归责于赔偿义务人之事由已发生，赔偿权利人因该事故之发生而受有损害，然该损害纵不因可归责于赔偿义务人之事由而发生，亦将因其他原因而酿成。亦即损害事故有二，而第一与第二事故均会导致同一损害，然以第一事故已引发损害，致使第二事故无法发生损害之作用。修补因果关系可分为两种类型：第一类型，即第一原因具体造成损害，该损害纵未因第一原因而造成亦将因踵至之第二原因而酿成；第二类型，即非法行为所造成之损害，于想象上之合法行为下亦同样发生。① 违法建筑之损害即属第二种类型。如某执法人员未经法定程序就将违法建筑拆除，而事后证明，即便经由法定程序，该违法建筑亦将被认定为必须拆除之违法建筑，难逃被拆除之命运。在早期学说上，一般认为修补因果关系问题属于"因果关系"范畴，但在现代学说上，一致认为其为损害存否之问题。② 曾世雄教授指出："如某警员未依法定程序，取得该管机关之许可，径行拆除某一违章建筑，则该警员因而应负之赔偿责任，并不因事实上'可'取得该管机关之许可而得推卸。盖法律所以要求拆除须依一定之法定程序，即须取得该管机关之许可者，不外乎在于防止行政机关滥用权力侵害人民权益。是其间寓有维护行政系统秩序及保障人民权益两个意旨。如承认警员事实上可取得该管机关之许可有修补其非法行为所生损害之效力，则无异承认事后法院之确认警员如依合法程序，可以取得该管机关之许可，因而同一之损害仍不可免者，有代替该管机关许可之效力，行政制度即将紊乱而人民权益将无保障矣。故事实上'可'取得该管机关之许可，并无修补非法行为所生损害之效力。纵事后（即拆除后判决前）拆除之命令由该管机关签发，则警员对其提早拆除所致之损害仍不能辞其咎。"③ 简言之，在违法侵害违建案件中，并不会因该违建最终难逃被强制拆除之命运，而影响到此前已经发生的违法行政行为所应当承担的行政赔偿责任。

---

① 曾世雄．损害赔偿法原理．北京：中国政法大学出版社，2001：193、202.

② 同①196.

③ 同①210－211.

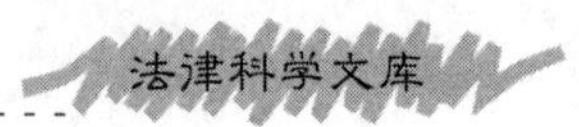

二、故意毁坏违建的刑事责任

我国《刑法》第275条规定："故意毁坏公私财物，数额较大或者有其他严重情节的，处三年以下有期徒刑、拘役或者罚金；数额巨大或者有其他特别严重情节的，处三年以上七年以下有期徒刑。"如果是故意毁坏违法建筑，是否构成犯罪呢？这是一个值得探讨的问题，因为在我国司法实践中，尚未发现有因故意毁坏违法建筑而承担刑事责任的实例。

对此问题，当然会产生极大争议，而争议的根源，主要在于"不合法的财产"是否受刑法保护。在前文（第三章第三节"二、'合法财产'的规范意义"）中，笔者即已指出，"合法财产受法律保护"中的"受法律保护"，乃是指"受公私法分离下的多层级保护"。我国《刑法》不仅保护合法财产，而且对于"不合法财产"同样存在着反射性保护。就此问题，可再作一点补充论证。如最高人民法院《关于盗窃案件具体应用法律若干问题的解释》（法释〔1998〕4号）第5条第（八）项明确规定："盗窃违禁品，按盗窃罪处理的，不计数额，根据情节轻重量刑。"最高人民法院《全国法院审理毒品犯罪案件工作座谈会纪要》（法〔2000〕42号，已失效）第6条曾指出："盗窃、抢劫毒品的，应当分别以盗窃罪或者抢劫罪定罪；认定盗窃犯罪数额，可以参考当地毒品非法交易的价格。"此外，最高人民法院《关于审理抢劫、抢夺刑事案件适用法律若干问题的意见》（法发〔2005〕8号）对抢劫特定财物之定性问题的规定也是同样的精神："以毒品、假币、淫秽物品等违禁品为对象，实施抢劫的，以抢劫罪定罪；抢劫的违禁品数量作为量刑情节予以考虑。"因而笔者主张，违法建筑是刑法的保护对象，故意毁坏违法建筑的，可构成故意毁坏公私财物罪。正如有学者指出的："当违章建筑受到非占有人故意毁坏达到一定损害程度时，行为人的行为可能构成故意毁坏财物罪，这个观点既有刑法上的依据也有物权法上的依据。"①

---

① 钟伟苗. 违章建筑可为故意毁坏财物罪侵害对象的理论探析. http://blog.sina.com.cn/s/blog_6aadb0860100q2z4.html. [2017-01-28]

余论 《违法建筑处理条例》（学者建议稿）条文（要点）

第一条【法旨和依据】

为加强城乡规划管理，依法查处违法建设行为和处理违法建筑，协调违法建筑治理和物权保护间的法律适用关系，根据《中华人民共和国城乡规划法》《中华人民共和国城市房地产管理法》《中华人民共和国行政强制法》《中华人民共和国合同法》《中华人民共和国物权法》《村庄和集镇规划建设管理条例》等法律法规，制定本条例。

第二条【违法建筑定义】

本条例所称违法建筑，是指在城乡规划区内，未取得建设工程规划许可证、乡村建设规划许可证、临时建设工程规划许可证，或者未按照建设规划许可证的规定建造的建筑物，以及超过批准期限未自行拆除的临时建筑物。

违法建筑包括程序违建和实质违建两种。程序违建，是指可采取改正措施消除对规划实施的影响的违法建筑；实质违建，是指不能采取改正措施消除对规划实施的影响的违法建筑。

第三条【实质违建的认定】

有下列情形之一的，应当认定为实质违建：

（一）未取得建设工程规划许可证，且违反控制性详细规划的强制内容、规划条件或者城乡规划技术标准建设的建筑物、构筑物或者超过合理误差的建筑部分；

（二）已取得建设工程规划许可证，但不按照建设工程规划许可证许可的内容进行建设，超过合理误差的建筑部分；

（三）未经批准进行临时建设，或者临时建筑物、构筑物超过批准期限不拆除的；

（四）已批准进行临时建设，但不按照经审定的建设工程设计方案施工，违反规划条件或者城乡规划技术标准，超过合理误差的建筑部分；

（五）未取得乡村建设规划许可证或者未按照乡村建设规划许可证进行建设，违反村庄规划强制性内容、城乡规划技术标准，超过合理误差的建筑部分；

（六）其他依照有关法律法规规定应当认定为实质违建的情形。

第四条【违法建筑所有权】

根据物权法的相关规定，违法建造人在建造事实行为成就时，取得违法建筑的所有权。

在法律法规无明确的除外规定的情况下，违法建筑与合法建筑享有同等的受法律保护地位，任何单位和个人不得侵犯。违法侵害违法建筑的，应当依法承担民事责任、行政责任或者刑事责任。

第五条【违建所有权的转让】

违法建筑所有权人有权转让违法建筑的所有权。

违法建筑转让合同是有效合同，但存在其他合同无效情形的除外。

违法建筑转让后，受让人取得违法建筑所有权，违法建筑的违法地位同时由受让人承受。

第六条【违法建筑他项权利】

根据物权法的相关规定，违法建筑可以作为需役地，也可以作为供役地，设定地役权。

根据物权法的相关规定，违法建筑可以作为抵押财产设定抵押权。

根据合同法的相关规定，违法建筑可以作为租赁标的物成立有效的租赁合同。

第七条【违法建筑的登记】

国家建立违法建筑的登记制度。违法建筑登记属于不动产登记的重要组成部分。

违法建造人转让违法建筑所有权的，应当办理违法建筑所有权的首次登记，未经首次登记的，不得给予转让登记。

转让登记完成后，受让人取得违法建筑的所有权。

违法建筑地役权和抵押权的设立，依照物权法的相关规定办理。

违法建筑的其他登记，依照相关法律法规的规定办理。

第八条【程序违建的改正】

程序违建的所有权人在接到相关主管部门的改正通知后，应当在规定的期限内自行改正；不自行改正的，由相关主管部门代履行，费用由违法建筑所有权人承担。

第九条【违法建筑的拆除】

违法建筑的所有权人在接到有关主管部门的拆除通知后，应当在规定的期限内自行拆除违法建筑。拒不拆除的，由有关行政机关依照行政强制法的相关规定强制拆除。

第十条【违法建筑和违法收入的没收】

实质违建有下列情形之一的，应当给予没收违法建筑和没收违法收入的行政处罚：

（一）部分拆除影响建筑物、构筑物主体结构安全或者整体拆除影响相邻建筑物、构筑物主体结构安全的；

（二）现有拆除技术条件和地理环境无法实施拆除的；

（三）拆除将对公共利益造成重大损害或者其他严重后果的。

违法收入按照违法建筑查处时当地相当等级房屋的价格确定，房屋价格由具有资质的评估机构进行市场价格评估；不能以房屋价格计算的，按照违法建设工程总造价确定。

第十一条【违法建筑的裁判分割】

因合作开发房地产、夫妻共有、共同继承遗产等情形形成的违法建筑共有关系，当事人请求分割的，人民法院应当依法受理并作出共有物分割判决。

第十二条【违法建筑的强制拍卖】

为实现抵押权或者执行人民法院的生效判决，人民法院可以将违法建

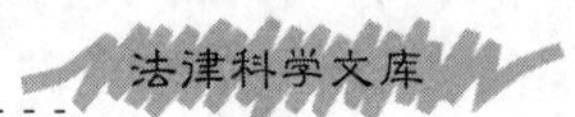

筑强制拍卖。拍定后，竞得人取得违法建筑的所有权，违法建筑的违法地位同时由竞得人承受。

第十三条【违法建筑相邻关系】

违法建筑与其他不动产相邻而造成相邻关系纠纷，当事人请求撤销相关的规划许可或者请求相关的主管部门依法采取拆除措施的，人民法院应当立案受理，并就相关的民事纠纷一并作出判决。

违法建筑与其他不动产相邻而造成相邻关系纠纷，当事人提起民事诉讼的，人民法院应当立案受理，在审理过程中发现相关的规划许可应予撤销的，应当一并判决予以撤销；认为违法建筑应予拆除的，应当一并判决拆除。

人民法院作出的拆除违法建筑的判决，由人民法院负责执行。

参考文献

一、中文著作

[1] 贺业钜. 中国古代城市规划史论丛. 北京：中国建筑工业出版社，1986

[2] 张京祥. 西方城市规划思想史纲. 南京：东南大学出版社，2005

[3] 唐凯麟主编. 西方伦理学经典命题. 南昌：江西人民出版社，2009

[4] 甘葆露，唐凯麟主编. 伦理学原理. 北京：高等教育出版社，1992

[5] 徐中舒. 徐中舒历史论文选辑. 北京：中华书局，1998

[6] 徐中舒. 汉语古文字字形表. 成都：四川辞书出版社，1981

[7] 梁漱溟. 梁漱溟全集：第3卷. 济南：山东人民出版社，2005

[8] 费孝通. 乡土中国·生育制度·乡土重建. 北京：商务印书馆，2011

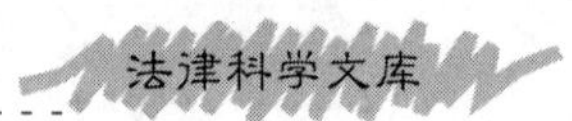

[9] 冯天瑜. “封建”考论. 2版. 武汉：武汉大学出版社，2007

[10] 胡适. 中国哲学史大纲. 上海：上海古籍出版社，1997

[11] 陈独秀. 陈独秀文章选编. 北京：北京大学出版社，1984

[12] 俞可平. 社群主义. 修订版. 北京：中国社会科学出版社，2005

[13] 丁伟主编. 中国民族性. 西安：陕西师范大学出版社，2006

[14] 王德峰编选. 国性与民德——梁启超文选. 上海：上海远东出版社，1995

[15] 陈昌曙. 技术哲学引论. 北京：科学出版社，1999

[16] 王洪平. 违法建筑的私法问题研究. 北京：法律出版社，2014

[17] 房绍坤，王洪平. 债法要论. 武汉：华中科技大学出版社，2013

[18] 房绍坤，王洪平. 公益征收法研究. 北京：中国人民大学出版社，2011

[19] 房绍坤. 用益物权基本问题研究. 北京：北京大学出版社，2006

[20] 佟柔主编. 中国民法. 北京：法律出版社，1990

[21] 王利明，郭明瑞，方流芳. 民法新论：上册. 北京：中国政法大学出版社，1988

[22] 王利明. 物权法研究：上. 3版. 北京：中国人民大学出版社，2013

[23] 王利明. 物权法论. 北京：中国政法大学出版社，1998

[24] 梁慧星. 中国物权法研究：上. 北京：法律出版社，1998

[25] 梁慧星. 从近代民法到现代民法. 北京：中国法制出版社，2000

[26] 梁慧星. 民法总论. 北京：法律出版社，1996

[27] 梁慧星. 民法解释学. 修订版. 北京：中国政法大学出版社，2000

[28] 梁慧星. 中国物权法草案建议稿：条文、说明、理由与参考立法例. 北京：社会科学文献出版社，2000

[29] 孙宪忠，等. 国家所有权的行使与保护研究. 北京：中国社会科学出版社，2015

[30] 孙宪忠. 中国物权法总论. 2版. 北京：法律出版社，2009

[31] 马俊驹，余延满. 民法原论. 4 版. 北京：法律出版社，2010

[32] 尹田. 法国物权法. 2 版. 北京：法律出版社，2009

[33] 钱明星. 物权法原理. 北京：北京大学出版社，1994

[34] 李永军. 民法总论. 北京：法律出版社，2006

[35] 王卫国主编. 中国证券法破产法改革. 北京：中国政法大学出版社，1999

[36] 高富平. 物权法原论：中. 北京：中国法制出版社，2001

[37] 陈华彬. 物权法原理. 北京：国家行政学院出版社，1998

[38] 龙卫球. 民法总论. 2 版. 北京：中国法制出版社，2002

[39] 孟勤国. 物权二元结构论. 2 版. 北京：人民法院出版社，2004

[40] 韩松，姜战军，张翔. 物权法所有权编. 北京：中国人民大学出版社，2007

[41] 申卫星，傅穹，李建华. 物权法. 长春：吉林大学出版社，1999

[42] 周枏. 罗马法原论：上册. 北京：商务印书馆，1994

[43] 黄风. 罗马私法导论. 北京：中国政法大学出版社，2003

[44] 费安玲主编. 罗马私法学. 北京：中国政法大学出版社，2009

[45] 常鹏翱. 物权法的展开与反思. 北京：法律出版社，2007

[46] 李国强. 物权法讲义. 北京：高等教育出版社，2016

[47] 沈达明，梁仁洁编著. 德意志法上的法律行为. 北京：对外贸易教育出版社，1992

[48] 耿林. 强制规范与合同效力——以合同法第 52 条第 5 项为中心. 北京：中国民主法制出版社，2009

[49] 程淑娟. 国家所有权民法保护论. 北京：法律出版社，2013

[50] 蒋拯. 违法建筑处理制度研究. 北京：法律出版社，2014

[51] 王才亮，陈秋兰. 违法建筑处理实务. 北京：法律出版社，2008

[52] 国土资源部不动产登记中心（国土资源部法律事务中心）编. 不动产登记暂行条例实施细则释义. 北京：北京大学出版社，2016

[53] 国务院法制办公室农林城建资源环保法制司，住房城乡建设部法规司，房地产市场监管司. 国有土地上房屋征收与补偿条例释义. 北京：中国法制出版社，2011

[54] 刘俊. 土地所有权国家独占研究. 北京：法律出版社，2008

[55] 施志源. 生态文明背景下的自然资源国家所有权研究. 北京：法律出版社，2015

[56] 邱秋. 中国自然资源国家所有权制度研究. 北京：科学出版社，2010

[57] 方令. 民法占有制度研究. 重庆：重庆出版社，1996

[58] 刘智慧. 占有制度原理. 北京：中国人民大学出版社，2007

[59] 宁红丽. 物权法占有编. 北京：中国人民大学出版社，2007

[60] 赵晓钧. 论占有效力. 北京：法律出版社，2010

[61] 严国海. 中国古代国家所有制思想研究. 上海：上海世界图书出版公司，2011

[62] 于宏伟主编. 国有土地上房屋征收与补偿条例焦点问题解析. 北京：法律出版社，2011

[63] 张建文. 转型时期的国家所有权问题研究：面向公共所有权的思考. 北京：法律出版社，2008

[64] 钟瑞栋. 民法中的强制性规范：公法与私法“接轨”的规范配置问题. 北京：法律出版社，2009

[65] 高伟. 私法公法化研究. 北京：社会科学文献出版社，2012

[66] 杨荣馨主编. 民事诉讼原理. 北京：法律出版社，2003

[67] 沈宗灵. 比较法研究. 北京：北京大学出版社，1998

[68] 张乃根. 西方法哲学史纲. 修订版. 北京：中国政法大学出版社，1997

[69] 薛波主编. 元照英美法词典. 北京：法律出版社，2003

[70] 应松年主编. 行政处罚法教程. 北京：法律出版社，2012

[71] 袁曙宏. 行政强制法教程. 北京：中国法制出版社，2011

[72] 张明楷. 法益初论. 北京：中国政法大学出版社，2000

[73] 赵秉志主编. 中国刑法案例与学理研究. 北京：法律出版社，2004

[74] 梅传强主编. 刑事案例诉辩审评：抢劫罪·抢夺罪. 北京：中国检察出版社，2005

[75] 王泽鉴. 民法总则. 增订版. 北京：中国政法大学出版社，2001

[76] 王泽鉴. 民法物权：通则·所有权. 北京：中国政法大学出版

社，2001

[77] 苏永钦. 民事立法与公私法的接轨. 北京：北京大学出版社，2005

[78] 谢在全. 民法物权论：上. 5 版. 北京：中国政法大学出版社，2011

[79] 曾世雄. 民法总则之现在与未来. 北京：中国政法大学出版社，2001

[80] 曾世雄. 损害赔偿法原理. 北京：中国政法大学出版社，2001

[81] 黄立. 民法总则. 北京：中国政法大学出版社，2002

[82] 温丰文. 土地法. 台北：自版，2006

[83] 温丰文. 现代社会与土地所有权理论之发展. 台北：五南图书出版公司，1984

[84] 史尚宽. 民法总论. 北京：中国政法大学出版社，2000

[85] 史尚宽. 物权法论. 北京：中国政法大学出版社，2000

[86] 施启扬. 民法总则. 台北：三民书局，2003

[87] 郑玉波. 民法总则. 北京：中国政法大学出版社，2003

[88] 郑玉波. 民法物权. 黄宗乐，修订. 15 版. 台北：三民书局，2007

[89] 林诚二. 民法总则：上. 台北：瑞兴图书股份有限公司，2005

[90] 郑冠宇. 民法物权. 台北：自版，2010

[91] 古振晖. 共同所有之比较研究. 台湾财产法暨经济法研究协会，2006

[92] 吴光陆. 物权法新论. 台北：新学林出版股份有限公司，2006

[93] 陈荣宗. 强制执行法. 台北：三民书局，1991

[94] 陈敏. 行政法总论. 台北：神州图书出版社有限公司，2003

二、中文论文

[1] 王洪平. 论合作开发房地产中的物权认定与债务承担. 山东社会科学，2012 (6)

[2] 王洪平. 论“国家政策”之法源地位的民法典选择. 烟台大学学报：哲学社会科学版，2016 (4)

[3] 王洪平. “自找妨害”之诉的救济——以利益平衡基础上的英美

判例法为视角. 烟台大学学报：哲学社会科学版，2009（3）

[4] 郑冠宇，王洪平. 财产权平等保护的三个问题. 山东大学学报：哲学社会科学版，2009（3）

[5] 王利明. 善意取得制度的构成. 中国法学，2006（4）

[6] 王利明. 关于占有、占有权和所有权问题. 法学评论，1986（1）

[7] 王利明. 物权法定原则. 北方法学，2007（1）

[8] 房绍坤. 动产与不动产划分标准探究. 河南省政法管理干部学院学报，2006（2）

[9] 房绍坤. 论共有物分割判决的形成效力. 法学，2016（11）

[10] 房绍坤. 用益物权与所有权关系辨析. 法学论坛，2003（4）

[11] 房绍坤. 论不动产利用的二元结构. 河南司法警官职业学院学报，2003（2）

[12] 王轶. 民法价值判断问题的实体性论证规则——以中国民法学的学术实践为背景. 中国社会科学，2004（6）

[13] 陈洁. 论田园城市规划思想对中国和谐城市规划的借鉴意义. 中国城市经济，2011（30）

[14] 刘畅. 中国公私观念研究综述. 南开学报：哲学社会科学版，2003（4）

[15] 巩固. 自然资源国家所有权公权说. 法学研究，2013（4）

[16] 巩固. 自然资源国家所有权公权说再论. 法学研究，2015（2）

[17] 王涌. 自然资源国家所有权的三层结构说. 法学研究，2013（4）

[18] 王涌. 所有权概念分析. 中外法学，2000（5）

[19] 王中江. 中国哲学中的公私之辨. 中州学刊，1995（6）

[20] 王旭. 论自然资源国家所有权的宪法规制功能. 中国法学，2013（6）

[21] 王明远. 相邻关系制度的调整与环境侵权的救济. 法学研究，1999（3）

[22] 王彦. 解决小产权房问题对策研究. 河北法学，2010（9）

[23] 王建玲，王忠. 论占有. 吉林大学社会科学学报，1996（6）

[24] 王卫城. 深圳“违法建筑”的产权分析. 特区经济，2010（3）

[25] 王立达. 法释义学研究取向初探：一个方法论的反省. 法令月刊，2000（9）

[26] 王小莉. 违章建筑买卖合同法律问题初探，黑龙江省政法管理干部学院学报，2007 (5)

[27] 王德伟. 试论人工物的基本概念. 自然辩证法研究，2003 (5)

[28] 范德茂，吴蕊. 关于“厶”字的象意特点及几个证明. 文史哲，2002 (3)

[29] 梁上上. 物权法定主义：在自由与强制之间. 法学研究，2003 (3)

[30] 史以贤. 违法建筑利用中的若干法律问题分析. 法制与经济，2009 (12)

[31] 龙卫球. 物权法定原则之辨：一种兼顾财产正义的自由论视角. 比较法研究，2010 (6)

[32] 李忠夏. 宪法上的“国家所有权”：一场美丽的误会. 清华法学，2015 (5)

[33] 李忠夏. “国家所有”的宪法规范分析. 交大法学，2015 (2)

[34] 于海涌. 论英美信托财产双重所有权在中国的本土化. 现代法学，2010 (3)

[35] 李立众. 婚内强奸应构成强奸罪——王卫明婚内强奸案评析. 云南大学学报：法学版，2001 (4)

[36] 冀祥德. 域外婚内强奸法之发展及其启示. 环球法律评论，2005 (4)

[37] 李迪昕. 论所有权的起源. 黑龙江社会科学，2014 (6)

[38] 李军政，郭继. 论违法建筑的产权归属——基于违法作品的比较分析. 财经界：学术版，2011 (1)

[39] 李军政，张俊. 论依法行政中公权力与私权利的界限：以违法建筑的归属及其利用为视角. 辽宁教育行政学院学报，2011 (3)

[40] 李海军. 执行程序中违章建筑的认定及处理. 山东审判，2007 (5)

[41] 李佳. 论民行交叉案件现行处理模式中存在的风险及其预防. 法学杂志，2011 (5)

[42] 冯桂，黄莹. 论非法物之物权//孟勤国，黄莹主编. 中国物权法的理论探索. 武汉：武汉大学出版社，2004

[43] 陈文松. 毁损违章建筑引起索赔案件的处理原则. 人民司法，1998 (3)

[44] 常鹏翱. 事实行为的基础规范. 法学研究，2010 (1)

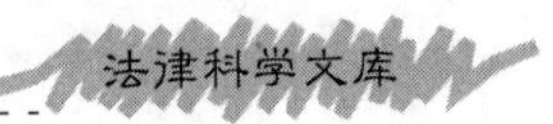

[45] 丁晓华. 强制拆除违法建筑行为定性与规范——基于对《行政强制法》第44条的解读. 法学，2012（10）

[46] 卞崇道. 日本的公共哲学研究述评. 哲学动态，2008（11）

[47] 沈满洪，谢慧明. 公共物品问题及其解决思路——公共物品理论文献综述. 浙江大学学报：人文社会科学版，2009（6）

[48] 范进学. 定义“公共利益”的方法论及概念诠解. 法学论坛，2005（1）

[49] 黄健雄. 分时度假法律模式之研究. 中国法学，2006（6）

[50] 黄刚. 违法建筑之上存在权利吗?. 法律适用，2005（9）

[51] 黄家亮，廉如鉴. “中国人无所谓自私”——梁漱溟关于民族自私性问题的思想. 江苏社会科学，2011（5）

[52] 韩小平，姚爱国. 责任限期拆除：行政处罚，抑或行政强制措施：对《城市市容和环境卫生管理条例》第37条的再思考. 城市管理，2004（1）

[53] 许政贤. 浅析违章建筑事实上处分权之定位. 月旦裁判时报，2014（12）

[54] 钱广荣. 中国早期的公私观念. 甘肃社会科学，1996（4）

[55] 郭凤谭. “侵犯合法财产”的表述应修改. 法学杂志，1991（1）

[56] 郭百顺. 论德国宪法“第三人效力”的正当性. 德国研究，2004（4）

[57] 马俊驹. 国家所有权的基本理论和立法结构探讨. 中国法学，2011（4）

[58] 马新彦. 一物二卖的救济与防范. 法学研究，2005（2）

[59] 韩长印. 破产优先权的公共政策基础. 中国法学，2002（3）

[60] 蒋拯. 违法建筑定义问题研究. 河南省政法管理干部学院学报，2011（5、6）

[61] 蒋拯. 违法建筑类型化研究. 社科纵横，2012（3）

[62] 杨延超. 违法建筑物之私法问题研究. 现代法学，2004（2）

[63] 杨延超. 违法作品之著作权探究——兼论我国《著作权法》第4条之修改. 法学论坛，2010（3）

[64] 王光辉. 一个案件八份判决——从一个案例看行政诉讼与民事诉讼的交叉与协调. 中外法学，1998（2）

[65] 薛建强. 国家所有制和全民所有制的区别与国有企业改革. 延安大学学报：社会科学版，2000 (1)

[66] 薛厚忠. 从一起执行案件谈“小产权房”的执行. 山东审判，2015 (2)

[67] 徐祥民. 自然资源国家所有权之国家所有制说. 法学研究，2013 (4)

[68] 税兵. 自然资源国家所有权双阶构造说. 法学研究，2013 (4)

[69] 孙立平：社会转型：发展社会学的新议题. 社会学研究，2005 (1)

[70] 孙鹏. 私法自治与公法强制——日本强制性法规违反行为效力论之展开. 环球法律评论，2007 (2)

[71] 孙成军. 税收之债不履行的私法调整机制研究——以税收债务人的权益保障为中心. 济南：山东大学，2014

[72] 陈利根. 产权不完全界定研究：一个公共域的分析框架. 云南财经大学学报，2013 (4)

[73] 曹满章. 对损害他人违章建筑引起的财产损害赔偿案件处理之我见. 法律适用，1995 (6)

[74] 曹婧. 房屋权属纠纷诉讼机制探析——以民行交叉为背景展开. 西南政法大学学报，2010 (5)

[75] 申卫星. 所有权保留买卖买受人期待权之本质. 法学研究，2003 (2)

[76] 温世扬，冯兴俊. 论信托财产所有权——兼论我国相关立法的完善，武汉大学学报：哲学社会科学版，2005 (2)

[77] 董学立. 也论“后让与担保”——与杨立新教授商榷. 中国法学，2014 (3)

[78] 林旭霞. 虚拟财产权性质论. 中国法学，2009 (1)

[79] 刘惠荣，尚志龙. 虚拟财产权的法律性质探析. 法学论坛，2006 (1)

[80] 成协中. “违法建筑”的物权地位研究. 改革与开放，2012 (3)

[81] 刘武元. 违法建筑在私法上的地位. 现代法学，2001 (4)

[82] 周友军. 违章建筑的物权法定位及其体系效应. 法律适用，2010 (4)

[83] 孟勤国. 占有概念的历史发展与中国占有制度. 中国社会科学, 1993 (4)

[84] 陈文松. 毁损违章建筑引起索赔案件的处理原则. 人民司法, 1998 (3)

[85] 韩苏东. 论违章建筑. 广西政法管理干部学院学报, 2008 (4)

[86] 刘宗胜, 乔旭升. 论违章建筑侵害赔偿. 学术交流, 2006 (3)

[87] 韩松. 论所有权的定义方法. 甘肃政法学院学报, 2007 (3)

[88] 武秀英, 焦宝乾. 法教义学基本问题初探. 河北法学, 2006 (10)

[89] 白斌. 论法教义学: 源流、特征及其功能. 环球法律评论, 2010 (3)

[90] 汪渊智. 论民法上的事实行为. 山西大学学报: 哲学社会科学版, 2003 (3)

[91] 巫肇胜. 定性与治理: 违章建筑在拆迁中补偿问题研究. 广东广播电视大学学报, 2010 (5)

[92] 许德风. 论法教义学与价值判断: 以民法方法为重点. 中外法学, 2008 (2)

[93] 刘灿, 韩文龙. 小产权房的出路何在——基于产权经济学的分析视角. 当代财经, 2013 (2)

[94] 官强. 浅析"责令限期拆除"的法律属性. 中国土地, 2012 (10)

[95] 林翰. 也谈"责令限期拆除"的法律属性——与《浅析"责令限期拆除"的法律属性》作者商榷. 中国土地, 2013 (3)

[96] 田郎亮. 违反城市房地产管理法第 38、39 条等强制性法律规定的房地产转让合同的效力认定//江必新主编. 全国法院再审法律疑难问题. 北京: 中国法制出版社, 2011

[97] 崔俊贵, 白晨航. 违法建筑的权利归属及买卖合同的效力. 法学杂志, 2013 (6)

[98] 肖作平. 终极所有权结构对资本结构选择的影响——来自中国上市公司的经验证据. 中国管理科学, 2012 (4)

[99] 吴桂山. 违章建筑登记问题之思考. 法制与社会, 2010 (6)

[100] 吴春岐, 刘宝坤. "小产权房"历史与未来的法学透视. 房地

产法律，2008 (4)

［101］金启洲. 德国公法相邻关系制度初论. 环球法律评论，2006 (1)

［102］焦富民. 功能分析视角下相邻关系的公私法协调与现代发展. 法学论坛，2013 (5)

［103］尹田. 法国物权法中动产与不动产的法律地位. 现代法学，1996 (3)

［104］杨才然，范杰商. 占有人对违法建筑有无合法权利. 人民法院报，2004-09-28

［105］尹楚彬. 杨朱学说新论. 安徽大学学报：哲学社会科学版，1996 (5)

［106］姚辉，刘生亮. 让与担保规制模式的立法论阐释. 法学家，2006 (6)

［107］杨立新. 后让与担保：一个正在形成的习惯法担保物权. 中国法学，2013 (3)

［108］杨乂芹. 中国传统公私观及其缺陷. 上海师范大学学报：哲学社会科学版，2010 (2)

［109］余能斌，侯向磊. 保留所有权买卖比较研究. 法学研究，2000 (5)

［110］于建东. 当代中国公共利益与私人利益和谐关系的建构研究. 河南师范大学学报：哲学社会科学版，2013 (2)

［111］宁杰. 民行交叉诉讼中基础诉讼的确定. 人民司法，2011 (1)

［112］朱巍，高为民. 村委会强制拆除违章建筑的法律问题. 人民司法，2008 (2)

［113］臧旭恒，曲创. 从客观属性到宪政决策——论“公共物品”概念的发展与演变. 山东大学学报：人文社会科学版，2002 (2)

［114］周菲. 当代欧美公共哲学研究述评. 上海师范大学学报：哲学社会科学版，2005 (2)

［115］张翔. 公共利益限制基本权利的逻辑. 法学论坛，2005 (1)

［116］张翔. 宪法所有权的具体内容有待立法形成. 法学研究，2013 (4)

［117］张开泽. 违法建筑的法律界定. 学术探索，2004 (11)

［118］张开泽，钟继军. 论待确权建筑及其法律属性. 求索，2006 (6)

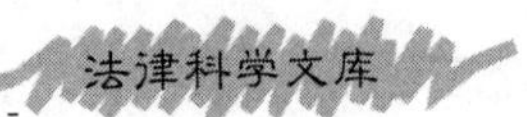

[119] 张鹏. 美国法上的物权法定原则. 法学，2003 (10)

[120] 朱坤容. 国内公共哲学研究述评. 哲学动态，2006 (2)

[121] 朱沆，刘舒颖. 心理所有权前沿研究述评. 管理学报，2011 (5)

[122] 赵磊. 剩余索取权归属的理论分歧与现实变化. 经济学动态，1998 (8)

[123] 郑杰. 小产权房买卖合同的教义学分析. 交大法学，2015 (3)

[124] 郑延荣. 内容违法的作品不受保护. 人民司法，1998 (9)

[125] 钟瑞栋. “私法公法化”的反思与超越：兼论公法与私法接轨的规范配置. 法商研究，2013 (4)

[126] 朱彤. 抢劫非法财物，按什么罪处理?. 法学杂志，1980 (2)

[127] 张燕飞，陈平. 论我国集体土地所有权的不完全与完善. 中国土地，1996 (11)

[128] 陶希晋. 论我国社会主义民法的指导原则. 法学季刊，1984 (1)

[129] 谢在全. “民法”第 759 条争议问题之研究//苏永钦主编. 民法物权争议问题研究. 北京：清华大学出版社，2004

[130] 林诚二. 民法处分概念分析及其体系构成//民事法学新思维之开展——刘春堂教授六秩华诞祝寿文集. 台北：自版，2008

[131] 林俊廷. 违章建筑之法律地位研究——从法秩序统一之观点而论：下. 司法周刊，2012，总第 1586 期

[132] 林俊廷. 违章建筑与第三人异议之诉：上. 司法周刊，2012，总第 1609 期

[133] 林俊廷. 违章建筑与第三人异议之诉：下. 司法周刊，2012，总第 1610 期

[134] 吴光陆. 法院拍卖违章建筑之买受人有无取得所有权. 月旦法学杂志，1996 (10)

[135] 李宗霖. 高雄市违章建筑管理之研究. 高雄：“中山大学”，2008

[136] 黄建中. 台北市顶楼违章建筑处理探讨及改善对策之研究：以市民观点论述. 桃园：“中央大学”，2008

[137] 陈重见. 违章建筑之所有物返还请求权与时效取得. 台湾法学杂志，2010 (153)

[138] 曾品杰. “民法”物权编所有权修正评析——以通则部分为中

心."中山大学"法学集刊，2009（10）

［139］廖瑞珍．违章建筑取缔不作为之行政救济"中正大学"，2008

［140］谢昆沧．都市违章建筑问题之探讨——以高雄市为例"中山大学"，2006

［141］谢哲胜．违章建筑的事实上处分权．月旦法学杂志，2003（11）

［142］姚嘉文．违章建筑在私法上之地位．台北：台湾大学，1967

［143］朱柏松．论越界、违章建筑之法律效力．月旦法学杂志，2004（1）

三、中文译作

［1］刘易斯·芒福德．城市发展史——起源、演变和前景．宋俊岭，倪文彦，译．北京：中国建筑工业出版社，2005

［2］乔尔·科特金．全球城市史：修订版．王旭，等译．2版．北京：社会科学文献出版社，2010

［3］休斯顿·史密斯．人的宗教．刘安云，译．海口：海南出版社，2013

［4］汉娜·阿伦特．公共领域与私人领域．刘锋，译//汪晖，蒸燕谷主编．文化与公共性．2版．北京：生活·读书·新知三联书店，2005

［5］曼昆．经济学原理．梁小民，译．北京：机械工业出版社，2001

［6］丹尼斯 C. 缪勒．公共选择理论．杨春学，等译．北京：中国社会科学出版社，1999

［7］罗伯特·考特，托马斯·尤伦．法和经济学：5版．史晋川，董雪兵，译．上海：格致出版社，上海三联出版社，上海人民出版社，2010

［8］曼瑟尔·奥尔森．集体行动的逻辑．陈郁，等译．上海：上海人民出版社，1994

［9］罗尔斯．正义论．何怀宏，译．北京：中国社会科学出版社，1998

［10］J. S. 朱恩．私人领域与公共领域之间的辩证：关于公共福祉的重新争论．孟凡民，编译．北京行政学院学报，2005（6）

［11］Y. 巴泽尔．产权的经济分析．费方域，段毅才，译．上海：上海人民出版社，1997

［12］列奥·施特劳斯，约瑟夫·克罗波西主编．政治哲学史：第3版．李洪润，等译．北京：法律出版社，2009

[13] 约瑟夫·威廉·辛格. 财产法概论. 影印本. 北京：中信出版社，2003

[14] 克里斯特曼. 财产的神话：走向平等主义的所有权理论. 张绍宗，译. 桂林：广西师范大学出版社，2004

[15] E·艾伦·范斯沃思. 美国合同法. 葛云松，丁春艳，译. 北京：中国政法大学出版社，2004

[16] 伯纳德·施瓦茨. 美国法律史. 王军，等译. 北京：中国政法大学出版社，1989

[17] 巴里·尼古拉斯. 罗马法概论. 黄风，译. 北京：法律出版社，2010

[18] 巴里·卡林沃思，文森特·纳丁. 英国城乡规划. 陈闽齐，等译. 南京：东南大学出版社，2011

[19] 埃比尼泽·霍华德. 明日的田园城市. 金经元，译. 北京：商务印书馆，2010

[20] 彼得·霍尔. 城市和区域规划. 邹德慈，等译. 北京：中国建筑工业出版社，2008

[21] 迈克·詹克斯，等. 紧缩城市——一种可持续发展的城市形态. 周玉鹏，等译. 北京：中国建筑工业出版社，2004

[22] 边沁. 道德与立法原理导论. 时殷弘，译. 北京：商务印书馆，2000

[23] 洛克. 政府论：下. 叶启芳，瞿菊农，译. 北京：商务印书馆，1964

[24] 彼得·甘西. 反思财产：从古代到革命时代. 陈高华，译. 北京：北京大学出版社，2011

[25] F.H. 劳森，B. 拉登. 财产法：2 版. 施天涛，等译. 北京：中国大百科全书出版社，1998

[26] 培根. 新工具. 许宝骙，译. 北京：商务印书馆，1997

[27] 约瑟夫·拉兹. 法律体系的概念. 吴玉章，译. 北京：中国法制出版社，2003

[28] 哈特. 法律的概念. 张文显，等译. 中国大百科全书出版社，1996

[29] 沟口雄三. 中国思想史中的公与私//佐佐木毅，金泰昌主编.

公与私的思想史. 刘文柱，译. 北京：人民出版社，2009

［30］美浓部达吉. 公法与私法：第 3 版. 黄冯明，译. 台北："商务印书馆"，1988

［31］富井政章. 民法原论：第 1 卷. 北京：中国政法大学出版社，2003

［32］佐佐仁志，道垣内弘人. 刑法与民法的对话. 于改之，张小宁，译. 北京：北京大学出版社，2012

［33］我妻荣. 日本物权法. 有泉亨，修订. 李宜芬，校订. 台北：五南图书出版公司，1999

［34］我妻荣. 新订物权法. 有泉亨，补订. 罗丽，译. 北京：中国法制出版社，2008

［35］尤根·哈贝马斯. 公共领域. 汪晖，译//汪晖，蒸燕谷主编. 文化与公共性. 2 版. 北京：生活·读书·新知三联书店，2005

［36］迪特尔·梅迪库斯. 德国民法总论：第 2 版. 邵建东，译. 北京：法律出版社，2001

［37］拉德布鲁赫. 法哲学. 王朴，译. 北京：法律出版社，2005

［38］伯尔尼·魏德士. 法理学. 丁小春，吴越，译. 北京：法律出版社，2003

［39］鲁道夫·冯·耶林. 法学的概念天国. 柯伟才，于庆生，译. 北京：中国法制出版社，2009

［40］卡尔·拉伦茨. 法学方法论. 陈爱娥，译. 北京：商务印书馆，2005

［41］萨维尼. 论占有. 朱虎，刘智慧，译. 北京：法律出版社，2007

［42］萨维尼. 当代罗马法体系Ⅰ：法律渊源·制定法解释·法律关系. 朱虎，译. 北京：中国法制出版社，2010

［43］沃尔夫冈·赛勒特. 德国法中所有权和自由权利的发展历史. 赵敏，译. 南京大学法律评论，1996

［44］蒲鲁东. 什么是所有权. 孙署冰，译. 北京：商务印书馆，1963

［45］安德烈·比尔基埃等主编. 家庭史：遥远的世界·古老的世界. 袁树仁，等译. 北京：生活·读书·新知三联书店，1998

［46］B. Ⅱ. 格里巴诺夫等主编. 苏联民法：上. 中国社会科学院法学研究所民法经济法研究室，译. 北京：法律出版社，1984

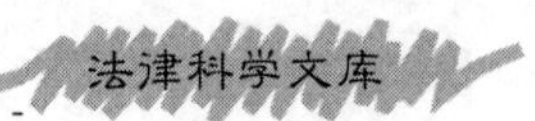

［47］M. B. 维涅茨安诺夫. 从民法的角度看征收. 张建文，译//易继明主编. 私法：第 2 期. 武汉：华中科技大学出版社，2007

［48］查士丁尼. 法学总论——法学阶梯. 张企泰，译. 北京：商务印书馆，1989

［49］彼德罗·彭梵得. 罗马法教科书. 黄风，译. 修订版. 北京：中国政法大学出版社，2005

［50］朱塞佩·格罗索. 罗马法史. 黄风，译. 北京：中国政法大学出版社，1994

［51］凯尔森. 法与国家的一般理论. 沈宗灵，译. 北京：中国大百科全书出版社，1996

四、外文论著

［1］P. A. Samuelson. The Pure Theory of Public Expenditures，the Review of Economics and Statistics，Vol. 36，No. 4（1954）

［2］Garrett Hardin. The Tragedy of the Commons，Science，New Series，Vol. 162，No. 3859.（Dec. 13，1968）

［3］Cooper，Terry L. The Responsible Administrator，3rd edition，San Francisco Jossey-Bass Publisher，1990

［4］Grey，Thomas. The disintegration of property，in Nomos，vol. 22：Property，J. R. Pennock and J. Chapman，eds. New York：New York University Press，1980

［5］T. F. T. Plucknett. A Concise History of the Common Law，5th edition，New York：The Lawyers Co-operative Publishing Company，1929

［6］Michael A. Heller. The Boundaries of Private Property，The Yale Law Journal，Vol. 108，（1999）

图书在版编目（CIP）数据

公私法交融视域下的违法建筑问题研究/王洪平著. --北京：中国人民大学出版社，2020.6
（法律科学文库）
ISBN 978-7-300-28172-8

Ⅰ.①公… Ⅱ.①王… Ⅲ.①建筑法—研究—中国 Ⅳ.①D922.297.4

中国版本图书馆 CIP 数据核字（2020）第 092044 号

"十三五"国家重点出版物出版规划项目
国家社会科学基金青年项目
法律科学文库
总主编 曾宪义
公私法交融视域下的违法建筑问题研究
王洪平 著
Gongsifa Jiaorong Shiyu xia de Weifa Jianzhu Wenti Yanjiu

出版发行	中国人民大学出版社		
社　　址	北京中关村大街 31 号	**邮政编码**	100080
电　　话	010－62511242（总编室）		010－62511770（质管部）
	010－82501766（邮购部）		010－62514148（门市部）
	010－62515195（发行公司）		010－62515275（盗版举报）
网　　址	http://www.crup.com.cn		
经　　销	新华书店		
印　　刷	北京玺诚印务有限公司		
规　　格	170 mm×228 mm　16 开本	**版　　次**	2020 年 6 月第 1 版
印　　张	21.25　插页 2	**印　　次**	2020 年 6 月第 1 次印刷
字　　数	339 000	**定　　价**	78.00 元